基督教文化研究丛书

主编 何光沪 高师宁

三编 第 **5** 册

早期基督教史学探析
（西元 1-4 世纪初期）

肖 超 著

花木兰文化事业有限公司

国家图书馆出版品预行编目资料

早期基督教史学探析（西元1-4世纪初期）／肖超 著 -- 初版
-- 新北市：花木兰文化事业有限公司，2017〔民106〕
序 4+ 目 4+272 面；19×26 公分
（基督教文化研究丛书 三编 第 5 册）
ISBN 978-986-485-130-0（精装）
1. 基督教史
240.8 　　　　　　　　　　　　　　　　106013526

ISBN-978-986-485-130-0

基督教文化研究丛书
三编 第五册

ISBN：978-986-485-130-0

早期基督教史学探析（西元1-4世纪初期）

作　　者 肖　超
主　　编 何光沪 高师宁
执行主编 张　欣
企　　划 北京师范大学基督教文艺研究中心
总 编 辑 杜洁祥
副总编辑 杨嘉乐
编　　辑 许郁翎、王筑　美术编辑 陈逸婷
出　　版 花木兰文化事业有限公司
社　　长 高小娟
联络地址 台湾235 新北市中和区中安街七二号十三楼
　　　　 电话：02-2923-1455 ／ 传真：02-2923-1452
网　　址 http://www.huamulan.tw 信箱 hml810518@gmail.com
印　　刷 普罗文化出版广告事业
初　　版 2017 年 9 月
全书字数 299592 字
定　　价 三编 6 册（精装）台币 11,000 元

早期基督教史学探析
（西元 1-4 世纪初期）

肖超　著

作者简介

肖超，男，1975 年生，湖南长沙人。复旦大学历史学系博士（史学理论及史学史，师从张广智教授）。现为复旦大学法学院博士后（西方法制史，师从赵立行教授）。主要研究重点为早期基督教历史学、早期基督教法律史等。在《世界宗教研究》、《史学理论研究》等权威与核心期刊上发表论文多篇，并翻译有60余万字的西方中世纪研究经典：《欧洲文明的经济与社会基础》（上、下册）等。以贯通中西、融会古今为自我追求之境界。

提　　要

　　本文致力于探询"早期基督教史学"（西元1–4世纪初期）。通过历时性的研究，探析早期基督徒的历史观念传承，阐释基督教史学如何开端并最终"完型"。

　　本文由导论、正文与结语三部分构成。

　　导论主要阐明选题缘由、研究意义、研究综述、以及写作思路。

　　正文分为四章：第一章、"早期基督教史学的'前世'"。论述传统史学在西元前后陷入困境，并为基督教将"上帝"引入历史做好了铺垫。还探究了犹太思想对早期基督教史学的启迪。第二章、"早期基督教史学的最初探索"。着重探询耶稣在《新约》文本中的历史思想；阐释了《路加福音》与《使徒行传》对基督教史学的影响、特征。第三章、"早期基督教史学的先行者"。探讨早期基督徒提阿菲罗斯、德尔图良等的历史阐释理论体系及意义。第四章、"早期基督教史学的完型"。论述攸西比乌斯《教会史》的"完型"意义、特征；回溯了早期基督教史学思想为《教会史》所作的准备。并研究了早期基督教史学对政教关系的理论建构，以及"隐喻解经法"于早期基督教史学的作用。

　　结语部分，对全文加以回顾，并简要论述早期基督教史学的意义所在。

本书获得 2015 年度教育部人文社会科学研究青年基金项目支持，项目批准号：15YJC820064

"基督教文化研究丛书"总序

何光沪 高师宁

  基督教产生两千年来，对西方文化以至世界文化产生了广泛深远的影响——包括政治、社会、家庭在内的人生所有方面，包括文学、史学、哲学在内的所有人文学科，包括人类学、社会学、经济学在内的所有社会科学，包括音乐、美术、建筑在内的所有艺术门类……最宽广意义上的"文化"的一切领域，概莫能外。

  一般公认，从基督教成为国教或从加洛林文艺复兴开始，直到启蒙运动或工业革命为止，欧洲的文化是彻头彻尾、彻里彻外地基督教化的，所以它被称为"基督教文化"，正如中东、南亚和东亚的文化被分别称为"伊斯兰文化"、"印度教文化"和"儒教文化"一样——当然，这些说法细究之下也有问题，例如这些文化的兴衰期限、外来因素和内部多元性等等，或许需要重估。但是，现代学者更应注意到的是，欧洲之外所有人类的生活方式，即文化，都与基督教的传入和影响，发生了或多或少、或深或浅、或直接或间接，或片面或全面的关系或联系，甚至因它而或急或缓、或大或小、或表面或深刻地发生了转变或转型。

  考虑到这些，现代学术的所谓"基督教文化"研究，就不会限于对"基督教化的"或"基督教性质的"文化的研究，而还要研究全世界各时期各种文化或文化形式与基督教的关系了。这当然是一个多姿多彩的、引人入胜的、万花筒似的研究领域。而且，它也必然需要多种多样的角度和多学科的方法。

  在中国，远自唐初景教传入，便有了文辞古奥的"大秦景教流行中国碑颂并序"，以及值得研究的"敦煌景教文献"；元朝的"也里可温"问题，催生了民国初期陈垣等人的史学杰作；明末清初的耶稣会士与儒生的交往对话，带来了中西文化交流的丰硕成果；十九世纪初开始的新教传教和文化活动，更造成了中国社会、政治、文化、教育诸方面、全方位、至今不息的千古巨变……所有这些，为中国（和外国）学者进行上述意义的"基督教文化研究"提供了极其丰富、取之不竭的主题和材料。而这种研究，又必定会对中国在各方面的发展，提供重大的参考价值。

就中国大陆而言，这种研究自 1949 年基本中断，至 1980 年代开始复苏。也许因为积压愈久，爆发愈烈，封闭越久，兴致越高，所以到 1990 年代，以其学者在学术界所占比重之小，资源之匮乏、条件之艰难而言，这一研究的成长之快、成果之多、影响之大、领域之广，堪称奇迹。

然而，作为所谓条件艰难之一例，但却是关键的一例，即发表和出版不易的结果，大量的研究成果，经作者辛苦劳作完成之后，却被束之高阁，与读者不得相见。这是令作者抱恨终天、令读者扼腕叹息的事情，当然也是汉语学界以及中国和华语世界的巨大损失！再举一个意义不小的例子来说，由于出版限制而成果难见天日，一些博士研究生由于在答辩前无法满足学校要求出版的规定而毕业受阻，一些年轻教师由于同样原因而晋升无路，最后的结果是有关学术界因为这些新生力量的改行转业，后继乏人而蒙受损失！

因此，借着花木兰出版社甘为学术奉献的牺牲精神，我们现在推出这套采用多学科方法研究此一主题的"基督教文化研究丛书"，不但是要尽力把这个世界最大宗教对人类文化的巨大影响以及二者关联的方方面面呈现给读者，把中国学者在这些方面研究成果的参考价值贡献给读者，更是要尽力把世纪之交几十年中淹没无闻的学者著作，尤其是年轻世代的学者著作对汉语学术此一领域的贡献展现出来，让世人从这些被发掘出来的矿石之中，得以欣赏它们放射的多彩光辉！

2015 年 2 月 25 日
于香港道风山

回望：更能知晓出发的方向——
序肖超《早期基督教史学探析》

张广智

　　这篇小序的题目，取自于肖超博士的学术论文《早期基督教史学探析（西元 1—4 世纪初期）》之"后记"。倒不是老师要偷懒，而经我精炼的"回望：更能知晓出发的方向"，颇能应和我所要说的双重意义：一是说学科的，即基督教史学在整个西方史学乃至基督教文化中的地位，以及对它的研究的重要性；一是说肖超自身的，即他所说的对这一论题的研究，只有"在回望中才能体悟到它的不足"。个人的生活体验也是这样，比如说在小区及街上散步，走了一程，总要回望一下，看看来路怎样，然后再往前走，倘上升到理论，回望就是回顾与总结，唯其如此，在汲取源头之水后，可望与未来对接，所谓创新也就在这对接的过程之中，亦即通过反思与重建，从而使学术研究工作达到"更上一层楼"的目的，我平素喜爱"问渠哪得清如许，为有源头活水来"的朱熹诗句，说的大体也是这个道理。

　　小文沿这一思路，先说一下前者，说起宗教，无论是现实的还是理论的，都是一个很复杂的难题。宗教所显示的力量是那样扑朔迷离，颇令世人困惑。它既是一种意识形态，又是一种社会生活；它既是被压迫阶级芸芸众生寻求彼岸世界的一种精神寄托，又是被马克思所说的"人民的鸦片"；它既是现实苦难在精神世界里的的一种宣泄，又是人们对这种现实苦难的一种无奈的抗争；它既有愚昧的与非理性的负面效应，又蕴含有科学与富有理性的思辩色彩。且问：宗教是什么？换言之，宗教所体现的力量是什么？抑或宗教的功能是什么？这真是一个难以索解的"斯芬克斯之谜"。古往今来，有多少宗教学家企图寻求这个答案，正如歌德诗曰："浮沉着的幻影呀。你们又来亲近……那久已消逝的，要为我呈现原形。"（《浮士德》）喧闹的现代社会又把宗教涌至在人们面前，随之多彩的宗教研究又呈现于学界与坊间，愿我辈捕捉到的是"原形"而不是"幻影"。

对现实的宗教，对学术上的宗教文化，不大体都是如此吗？基督教文化亦然。

有道是史学，文化中的文化也。故肖超的《早期基督史学探析》也是基督教文化的题中应有之义。

西方史学，源远流长，自古希腊史学发端迄至今日，经历了漫长的历史进程。在经历了一千多年古典史学的繁荣后，西元五世纪西方史学发生了一次重大的转折，即基督教史学的兴起，它的神学史观颠覆了古典史学中的历史观与方法论，此举被西方学者视为史学史领域中发生的"一场革命"，犹如哥伦布发现了新大陆。不管怎样，西方史学的发展进程告诉我们，不仅基督教史学在西方中世纪时期占有支配地位，而且即使西方社会走出中世纪之后，基督教史学依然在发生着长久的影响，人们不是可以在 19 世纪德国史学大师兰克、20 世纪英国史学大师汤因比那里见到过它的影响吗？

因此，作为一种学术研究，特别作为一种西方史学史的研究，基督教史学包括从它的源头在内的探索，就为西方史学史研究的开拓创新，凸显其重要性了。如本书作者所言，依靠对"基督教史学"的研究，以期更深入地理解基督教历史之所以为"历史"，自然也就是研究使命中应有的一项。在具体说到研究"早期基督教史学"时，肖超论及到中国的西方史学史研究中的当代意义，认为它不仅反映了当代西方史学史研究的自身取向，更对未来西方史学史发展趋势有着积极与重要的建设意义。这些见解，我以为都可以显示出作者于基督教史学乃至西方史学研究的理论水准与学科视野。

接下再说一点后者。学术上的自谦和低调，就我看来是学人的一种好的品格，肖超直言不讳地说他"在回望中所体悟到的不足，唯有展望日后以待磨砺精进"，比如他有限的古希腊语和古拉丁语水平。学子之言，深得吾师耿淡如先生的"谦虚治学，谦虚做人"之祖训真传，令我欣慰，让我这个老师感动，不由回忆起肖超随我读博岁月中的点点滴滴。

那一年，大约是十多年前吧。已过而立之年的肖超立志潜心向学，以本科法学、硕士工商管理的学历，来我处问道史学。我说："这一转向，或许可以用脱胎换骨来形容，你准备好了？""我准备脱胎换骨！"肖超的回答很坚定。

他经过刻苦而又认真的补习，终报考成功，成了我门下的一名学生。进校后，某日，我们对坐，讨论他的博士学位选题，最终选定基督教史学，我说："这是块硬骨头，没人啃过，你试试看吧。""我啃！"肖超的回答很坚定。

后又经过师生反复切磋，吸取了老师在开题时的意见，聚焦在早期（西元 1 至 4 世纪）的基督教史学上。此后，经历了多少个寒往暑来，多少个日日夜夜，积六年之功，于三年前答辩通过，受到了老师们的一致好评。我在答辩后对他说："万里长征，只走完了第一步。""这更将是一个开始！"肖超的回答很坚定。

平心而论，在这个西方史学的"硬骨头"乃至基督教文化难度很高的选题面前，肖超尽力了，并取得了成功。可以这样认为，他的《早期基督教史学探析》，于中国的西方史学史研究，具有填补空白的学术价值，于中国的基督教文化研究增光添辉，在现在乃至在可预期的未来，都将会产生重大的影响。

不是吗？丙申春日，一封"征求授权"的专函自台湾寄我，信封上的"寸心原不大，容得许多香"，使得这封推荐出版肖超博士学位论文的信函，顿时散发出温馨，也感佩他们的慧眼识"珠"，我欣然同意推荐，便很快地回应了台湾花木兰文化事业有限公司。以后，一切都按章运作，现在肖超的这本处女作就要面世了，作为他的导师，我自然感到高兴。在祝贺肖超博士的同时，我突然想起一件事，迫切需要对我的学生告知：当代中国基督教研究大家卓新平先生，在他年轻出洋留学归国时（上个世纪八十年代中期），带的图书资料足足有一千多公斤，这令人吃惊，也让我钦佩。可见卓先生那时求学之勤奋、之艰辛，这自然是肖超，也应当是我要学习的榜样。最后，我真诚地期望卓新平先生、花木兰文化事业有限公司《基督教文化研究丛书》主编何光沪、高师宁两位先生，给肖超的《早期基督教史学探析（西元1—4世纪初期）》赐教，并进而希望得到学术界广大读者的帮助与指正。

是为序。

张广智

2016 年秋日于上海复旦书馨公寓

目
次

导　言

　　"基督教史学"研究，目前在中国国内学界尚鲜有人问津，其中所涉宗教著作与教会文档颇为庞杂，乃是一个陌生且繁难的领域。本文作者在老师们的启发下希望致力于此，以便补足西方史学史整体之贯通，并对该领域做出初步的探索。

　　藉由初生之犊的稚嫩，作者最初曾自我期许在攻读博士期间，能够对"基督教史学"做出一个总体性的史学史研究。可是当切近置身于基督教史学史探究之中时，作者才真正意识到自己面对了一个何等浩瀚的思想海洋，由是，原初宏大的探询意欲就被谨慎地克制，又基于师长的指点，遂立意以"早期基督教史学（西元1—4世纪初期）"作为博士论文研究之课题。

　　但本文现今，也只不过"以蠡测海"般地对此浩瀚思海稍作窥览，只是探讨了"早期基督教史学"中的某些主要思想脉络，以及部分主要人物的主要史学思想，并且这诸多"主要"的限定，也大多源于一己之见。故而，自踏上"早期基督教史学"这条"荒凉而无人涉足的道路"[1]至今，作者实在不敢说此项课题填补了哪些空缺，最多只能说本文的大部分探讨，涉及了部分前人未曾涉猎过的领域，言说了某些前人未曾发表过的看法。

　　因此，本文的写作缘起，多是对陌生领域的求知，以及对师长教诲的践行。

1　Eusebius, *The Ecclesiastical History*, Volume I, with an English Translation by Kirsopp Lake, Cambridge, Massachusetts: Harvard University Press, reprinted 1998, p. 9.

一、选题的根据与意义

（一）"基督教史学"在近现代历史研究中的理论根据

许多过往的西方史家，都深深信仰过一位"上帝"——即基督教信仰。自西元伊始直至十八世纪，这位"上帝"就始终伴随，甚至左右着他们的历史观念与写作。即便时至今日，虽然传统的基督教史学写作已渐没落，但作为历史传承物的基督教信仰，却依然无时不刻地影响着西方人群的认识与实践。现代思想家哈贝马斯不仅曾与另一位思想家德里达共同申明："西方的心灵根植于犹太—基督宗教传统"；[2] 更曾如此强调基督教对于现代西方的重要意义：

> "在西方，基督教不仅满足了现代意识结构的认知前提，而且也极大地促进了马克斯·韦伯所研究的经济伦理动机的兴起。对于现代性规范的自我理解而言，基督教不仅仅是一种先导形态，也不仅仅是一种催化剂。强调平等的普遍主义是自由、团结、自主生活方式和解放、个体的道德良知、人权和民主等观念的源头，而强调平等的普遍主义本身却是犹太正义伦理和基督教博爱伦理的遗产。这份遗产在历史上不断地被批判继承，又不断地被重新阐释，但其本质一直没有改变。直到今天，我们还没有找到任何可以替代它的东西。"[3]

实际上，在历来强调"疏凿源流，抉隐钩沉"[4]的西方史学史研究视域中，近代历史哲学家黑格尔的如下论述，也值得在此加以引述。黑格尔指明，当西方思想发展到基督教兴起时：

> "这个基督教的观念现在已经出现了，并且必须成为世界上各民族的普遍意识。它（基督教）之作为世界宗教出现，乃是历史的

---

2 该文由（德）哈贝马斯，（法）德里达联名发表，篇名为《2月15日，欧洲人民的团结日：以核心欧洲为起点，缔结共同外交政策》，见：（德）哈贝马斯，（法）德里达，（意）艾柯：《旧欧洲，新欧洲，核心欧洲》，邓伯辰译，中央编译出版社2010年版，第29页。

3 （德）哈贝马斯："哈贝马斯、门迪塔：关于上帝和世界的对话"，见：（德）伽达默尔、哈贝马斯等：《赫尔墨斯的口误：从话语政治到诗学交往》，曹卫东译，译林出版社2009年版，第201页。

4 参见导师张广智：《西方史学通史·第一卷·导论》，复旦大学出版社，2011，第7页。

内容；这个观念的这种必然性，乃是在历史哲学中必须加以更确切的阐明的"。[5]

并且他又指出：

> 基督教观念"是一个历史问题；在不同的时代，对这个观念有不同的说法……为了阐明这是一个历史的观念，就应该阐明它是如何以历史的方式发生的"。[6]

尽管黑格尔的"基督教观念"[7]定义富有争议，尽管他认识上有着过多的"西方中心"理念，尽管黑格尔在其研究中却最终"不能够作这种历史的探究"。[8]但应该说，作为思想大家的黑格尔，不仅把握到了基督教思想对于西方的至为重要，更敏锐地凸显了通过"历史"来认识基督教思想的路径。

黑格尔强调以历史来"确切的阐明"基督教之于西方重要意义的理论建构，其实早在斯宾诺莎处，就已经有较显明的端倪。只不过，斯宾诺莎更着重于依据历史，来理解作为基督教信仰"圣书"的《圣经》。在其名作《神学政治论》中，斯宾诺莎就向其受众申明："解释《圣经》的一条普遍法则就是，据《圣经》的历史以研究《圣经》，[9]进而阐明："《圣经》之研究只是在于有一可靠的圣书的历史"。[10]

在近代西方思想对基督教重要意义的追询中，由斯宾诺莎试图依据历史理解《圣经》，再到黑格尔意欲通过历史阐明"基督教的观念"。虽然每个思

---

5 （德）黑格尔：《哲学史讲演录》第三卷，贺麟、王太庆译，商务印书馆1997年版，第237页。

6 （德）黑格尔：《哲学史讲演录》第三卷，贺麟、王太庆译，商务印书馆1997年版，第236页。

7 对于所谓"基督教的观念"，黑格尔在其行文中有一个较为简要的概括："在哲学的历史中，这个观念的内容乃是这样的：精神的概念是（历史的）基础，而历史是精神自身的过程，一种从它最初的浅薄的被蒙蔽的意识中显露出来、达到自由的自我意识的观点的过程，——即是说，精神的绝对命令，'认识你自己'，必须被实现"。但显然，要深入理解这个概念还是要进入他的文本语境之中。参阅（德）黑格尔：《哲学史讲演录》第三卷，贺麟、王太庆译，商务印书馆1997年版，第237页。

8 （德）黑格尔：《哲学史讲演录》第三卷，贺麟、王太庆译，商务印书馆1997年版，第236页。

9 （荷兰）斯宾诺莎：《神学政治论》，温锡增译，商务印书馆1963年11月第1版，2009年8月重印，第109页。

10 （荷兰）斯宾诺莎：《神学政治论》，温锡增译，商务印书馆1963年11月第1版，2009年8月重印，第129页。

想者心中都有着自己的"《圣经》"与"基督教观念"，但都不约而同地建构了以"历史"来认识基督教信仰的研究路径。

并且，正是由于对以《圣经》为代表的基督教信仰有着不同理解，使西方思想者在单就信仰本身无法达成共识时，进而踏上以"历史研究"来彼此说服的路径。针对近代西方思想此一倾向，现代思想家伽达默尔曾有过如下一段精辟的总结：

> 《圣经》理解的'当然性'（Natürlichkeit）也依赖于这一事实，即明显的东西可以清楚地被理解，不明显的东西可以'历史地'被理解。对事物的真理不能直接理解，就促成走历史研究之路"。[11]

西方思想发展至今，任何"历史研究"都已然不是对过去的简单再现，而是一种对过去之所以呈现为"过去"的表现。

正如伽达默尔的老师海德格尔所指出："历史主要不是意指过去之事这一意义上的'过去'，而是指出自这过去的渊源"。[12]这种观点也依旧传承了黑格尔在探讨基督教观念时虽然"不能够做"，但却明白无误指明了的研究意欲："阐明它是如何以历史的方式发生的"。[13]

而作为专注于西方历史学流变的中国西方史学史研究，因其学科视域如耿淡如所言："研究历史家或历史学派对整个历史过程或个别事件所采的解释方法与立场观点，因而估计它们的作用"。[14]就在这种对基督教信仰的"历史研究"中具备了特别的关键性。

当西方思想演进到海德格尔处，"历史"作为"在共处中'过去了的'而却又'流传下来的'和继续起作用的演历"，[15]早就乌有了任何静态与单一的认识可能，而是展现为涵括过去、现在、将来流变的综合理解。也唯如此，前述耿

---

11 （德）伽达默尔：《真理与方法 I》（修订译本），洪汉鼎译，商务印书馆 2007 年版，第 251 页。

12 （德）海德格尔（Heideeger, M.）：《存在与时间》（修订译本），陈嘉映、王庆节合译，生活、读书、新知三联书店 2006 年版，（2008.6 重印），第 428、429 页。

13 （德）黑格尔：《哲学史讲演录》第三卷，贺麟、王太庆译，商务印书馆 1997 年版，第 236 页。

14 转引自：张广智：《西方史学通史·第一卷·导论》，复旦大学出版社 2011 年版，第 4 页。

15 （德）海德格尔（Heideeger, M.）：《存在与时间》（修订译本），陈嘉映、王庆节合译，生活、读书、新知三联书店 2006 年版，（2008 年重印），第 429 页。

淡如之言：西方史学史乃致力于研究西方"历史家或历史学派对整个历史过程或个别事件所采的解释方法与立场观点"，就恰恰切近了西方现代思想意欲研究的"历史"。

因为归根结底，正是诸多历史家的阐释，促使了"历史"能够被理解为"整个的历史"或者"演历"。当然，史学史无意也不可能，担负起全部的"历史研究"。但史学史占有了一个理解西方历史思想"演历"，进而"估计它们的作用"的关键位置，回应与消化那"指出自这过去的渊源"的期待。[16]

尤其现代的中国西方史学史研究，正如张广智所言："史学史研究的主要对象包括史学思想、历史编纂学、史料学、史学方法论等"，[17] "特别要研究历代重要的历史学家的史学思想"。[18]其学科路径也切近了西方思想在当代基于阐释学对"历史研究"的理解。

伽达默尔曾在对狄尔泰的讨论中指出："我们只能从文本的整体去理解个别，以及我们只能从文本的个别去理解其整体——应用于历史世界"。[19]随后，伽达默尔更宣示出他对现代西方历史研究的深邃理解："我们发现，不仅原始资料是文本，而且历史实在本身也是一种要加以理解的文本"。[20]

今日的中国西方史学史研究，也正在对西方历史文本的理解中，型构着自身。当西方思想在近现代着意将"对文本的理解"适用于"对历史的理解"时，中国的西方历史研究尤其是西方史学史研究，也正致力于将西方历史文本以及文本构型（诸如编纂形态、史料运用、史学方法等）纳入到其主要的研究中。西方史学史研究中所强调的对历史文本内涵"史学思想"的探究，更也部分参证了西方现代思想将"历史"作为"文本"来追询其含蕴意义的理念。所以，中西方思想正在这殊途同归的藉由"文本"理解"历史"的路径中，分有与同构着人类智识。

---

16 （德）海德格尔（Heideeger, M.）：《存在与时间》（修订译本），陈嘉映、王庆节合译，生活、读书、新知三联书店 2006 年版，（2008 年重印），第 428、429 页。

17 张广智：《西方史学通史·第一卷·导论》，复旦大学出版社 2011 年版，第 5、6 页。

18 张广智：《西方史学通史·第一卷·导论》，复旦大学出版社 2011 年版，第 6 页。

19 （德）伽达默尔：《真理与方法 I》（修订译本），洪汉鼎译，商务印书馆 2007 年版，第 273、274 页。

20 （德）伽达默尔：《真理与方法 I》（修订译本），洪汉鼎译，商务印书馆 2007 年版，第 273、274 页。

基督教思想于西方至为重要，并且，对基督教思想的"历史研究"也一早为西方智识者所吁求，那么，在当前中西方基于共有"文本"来努力理解人类历史的共识中，通过"基督教史学"来直接探究西方基督教的历史文本，应是一项值得倾注心力的工作。

特别对向来强调"以史为鉴"的中国学者而言，研究西方历史与社会，如若缺失对往昔西方基督教历史文本的认识，则难免知其然不知其所以然。依靠对"基督教史学"的研究，以期更深入地理解基督教历史之所以为"历史"，自然也就是研究中应有之使命。尤其现当代的历史研究，已经不仅展现出此项使命的重要，更提供了先导的理论支持与准备。

（二）现当代历史研究对"基督教史学"的初步建构

柯林武德认为：西方社会曾因为基督教思想的"革命性的影响"[21]而重塑了历史的观念，并产生出某种"根据基督教原理而写的历史"，[22]也即"基督教历史编纂学"。[23]他更特别指出：基督教历史编纂学，引领西方历史思想经历了"一场哥白尼式的革命"，[24]诸如普遍历史（世界通史）、神意、启示、划时代等"这些近代史学思想中为人所熟悉的成份，在希腊——罗马的历史编纂学中全都不存在，而是有意识地和辛勤地被早期的基督徒们所创造出来的"。[25]

鲁滨孙也指出："从基督教教会建设以来，历史这个东西，就开始有宗教的同神学的意义了"。[26]

彼得·伯克更是在谈到"西方特有的"历史思想特点时，[27]条分缕析颇为精辟地总结了十大特点，并认为其中有三点与基督教信仰直接有关。首先，

---

21 （英）柯林武德：《历史的观念》，何兆武、张文杰译，商务印书馆2004年版，第85页。

22 （英）柯林武德：《历史的观念》，何兆武、张文杰译，商务印书馆2004年版，第89页。

23 （英）柯林武德：《历史的观念》，何兆武、张文杰译，商务印书馆2004年版，第89页。

24 （英）柯林武德：《历史的观念》，何兆武、张文杰译，商务印书馆2004年版，第90页。

25 参阅：（英）柯林武德：《历史的观念》，何兆武、张文杰译，商务印书馆2004年版，第89—93页。

26 （美）鲁滨孙：何炳松译：《新史学》，广西师范大学出版社2005年版，第17页。

27 参阅：彼得·伯克（Peter Burke）：《西方历史思想的十大特点》，王晴佳译，《史学理论研究》1997年第1期，第70-78页．

作为西方历史思想"最重要和最明显的一个特征"就是强调发展或进步的观念，并指出"这些观念深深地孕育在犹太教和基督教的传统中"；[28]其次，在论述西方历史学家长久以来追求的"客观性"时，伯克认为该特点就是伴随基督教发展而产生的，他指出"谈论这一理想最多的时候是在宗教改革以后的一个半世纪。那时候宗教纷争、教派林立，正好是最难将它付诸实践的时代"；第三，伯克以为西方史学在文学形式和内容上都有其特点，其中一个明显与进步的观念有联系的"隐含主题"，就与基督教的先驱圣约翰直接有关。

与上述看法相异，汤普森则更愿意强调基督教思想对西方传统史学的消极影响。他认为正是基督教力量的增长，使得希腊史学的"活力与质量都已经出现严重衰落的迹象"。[29]并认为"教会史学"承担了"把希腊、罗马和希伯来各种记载的年代统一起来并使世界通史有利于神学的任务"。[30]他进而断言说：

> "教会史书从一开始，就是受到严重歪曲的东西：首先是采用古犹太史作为基督教以前的历史；第二是它把上帝的启示与历史扯在一起；第三是恶意地把历史分为所谓'神圣的'和'凡俗的'即世俗的两种"。[31]

但就在他如此大力批判"教会史书"之余，也依旧强调指出"基督教正在创造历史"，[32]并阐明了"教会史学"最早的建设性努力乃是"编写一部全人类的通史"。[33]

有意思的是，汤普森对基督教史学（他称为"教会史学"）的贬损，却在曾任拉特格斯大学（Rutgers University）"汤普森历史讲座教授"的凯利那里，

---

28 彼得·伯克（Peter Burke）：《西方历史思想的十大特点》，王晴佳译，《史学理论研究》，1997年第1期，第72页。

29 （美）J W·汤普森：《历史著作史》，上卷，第一分册，谢德风译，商务印书馆1996年版，第177页。

30 （美）J W·汤普森：《历史著作史》，上卷，第一分册，谢德风译，商务印书馆1996年版，第183页。

31 （美）J W·汤普森：《历史著作史》，上卷，第一分册，谢德风译，商务印书馆1996年版，第183页。

32 （美）J W·汤普森：《历史著作史》，上卷，第一分册，谢德风译，商务印书馆1996年版，第185页。

33 （美）J W·汤普森：《历史著作史》，上卷，第一分册，谢德风译，商务印书馆1996年版，第185页。

得到了明显的反正。凯利甚至将基督教史学与犹太教考古学一起上升为了"人类的教育"。[34]他在其名作《多面的历史》中写道：

> "对于基督教和犹太教而言，历史不仅仅是根据人的野心和设计所做过的并被纪录下来的事，只有不可琢磨的运气和不能预见的命运才能对这些野心与设计有所限制；除此之外，历史是行为的进步过程，是一种在天意计划内经历的考验。历史学家的任务是发现那些隐藏于人类记录文字背后更深层次的精神意义，它构成了人类的教育"。[35]

另一位西方史学史名家莫米利亚诺，则在其《现代史学的古典基础》中，专门以第6章"基督教会史学的起源"[36]（全书共计6章）对基督教教会历史学起源做出了不凡的探讨。在其结论文字中，莫米利亚诺进一步深刻地指明：西方"现代历史哲学（基于基督教的）和现代历史方法（基于古典的），彼此从来就没有打到过协调一致"。[37]因而他更生发出如下感慨："需要再写一本书——这本书我很可能无法写出来——来理清这个基本事实的复杂含义"。[38]

我国史学界对基督教史学之重要性与意义也不无卓见，如在谈论到整个西方近千年的"中世纪"史学时，我国史学史专家张广智便以为："在此期间，基督教的神学史观统治着西方史坛，基督教的史学理论改造了古典史学，史学也为宗教意识形态的构建作出了贡献"。[39]张文杰则认为"从中世纪到近代初期，神学的历史观一直占有统治地位。人类的历史被看成是一幕体现天意的戏剧"。[40]彭小瑜更是强调指出"加强对教会史和基督教历史观的了解和研究

---

34 关于凯利对基督教史学的论述，可参阅：（美）凯利：《多面的历史：从希罗多德到赫尔德的历史》，陈恒、宋立宏译，三联书店2003年版，第137—257页。

35 （美）凯利：《多面的历史：从希罗多德到赫尔德的历史》，陈恒、宋立宏译，三联书店2003年版，第138页。

36 （意）莫米利亚诺（Arnaldo Momigliano）：《现代史学的古典基础》，洪洁音译，华东师范大学出版社2009版，第六章："基督教会史学的起源"，第181—206页。

37 （意）莫米利亚诺（Arnaldo Momigliano）：《现代史学的古典基础》，洪洁音译，华东师范大学出版社2009版，第210页。

38 （意）莫米利亚诺（Arnaldo Momigliano）：《现代史学的古典基础》，洪洁音译，华东师范大学出版社2009版，第210页。

39 张广智主著：《西方史学史》（第2版），复旦大学出版社2004年版，第70页。

40 张文杰：《从奥古斯丁到汤因比——略论西方思辨的历史哲学》，《史学理论研究》1996年第3期，第91页。

是我们认知和理解西方文化历史以及当代政治经济的必要环节"。[41]

因此，在以上对现当代国内外历史学家关于基督教史学研究的简要摘引与梳理中，我们不难看出，现当代的历史研究，已经初步建构起将"基督教史学"作为西方独特史学范型加以研究的重要意义与基础理论。也正如史学家们所阐明，基督教史学有着不容忽视的宏观重要性。基督教史学因其浓厚的西方特色和宗教信仰特征，包括它所涵盖的不可胜数的作品数量、超越千年的漫长时间等等，都使得它能够和西方史学发展中的其他范型（诸如古希腊史学、古罗马史学等）分庭抗礼，成为西方史学中的一种独特范型。

（三）研究"早期基督教史学"的当代学术意义

那么，具体到本文之中，本文作者致力研究的"基督教史学"，尤其是"早期基督教史学"又究竟为何？则有必要在此稍作论述如下：

1、本文作者对"基督教史学"与"早期基督教史学"的理解

关于基督教史学

如前所述，思想家与历史家在关涉"基督教史学"时，有着不尽相同的指称，诸如黑格尔所言的"基督教的观念"的历史；柯林武德所指的"基督教历史编纂学"；汤普森所谓的"教会史学"或者"教会史书"；以及张广智所称的"基督教的神学史观"、"基督教的史学理论"；还有彭小瑜所说的"教会史和基督教历史观"等等。虽然以上这些指称有着各自不同的定义与适用，但又都离不开两个共同的核心概念，也即"基督教"与"历史"。

至于本文中，赖以将"基督教"与"历史"两个核心概念联接为"基督教史学"的基础理论路径，则主要还是认同于黑格尔所指明的"基督教的观念"的"历史"写作，或者如柯林武德所说的"根据基督教原理而写的历史"。

当然，"基督教的观念"或者"基督教原理"依然是某种复杂且模糊的概念，但它们又有着一个至为简单与清晰的内涵，那就是："基督教上帝（当然也含指耶稣基督）信仰"。

正是基督教创始者耶稣，以"神子"身份宣告："我就是道路、真理、生命"，[42] 才使得随后的基督徒，能够将传统的希腊罗马史学否定为"妄言"："你

---

41 彭小瑜：《教会史和基督教历史观》，《史学理论研究》，2006年第1期，第9页。

42 《圣经·新约·约翰福音》，第14章，第6节（新标准修订版，简化字和合本，2007版，本文随后所引用的《圣经》中译篇章，均系根据此一版本）。

们要谨慎，恐怕有人用他的理学和虚空的妄言，不照着基督，乃照人间的遗传和世上的小学，就把你们掳去。"[43]

也正是由于耶稣对自身的"真理"建构，连同他在其离世前许诺"圣灵"将在日后持续对信众的引导："只等真理的圣灵来了，他要引导你们明白一切的真理"。[44]才促使日后的早期基督徒，可以借用历史叙述来"阐明真理"；[45]通过历史撰述来"显明与救主耶稣基督有关的上帝的初次神恩应许"。[46]

由是，西方史学方告别传统的希腊罗马史学，开始确立起一种新的基督教史学范型。故而在本文中，"基督教史学"，概括言之，就是西方历史上的一种依据基督教上帝（当然也含指耶稣基督）信仰的历史叙述与阐释。所以基督教史学在本文中就泛指了过往基督徒（主要是基督教历史学家们）基于基督教信仰对人类历史传承所进行的历史叙述与阐释。

并且，本文所指"基督教史学"是一个历史的概念。时间上，它起源自西元1世纪。伴随基督教兴起、发展并成为中世纪西方占据统治地位的精神支柱，基督教史学也逐渐创立并走向繁荣。又随着近现代西方社会打破基督教思想的禁锢，这种基督教史学也在17、18世纪渐趋没落。

本文将基督教史学视为一种"历史的"史学范型，并通过其历史发展，把握到基督教史学具有如下一些特点：

首先，就历史叙述与阐释的主体而言，基督教史学的叙述与阐释者大多是信奉基督教信仰的基督徒；

其次，就历史叙述与阐释的客体来说，基督教史学尽管仍然针对的是人类历史发展，但都会或多或少地建构与涉及到一个虚构的上帝神意历史进程，这种神意历史既直接与人类历史相比照并行，又被理解为人类历史的起源与归宿；

第三，就历史叙述与阐释的目的来考察，基督教史学为了证明和传播基督教信仰，常常是"一种宗教行为，一种献身于上帝的神圣事业"，[47]"历史学家的任务是发现那些隐藏于人类记录文字背后更深层次的精神意义"；[48]

---

43 《圣经·新约·歌罗西书》，第2章，第8节。

44 《圣经·新约·约翰福音》，第16章，第13节。

45 Theophilus of Antioch, *Ad Autolygum (To Autolycus)*, Text and Translation by Robert M. Grant, Great Britain, Oxford: Oxford University Press, 1970, p. 23.

46 Eusebius, *The Ecclesiastical History*, Volume I, with an English Translation by Kirsopp Lake, Cambridge, Massachussetts: Harvard University Press, reprinted 1998, p. 9.

47 张广智主著：《西方史学史》（第2版），复旦大学出版社2004年版。

48 （美）凯利：陈恒、宋立宏译，《多面的历史：从希罗多德到赫尔德的历史》，生活、

第四，就历史叙述与阐释的内容来看，由于基督教史学乃以基督教宗教信仰为前提，难免经常含有大量的神迹甚或迷信，其史料取舍也往往服从于宗教信仰的需要，屡有为达宗教目的而出现的虚构、歪曲、伪造内容；

第五，就历史叙述与阐释的形式来检讨，基督教史学在其历史发展中表现出许多特有的形式，比如自"创世纪"开始的"教会史"或"编年史"、寺院或教区集体写作的"年代记"或"编年史"、专门为对基督教有杰出贡献或者品德圣洁的"圣徒"所写作的"圣徒传"等等。

以上，就是本文作者对于"基督教史学"的一些把握，同时回到本文所具体针对的"早期基督教史学"，则有必要在随后行文中进一步稍作概述。

关于早期基督教史学

探讨本文所谓的"早期基督教史学"，还必须在此对攸西比乌斯的《教会史》在基督教史学史中的"完型"意义加以强调。因为，正是这位被公认为"教会史之父"[49]所撰写的《教会史》，[50]具备典型意义地反映出：之前的早期基督教史学历经西元 1 到 4 世纪初期三百余年的发展，终于成熟为一种真正独立而完备的基督教史学范型。

正如攸西比乌斯自己所言，他的历史叙述乃是"踏上了一条荒凉而无人涉足的道路"；[51]也像后世研究者所总结，攸西比乌斯"在史学历史上开创了新的时代"；[52]所以《教会史》在西方史学历史上的开创性，也就标志了基督教史学范型自此得以确立，并且《教会史》自身也反映出了前所未有的几个

读书、新知三联书店 2003 年版（2006 年重印），第 138 页。

49 （美）J　W·汤普森：《历史著作史》，上卷，第一分册，谢德风译，商务印书馆 1996 年版，第 187 页。另参阅: *The Concise Oxford Dictionary of the Christian Church*, Ed. Elizabeth A. Livingstone, Oxford: Oxford University Press, 1977, p. 181.

50 关于《教会史》的出版年代，赵康英博士在其博士学位论文《凯撒利亚的尤西比乌斯及其〈基督教会史〉研究》中有较详细论述，并认为《教会史》极有可能在 313 年至 317 年正式出版了第一版，而《教会史》全 10 卷的版本则应该出版在 325 年之前。参阅：赵康英，《凯撒利亚的尤西比乌斯及其〈基督教会史〉研究》（博士学位论文），南开大学历史学院，2010 年，第 104—109 页。本文依从其观点，因而较概括地将《教会史》问世断代为"4 世纪初期"。

51 Eusebius, *The Ecclesiastical History*, Volume I, with an English Translation by Kirsopp Lake, Cambridge, Massachusetts: Harvard University Press, reprinted 1998, p. 9.

52 （意）莫米利亚诺（Arnaldo Momigliano）：《现代史学的古典基础》，洪洁音译，华东师范大学出版社 2009 版，第 188 页。

主要特征：

首先，就历史叙述者主体而言，《教会史》作者不复再如古希腊罗马史学家那样，强调其个人"自我"的身份，而是将个人宣称为由上帝引导，并被神灵附着的神意代言人："我们祈祷上帝来给予我们他的指引，我们藉此就能得到上帝神力的帮助"。[53]

其次，就历史写作的客体来说，如攸西比乌斯自己指出，其《教会史》记载的主要是基督教使徒统绪的传承、教会的历史承继、教团内部的卓越领袖、对外的杰出传道者、连同一些思想异端分子、还包括犹太民族在背叛耶稣后的命运、异教徒对基督教的攻击、以及护教人士的英勇事迹，此外，还记叙了攸西比乌斯时代中的殉道事迹与"救主耶稣的帮助"。[54]

《教会史》由此就一改过往希腊罗马史学的路径。正如现代史学研究者指出：攸西比乌斯的《教会史》明显区别于由希罗多德所开创的主要描绘社会文化发展的"文化史"范型、以及修昔底德开辟的着重记叙政治军事进程的"政治史"范型，[55]《教会史》另辟蹊径地，肇创了主要书写基督教教会历史的"教会史"范型。而攸西比乌斯自己也强调，他与传统史学家有着本质的区别：

> "其他史家的作品仅限于记录战争中的胜利、指挥官的功绩和士兵的英勇，这些人为了国家、家族和财富的缘故大肆屠杀，双手沾满了成千上万人的鲜血。我的作品与此恰恰相反，我要记录的是那些为灵魂之和平而战的战争、那些在这样的战争中不为国家而为真理、不为家族而为信仰而战的人物，为的是让这些战争和这些人物一并永留青史"。[56]

---

[53] Eusebius, *The Ecclesiastical History*, Volume I, with an English Translation by Kirsopp Lake, Cambridge, Massachusetts: Harvard University Press, reprinted 1998, p. 9.

[54] Eusebius, *The Ecclesiastical History*, Volume I, with an English Translation by Kirsopp Lake, Cambridge, Massachusetts: Harvard University Press, reprinted 1998, p. 7—9.

[55] 关于此两种西方史学史上不同范型的概论可以参阅：张广智：《西方史学通史·第一卷·导论》，复旦大学出版社 2011 年版，第 17 页。而对攸西比乌斯《教会史》突破"文化史""政治史"两种传统史学范型的更深入探讨则可参见：方志强：《优西比乌斯的〈教会史〉与普世史传统》，《史学史研究》，2011 年第 4 期，总 144 期，第 1、2 页。

[56]（古罗马）优西比乌：《教会史》，（美）梅尔英译、评注，瞿旭彤汉译，生活·读书·新知三联书店 2009 年版，第 205、206 页

最后亦是最重要的，历史叙述的目的，在《教会史》这里发生了关键性的转变。攸西比乌斯《教会史》的出发点，乃是"显明与救主耶稣基督有关的上帝的初次神恩应许"，[57]并且在写作中，也是"下决心去仅仅记录下那些能够证明神的审判的内容"。[58]这样一来，《教会史》就彻底告别了传统史家纪录诸多纷繁史事以进行"探询"的意愿，转变为有意识地搜集事实来"证明"神意在历史中的显现。这正像攸西比乌斯在《教会史》中所言："我们记载的这些事实，可以作为证据来显明另一个预言的实现，那就是我们的救主耶稣基督的显现"。[59]

所有这些转变，都标志着，西方历史学在攸西比乌斯的《教会史》这里发生了一个根本转折，即历史学所要阐释的，不复再是历史事件的现实意义，而是它们的基督教宗教意蕴。这正如柯林武德所总结，基督教思想促使西方人形成了一种对历史的全新看法："按照这种新看法，历史的过程并不是人类的目的，而是上帝的目的的实践"。[60]当然，攸西比乌斯并不是第一个如此看待历史的人，但他的《教会史》，的确是第一本展现了这种新兴基督教历史观念的史学文本。从而使得"基督教史学"这一西方独特史学范型，正式在西方历史学领域中完成构型。

因此，在把握到攸西比乌斯对基督教史学有着"完型"的意义之后，本文作者就将西元 4 世纪初期攸西比乌斯《教会史》的出现，作为了"早期基督教史学"得以确立的断代界限。并且，基于前述基督教史学相较于希腊罗马史学的"革命性转向"，那么基督教兴起的西元 1 世纪，自然也就成为了考察"早期基督教史学"的时代起点。因此，本文就致力于对西元 1 世纪到西元 4 世纪初期的基督教史学思想与文本加以探析，希望能够将那些或隐或现的历史脉络加以梳理。并通过对这段定义为"早期基督教史学"的史学史研究，初步地构建出，基督教史学"是如何以历史的方式发生的"，[61]并"指出

57　Eusebius, *The Ecclesiastical History*, Volume I, with an English Translation by Kirsopp Lake, Cambridge, Massachusetts: Harvard University Press, reprinted 1998, p. 9.

58　Eusebius, *The Ecclesiastical History*, Volume II, With an English Translation by J. E. L. Oulton. Cambridge, Massachusetts: Harvard University Press, reprinted 2000, p. 257.

59　Eusebius, *The Ecclesiastical History*, Volume I, with an English Translation by Kirsopp Lake, Cambridge, Massachusetts: Harvard University Press, reprinted 1998, p. 55.

60　（英）柯林武德：《历史的观念》，何兆武、张文杰译，商务印书馆 2004 年版，第 87 页。

61　（德）黑格尔：《哲学史讲演录》第三卷，贺麟、王太庆译，商务印书馆 1997 年版，

自这过去的渊源"。[62]

这种对"早期基督教史学"的探询，也应该说符合现代中国西方史学史前贤们的一贯指引。耿淡如所言："研究历史家或历史学派对整个历史过程或个别事件所采的解释方法与立场观点，因而估计它们的作用"；[63]以及张广智所云："在源远流长的西方史学史长河中，疏凿源流，抉隐钩沉，探究西方史学发生与发展的历史进程，揭示它的新陈代谢"；[64]特别是他所说的"史学思想应当成为史学史研究的主要内容"[65]等深刻见地。都启蒙与敦促了本文作者在这基督教史学长河中，探究其起源阶段的"早期基督教史学"。并特别关注于期间史学思想的流变，寄望借此能对基督教史学之滥觞做出力所能及的探析。

2、研究"早期基督教史学"在西方史学史研究中的当代意义

前曾论及，不少国内外严肃并具有远见的历史学家，都已对基督教史学及其相关研究的重要性做出了深刻而令人信服的探讨。而研究基督教史学起始阶段的"早期基督教史学"，又还有其较为紧迫与重要的当代意义。

近年来，我国西方史学史研究取得了长足进步，但成果大多集于西方古典史学与西方近现代史学两端，对于西方中古史学史的研究则尚显薄弱，尤其对于跨越了整个西方中古史学的"基督教史学"，更是罕有涉足。因此"基督教史学"及其相关研究，对于完备与丰富西方史学史的学科建设，的确有着较为紧迫的意义。

在此值得强调的是，新近出版的赵立行著作：《西方史学史通史·第三卷·中世纪时期》（公元5世纪至14世纪），[66]可说是近年西方中世纪史学史领域极少见的一项重大突破性成果。但如其标题所示，该"通史"尽管涵括了对西方中世纪史学（自然也关涉期间的基督教史学）的历时性研究，却仍未涉及"早期基督教史学"。故而，基于完善整体西方史学史历时性研究的期

第236页。

62 （德）海德格尔（Heideeger, M.）著，《存在与时间》（修订译本），陈嘉映、王庆节合译，生活、读书、新知三联书店2006年版，（2008年重印），第428、429页。

63 转引自：张广智：《西方史学通史·第一卷·导论》，复旦大学出版社2011年版，第4页。

64 张广智：《西方史学通史·第一卷·导论》，复旦大学出版社2011年版，第7页。

65 张广智：《西方史学通史·第一卷·导论》，复旦大学出版社2011年版，第7页。

66 参见：赵立行，《西方史学史通史·第三卷·中世纪时期》（公元5世纪至14世纪），复旦大学出版社2011年版。

待，来展开对"早期基督教史学"深入而系统的探讨，就在当下的中国西方史学史研究现状中更具备了特别的紧迫性。

而且，基督教史学作为西方史学史一种独特而重要的范型，理所当然地应该得到中国当代西方史学史研究的充分重视。加之以往的西方史学史研究，又多由于其时代原因而难免囿于史家之介绍、作品之罗列等层面。在可资参考的文献档案日益丰富、可作借鉴的学术研究日渐深入的今日中国，符合时代学术趋势地对基督教史学加以探究、严谨并富有创见地对诸如"早期基督教史学"等相关专题，做出一种知其然、更知其所以然的史学史探询，就不仅反映了当代西方史学史研究的自身取向，更对未来西方史学史发展趋势有着积极与重要的建设意义。

当然，作为一种曾经被近代科学大力加以驳斥的宗教理论体系，在西方人已经呼喊出"上帝死了"的现代历史境遇中，过度强调甚或拔高基督教史学，对于严肃的学术研究来说绝非明智。人们完全可以、也应该对基督教历史上诸多的思想盲从与禁锢加以批判。但是，在切近面对西方人过往千余年的虔信及坚持时，我们也会得到某种震撼。尤其对于基督教史学这种远离"理性"却直面"信仰"的史学范型，我们更应在冷静的思考之余，基于同情而宽容，基于理解而深邃，并进而反躬自省有所裨益。

二、研究综述

尽管以"早期基督教史学"为专题的研究目前所见极少，但如前所述，现当代历史研究已经初步建构起了研究"基督教史学"的重要意义与理论基础。因此，在随后的研究综述中，本文就相当程度地涉及了现当代的基督教史学相关研究，也正是这些本学科领域内的新近成果，或多或少地启发与帮助了本文"早期基督教史学"的专题研究。

（一）国外研究

1、对基督教史学的总体性研究

在新兴的史学史研究领域中，基督教史学因其重要性，已经得到了国外学者相当丰富与深入的研究。比如在宏观的史学史通史研究中，不少学者就对基督教史学做出了出色探讨。

其一是汤普森，他在所著的《历史著作史》[67]（*A History of Historical Writing*）一书中，对西方自上古时代至17世纪末的历史学家与作品，做了极为全面的梳理和介绍。作为一部历时性的史学史通史巨著，该书对于基督教史学中重要的史家与作品，包括各种古老的年代记、编年史、圣徒传及其他基督教历史写作，都给予了介绍。在该书第八章，汤普森曾以"早期教会史学"为题，对基督教史家与作品展开探讨，并指出："公元五世纪，异教史学绝迹，五世纪以后开始的八百年间，西欧大部分历时写作都是由基督教作家进行的"。[68]但是，基于该书以时代为经，以民族国家为纬的叙事体例，随后汤普森并没有将"教会史学"继续单列地加以展开，而是融入到了之后各时代与民族国家的史学史撰述之中。

其二是凯利，他在代表作《多面的历史：从希罗多德到赫尔德的历史》[69]（*Faces of History: Historical Inquiry From Herodotus to Herder*）一书中，从思想史角度对西方历史写作做了回顾与研究，提出了自己的一家之言。在该书的第四章"人类的教育"中，凯利强调了犹太教思想对基督教思想的启迪意义，并指出对于犹太教与基督教而言："历史学家的任务是发现那些隐藏于人类记录文字背后更深层次的精神意义，它构成了人类的教育"。[70]随之，他在该章中较深入地探讨了中世纪之前的犹太考古学，以及基督教史学"新的开端"。[71]而该书的第五章，则以"中世纪之镜中的历史"为题，探讨了从奥古斯丁到马丁·路德时代的西方史学思想发展，指明这时期内的史学思想反映了："基督教——欧洲——历史学家们了解其传统的努力"。[72]应该说，凯利此书中对于基督教史学史，特别是其史学思想发展史的深入剖析，体现了现

---

67 （美）J W·汤普森：《历史著作史》，上卷，第一分册，谢德风译，商务印书馆1996年版。

68 （美）J W·汤普森：《历史著作史》，上卷，第一分册，谢德风译，商务印书馆1996年版，第179页。

69 （美）凯利：《多面的历史：从希罗多德到赫尔德的历史》，陈恒、宋立宏译，生活、读书、新知三联书店2003年版。

70 （美）凯利：《多面的历史：从希罗多德到赫尔德的历史》，陈恒、宋立宏译，生活、读书、新知三联书店2003年版，第138页。

71 （美）凯利：《多面的历史：从希罗多德到赫尔德的历史》，陈恒、宋立宏译，生活、读书、新知三联书店2003年版，第146页。

72 （美）凯利：《多面的历史：从希罗多德到赫尔德的历史》，陈恒、宋立宏译，生活、读书、新知三联书店2003年版，第239页。

代西方史学研究中着重理解史学思想脉络的新趋势。

以上两本著作皆因其出色的学术水准，在我国均有质量上佳的译本。

1939 年，哥伦比亚大学教授肖特韦尔（James T. Shotwell）在其所出版的《史学史》（*The History of History*，该书是作者在 1922 年出版的《史学史介绍》*An Introduction to the History of History* 的修订版）[73]中，用第 5 部分"基督教与史学"（全书共五部分）对基督教史学做出了颇富启迪的探究。在该部分第 1 章（全书的第 25 章）的结尾处，他阐明："我们将会发现，基督教史学在最初三个世纪里的诸多重要发展，都跟随着如下的两条线索：其中一条是隐喻（allegory）与象征主义（symbolism），另一条则是比较编年史（comparative chronology）"。[74]及至随后的行文中，他概括但不失深刻地探讨了隐喻解经与象征主义，尤其是"最伟大的基督教隐喻大师"奥利金（Origen）对早期基督教史学思想的影响。[75]另外，他还着重论述了攸西比乌斯的《编年史》（*Chronicle*）与《教会史》（*Ecclesiastical History*）；[76]以及奥古斯丁《上帝之城》对基督教史学的影响[77]等内容。

美国历史学者巴恩斯（Harry Elmer Barnes）在其 1963 年修订出版的《历史写作史》（*A History of Historical Writing*，修订版，该书第 1 版出版于 1938 年）[78]的第 3 章中（全书共计 15 章），也简略探讨了"早期基督教历史写作"，又在第 6 章中叙述了"在宗教改革与反宗教改革期间的教会历史写作"。而对于期间（也即前述"早期"至"宗教改革"之间）基督教史学的相关论述，他则分别涵括在其第 4 章"中世纪历史写作"，和第 5 章"人文主义与历史写

---

73 James T. Shotwell, *The History of History*, New York: Columbia University Press, 1939.

74 James T. Shotwell, *The History of History*, New York: Columbia University Press, 1939, p. 335.

75 该处讨论为全书第 26 节，标题为"隐喻以及奥利金的贡献"（Allegory and Contribution of Origen）。参见：James T. Shotwell, *The History of History*, New York: Columbia University Press, 1939, pp. 336-346.

76 该处讨论为全书第 27 节，标题为"编年史与教会历史：攸西比乌斯"（Chronology and Church History; Eusebius）。参见：James T. Shotwell, *The History of History*, New York: Columbia University Press, 1939, pp. 347-363.

77 该处讨论为全书第 28 节，标题为"上帝之城"（The City of God）。参见：James T. Shotwell, *The History of History*, New York: Columbia University Press, 1939, pp. 364-377.

78 Harry Elmer Barnes, *A History of Historical Writing*, Second Revised Edition, New York: Dover Publications, 1963.

作"之中。值得在此一提的是，基于对肖特韦尔等人思想的承继，他在该书中也就"隐喻解经"对基督教史学的影响做了一定的探讨。[79]

另一位美国史学史研究者布莱塞赫（Ernst Breisach），则在其前后已经三版的《历史编纂学：古代，中世纪，和现代》（*Historiography: Ancient, Medieval and Modern*，1983 年第 1 版，1994 年第 2 版，2007 年第 3 版）中，分别以"基督教历史编纂学的革命"（The Christian Historiographical Revolution）及"历史学家们与基督教团体的理想"（Historians and the Ideal of the Christian Commonwealth）用作了该书第 7 章与第 9 章的标题（全书共计 31 章）。[80]但实际上，作为一本囊括了自古希腊史学直至后现代史学思想的史学史通史性著作，该书对基督教史学的相关探讨远不限于此两章，而是相应地在对 1 世纪到 18 世纪的历时性史学史撰述中（主要在其第 7 至第 12 章中）都有所涉及。当然，基于该书宏大的时间框架与相对不那么宏大的篇幅，他的相关论述也常常予人稍显简略的印象。

在此，还有必要提及英国现代历史思想家柯林武德的名作——《历史的观念》（*The idea if History*），[81]尽管该书并不能算一本严格意义上的史学史作品，更像是一部历史哲学或者思想史通史性著述，但其中确实蕴含了大量关于基督教史学研究的卓越见地与思想创新。并且在这部共计 5 编的《历史的观念》中，柯林武德也确实使用了第 2 编的全编篇幅，来集中论述了基督教对西方历史学的影响及相关。在该部分（共有 9 节）中，柯林武德不仅反思了基督教思想对西方历史学的影响（第 1 节），还总结了"基督教历史编纂学的特点"（第 2 节），而且他还将随后第 3 节"中世纪的历史编纂学"直到第 9 节"人性的科学"（时间跨度由中世纪开始，历经文艺复兴、启蒙运动而结束于 18 世纪左右他所定义的"人性科学的历史发展"）这一长时段内西方历史观念的发展，都有意识地统一在了"基督教的影响"之下。应该说，这种编排本身，就展示了这位历史思想家对其所属文化的深刻见解。

---

79 Harry Elmer Barnes, *A History of Historical Writing*, Second Revised Edition, New York: Dover Publications, 1963，pp. 43-44.

80 Ernst Breisach, *Historiography: Ancient, Medieval, and Modern*, 3rd ed. Chicago: the University of Chicago Press, 2007.

81 R. G. Collingwood, *The Idea of History*, edited with an introduction by Jan Van Der Dussen, revised edition, with lectures 1926-1928, Oxford: Oxford University Press, 1993. 中文译本参考：（英）柯林武德：《历史的观念》，何兆武、张文杰译，商务印书馆 2004 年版。

在新近国外学者们的一些通史性史学史著述中，也有不少涉及基督教史学的论述。比如萨玛（Tei Ram Sharma）的《历史编纂学：历史写作的历史》（*Historiography: a History of Historical Writing*），[82]在该书第 1 部分的第 1 章中，也较为总体性地探讨了"基督教对历史写作的影响"。而查雅普拉（N. Jayapalan）的《历史编纂史》（*Historiography*），[83]则是一本体例相当宏大的史学史通史著作，可说是全面涵括了古今与东西方的历史编纂学史。在该书的第 13、14 章中，探讨了古代与中世纪的史学，对基督教史学尤其是教会史学有一定论述，但囿于篇幅论述颇为简略。

2、个案研究

（1）"早期基督教史学"研究

"早期基督教史学"研究在国外史学领域中，也是一个较为新兴的课题，但相关学者已经对其作出了一些细致而深入的研究。

早在上世纪 50 年代，米尔本（R. L. P. Milburn）就出版了一本专门论述早期基督教史学相关问题的专著：《早期基督教的历史解释》（*Early Christian Interpretations of History*）。[84]在该书中，作者以共计 8 章的划分，探讨了诸如历史学家的任务，早期护教士对"历史"的使用，奥利金在早期基督教历史阐释中的"隐喻"与"神秘"（mystery）路径，攸西比乌斯的编年史撰述，以及在"历史"中的上帝审判，早期基督教艺术对"历史"的处理，伪经中的故事，和"事实与象征"等早期基督教史学相关问题。虽然篇幅有限，但该书对"早期基督教史学"的研究，已经展现出富有个人创见的系统性，尤其作者对早期护教士们历史阐释的关注，以及对奥利金隐喻解经的注意，都可以说相当富有见地。

而前面提及的意大利史学史家莫米利亚诺，也是现代国外一位杰出的早期基督教史学研究者。前曾述及，他在其代表作《现代史学的古典基础》中，对基督教教会历史学起源做出过颇具创见的探讨。此外，他还有不少涉及早期基督教史学的个案与专题研究，在本文的参考文献中，对其相关作品有所

---

82 Tei Ram Sharma, *Historiography: a History of Historical Writing*, India, New Delhi: Concept Publishing Company, 2005.

83 N. Jayapalan, *Historiography*, India, New Delhi: Atlantic Publishers and Distributors LTD, 2008.

84 R. L. P. Milburn, *Early Christian Interpretations of History*, New York: Harper & Brothers Publishers, 1954.

收集与列举。

另外应予提及的，则是美国芝加哥大学教授罗伯特·M·格兰特（Robert M. Grant），尽管他主要是一位神学及《圣经》（主要是《新约》）研究家，但由于他对"早期基督教"丰富而杰出的研究，因此在"早期基督教史学"研究中，也具有着重要地位。他不仅翻译出版了早期基督教中首位编年史作者提阿菲罗斯的《致奥托莱库斯》一书，同时更对提阿菲罗斯的思想与文本传承做出了想多丰富而细致的研究。[85]并且，他还广泛地对早期基督教思想与文本做出了具有相当学术水准的研究，同时深入涉及了相关的希腊及罗马史背景研究，是西方当代研究早期基督教（当然也关涉了早期基督教史学）的权威学者。他著述颇丰，其相关著作收录在本文文后的参考文献中。

新近国外关于"早期基督教史学"的研究中，1989年所出版的亚瑟·J·乔治（Arthur J. Droge）的专著《荷马还是摩西？：早期基督教的历史文化阐释》[86]（*Homer or Moses? : Early Christian Interpretations of the History of Culture*）尤其值得关注。

此书作者是前述早期基督教研究专家格兰特的学生，其源文本又是作者获得美国芝加哥大学博士学位的博士论文，可说颇具学术价值。也正如作者在前言中指出，其研究主旨就是阐明：

> "这群写作者，他们一般被称为'护教士'，在他们的作品中我们遭遇到朝向一种基督教的历史文化阐释的最初步骤。他们的成就是革命性的，标志着一种对历史的新理解在早期教会思想内的开始，

---

85 Robert M. Grant 曾颇为详尽地以专题形式梳理过提阿菲罗斯《致奥托莱库斯》一书在西方的文本流传历史，参阅：Robert M. Grant，"The Textual Tradition of Theophilus of Antioch"，*Vigiliae Christianae*, Vol. 6, No. 3 (Jul., 1952), pp. 146-159；并且在他1970年由牛津大学出版社刊行的《致奥托莱库斯》希腊文英文对照译本中，除讨论提氏个人的经历与观点之外，Robert M. Grant 又细致梳理了《致奥托莱库斯》各种版本在西方编辑发行的学术历史，参阅：Theophilus of Antioch, *Ad Autolygum (To Autolycus)*, Text and Translation by Robert M. Grant, Great Britain, Oxford: Oxford University Press, 1970, pp. ix-xxv；

86 如其作者所言，该书主旨在于：那些早期基督教写作者们（护教士们）的作品，标志着一种对历史的新理解，并取得了"革命性成就"，参见：Arthur J. Droge, *Homer or Moses? : Early Christian Interpretations of the History of Culture*, Tübingen: Mohr, 1989, p. vii.同时该书内容也主要是探讨早期基督教思想家对当时"历史（文化）"的阐释与建构，而并非现代国内一般意义上对"文化历史"或者"文化史"的专题研究，故在此处作此翻译。

并且甚至于，标志着这种对历史的新理解在作为一个整体的西方古
代的开始"。[87]

此书在内容上共计七章，详细论述了以荷马和摩西为渊源的两种历史思
想、创世纪与早期犹太史学、以及早期基督徒查士丁（Justin）、塔提安（Tatian）、
提阿菲罗斯（Theophilus）、亚历山大学派诸如克莱门特（Clement）与奥利金
（Origen）、攸西比乌斯等的历史（文化）阐释与相关延伸。较为全面和深入
地对早期基督徒的历史思想做出了研究。

另外值得注意的、还有格雷戈里·E·斯特林（Gregory E. Sterling）的《历
史编纂与自我定义：约瑟夫斯，〈路加福音〉—〈使徒行传〉与辩护（护教）
性历史学编纂》（Historiography and Self-definition: Josephos, Luke-Acts and
Apologetic Historiography）。[88]尽管该书更多地是创新性地研究一种富有作者
自我创见的"辩护（护教）性历史编纂学"（Apologetic Historiography）样式，
但也显著反映了国外学者的基督教史学史研究新路径，尤其作者对《路加福
音》以及《使徒行传》的史学意义（包括前述两书与犹太史学家约瑟夫斯作
品之间的传承比照）做出了学术水准颇高的研究，非常富有参考价值。

此外还有一些富有影响的探讨基督教历史观念的专题作品，对早期基督
教史学思想也有相当涉及。比如 1962 年 Cullman, O.所写的《基督与时间：早
期基督教关于时间和历史的观念》（Christ and Time: The Primitive Christian
Conception of Time and History.）、[89]十年后 Patrides 出版的《上帝的宏大计划：
基督教历史观念的文学形式》（The Grand Design of God: The Literary Form
of the Christian View of History.）、[90]以及 1985 年 A. G. Dickson 和 John Tonkin
所写的《历史观念的改革》（The Reformation in Historical Thought）[91]等等。

（2）其他个案研究

在关于基督教史家与作品的个案研究领域中，国外学者也已取得了丰硕

---

[87] Arthur J. Droge, *Homer or Moses? : Early Christian Interpretations of the History of Culture*, Tübingen: Mohr, 1989, p. vii.

[88] Gregory E. Sterling, *Historiography and Self-definition: Josephos, Luke-Acts and Apologetic Historiography*, The Netherland, Leiden: E. J. Brill, 1992.

[89] Cullman, O. Christ and Time: *The Primitive Christian Conception of Time and History.* Trans. F. V. Filson. London: 1962.

[90] Patrides, *The Grand Design of God: The Literary Form of the Christian View of History.* London: 1972.

[91] A. G. Dickson and John Tonkin , *The Reformation in Historical Thought* , Cambridge , Mass. , Harvard University Press , 1985.

成果。

在随后的综述梳理中，本文作者也适当涉及了一些超出了"早期基督教史学"，但却属于总体"基督教史学"研究中的相关成果。对这些并非本题但却密切相关的领域，本文也只是简要整理，存录在此，希望能给日后他人的进一步研究稍作参考。

单是关于教会史学之父攸西比乌斯的研究专著，较有影响的就有 1933 年 F·J·福克斯-杰克逊（F. J. Foakes-Jackson）的《攸西比乌斯·潘弗里：巴勒斯坦凯撒利亚的主教与首位基督教历史学家》（*Eusebius Pamphili: Bishop of Caesarea in Palestine and First Christian Historian*, Cambridge）、[92] J·史蒂文森（J. Stevenson）在 1957 年出版的《新攸西比乌斯》（*A New Eusebius.*）、随后在 1960 年 D·S·华莱士-哈德里尔（D. S Wallace-Hadrill）出版了他的《凯撒利亚的攸西比乌斯》（*Eusebius of Caesarea.*）、[93] 1979 年奥尔登·S·莫斯海默（Alden S. Mosshammer）所出版的《攸西比乌斯的编年史与希腊的编年传统》（*The Chronicle of Eusebius and Greek Chronographic Tradition.*）、[94] 以及 1980 年格兰特所撰写的《作为教会历史家的攸西比乌斯》（*Eusebius as Church Historian*）[95] 等。

另外，对像奥古斯丁、比德、格雷戈里等著名基督教思想家和历史家的专著和专论，也为数甚多。比如对西方近百年来有关奥古斯丁的研究，我国学者夏洞奇就有较详细的梳理。[96]

而关于格雷戈里的有：Breukelaar, Adriaan H. B.所写的 *Historiography and Episcopal Authority in Sixth-Century Gaul: The Histories of Gregory of Tours Interpreted in Their Historical Context.*（Göttingen, 1994.）

关于比德的有：M. L. W. Laistner 的论文 "Bede as a Classical and a Patristic Scholar."（载于 *Transactions of the Royal Historical Society,* 4th series, XVI [1933], 69—64.）、Thompson, A. H.编撰的 *Bede, His Life, Times, and*

92 F. J. Foakes-Jackson, Eusebius Pamphili, Bishop of Caesarea in Palestine and First Christian Historian, Cambridge, 1933.

93 Wallace-Hadrill, D. S. Eusebius of Caesarea. London: 1960.

94 Mosshammer, Alden S. The Chronicle of Eusebius and Greek Chronographic Tradition. Lewisburg, Pa.: 1979.

95 Grant, R. M., Eusebius as Church Historian, Oxford: Oxford University Press, 1980.

96 参阅：夏洞奇，《尘世的权威：奥古斯丁的社会政治思想》，上海三联书店 2007 年版，第 3—22 页。

Writings.（London-Oxford, 1935, reprint, 1966.）、Jones, C. W.的论文 "Bede as Early Medieval Historian"，（载于 *Medievalia et Humanistica* 4, 1946, p26-36）和.Blair, Peter Hunter.的 *The World of Bede.*（Cmabridge, 1990.）以及 Gransden, Antonia.的专论 "Bede's Reputation as an Historian in the Middle Ages"，（载于 *Legends, Tradition and History in Medieval England.* London: 1992.）

关于约翰·斯莱丹的有：.Dickens, A. G.所写的 "Johannes Sleidan and the Reformation History"，（载于 *Reformation Conformity and Dissent: Essays in Honor of Geoffrey Nuttall. Ed. R. Buick Knox.* London: 1977.）和 Kelley, D. R.的 "Johannes Sledan and the Origins of the Profession of History"，（载于 *Journal of Modern History* 52 （1980），973-998）等等。

实际上，对于西方历史上重要的基督教历史学家与作品，现当代国外学者几乎都作出了比较细致而深刻的专题研究。

此外，基督教史学中一些富有特点的历史叙述形式，比如由寺院或者教区中的僧侣集体撰写的编年史与年代记，再比如专门为品德高洁的教会圣徒们所写作的圣徒传记等。国外学者也对之作出了卓有成效的研究，成果丰赡。

在编年史和年代记的研究方面，比如前述史学史专家凯利就曾认为"冯·登·布林肯（A. D. von den Brincken）对 3 至 12 世纪的 60 份世界史年代记进行了有价值的研究。"[97]而其他较有影响的著作则稍作列举如下：

上世纪较早期的是 C. H. Turner 所撰写的专论《西方教会早期的编年史》[98]（Early Chronicles of the Western Church），1912 年重印时收录在他的《早期教会史研究》（*Studies in Early Church History*）一书中。

1926 年 R. L. Poole 出版的《编年史与年代记：其来源及发展纲要》（*Chronicles and Annals: A Brief Outline of Their Origin and Growth*）[99]对编年史和年代记的产生与发展做了较为全面的探讨、随后 T. F. Tout 在上世纪三十年代将关于编年史的专论《中世纪编年史研究》（The Study of Mediaeval

---

97 （美）凯利：《多面的历史：从希罗多德到赫尔德的历史》，陈恒、宋立宏译，生活、读书、新知三联书店 2003 年版，第 220 页。

98 C. H. Turner, "Early Chronicles of the Western Church," reprinted in his Studies in Early Church History, Oxford: 1912.

99 R. L. Poole, *Chronicles and Annals: A Brief Outline of Their Origin and Growth*, Oxford , 1926.

Chronicle）[100]收入其《选集》中在曼彻斯特出版。再有普林斯顿大学 1964 出版的 Jack Finegan 作品《圣经编年史手册》（*Handbook of Biblical Chronology*）、[101]Markus, R. A.1986 年的论文《年代学与神学：亚奎丹的繁荣》（Chronology and Theology: Prosper of Aquitaine）[102]等等。

新近以来，许多对基督教编年史的研究专论更是成果斐然，比如 Croke, Brian.1992 年的《坡菲立的反基督教编年史与基督教世界编年史的起源》（Porphyry's Anti-Christian Chronicle" and "The Origin of the Christian World Chronicle）[103]一文，对西元三世纪希腊的新柏拉图派哲学家坡菲立所写的反基督教编年史与早期基督教编年史进行了深入的对比研究。再比如 1993 年 Speigel, Gabreille M.详细探讨编年史中法兰西方言与历史写作的《编年史传统与对过往的浪漫追求：13 世纪法兰西方言散文的历史编撰之兴起》（*Chronicle Tradition, and Romancing the Past: The Rise of Vernacular Prose Historiography in Thirteenth-Century France*）[104]等等。

至于在圣徒传记方面的研究，近三十年来，西方学者对圣徒传的研究已经由早前单纯地汇编整理发展到结合新史料、跨越多学科地对古代圣徒加以研究的层面，相关学者们往往依据古代基督教历史写作中的圣徒传记，来认识和研究历史上圣徒们的生活。其中比较有影响的有 1985 年的 Frend W. H. C.作品《早期教会的圣人和罪人》（*Saints and Sinners in the Early Church.*）、和 Elliot, Alison Goddard.在 1987 年的《通往天堂的道路：早期圣徒生活读本》（*Roads to Paradise: Reading the Lives of the Early Saints.*）以及 Noble, Thomas F. X. 和 Thomas Head 在 1995 年所编撰的《晚古与早期中世纪的圣徒与圣徒生活》（*Saints and Saints' Lives from Late Antiquity and the Early Middle Ages.*）等专著。

---

100 T. F. Tout, "The Study of Mediaeval Chronicle", Collected Papers, Manchester: 1932-34，3v.

101 Jack Finegan, Handbook of Biblical Chronology, Princeton Univ. Press, 1964.

102 R. A. Markus, "Chronology and Theology: Prosper of Aquitaine", The Inheritance of Historiography, 350-900, Ed. Christopher Holdsworth and T. P. Wiseman. Exeter: 1986.

103 Croke, Brian, "Porphyry's Anti-Christian Chronicle" and "The Origin of the Christian World Chronicle", Christian Chronicles and Byzantine History 5th-6th Centuries. London: 1992.

104 Spiegel, Gabrielle M., Romancing the Past: The Rise of Vernacular Prose Historiography in Thirteenth-Century France. Berkeley: University of California Press, 1993.

最后必须指出的是，由于基督教长期以来在西方思想中占据统治地位，因此对基督教本身发展的历史，对作为基督教信仰组织形式的教会历史，对体现基督教信仰理论体系的教义历史等，都是西方历史学家长久以来研究的热点，成果与著述都相当丰富。

3、关于基督教史学的原典文献与资料

目前来看，西方学界对所知的与基督教史学有关的原始文献和资料都已基本作出了整理，并翻译为英文出版。

比如与基督教史学直接相关的西方教父著作方面，法国学者米恩（A·Migne）早在十九世纪就较全面地收集了西方教会历史上所知教父的全部著作，汇编成《教父著作全集》（ *Patrologiae Cursus Completus* ），分为希腊文和拉丁文两个系列在巴黎予以出版。其后许多西方学者编辑出版了不少教父著作的增补本、修订本、选集以及译本。[105]

另外有罗伯特所主编的《尼西亚会议以前的教父著作集》（Roberts, A. & Donaldson, J. ed. *Ante-Nicene Fathers: Translation of the Writings of the Fathers* down to A. D. 325, 10vols. American Reprint of the Edinburgh Edition, 1994.）和沙夫所主编的《尼西亚会议与会议以后的基督教教父著作选集》（ Schaff, P., ed. *A Select Library of the Nicene and Post-Nicene Fathers of the Christian Church*, 1ˢᵗ and 2ⁿᵈ series, 28 vols, Michigan, 1994. ）也较为全面详细。

而由哈佛大学出版社出版的《洛布古典丛书》（ Loeb Classical Library ），则可谓几乎涵盖了西方重要的古希腊文和拉丁文典籍，并且也提供了相应的英文翻译。

基本上，古代西方基督教历史写作中那些基督教史家们的原典著作，那些富有基督教特色的大量编年史与年代记，以及反映基督信仰特征的圣徒传和教皇史、连同相关的教义史与教会史等资料文献，西方学者也大多作了整理，并翻译成了现代英语以供研究。在本文的参考文献中，对之也有所收集。

---

105 关于西方教父著作的版本介绍，可以参阅：王晓朝，《教父学研究：文化视野下的教父哲学》，河北大学出版社 2003 年版，第 43—46 页。

（二）国内研究[106]

目前而言，国内系统全面研究西方基督教史学的专著尚未出现。但不少国内学者已经对此极为重视，并在许多专题与个案领域中，作出了相关的深入研究。基本上，国内现今关于基督教史学的认识与探讨，已经在以下三个方面得到了初步但富有学术水准的展开。

1、通史性质著作中对基督教史学的重视与研究

在近年来出版的关于西方史学史的通史性质著作中，不少学者都已经意识到基督教史学的存在与重要，并对其列出专门章节、或者给予一定篇幅加以涉及和论述，稍举例一二如下：

在 1983 年出版由郭圣铭编著的《西方史学史概要》一书中，便专门讨论了"早期的基督教史学"，[107]并对基督教史学的产生做了初步的探讨，比如他认为："基督教徒用基督教神学的观点来解释历史，编写历史，于是就产生了基督教的史学。"[108]

而在 1989 年宋瑞芝等主编的《西方史学史纲》中、则直接将西方中世纪史学称为"'上帝'的史学"，[109]颇为鲜明地指出"中世纪的西方史学，成了宣扬上帝主宰人类命运的宣传工具，用基督教神学的观点来解释历史、编写历史极为盛行，从此，宣告了古典史学的终结，而'上帝'的史学也即基督教史学取而代之，占据统治地位。"[110]

其后，在 1995 年由郭小凌所编著的《西方史学史》中也对"基督教史学的兴起"作了研究，[111]认为基督教史学在西方兴起是由于"在基督教向非犹

---

106 可以参阅：张广智：《近二十年来中国的西方史学史研究（1978—1998）》，《史学史研究》，1998 年第 4 期，第 18—25 页；张广智：《关于深化西方史学史研究的若干问题》，《文史哲》，2006 年第 4 期，（总第 295 期），第 95—101 页；于沛，《西方史学的传入和回响》，《浙江学刊》，2004 年第 6 期，第 37—48 页；周文玖，《20 世纪中国的外国史学史研究》，刊于瞿林东主编：《史学理论的世界视野：外国史学研究》，北京师范大学出版社 2007 年版，第 333—352 页；陈其泰，《西学传播与近代史学的演进》，《北京师范大学学报（社会科学版）》2004 年第 3 期（总第 183 期），第 74—83 页。

107 郭圣铭编著：《西方史学史概要》，上海人民出版社 1983 年第 1 版，第 59—63 页。

108 郭圣铭编著：《西方史学史概要》，上海人民出版社 1983 年第 1 版，第 60 页。

109 宋瑞芝等主编：《西方史学史纲》，河南大学出版社 1989 年第 1 版，第 80—99 页。

110 宋瑞芝等主编：《西方史学史纲》，河南大学出版社 1989 年第 1 版，第 80 页。

111 郭小凌编著：《西方史学史》，北京师范大学出版社 1995 版，第 137—146 页。

太人的世界传播的过程中，为了向异族人证明自己信仰的合理性和可信性"，[112]并指出："基督教迟早要以自己的意志，自己的面貌重新解释历史，上帝的意志在这种解释中只不过是他们自身解释的神圣护罩而已"。[113]

2004 年，张广智在其《西方史学史》中，也同意就西方史学中世纪这一阶段而言，"基督教史学取代了古典史学"，"基督教的神学史观统治着西方史坛"，[114]但对其是否是如寻常所谓的"黑暗时代"，则做了富于创见的详细分析。

同年，章士嵘所著的《西方历史理论的进化》中，更是用了一章的篇幅（全书共六章）来详细论述了"基督教对西方历史观的影响"，[115]指出基督教给西方社会带来了一种"历史观念的升华"，[116]西方以往那些"历史的偶然论、循环论、个别论都被否定了，人类的目的对历史的进程是不能左右的，决定历史行程的唯一力量是天意。"[117]

至于新近出版的由姜芃所主编《西方史学的理论和流派》中，则有一定篇幅讨论"基督教的历史哲学"，[118]其认为西方"从中世纪到近代初期，神学的历史观一直占有统治地位。人类的历史被看成是一幕体现天意的戏剧"。[119]并认为这种历史观一直延续到近代初期法国的历史学家鲍修哀（Jacque Bossuet），指出"在鲍修哀之后，随着历史由中世纪步入近代，基督教的历史哲学就开始衰落并呈现出后继无人之势"。[120]

特别应提及的是赵立行所著的《西方史学史通史·第三卷·中世纪时期》（公元 5 世纪至 14 世纪），该书可以说是近年来国内相当深入与重要的基督教史学史论著（当然"基督教史学"被涵括在了其"中世纪史学"研究题目之内）。书中详细而深入地论述了自攸西比乌斯直至西元 14 世纪的基督教史学发展，可谓是目前中国国内基督教史学研究最为完备与深入的专著之一。当然，也

112 郭小凌编著：《西方史学史》，北京师范大学出版社 1995 版，第 137 页。

113 郭小凌编著：《西方史学史》，北京师范大学出版社 1995 版，第 138 页。

114 张广智主著：《西方史学史》，第 2 版，复旦大学出版社 2004 年版，第 70 页。

115 章士嵘著：《西方历史理论的进化》，山西教育出版社 2004 年版，第 64—83 页。

116 章士嵘著：《西方历史理论的进化》，山西教育出版社 2004 年版，第 79 页。

117 章士嵘著：《西方历史理论的进化》，山西教育出版社 2004 年版，第 83 页。

118 姜芃主编：《西方史学的理论和流派》，中国社会科学出版社 2007 年版，第 82、83 页。

119 姜芃主编：《西方史学的理论和流派》，中国社会科学出版社 2007 年版，第 82 页。

120 姜芃主编：《西方史学的理论和流派》，中国社会科学出版社 2007 年版，第 83 页。

如其标题所示，此书并没有过多地涉及本文所指称的"早期基督教史学"亦即西元 1 到 4 世纪初期的这段基督教史学历史。

以上只是对近来国内部分学者的西方史学史通史性作品，就他们关于基督教史学所做研究的概略梳理，难免挂一漏万。事实上，由于基督教史观与史学对西方史学史这一学科的重要和不可回避，其他学者的西方史学史著作中也基本都对该问题有所涉及和探究。[121]

2、专题与个案研究

尽管为数不多，但近年来还是有许多国内学者对某些基督教史学问题做了仔细而深入的专题与个案探询，在此稍作论述如下：

1996 年，高拴来在其《试论基督教对欧洲中世纪史学的积极作用》一文中，较早地"否定了基督教引起中世纪史学全面倒退的陈说，认为基督教在本质上是对世俗历史的扼杀，但同时也对西方史学观念的变革有着某些积极的贡献"。[122]

再比如 1997 年徐波的《〈圣经〉与西欧史学》也对基督教《圣经》与西方史学关系做出了深入论述。[123]张建辉则在《基督教史学的贡献》中认为，"以往人们对基督教史学，总因它的神学启示性和过多的荒诞不经的奇迹、显灵等而对之评价不高。其实，细心观察，它对史学思想、史学方法的贡献是显著的，在西方史学史上应有一席之地。首先，不断前进的一线史观。其次，世界史观和世界史体系。第三，用划时代事件划分历史时期的分期思想。第四，统一历史纪年。第五，面对现实的积极应对精神。第六，保存了历史记载。第七，开创了新的历史撰述类型《圣徒传》。[124]

2002 年，朱伟奇在他题为《论西欧中世纪基督教史学的历史地位与作用

---

121 另外可以参阅： 张广智的《克丽奥之路—历史长河中的西方史学》复旦大学出版社 1989 年版）、张广智、张广勇的《史学，文化中的文化—文化视野中的西方史学》，浙江人民出版 1990 年版 、徐正等主编的《西方史学的源流与现状》(东方出版社,1991 年版）、夏祖恩编著的《外国史学史纲要》，鹭江出版社 1993 年版 、杨豫的《西方史学史》江西人民出版社 1993 年版、王建娥编著的《外国史学史》，兰州大学出版社 1994 年版等。

122 高拴来,《试论基督教对欧洲中世纪史学的积极作用》,《唐都学刊》第 12 卷, 1996 年第 1 期（总第 47 期），第 51 页。

123 徐波,《〈圣经〉与西欧史学》，载《史学理论研究》, 1997 第 2 期，第 97-103 页。

124 张建辉：《基督教史学的贡献》，《世界文化》2007 年第 3 期，第 51 页.

——解读'上帝'的历史观》[125]的文章中讨论了基督教史学三个具有积极作用的方面：一、世界整体史观的形成；二、"逻各斯"的禅承与发展；三、进步史观与基督纪年的诞生。进而认为"基督教史学——'上帝'历史观在史学中占据了统治地位，但这并不完全意味着历史学的全面倒退，相反，它带来了全新的历史观念的变革；它不仅培育了日后历史学的世界主义史观和世界整体史观，埋下了历史学对世界历史规律的信仰和探索的种子，而且向人们灌输了历史是进步的历史观"。[126]

2004 年，郭海良在《基督纪元体系的形成与基督教史学》[127]一文中着重探讨了基督纪元体系与基督教史学之间的关系，指出基督纪元体系包括两大部分："基督纪元"与"基督纪元前"，是"最能够体现基督教史学特征的一种独特的纪年方法"，[128]"它的使用和推广方便了历史年代的标计、促进了对古代历史的研究，却加速了基督教史学的衰落"。[129]

目前国内进行与基督教史学有关的历史研究中，彭小瑜可以说是颇具影响的一位专家。他撰写了相当数量与质量的关涉基督教史学的专论，比如其《教会史的学科界定与方法论》、[130]《教会史和基督教历史观》[131]等。此外，他还发表了不少对基督教史学研究相当富有裨益的专论，如：《略论犹太教一神论的起源和发展》；[132]《近代西方古文献学的发源》；[133]《西方历史误读的东方背景：法律革命、宗教改革与修道生活》[134]等。

125 朱伟奇：《论西欧中世纪基督教史学的历史地位与作用——解读'上帝'的历史观》，《江西社会科学》2002 年第 10 期，第 55—57 页。

126 朱伟奇：《论西欧中世纪基督教史学的历史地位与作用——解读'上帝'的历史观》，第 55。

127 郭海良：《基督纪元体系的形成与基督教史学》，《华东师范大学学报(哲学社会科学版)》第 36 卷第 2 期，2004 年 3 月，第 77—84 页。

128 郭海良：《基督纪元体系的形成与基督教史学》，《华东师范大学学报(哲学社会科学版)》第 36 卷第 2 期，2004 年 3 月，第 77 页。

129 郭海良：《基督纪元体系的形成与基督教史学》，《华东师范大学学报(哲学社会科学版)》第 36 卷第 2 期，2004 年 3 月，第 77 页。

130 彭小瑜：《教会史的学科界定与方法论》载《西学研究》第 1 辑，商务印书馆 2003 年版，第 171—185 页。

131 彭小瑜：《教会史和基督教历史观》，《史学理论研究》，2006 年第 1 期，第 7 页。

132 彭小瑜：《略论犹太教一神论的起源和发展》，《世界宗教研究》1986 年第 4 期。

133 彭小瑜：《近代西方古文献学的发源》，《世界历史》2001 年第 1 期。

134 彭小瑜：《西方历史误读的东方背景：法律革命、宗教改革与修道生活》，《历史研

对于攸西比乌斯的生平及其《教会史》，国内学者研究已颇深入，其中赵康英的博士论文《凯撒利亚的尤西比乌斯及其〈基督教会史〉研究》可说较为系统。[135]

再比如对基督教重要历史思想家奥古斯丁的探询中，夏洞奇的研究就非常深入，成果丰富。还出版了具有相当学术水准的专著：《尘世的权威：奥古斯丁的社会政治思想》。[136]

并且，国内还有少量或者在宏观视野下，或者在具体个案中涉及基督教历史观念和历史写作的专著与专论：如陈超的《试论西欧中世纪基督教史学的历史地位》；[137]余伟的《试论柯林武德对'末世论'的批评》；[138]夏祖恩的《〈忏悔录〉奠定了奥古斯丁的神学史观》；[139]以及贺璋瑢所作的《圣奥古斯丁神学历史观探略》；[140]张文杰的《从奥古斯丁到汤因比——略论西方思辨的历史哲学》[141]等等。

3、关于涉及"基督教史学"原典的翻译

近年来一些基督教早期教父的重要文献已经陆续得到翻译出版，诸如：德尔图良的《护教篇》；[142]塔提安等人的《致希腊人书》[143]等。攸西比乌斯的《教会史》也得以翻译出版。[144]

更有一些基督教史学的典范作品在国内得到了译介，它们分别是艾因哈

究》，2006 年第 1 期，第 124—135 页。

135 赵康英：《凯撒利亚的尤西比乌斯及其〈基督教会史〉研究》（博士学位论文），南开大学历史学院，2010 年。

136 夏洞奇：《尘世的权威：奥古斯丁的社会政治思想》，上海三联书店 2007 版。

137 陈超：《试论西欧中世纪基督教史学的历史地位》，《福州教育学院学报》，2005 年第 4 期，第 77—80 页。

138 余伟：《试论柯林武德对"末世论"的批评》，《史学理论研究》，2004 年第 4 期，第 77—84 页。

139 《福建师大福清分校学报》，1997 年第 1 期，总第 34 期。

140 贺璋瑢：《圣奥古斯丁神学历史观探略》，《史学理论研究》，1999 年第 3 期，第 67—73 页.

141 张文杰：《从奥古斯丁到汤因比——略论西方思辨的历史哲学》，《史学理论研究》，第 90—101 页。

142 （古罗马）德尔图良著，《护教篇》，涂世华译，上海三联书店 2007 版。

143 塔提安等著：《致希腊人书》滕琪，魏红亮译，中国社会科学出版社 2009 年版。

144 （古罗马）优西比乌：《教会史》，（美）梅尔英译、评注，瞿旭彤汉译，生活·读书·新知三联书店，2009 年版。

德的《查理大帝传》、比德的《英吉利教会史》、格雷戈里的《法兰克人史》等，均由商务印书馆作为西方史学经典著作予以出版。

此外，在一些国内学者选编的西方史学名著文集或者丛书中，比如：吴于廑主编的《外国史学名著选》(上、下两卷本,商务印书馆)、刘明翰《外国史学名著选介》(山东教育出版社，1986)、郭圣铭、王晴佳主编的《西方著名史家评传》(华东师范大学出版社，1988)、顾晓鸣主编的《世界学术名著精选·历史鸿著类》(湖北人民出版社，1989)、田汝康、金重远选编的《西方史学流派文选》(上海人民出版社)、陈启能主编的《西方史学名著提要》(对圣奥古斯丁及其《上帝之城》有简要述评)[145]等等，也对基督教史学中的一些名家名篇皆有所涉猎。

一些对基督教史学产生了巨大影响的西方基督教思想家的著作，也个别地得到了翻译，比如圣奥古斯丁的《忏悔录》[146]、《上帝之城》[147]和马丁·路德的《路德文集》[148]等等。

还值得一提的是我国港台地区[149]对基督教史观与史学的研究，就目前所见，研究西方史学史的通史性著作对该问题大多有所论及与展开，比如蔡石山的《西洋史学史》(国立编译馆，1975)。专论方面，比如王任光的《西洋中古时代的基督教史学》，[150]该文章对西方中世纪基督教史学做了较详细的探究。再如方志强所著《攸西比乌斯的〈教会史〉与普世史传统》，[151]则对攸西比乌斯《教会史》的范型意义展开了深入论述。近年来，港台地区关于基督教本身的相关历史研究方面，以及对基督教一些重要原典的翻译，也都取得了一些成果，在此就不赘述。

通过以上对国内关于基督教史学研究的简单梳理，不难看出，我国不少

---

145 陈启能主编:《西方历史学名著提要》，江西人民出版社 2001 年版 (2003 年重印)。

146 奥古斯丁:《忏悔录》，周士良译，商务印书馆 1982 年版。

147 (古罗马) 奥古斯丁:《上帝之城》，王晓朝译，人民文学出版社 2006 年版 (2007 年重印)。

148 (德) 马丁·•·路德: 雷雨田、伍渭文总主编，路德文集中文版编辑委员会编，《路德文集》，上海三联书店，2005。目前已出第一卷、第二卷。

149 参阅: 胡逢祥、李远涛:《五十年来中国港台地区的史学史研究》,《河北学刊》，2004 年第 24 卷第 2 期，第 149—154。

150 王任光:《西洋中古时代的基督教史学》，载于《西洋史集刊》1989 年第 1 期。

151 方志强: "优西比乌斯的《教会史》与普世史传统",《史学史研究》，2011 年第 4 期，总 144 期。

学者已经意识到了基督教史学对于西方史学乃至西方文化研究的重要意义。但囿于该领域所要求的对不同信仰之理解、对异域文化之体认、以及复杂的西方古语和浩繁的原始文献，加之国内学界对西方文化的研究也尚处在初始阶段，使得国内目前对基督教史学的研究，尽管在某些方面已有展开，总体上，应该还是处在起步的探索阶段。

三、写作思路与结构

本文致力于对西元 1 至 4 世纪初期的早期基督教史学，尤其是史学思想的发展做出探析。在此漫长的三百余年间，基督教由萌芽而历经摧折，并最终顽强成长为西方世界的主流宗教。同时，基督教也为西方史学培植并生发了一次革命性的转折——将基督教"上帝"信仰引入历史之中。

因此，尽管此时段内的基督教文献庞杂、头绪繁多，但本文对此时段内基督教史学思想的探析，却始终围绕如下这一问题而展开，那就是："上帝"如何能进入"历史"之中？

或者说，早期基督教史学为什么能将原本记载人类历史的史学文本，阐释为上帝的神意蕴含其中？又为什么能将原本纪念与再现人类事业的历史叙述，转化为对上帝的证明与显现？甚至，那些原本致力于探询世事，追求"真实"的史学作者，又为什么演变成为了上帝在世间的代言人，"真理"的传播者？

基于对上述问题的提出与解答尝试，"早期基督教史学"，在本文作者的理解中，就并不是西方传统希腊罗马史学的直接延续，而是一种与传统史学有着本质区别的史学革命。不管之前的希腊史学、罗马史学、犹太史学等有多么重要，但西方史学在新兴基督教这里所发生的这场革命，更多、也更主要地有赖于自耶稣开始的早期基督徒们对传统历史观念的深刻反思，以及他们为基督教史学发展所提供的理论支持和长期准备。

本文力图疏凿源流，抉隐钩沉地探究这些理论支持与长期准备。

写作思路上，本文侧重通过历时性的研究，尤其重点地探讨那些对基督教史学具有关键影响的早期基督徒的历史思想传承，以期能更深入地切近理解前述问题，进而部分地揭示出早期基督教史学如何开端，并最终发展成为基督教史学自身。

结构上，本文正文共四章。

第一章"早期基督教史学的'前世'"。这章中，一方面以"西方古典史学的式微"来论述在传统的希腊罗马史学中，史家的个人"自我"是如何在追求历史"真实"的理论路径中，逐渐陷入困境，并为日后基督教将"上帝"引入历史做好了铺垫。另一方面也以"犹太思想的启迪"来探究了犹太思想是如何作为基督教史学将"上帝"引入历史的先导，行文主要集中于对《旧约·但以理书》，以及犹太史家约瑟夫斯与犹太解经家斐洛的探讨。

第二章"早期基督教史学的最初探索"。该章分两节：第一节"耶稣：基督教史学思想的基调"，着重解读了耶稣在《新约》文本中的主要历史思想，尤其探讨了耶稣究竟如何将历史解释为神意的进程，又建构了一种怎样的神国理论，并使得基督教史学能够在日后持续地接受其指引；第二节"路加：基督教史学的较早尝试"，则通过对《路加福音》与《使徒行传》的研读，阐明在早期基督徒路加的史学尝试中，基督教史学如何来证明上帝的预言，又怎样将历史表现为"圣灵"的参与。

第三章"早期基督教史学的先行者"。该章也分为两节：第一节，以较大篇幅探寻了一位对基督教史学发展具有重要意义，却长期遭到忽视的史学理论家提阿菲罗斯。[152]因为，正是他的历史阐释理论与应用，使得过往的历史叙述不仅被理解为"字面言辞"，也不仅被理解为"事实所是"，而更加被理解为了"真理意是"。提阿菲罗斯凭借对基督教终极"真理"在历史叙述中的阐释，很大程度上消解了传统史学追求"真实"而不得的理论困窘，引导受众脱离历史叙述的字面事实，转而追求历史叙事背后的"真理"，也即基督教信仰与教义。并且，他还首次编撰出了一部富有基督教特色的编年史，因而本文将他作为早期基督教史学的一位重要先行者加以了深入探讨。

第二节，探讨了"一个精通罗马法律的人"[153]——早期基督教神学家德尔图良。面对罗马帝政当局与异教世界对基督教的迫害，德尔图良撰写了他的名作《护教篇》，雄辩地利用"历史"为基督教信仰做出了辩护。也基于在其辩护中对历史的广泛适用，德尔图良使"历史"成为了沟通法律与神明的工具，更为日后基督教思想开辟出一条"以历史为神明作证"的理论路径。并且，他还在辩护中建构起基督教具有最为古老的权威性质，《圣经》更是具

152 参见拙文：肖超：《提阿菲罗斯在〈致奥托莱库斯〉中的史学阐释理论体系》，《世界宗教研究》， 2012 年第 4 期，第 108—116 页。

153 Eusebius, *The Ecclesiastical History*, Volume I, with an English Translation by Kirsopp Lake, Cambridge, Massachusetts: Harvard University Press, reprinted 1998, p. 113.

有超越所有历史文本之上的神圣性质。而他所有这些历史阐释建构，都为日后基督教史学奠定了思想基础。

第四章"早期基督教史学的完型"。这一章，主要试图对作为早期基督教史学"完型"标志的攸西比乌斯《教会史》加以着重论述，然后再基于《教会史》的思想传承，对早期基督教史学的特征与脉络加以探讨。

全章共三节，第一节论述了为什么《教会史》能够作为早期基督教史学的"完型"。本节首先就解析了《教会史》的完型意义。随后再结合攸西比乌斯的生平经历，对《教会史》这本早期基督教内至关重要的史学典籍，进行了全书性的解读，这种解读又是在把握到《教会史》的两个主要特征后展开的。在本节结尾，还基于《教会史》的"完型"意义，回溯与梳理了早期基督教史学思想，究竟为《教会史》做出了怎样的理论支持与长期准备。

第二节，则承接《教会史》的完型意义，进一步回顾与研究早期基督教史学对于基督教与外界之间，尤其是政治当局间关系的理论建构。毕竟，攸西比乌斯的自身经历及其《教会史》文本，都明确地揭示了基督教史家及其作品与罗马帝国政治之间的亲密互动。这种亲密，有着当时对基督教极为重要的现实因应：正是通过历史学，基督教史家在历史起源上，为罗马找到了一个源自上帝神意的开端；在历史进程中，为罗马帝国建构了一个走向普世神国的趋势；更在具体的历史叙述间，将罗马当权者阐释为了上帝权能在人间的执行者。所有这些，都对罗马政治含蕴了巨大的吸引力，也促使早期基督教史学最终达成与政治统治者之间的亲密关系。

第三节，则仍然承接《教会史》的完型意义，开始系统考察早期基督教史学中，一条将上帝置身于历史的理论新路径——"隐喻解经法"，[154]及其对早期基督教史学思想的影响。正基于隐喻解经法对经典文本的阐释，使得文本在字面下被寻找到了神意，也使得文本的阐释者成为了代表神意的解读者，更使得文本的叙事内容能够成为神意的显现。而这种解经法，也在早期基督教史学发展中，被逐渐转用到历史阐释的领域，促使基督教史学在历史文本中发掘神意，也使得上帝神意得以降临于基督教历史叙述者自身，更促使历史由对人事的再现与探询，转化为对神意的显现与证明。这种思想路径的建构与思想轨迹，首先继承于犹太思想家斐洛，其后经保罗、德尔图良、奥利

---

154 参见拙文：肖超：《略论"隐喻解经法"对早期基督教史学思想的建构》，《史学理论研究》2011 年第 2 期。

金等早期基督徒转引于历史思想领域，最终由攸西比乌斯在《教会史》的具体历史撰述中完成。由此，西方史学史中原本十分个人的历史写作，也便演化成极具宗教意识形态的信仰阐释。

本文主要依据早期基督教史学发展而做出历时性编排，但对于重要的文本与理论，在相关章节中，还是更多地突破了其自身所处的时代，力图梳理探询它们的思想传承与演历。同时在部分行文中，也适当地将中国史学思想纳入了比较与探讨。

第一章　早期基督教史学的"前世"

西方史学自古希腊时代发轫，至今已历两千五百余年。其间诸多历史学家在撰史上的思考与实践，皆不同程度地反映了他们所处时代中人们对于人类历史发展的理论反思与认识突破，也展现了同时代人们在历史视界上所受的限制。因而，在西方史学史长河中，历史学家们的历史叙述便具有代表性地向后人展现出一条关于历史的历史脉络。

基于对这一历史脉络的把握，现代西方史学界一般将基督教史学之前的古代希腊罗马史学，视作西方古典史学的核心组成，并认为它对后世影响深远。

诚如张广智所言：古代希腊罗马史学"形成了优良的传统，给后世西方史学的发展以深刻的影响"。[1]张广智进而把希腊罗马史学的"优良传统"概括为如下几点：1、求真探索精神，古代希腊罗马史家们立意求真，竭诚探索，试图揭示历史现象之间的内在联系与发展规律。2、人文主义观念，西方文明的出发点是人，史学亦然。3、宽宏的历史眼光，西方古典史家具有宽宏的历史视野，尤其那些撰述"世界史"或"通史体例"的史家更为突出。4、历史的垂训作用，古代希腊罗马史家相当重视以历史叙述来训诫后世的作用。5、历史学家的自身修养，西方史学家从一开始，就关注历史学家的自身修养。[2]

上述五点，精准地概括了古代希腊罗马史学所具备的传统与特征，特别

---

1 张广智：《西方史学通史·第一卷·导论》，复旦大学出版社 2011 年版，第 15、16 页。

2 参阅：张广智：《西方史学通史·第一卷·导论》，复旦大学出版社 2011 年版，第 18—22 页。

其中所指明的希腊罗马史学的"求真"（主要是追求真实）与"出发点是人"，对随后的基督教史学更有着关键的意义。而在笔者看来，恰恰是希腊罗马史学从个人自我出发来"求真"的特质，使得他们逐渐面临困境并终至式微。而西方史学也开始转入到一个"阐明真理"，并且以"上帝"为出发的基督教史学时代

一、西方古典史学的式微

凡事一旦开始，都将历史地传承于历史。任何一个大的史学时代（比如前述古代希腊罗马史学、基督教史学时代等）都会对前时代加以继承与反思。那些之前时代中的关键理念，总是至为深刻地在随后时代中持续地发挥着作用。同时，前时代围绕这些理念所作出的沉思、创造以及奋斗，连同所遭遇的挫折，也都将被后时代扬弃，并形成新的观念。毕竟，在一种承认人类思想能够向前发展的总的历史观念中，后时代总是摆脱了前时代的困境，开辟出新的道路。

由古典史学"追求真实"，转为基督教史学"阐明真理"[3]的核心理念的转变，首先值得我们在此加以探析。

而如果要对此进行探讨，那么，着眼于古希腊罗马史家的所谓"求真"，[4]就是不错的切入点。这不仅因为当时的史学作者宣称："历史学家的任务是通过他所叙述的事件与言辞的真实，长久地指导并取信于那些严肃的学者"；[5]也不仅因为当时的史学读者强调："在历史中，评价一切的标准就是真实"；[6]而主要是因为，这名为"真实"的思维泡沫，在希腊罗马史学内的萌发、膨胀、

---

3 "安提阿的提阿菲罗斯"（Theophilus of Antioch，约西元 115—181 年，据攸西比乌斯《教会史》记载，这位"著名的提阿菲罗斯"是安提阿教会中"自使徒以来的第六任主教"，参阅：Eusebius, *The Ecclesiastical History*, Volume I, with an English Translation by Kirsopp Lake, Cambridge, Massachusetts: Harvard University Press, reprinted 1998, p. 373.），于其传世之作《致奥托莱库斯》（*To Autolycus*)中，曾对受众直言："我将用一些你读过的历史书籍……来向你阐明真理"。参见：Theophilus of Antioch, *Ad Autolycum* (*To Autolycus*), Text and Translation by Robert M. Grant, Oxford: Oxford University Press, 1970, p. 23.

4 关于西方古典（传统)史学的"求真"精神，如下文字颇值参阅：张广智主著：《西方史学史》(第三版)，复旦大学出版社 2010 年版，第 10—67 页。

5 Polybius, *The Histories*, Volume I, with an English Translation by W. R. Paton, Cambridge, Massachusetts: Harvard University Press, Reprinted 1998, p. 379.

6 Cicero, " De Legibus " (the Laws) , in *Cicero XVI,* with an English Translation by Clinton Walker Keyes, Cambridge, Massachusetts: Harvard University Press, reprinted 1994, p. 301.

以及最终幻灭，使得此时段的历史学思维，展现出了一种有迹可循的历程；尤为重要的是，这种"真实"的幻灭，也部分催生了新型史学思维在随后基督教思想中的萌生。

以"求真"为切入点来讨论希腊罗马历史学，并非打算考察这时期里历史叙述的真实与否，而是将关注历史学家如何追求"真实"。这意味着，尽管这时期里的历史学将"真实"作为追求的目标，但我们所着重的，则是该时期内历史学追求这一结果的过程。并且，我们也以希腊罗马历史学所具有的"求真"特质，作为理解此种历史学的基础。

于是，古希腊罗马史学就不再表现为散乱随意的历史行进，而能够被理解为一种围绕着"求真"所展开的史学史发展。

而古希腊罗马史家实现其"求真"的方法，也就是他们所建构的从个人"自我"出发来追求"真实"的理论路径，也就相应地在这段史学史中得以展现其脉络，进而帮助我们来加深对古希腊罗马史学的理解，并部分地能够回答如下问题：为什么"追求真实"的古希腊罗马史学会逐渐式微，并最终让位于"阐明真理"的基督教史学？

（一）希腊史学

当历史学，在奠基者希罗多德那里首次浮现时，近代理论家狄尔泰曾将其动因归结为"好奇心"与"自豪感"。[7]

而希罗多德自己也鲜明地在作品中表现了这种好奇与自豪，只不过，他并未承载像狄尔泰希望的那么多的国家／民族情绪，相反，这位希腊人是在叙说到埃及这个异族时，至为强烈地表现出了好奇心与自豪感："关于埃及本身，我打算说得详细些，因为没有任何一个国家有这样多的令人惊异的事物，没有任何一个国家有这样的非笔墨所能形容的巨大业绩"。[8]因而在此，我们能看到一种超越了国家与民族界限的，人对人类自身的惊奇与自豪，这也驱使

---

7 这段原译文是："首先，各种各样的旨趣会导致人们叙述那些已经发生的事情。在这里，最重要的是某种最初的需要得到了满足——这种需要就是有关各种人类事物的好奇心、特别是有关人们自己的国家所发生的那些事情的好奇心。此外，人们对于自己的民族和国家的自豪感，在这里也发挥作用。这样一来，叙事的艺术就出现了，而希罗多德则变成了以后各个时代的典范"。参见：（德）狄尔泰：《历史中的意义》，艾彦译，译林出版社 2011 年版，第 95 页。

8 希罗多德：《历史》（全两册），王以铸译，商务印书馆 2005 年版，第 125 页。

了希罗多德去"保存人类的功业"。[9]

可以说，当西方人还在为那句"人啊，认识你自己"[10]的神谕陷入沉思时，西方首位历史学家希罗多德处就以"自我"个人身份叙述起了人类自己。而且这个"自我"的好奇情感是这么强烈，以至于他竟如此地陈述了他写作历史的规则："在这全部历史里，我的规则是我不管人们告诉我什么，我就把它记录下来"，[11]就仿佛一个刚走进糖果店的孩童，恨不得抓取所有，还不懂得品鉴取舍。

在这几乎是有闻必录的迫切与豪迈中，希罗多德也并非没有意识到他的自我叙述需要"真实"才能可信，但这种意识更多地屈从于了对新鲜事物的猎奇、对人类功业的自豪。如在述及刚比西斯与阿拉伯人的交往时，希罗多德虽然认为阿拉伯人用骆驼运水的说法，"是在传说当中最为可信的一个说法"；[12]但他还是舍不得放弃另外那个更新奇也更宏大的，关于阿拉伯人用长距离牛皮水管（需要人行走十二天的长度）来运水的说法，尽管他也承认该说法"不那么可信"。[13]

并且，希罗多德也只是用其个人意见，来追求与评判"真实"。故而，我们也就常常能接触到他随后的语句："对于这些不明确的事情，现在我必须提出我个人的意见来了"；[14]"人们可以相信任何一个他认为是可信的说法；但是在这里我要说一下我自己关于它们的意见"。[15]他这种单凭"自我"意见来追求"真实"的态度，很快就招致了西方另一位史学奠基人修昔底德不点名的批评，他指责希罗多德等散文编年史家，"所关心的不在于说出事情的真相而在于引起听众的兴趣，他们的可靠性是经不起检查的"。[16]

---

9 希罗多德：《历史》（全两册），王以铸译，商务印书馆 2005 年版，第 1 页。

10 苏格拉底认为铭刻在德尔菲神庙（Delphic temple)的这句神谕在希腊人中是"人人皆知的"，参见：Plato, "Protagoras", in *Plato II*, with an English translation by W. R. M. Lamb, Cambridge, Massachusetts: Harvard University Press, reprinted 1990, p. 197. 中文译文可参见：（古希腊）柏拉图："普罗泰戈拉篇"，《柏拉图全集·第 1 卷》，王晓朝译，人民出版社 2002 年版（2005 重印），第 467 页。

11 希罗多德：《历史》（全两册），王以铸译，商务印书馆 2005 年版，第 165 页。

12 希罗多德：《历史》（全两册），王以铸译，商务印书馆 2005 年版，第 196 页。

13 希罗多德：《历史》（全两册），王以铸译，商务印书馆 2005 年版，第 196 页。

14 希罗多德：《历史》（全两册），王以铸译，商务印书馆 2005 年版，第 119 页。

15 希罗多德：《历史》（全两册），王以铸译，商务印书馆 2005 年版，第 175 页。

16 （古希腊）修昔底德：《伯罗奔尼撒战争史》，谢德风译，商务印书馆 2010 年版，第 19 页。

那么，这位宣示自己"了解事物发展的意义，专心研究事情的真相"[17]的修昔底德，他与"真实"的关系又是如何呢？

必须承认，修昔底德很明显地克制了希罗多德浓郁的猎奇口味，取而代之的，是一种为了让自我"垂诸永远"[18]而有意识地对虚构的远离，以及对"真实"的接近。这正如他自己所言：

> "我这部历史著作很可能读起来不引人入胜，因为书中缺少虚构的故事。但如果那些想要清楚地了解过去所发生的事件和将来也会发生的类似的事件（因为人性总是人性）的人，认为我的著作还有一点益处的话，那么我就心满意足了。我的著作不是只想迎合群众一时的嗜好，而是想垂诸久远的"[19]

在此，历史学最初的那种好奇心已渐消褪，但为人类功业而"自豪"的意味却有增无减，甚至就连人类自相残杀的战争，也被修昔底德反复上升为"伟大"："这次战争是一个伟大的战争，比过去曾经发生过的任何战争更有叙述的价值"；[20]"任何人，只要看到事实的本身，就会知道这次战争是所有的战争中最伟大的一次战争了"。[21]

修昔底德还生发出对其自我的强烈自信，这位身处"伟大的时代"[22]里的历史叙述者，建构了一整套以他"自我"个体为中心来达致"真实"的历史叙述原则："我所描述的事件，不是我亲自看见的，就是我从那些亲自看见这些事情的人那里听到后，经过我仔细考核过了的"。[23]于是，叙述者的"自我"

---

17 （古希腊）修昔底德：《伯罗奔尼撒战争史》，谢德风译，商务印书馆2010年版，第420页。

18 （古希腊）修昔底德：《伯罗奔尼撒战争史》，谢德风译，商务印书馆2010年版，第20页。

19 （古希腊）修昔底德：《伯罗奔尼撒战争史》，谢德风译，商务印书馆2010年版，第20页。

20 （古希腊）修昔底德：《伯罗奔尼撒战争史》，谢德风译，商务印书馆2010年版，第2页。

21 （古希腊）修昔底德：《伯罗奔尼撒战争史》，谢德风译，商务印书馆2010年版，第19页。

22 （古希腊）修昔底德：《伯罗奔尼撒战争史》，谢德风译，商务印书馆2010年版，第2页。

23 （古希腊）修昔底德：《伯罗奔尼撒战争史》，谢德风译，商务印书馆2010年版，第20页。

就如此自信地成为了"真实"的仲裁者，并且一洗过往那随意与自在的面目，展露出理性与自为的模样。

甚至，这种"自信"发展到了叙述者代替历史人物发表演讲的程度。修昔底德坦言："我亲自听到的演说辞中的确实词句，我很难记得了，从各种来源告诉我的人也觉得有同样的困难；所以我的方法是这样的：一方面尽量保持实际上所讲的话的大意；同时使演说者说出我认为每个场合所要求他们说出的话语来"。[24] 然而，如后人所总结，叙述者出于莫名自信而为被叙述者代言，无疑是"粗暴"的。[25] 尤其修昔底德的这种自信，还渊源于他自命对"人性"的了解。所以，尽管修昔底德深信自己能够代表其他个体发言，但实质上，他代言的仍然只是其"自我"。

而作为"希腊的第三大历史家"，[26] 色诺芬的史学叙述主体"自我"则开始着力于"自我共同体"的建构。其《长征记》，叙述的是一群希腊雇佣军为钱财远征西亚，随后返回的事件。但在叙述者兼指挥官的色诺芬笔下，却被比附于希腊英雄"奥德赛"的返乡历险。[27] 色诺芬一面骄傲地向其集团颂扬其希腊祖先与希腊邦国；[28] 另一面也傲慢地将那些遭受他们骚扰劫掠的异族视为"弱者"。他进而鼓励他的受众们："有力量就有机会夺取弱者的所有"。[29]色

---

24 （古希腊）修昔底德：《伯罗奔尼撒战争史》，谢德风译，商务印书馆 2010 年版，第 19、20 页。

25 对于修昔底德让各个不同历史人物以同一种风格腔调讲话的做法，柯林武德无疑相当反感，对此他使用了"outrage"一词来表达不满。参见：R. G. Collingwood, *The Idea of History*, edited with an introduction by Jan Van Der Dussen, revised edition, with lectures 1926-1928, Oxford: Oxford University Press, 1993, p. 49. 中文译文引自：（英）柯林武德：《历史的观念》，何兆武、张文杰译，商务印书馆 2004 年版，第 64 页。

26 吴晓群：《西方史学通史·第二卷·古代时期》，复旦大学出版社 2011 年版，第 102 页。

27 "我们会象奥德赛里吞食了忘忧果的人那样乐而忘返了"。参见：（古希腊）色诺芬：《长征记》，崔金戎译，商务印书馆 1997 年版，第 71 页。

28 "我们的祖先在陆上和海上都战胜了我们敌人的祖先。作为这些胜利的标志，我们如今仍可见到战利纪念物，但最为强有力的见证便是我们生于兹、教于兹的邦国的自由。你们从不屈从于人们任何人，而只敬仰天神。你们是从这样的祖先传下来、成长起来的。"参见，（古希腊）色诺芬：《长征记》，崔金戎译，商务印书馆 1997 年版，第 68-69 页。

29 （古希腊）色诺芬：《长征记》，崔金戎译，商务印书馆 1997 年版，第 144 页。

诺芬这种党同伐异的"严重的个人倾向及好恶"，[30] 使"自我"在与"真实"碰撞时，产生出让人惊诧的反讽效果。

作为苏格拉底的学生，色诺芬曾写过不少作品来追忆恩师，并为其辩诬。[31] 但他建构"自我共同体"时的有意偏袒（当然也囿于他的认识），苏格拉底就被描述成了一个极为无辜，并对雅典毫无危险的人。面对如此和善庸常、毫无恶意的一位老者，色诺芬的读者们只会诧异于雅典人怎么就一定要鬼迷心窍地将他置于死地，更无法理解柏拉图何以为他树碑立传。"这可的确是天下独一无二的反讽"，[32] 就像克尔凯郭尔敏锐指出的那样："色诺芬割除了苏格拉底身上所有的危险之处，从而最终把他缩减得荒谬绝伦"。[33]

再次有必要回顾一下苏格拉底关于颂词"真实"性论述，也许能将色诺芬"自我"遭遇"真实"时的反讽意味揭示得更显明。因为恰恰是苏格拉底，在柏拉图的描述中，就是连颂词都强调"真实性"的，并且，他还尤其尖刻地讽刺了将所有良善品格不分真伪地堆砌到被颂扬者身上的做法。

苏格拉底的这段论述，参见《会饮》篇中，他就阿伽松的发言评价说道：

> "我的好先生啊，这的确是难以为继，不但是我，就是世界上的任何人在听完如此精彩纷呈的雄辩（指阿伽松的发言）之后，都将无法再说些什么。演说前面的大部分还不是那么令人惊骇，但当我们快听到结尾时，那些字词语句的优美动人使得听者不由得屏息入迷。……我是一个如此愚蠢的可怜人，以至于竟会认为每逢颂扬时，人们都应该讲出关于被颂扬者的真实……可是现在看来，一篇好的颂辞似乎并非如此，而是一种颂扬者将所有最高尚与最美好品格在被颂扬者身上的堆积，不管实情是否如此，甚至就是虚假的也

---

30 吴晓群：《西方史学通史·第二卷·古代时期》，复旦大学出版社 2011 年版，第 102 页。

31 诸如其作品《回忆苏格拉底》，《会饮》等。参见，（古希腊）色诺芬：《回忆苏格拉底》，吴永泉译，商务印书馆 1986 年版；（古希腊）色诺芬等：《色诺芬的〈会饮〉》，沈默等译，华夏出版社 2005 年版。

32 （丹麦）克尔凯郭尔：《论反讽概念》，汤晨溪译，中国社会科学出版社 2005 年版，第 9 页。

33 （丹麦）克尔凯郭尔：《论反讽概念》，汤晨溪译，中国社会科学出版社 2005 年版，第 9 页。

无关紧要"。[34]

至此，我们基本能看到叙述主体"自我"在希腊史学中的大致发展。

以奠基者希罗多德和修昔底德为例，他们都依靠其"自我"的在场来佐证其史学著述的"真实"。希罗多德将其作品称为："都是我个人亲自观察、判断和探索的结果"；[35]而修昔底德则宣称他的叙述："部分是我的亲自参与，部分是我从其他人那里得来的信息，并尽我所能地进行了确证"。[36]但本质上，这种叙述主体自我的自信，并不一定能获得未在场的受众们的相信。

尤其发展到色诺芬，历史撰述主体对"自我个体"的过度强调，甚至泛化为对"自我共同体"的着力建构，从而促使历史叙述在党同伐异中既凸显了"自我"，也在与"真实"的遭遇时甚至成为极强的反讽。

我们还可以着重探讨一下波里比乌斯。他恰好处于承前启后的希腊化时代，[37]而且，这位被誉为"修昔底德以后最伟大的希腊史家"，[38]其代表作《通史》（Histories，又译为《历史》或《罗马史》）所关注的正是为什么"罗马在不到 53 年的时间里，能够成功地征服了差不多整个的有人定居的世界，并将其置于他们单一的统治之下"？[39]以及使同时代的人们清楚认识到"罗马的统治究竟是可以接受还是恰恰相反"？[40]因而，他身上鲜明地具备着希腊向罗马史学的过渡特征。

在波里比乌斯的文字中，"真实"得到了前所未有的强调。

他认为历史学家不同于戏剧作者，不是凭借虚构文饰的动人词句来取悦

---

34 Plato, "Symposium", in *Plato Ⅲ*, with an English translation by W. R. M. Lamb, Cambridge, Massachusetts: Harvard University Press, reprinted 1991, pp.163-165.

35 希罗多德：《历史》（全两册），王以铸译，商务印书馆 2005 年版，第 151 页。

36 Thucydides, *History of the Peloponnesian War*, Books I and II, with an English Translation by Charles Forster Smith, Cambridge, Massachusetts: Harvard University Press, reprinted 1999, p.39.

37 从西元前 323 年亚历山大大帝逝世至西元前 30 年罗马灭掉由亚历山大大帝的部将建立并由其后裔统治的埃及托勒密王朝的这段历史，史称希腊化时代（the Hellenistic Period）。

38 参见（美）J W·汤普森：《历史著作史》，上卷，第一分册，商务印书馆 1966 年版，第 74 页。

39 Polybius, *The Histories*, Volume I, with an English Translation by W. R. Paton, Cambridge, Massachusetts: Harvard University Press, Reprinted 1998, pp. 1, 2.

40 Polybius, *The Histories*, Volume II, with an English Translation by W. R. Paton, Cambridge, Massachusetts: Harvard University Press, Reprinted 1999, p. 11.

读者于一时，而是依靠真实确凿的历史撰述使学者们受益于长久。他指出："历史学家的任务是通过他所叙述的事件与言辞的真实，长久地指导并取信于那些严肃的学者"；[41]他还宣称："如果历史被剥夺了她的真实，那么就只剩下一个无用的传说"。[42]

波里比乌斯也的确以其"自我"对真实展开了可贵的追求：他竭力亲自去考察当地的文献资料并引用原文，并对其自我在场的发现具有极高的信心。[43]比如，针对他在著作中提供的关于汉尼拔于西班牙各种安排的信息，他就相当自信地说道：

> "人们没有必要去惊讶于它们的准确性，这种准确性甚至就连事实上的具体细节操办者也难以达到；并且也不要一上来就责备我，认为我像其他作者一样，试图把自己做出的虚假陈述打扮得煞有其事。实际情况就是，我亲自在拉西尼昂海角（the Lacinian promontory）发现了一块青铜碑匾，在那上面汉尼拔自己列出了他在意大利时的那些名单，而且我认为这是一个绝对的、最高级的权威"。[44]

可见，基于对自我的确信，波里比乌斯已经认为他具有了某种超越其他作者、甚至超越当时的实际在场者的至高权威。

伴随波里比乌斯对"真实"的强调，以及由此产生的对其"自我"权威的确信，他就对先前的史学认识展开了许多严厉的批判。[45]

他进而将那些专门史（Special histories）的叙述者，比喻为只是"见到了一个曾经鲜活美丽的生物被分解了的各部分肢体，就臆想他好像是这整个生物本身行动与优美的见证者"；[46]又将那些喜欢搜罗猎奇，有闻必读的读者们

41 Polybius，*The Histories*，Volume I, with an English Translation by W. R. Paton, Cambridge, Massachusetts: Harvard University Press, Reprinted 1998, p. 379.

42 Polybius，*The Histories*，Volume I, with an English Translation by W. R. Paton, Cambridge, Massachusetts: Harvard University Press, Reprinted 1998, p. 37.

43 关于此处对波里比乌斯亲赴实地参阅文献的叙述，参阅：（美）J　W·汤普森：《历史著作史》，上卷，第一分册，谢德风译，商务印书馆1996年版，第82页。

44 Polybius，*The Histories*，Volume II, with an English Translation by W. R. Paton, Cambridge, Massachusetts: Harvard University Press, Reprinted 1999, p. 79.

45 参阅：（美）J　W·汤普森：《历史著作史》，上卷，第一分册，谢德风译，商务印书馆1996年版，第82—83页。

46 Polybius，*The Histories*，Volume I, with an English Translation by W. R. Paton, Cambridge, Massachusetts: Harvard University Press, Reprinted 1998, p. 13.

比喻为"晚宴聚会的饕餮之徒，尝试了餐桌上的每一样东西，但既没有在当下真正地享受任何一道菜点，也没有充分消化以便在将来从中吸取有益的营养"。[47]

波里比乌斯显然已经自认为他能够提供一种总体性的，并且能够"洞悉因果知识"[48]的对历史的认识："从概括与综合的角度来检视事件：事件何时发生，基于什么原因而起，如何造成最后的结果"。[49]换句话说，他隐含地自命：他就是那个见证了鲜活生物整体形态与美妙的在场者；他就是那位知晓了晚餐奥秘而熟知该如何选择与享受食物的美食家。

由此，这位承前启后的史学家，展示出一种让人瞩目的理论前进，他有力地升华了希腊史学中主体在描述细节、或者具体史实时，依照"自我"在场见证"真实"而产生的自我确信。开始在阐释"总体/普遍（general）历史"方面，建构起：史学家的"自我"，不仅能叙述"真实"的历史，还具有对总体/普遍历史作出正确阐释的"自我权威"。而这，将对随后的罗马史学产生极大的影响。[50]

而波里比乌斯在其《通史》中阐释的主要因果，就是他自我的结论："罗马人勇敢地奋起攫取世界霸权和疆土，并以其伟大成功证实其胆略政治，这并不是单纯的偶然性，……这是以克服困难和危险进行严格纪律训练所获得的必然结果"。[51]

可见，"自我"在波里比乌斯这里，就一方面将历史学拔高为具有普遍意义的生活指南："从严肃的历史撰述中所增进的经验，我们可以看做是对实际生活最好的一种训练"；[52]另一方面，"自我"也开始不再满足于仅仅表明其在

---

47 Polybius, *The Histories*, Volume II, with an English Translation by W. R. Paton, Cambridge, Massachusetts: Harvard University Press, Reprinted 1999, pp. 137-139.

48 （美）凯利：《多面的历史：从希罗多德到赫尔德的历史》，陈恒、宋立宏译，三联书店2003年版，第59页。

49 Polybius, *The Histories*, Volume I, with an English Translation by W. R. Paton, Cambridge, Massachusetts: Harvard University Press, Reprinted 1998, p. 11.

50 仅就波里比乌斯的"通史"意义而言，罗马帝国时期李维的《罗马史》、阿庇安的《罗马史》、阿米安乌斯·马赛里努斯（Ammianus Marcellius）的《罗马史》都可说极强地展示了波里比乌斯的影响所及。

51 波里比乌斯《通史》I, 63。中文译文转引自：（美）J W·汤普森：《历史著作史》，上卷，第一分册，谢德风译，商务印书馆1996年版，第78页。

52 Polybius, *The Histories*, Volume I, with an English Translation by W. R. Paton,

场的"真实"历史叙述，而更多地倾向于对历史加以自我立场的真相阐释。

　　当然，自我的在场，本质上就有着前定的"自我立场"，就好像叙述本身就意涵着阐释一样。但对于希腊罗马历史学来说，波里比乌斯的确极为显明地以其"自我"意见展开了对人类总体/普遍历史的阐释。[53]

　　他明确地将各个民族/国家的历史视为"一个有机的整体"，并指出"那些在意大利与利比亚所发生的事件，已经与希腊与亚洲各地所发生的事件互相联接，并全部导致了一个结局"。[54]

　　波里比乌斯进而系统性地将政治、军事、文化、乃至经济等要素运用到对这个"有机的整体"，尤其是对罗马与其他各民族/国家的交往争斗的研究之中。对此，后世狄尔泰有出色总结：

　　　　"他（波里比乌斯）的观点也就变成了普遍历史所具有的观点，
　　　　因为在他自己的内心之中，他把希腊的理论文化、把对于他自己的
　　　　国家发生的狡诈的政治活动和战争活动的研究，以及把只有通过与
　　　　这个新的普遍国家的那些最重要的政治家交往才有可能到的、有关
　　　　罗马的某种知识，都结合在一起了"。[55]

　　如是，波里比乌斯就对"有机的整体"的历史因果联系，做出了浅白却不乏深意的阐释。尽管他还没有以某种永恒真理的代言人自居，可他已经宣称：史学家的"自我"在对历史的叙述中，已经领悟到了某种真理般的"必然结果"。波里比乌斯开创性地认为：各个地区的所有历史事件，"全部导致了一个结局"，[56]具体来说，就是罗马对整个世界的征服与统治。

　　希腊罗马史学中的主体"自我"，在波里比乌斯身上，就由过往的自信能够见证历史真实，转而发展为自命可以阐释历史普遍真理。

　　这种转变，也被后世的狄尔泰敏锐地作为了如下一个历程的源头，他说："在从波里比乌斯到马基雅维里和圭恰尔迪尼的这个时期，各种各样的文化

Cambridge, Massachusetts: Harvard University Press, Reprinted 1998, p. 99.

53　有学者特地指出："他（波里比乌斯)还将其著作称作是 *a podeiktike historia*，意为'解释历史'（explanatory history)"。参阅：吴晓群：《西方史学通史·第二卷·古代时期》，复旦大学出版社 2011 年版，第 139 页。

54　Polybius, *The Histories*, Volume I, with an English Translation by W. R. Paton, Cambridge, Massachusetts: Harvard University Press, Reprinted 1998, p. 9.

55（德）狄尔泰：《历史中的意义》，艾彦译，译林出版社 2011 年版，第 97 页。

56　Polybius, *The Histories*, Volume I, with an English Translation by W. R. Paton, Cambridge, Massachusetts: Harvard University Press, Reprinted 1998, p. 9.

力量都开始发挥作用——其中，最重要的是自我认识的无限深化过程，和同时存在的历史视界的无限扩展过程"。[57]

也正部分基于这个"自我认识的无限深化过程"，随后，将展开对主体"自我"在罗马史学中发展的探讨。

（二）罗马史学

在罗马史学中，"求真"已经上升为一种常识。

由希罗多德与修昔底德所肇创的，以自我在场来追求"真实"的思想，已经发展为罗马人公认的理念。"真实"不再仅仅是史学作者个体对其叙述的标榜，而是已泛化为包括读者与评论者的整个社会智识群体对历史叙述的首要标准。比如西塞罗就明确指出："在历史中，评价一切的标准就是真实"；[58]

另外，秉承波里比乌斯将历史学中的经验之谈，视为"对实际生活最好的一种训练"，[59]并自命历史学家能够对历史发展因果做出权威阐释的观点。大部分罗马史家，都希望通过撰史来"垂训"于人，也即向受众们表达出某种史家自认为合理并富有教益的阐释。

比如李维，就认为人们通过阅读其《罗马史》，可以"从中为你和你的国家选择那些值得效仿的事迹，同时回避那些在人们的观念中以之为耻并终将以羞辱收场的言行"；[60]再比如塔西佗也相信通过阅读其著作，人们"不仅可以理解那些历史事件中的事变与结果，它们大多是基于偶然，而且能够认识它们的前提与原因"[61]

但如果我们由以上"求真"与"垂训"的两个特点，就得出主体"自我"在罗马史学中的发展，无非是延续了希腊史学中的自信真实与自命权威，则是对罗马历史学的极大误解。

实际上，正如我们后面将要分析的，真正在罗马史学中更需要留意的，

---

57 （德）狄尔泰：《历史中的意义》，艾彦译，译林出版社2011年版，第97页。

58 Cicero, " De Legibus " (the Laws), in *Cicero* XVI, with an English Translation by Clinton Walker Keyes, Cambridge, Massachusetts: Harvard University Press, reprinted 1994, p.301.

59 Polybius, *The Histories*, Volume I, with an English Translation by W. R. Paton, Cambridge, Massachusetts: Harvard University Press, Reprinted 1998, p. 99.

60 Livy, *History of Rome*, with an English Translation by B. O. Foster. Cambridge, Massachusetts: Harvard University Press, 1998, p3.

61 Tacitus. *The Histories*, with an English Translation by Clifford H. Moore, Cambridge, Massachusetts: Harvard University Press, 1996 年, p. 9.

反而是它所流露出的主体自我对"自我"的审视意识。也惟如此，史学主体自我进一步深化了那种"人啊，认识你自己"的诉求，这既是罗马史学的贡献，也在某种程度上成为了它的拘囿。

在前面讨论色诺芬的时候曾经论及，由于叙述主体那种党同伐异的自我立场与好恶，将会使得以"真实"为标榜的历史叙述面对真实时产生出反讽。但这，毕竟由后人以旁观者身份所体味出来。

然而，当史学发展到罗马史家撒路斯提乌斯[62]的时候，主体对于"自我"开始自省，并且觉察到其自我立场将损害叙述的真实，从而有意识对"自我"加以某种摒弃。

在其著作中，撒路斯提乌斯曾相当自信于他的历史撰述，对此他的一个重要理由就是："我之所以特别对这一工作抱有信心，是因为这里我个人已经不再有所希求，不再有所恐惧，不再有派系的偏见"。[63]于是，"自我"在此就被有意塑造成一个没有自我喜怒哀乐意识、甚至没有自我群体立场意见的"自我"。

且不论这样的"自我"是否可能存在；也不论读者有否信服于如此自我表白。单就这位凯撒的密友、兼忠实拥趸撒路斯提乌斯的文字来说，当他撰述与凯撒及他自己关系如此密切的"喀提林事件"时，他自己都难以相信他那种"非自我"的"自我"能够说服他人。他在行文中表现出对整个历史撰述工作的自怨自艾，不无酸楚地慨叹说：

> "我认为撰写历史是一项最难的工作，首先，你要保证你的叙述与措辞，和你所记载的行为是完全的一致；其次，当你对其他人的缺点加以批评时，绝大多数的读者会认为你是出于蓄意中伤以及嫉妒"。[64]

经历了长期以来渴求读者认同的努力之后，史学叙述主体在此终于意识

---

62 撒路斯提乌斯（全名：Gaius Sallustinus Crispus，又译：萨鲁斯特，西元前86-前34年），出身平民上层，他于西元前59年任财政官，西元前52年任保民官。在政治上他与恺撒极为亲密，曾随恺撒前往非洲，将庞培残余全部清除。西元前44年恺撒被刺后，撒路斯提乌斯退出政坛专心著史。撒路斯提乌斯完整保留于世的著作是《喀提林阴谋》（*Catilinarian Conspiracy*)和《朱古达战争》（*Jugurthine War*)。

63 （古罗马）撒路斯提乌斯：《喀提林阴谋，朱古达战争》，王以铸、崔妙因译，商务印书馆1995年版，第96页。

64 Sallust, "The War with Catiline", in *Sallust*, with an English Translation by J. C. Rolfe, Cambridge, Massachusetts: Harvard University Press, reprinted 2000, p.7.

到：最初那种以"自我"在场来再现"真实"的思想，本身就包含了将引致反讽甚而荒诞的意蕴。

因为一方面，叙述主体为了让读者确信其见证，就必须坚持"自我"在叙事时尽可能在场；而另一方面，叙述主体为了让读者们信服其评判，又不得不确保"自我"在阐释时尽可能不在场。

尤其在历史书写愈益发展为"历史包含了对实际事实的阐释"[65]的罗马史学时，主体"自我"就越来越被要求去承担一种既在场又不在场的神话般苛求。但作为充满局限性的人类，谁又能够在自我在场见证的同时，真像撒路斯提乌斯表明的那样，做出没有自我好恶，更没有自我立场的叙述与阐释呢？

这个神话般的苛求，在撒路斯提乌斯的密友凯撒那里，似乎又以另一种形式被尝试着满足。只不过，凯撒的历史叙述，已经极大地成为一种智识精英对大众的有意诱读。

凯撒创造性地，构型出某种笔者在此称为"历史阐释陷阱"[66]的叙述策略。这位政治家兼军事家，更是一位历史叙述策略的大家，他首次极为明显地意识到，"自我"的在场与立场，已经成为受众们判断与理解历史叙述的源泉。进而他自觉地，将自我的在场与立场加以规划、设计与埋伏，诱使受众们产生出叙述主体所期望的阅读效果。

我们知道，波里比乌斯曾强调史学家在理解历史时，首先就要"对回忆录与其他文献的刻苦研究及其内容的比较"[67]，然后综合其他研究便会有所收

---

65 Quintilian, *The Orator's Education*, Books 1-2, Edited and Translated by Donald A. Russell, Cambridge, Massachusetts: Harvard University Press, reprinted 2001, p. 281.

66 在此使用"陷阱"这样一个比喻，渊源于以及纪念柯林武德在其《自传》中将历史学家们喻为猎人的比喻，毕竟，除开老虎等自然危险，森林里面很有可能还有他人（能够理解猎人并预见猎人行动的其他人)所布下的"陷阱"。柯林武德关于此比喻的原话为："历史学家与非历史学家的关系就如同训练有素的森林猎人与对森林一无所知的旅游者的关系一样，'这里只有树木和草丛。'旅游者这样想，大步流星继续往前走。'看啦，'猎人说，'草丛中有一只虎。'历史学家的任务就是揭露那些不太明显的东西，对眼下环境不甚在意的眼睛是看不见它们的。史学能够带给道德生活和政治生活的就是一双训练有素的眼睛，它能看清我们生活其中的环境"。关于这个猎人在森林中的比喻，柯林武德更多的阐释可参阅：（英）柯林武德（Collingwood, R. G.），《柯林武德自传》，陈静译，北京大学出版社 2005年版，第 94-100 页。

67 Polybius, *The Histories*, Volume IV, with an English Translation by W. R. Paton, Cambridge, Massachusetts: Harvard University Press, Reprinted 2000, p. 375.

获。事实上，从修昔底德自认他能够了解"人性"开始，希腊罗马史家们便自信他们依据各种当事人自我在场的"真实"见证——诸如回忆录等档案文献，再加以史家"自我"心理对历史当事者心理的比照与代入，就可以对历史形成正确理解，并指导大众有利于将来。

凯撒，正是在上述思想路径中，看到了一种反其道而行之的可能。

其《高卢战记》就是以事件亲历者回忆录的叙述形式，成为了凯撒构型其"历史阐释陷阱"策略的典范。

在该书中，凯撒一反过往叙述者均采用第一人称"我"来写作回忆录的传统，代之以第三人称口吻。致使全书中"仅有三处出现了第一人称的用法，其余都是以第三人称的口吻正面叙述事实经过"。[68]凯撒在行文中，平实冷静地以旁观者姿态来叙说战事经过，并刻意潜匿与委曲起撰述主体"自我"的主观爱憎。

这种表面上对"自我"的压抑与伪装，正恰恰显明了凯撒对希腊罗马史学以"自我"追求"真实"传统的深刻能动：

首先，凯撒有意识地利用长期以来回忆录对于"真实"的合法性，诱导受众在"自我"见证"真实"的思维定势下，接受叙述主体基于其在场而建构的"真实"权威性；其次，凯撒有意识地利用当时史家（包括广大智识群体）普遍将解读者"自我"心理代入文献叙述者"自我"心理的解读策略，在其作品被解读之前，就对叙述者心理加以隐藏与改换，诱导受众在解读中落入叙述者事先有意设计好的陷阱；具体言之，凯撒领会到当时的解读者们已经不再仅仅关注于原文词句与叙事，而是更加专注于叙述者的自我立场与自我个性意识。于是，他有意识地利用当时解读群体对于叙述主体"自我"立场的聚焦与质疑，索性主动而系统地将"自我"加以隐匿与委屈，并设计出以第三人称"他"进行叙事的叙述策略，诱导受众们进入叙述主体通过改换人称而营造出的客观氛围。

凯撒的这种策略，在当时无疑是成功的。一场不合法的、独断的对高卢的用兵，在他的有意诱读下，都使得那位表面上向来以强调法律反对独裁的西塞罗，为之大力称颂。[69]

---

68 吴晓群:《西方史学通史·第二卷·古代时期》,复旦大学出版社 2011 年版,第 168 页。

69 歌颂为"我们所恃以能巩固意大利的，不是天然的防御工事，而是恺撒的胜利与

当然，随着历史进程的向前，这位在《内战记》中借他人口吻称颂自己："他本人是一向把国家的利益放在私人的亲谊前面的"凯撒，[70]最终，也因为他的走向独裁，而导致了罗马共和国的名存实亡。至于他的"历史阐释陷阱"，也得到了不言自明的被揭示。

至此我们看到，希腊—罗马历史学中那种叙述主体以"自我"见证历史"真实"，形成见解进而对历史做出"自我"阐释的思想路径，在西元前后已经逐渐发展为史家与读者们的信念与常识。

而撒路斯提乌斯与凯撒这两位罗马史家的史学实践，则向我们表明：叙述主体"自我"自此终于开始反躬自省，觉察到"自我"并不足以确保"真实"。如果说撒路斯提乌斯更多地表现出为了"真实"而抱怨"自我"的无奈；那么凯撒则更加展示出为了"自我"而扭曲"真实"的有为。

但不管怎样，在"自我"与"真实"的逐渐两相背离中，这两位史家最终都殊途同归地向我们揭示出：希腊罗马史学中那种凭借自我来见证真实并阐释真相的思想路径，由此已经陷入了某种难以自拔的困境。这一方面，是由最初那种以"自我"见证"真实"的思路本身所含蕴的矛盾所导致；另一方面，在"自我"这一路从自在走向自为地见证"真实"、阐释"真相"、进而教育大众的自我拔高过程中，恰恰是主体"自我"试图诱导读者接受其自我阐释的倾向，使得"自我"在追求历史叙述"真实"，试图让读者们信以为真时，愈益陷入困窘。

随后的罗马史家，也都纷纷在这种反躬自审的历史认识深化过程中，认识到以"自我"佐证"真实"思路中本身所固有的矛盾。尤其在取信于读者的层面上，他们也越来越发现对作者"自我"的标榜，只会招致读者们的无尽猜疑。[71]

功绩之启示。"中译文转引自（美）威尔·杜兰，《恺撒时代》，幼狮文化公司译，东方出版社2005年版，第279页。

70 （古罗马）凯撒：《内战记》，任炳湘、王士俊译，商务印书馆2007年版，第14页。

71 并且，在此还有一个历史情境值得提及，那就是从奥古斯都统治晚期到塔西佗时代，罗马历史学还经历了相当的恐怖。其时罗马的历史撰写受到查禁，帝政当局以严苛的审查制度取缔写作。而其中的一个主要原因就在于：某些历史学家们习惯于从自我立场来对罗马共和国向帝国过渡期间的敏感事件加以阐释，并且往往批判帝制歌颂共和，这自然让那些独裁皇帝们十分痛恨，因而对历史叙述施加了

　　但正如我们前面指出的，秉承波里比乌斯将历史学视为"对实际生活最好的一种训练"[72]的观点，大部分罗马史家都通过撰史，向受众们表达出自认为合理并富有教益的阐释。因而，他们并不可能从根本上走出"自我"与"真实"愈益两相背离的困境。他们所能做的，也只是延续撒路斯提乌斯与凯撒的做法，尽力对主观而个别的"自我"做出各种富有自我意识的处理，幻想藉此能够达到客观与普遍的"真实"。

　　他们这种对"自我"的处理大致有如下三种方式：

　　1，直接摒弃与"真实"相挂钩的"自我"的在场。认为历史写作者可以采纳道听途说的传闻，而不必要确保自我的在场见证。比如稍晚于西塞罗的雄辩学家昆体良（Quintilian）就认为，历史可以有讲故事的成分，因为历史"在某种意义它就是'散文诗'（prose poem）"。[73]

　　2，消解"自我"对"真实"所承担的过度重负。如古罗马史学家苏维托尼乌斯（Suetonius）就在其作品中直言："我记载这个说法主要是为了不致遗漏，并不意味着我相信这是真的或有这个可能。"[74]在此，"自我"已不复再承担对史料进行判断与审核的责任。而在最初的西方史学那里，为了真实地再现，"自我"是负有对史料予以"亲自观察、判断和探索"[75]职责的，并对作品承担着"我亲自参与"或者"尽我所能地予以确证"[76]的义务。

残酷的政治压迫。因此，在那个时期几乎没有当代史书保存下来，史家们纷纷改为撰写其他时期的历史。作为暴政的幸存者，塔西佗就写道："居于多米先（即图密善)之朝，我们最难以忍受的一些痛苦就是要去看别人受罪和在自己受罪时让别人来看，就是我们心里知道我们的叹息声都会被人记录下来视为罪行，就是我们要去看着那么多惨无人色的面容，去看多米先那副残忍凶暴的样子和他那张唯恐不意之中流露愧色因而老是鼓得发红的面皮。"而这段历史，也从侧面以一种极端的方式，表示了某些读者对历史作者基于"自我"来阐释历史的最深度也是最恶劣的猜疑。参见，（古罗马）塔西佗：《阿古利可拉传，日耳曼尼亚志》，马雍、傅正元译，商务印书馆 2009 年版，第 35 页。

72　Polybius, *The Histories*, Volume I, with an English Translation by W. R. Paton, Cambridge, Massachusetts: Harvard University Press, Reprinted 1998, p. 99.

73　Quintilian, *The Orator's Education*, Books 9-10, Edited and Translated by Donald A. Russell, Cambridge, Massachusetts: Harvard University Press, reprinted 2001, p. 269.

74　（古罗马）苏维托尼乌斯：《罗马十二帝王传》，张竹明、王乃新、蒋平等译，商务印书馆 2000 年版，第 193 页。

75　希罗多德：《历史》（全两册），王以铸译，商务印书馆 2005 年版，第 151 页。

76　Thucydides, *History* of *the Peloponnesian War*, Books I and II, with an English Translation by Charles Forster Smith, Cambridge, Massachusetts: Harvard University

3，既宣示"自我"的在场与责任，但也坦承"自我"的部分隐匿。比如塔西佗尽管宣称其作品大多是他亲耳所闻，宣言"我所记载的一切，都有着我先辈们的口述或者书面的证据"，[77]但同时他也承认那种让自我畅所欲言，"依照自我意愿去感知，并能根据自我感觉去述说"的时代毕竟是"太少了"。[78]随后的罗马史家阿米安乌斯·马赛利努斯（Ammianus Marcellinus）也一方面宣示其作品"要么是在我有生之年亲眼所见，要么是经过我对那些直接相关的人物加以仔细寻访而得来"，[79]另一方面也承认这种自我在场并不能完全地再现真实，其原因"部分是为了避免那些常常与真实相伴随的诸多危险，部分是为了避免那些对我著述的不合理批评"。[80]

不难看出，在希腊罗马传统史学走向没落的过程中，对于早期史家们以"自我"再现"真实"的思想路径，历史作者们已经由自信满满变成疑虑重重。

他们开始让"自我"从为"真实"作证的关键证人席位上退隐开来，力图以此回避读者们对于作品真实性的拷问。以期得到一种既能够主观地阐释历史，又可以客观地记载历史的两全。

然而在当时那种强调"真实"再现史事的时代语境中，读者们所期待历史写作者的，依然是"历史学家的惟一任务就是要像所发生的一样讲述故事"。[81]那么，当晚期的传统型史家们将作者"自我"都予以退隐之后，其作品的"真实"，就成了某种连作者"自我"都无法在场保证的怪物。

于是乎，作为衡量历史撰述的最重要标准——真实性，也就在事实上渐渐沦为了某种知其不可为而为之的空谈理想。以至传统希腊罗马史学发展到后来，"在帝制时代，真实性成了形式上的要求，史家们都肯定它，但这种肯

Press, reprinted 1999, p.39.

77 Tacitus, "The Annals", in *Tacitus* IV, with an English Translation by John Jackson, Cambridge, Massachusetts: Harvard University Press, reprinted 1998, p. 297.

78 Tacitus, "The Histories", in *Tacitus* II, with an English Translation by Clifford H. Moore, Cambridge, Massachusetts: Harvard University Press, reprinted 1996 年, p. 5.

79 Ammianus Marcellinus, "History" in *Ammianus Marcellinus* I, with an English Translation by John C. Rolfe, Cambridge, Massachusetts: Harvard University Press, reprinted 2000, p. 109.

80 Thucydides, *History of the Peloponnesian War*, Books I and II, with an English Translation by Charles Forster Smith, Cambridge, Massachusetts: Harvard University Press, reprinted 1999, p. 565.

81（美）凯利：《多面的历史：从希罗多德到赫尔德的历史》，陈恒、宋立宏译，三联书店 2003 年版，第 80 页。

定仅仅是一种陈词滥调罢了"。[82]

所以古代希腊罗马史学沿袭至此，的确已陷入困境。而传统古典史家们于其式微之际所做的将"自我"隐退的努力，也为随后基督教史学中"上帝"的到来，聊表了最后一份虚位以待的心意。

二、犹太史学思想的启迪

古代希腊罗马史学力图以"自我"追求"真实"而不得并终致式微，但却间接地，为日后基督教史学将"上帝"引入历史做出了"虚位以待"的呼告。那么，西方史学中另一重要范型犹太史学，则可以说直接地为"上帝"在基督教史学中的出现，提供了理论与撰史实践上的重要支持。随后，我们便尝试着通过犹太史学中的某些关键篇章与人物，来对此稍作探询。

（一）《旧约·但以理书》的梦境与早期基督教史学[83]

西方历史学产生之初，人生苦难无常的观念已在古希腊智识阶层中蔚为风行。比如诗人忒俄格尼斯（Theognis）便曾感言："世人最好不要出生，别看到太阳的刺眼光芒"；[84]剧作家索福克勒斯（Sophocles）更是感慨："思虑再三，人最好还是不要来到人间"。[85]人生，于这些希腊先民的眼中，犹如智慧的西勒诺斯那有名的喟叹，"可怜的蜉蝣族啊，无常与苦难所生的孩子"。[86]

也似乎正是对生命苦短已逝的伤感，以及人类苦中作乐的天性，促使了古希腊人首先去动笔写作历史。他们一则寄望能对这转瞬即逝的岁月留下某种痕迹以供存念不忘；二则更希望讲述这黯淡人生中的光彩先例来供后人缅怀效仿。西方历史学之父希罗多德在其《历史》的一开篇，就明言了他之所以写作历史，乃是为了"保存人类的功业，使之不致由于年深日久而被人们

82（美）凯利：《多面的历史：从希罗多德到赫尔德的历史》，陈恒、宋立宏译，三联书店 2003 年版，第 120 页。

83 参见拙文：肖超：《梦中的帝国——浅论〈旧约·但以理书〉第 2 章之于早期基督教史学》，《历史教学问题》，2011 年第 6 期，第 100—104 页。

84 Theognis, "Elegies", *Greek Elegiac Poetry, From the Seventh to the Fifth Centuries BC*, Edited and Translated by Douglas E. Gerber, Cambridge, Massachusetts: Harvard University Press, 1999, p. 235.

85 Sophocles. *Sophocles, Oedipus at Colonus.* Edited and Translation by Hugh Lloyd-Jones. Cambridge, Massachusetts: Harvard University Press, 1998, p. 547.

86（德）尼采：《悲剧的诞生》，杨恒达译，译林出版社 2007 年版，第 26 页。

遗忘"。[87]

然而在犹太先民看来，人生则是"上帝"伟大计划中的一部分。个体的命运或者苦厄难测，但人类总体的历史进程却早已被上帝所预决。《旧约·诗篇》的作者就此赞颂上帝："你（上帝）所定的日子，我尚未度一日，你都写在你的册上了"。[88]

在《旧约》的建构下，上帝不仅创造开启了人类历史，并按照自己旨意规划了所有的发展。因此，人间各个国家/民族之间的争斗及结果，就都被《旧约》作者们阐释成上帝计划与旨意的体现。

比如在论述到亚述人的毁灭时，《旧约·以赛亚书》就借先知以赛亚之口转述了上帝的话语："万军之耶和华起誓，说，'我怎样思想，必照样成就；我怎样定意，必照样成立，就是在我地上打折亚述人，……这是向全地所定的旨意，这是向万国所伸出的手。'"[89]

故而，研究早期基督教史学，就不应该忽视犹太先民对人类历史的这种阐释建构。这固然由于基督教直接渊源于犹太教，而基督教史学自然也有这一传承；更重要的是，相比起致力于纪念"人事"的希腊史学而言，犹太思想显然更强调对"神意"的关注。《旧约》就明确地要求信徒们感怀上帝，"你们要记念他（上帝）奇妙的作为和他的奇事，并他口中的判语"。[90]也恰恰是基于这种对"神意"的记念与阐释，犹太史学思想才得以建构起一整套将人类历史视作上帝"神意"计划的解读。而这，也构成了犹太教思想为日后基督教史学所预设的一个根本性的前理解。

1、但以理的梦境阐释

讨论犹太教《旧约》思想对早期基督教历史学的影响，我们可以具体而微地研读一下《旧约·但以理书》中一个诡奇的梦境。[91]某种程度上，正基于对此梦境的古犹太先知阐释，肇构了日后早期基督教历史观念阐释尘世帝国进程的主要框架，更奠定了早期基督教史学向世俗政治接近的基本倾向。

---

87 希罗多德：《历史》（全两册），王以铸译，商务印书馆2005年版，第1页。

88 《圣经·旧约·诗篇》（新标准修订版，简化字和合本，2007年），第139章，第16节（本文随后所引用的《圣经》中译篇章，均系根据此一版本）。

89 《圣经·旧约·以赛亚书》第14章，第24—26节。

90 《圣经·旧约·历代志上》第16章，第12节。

91 参阅：《圣经·旧约·但以理书》，第2章。

　　根据《旧约·但以理书》中记载，巴比伦国王尼布甲尼撒在位的第二年，做了一个怪梦。在这个梦中，国王见到了一座巨大的雕像，它的头是金的，胸膛臂膀是银的，肚腹和腰是铜的，腿是铁的，脚是半铁半泥的。国王随后还看到了一块非人手所能凿出的巨大石块，打在这雕像的脚上，于是金、银、铜、铁、泥都被一同砸得粉碎，随风而逝。而那巨大的石块则变幻成了一座大山，充满天下。

　　对于这个离奇的梦境，犹太先知但以理宣称，他从上帝那里得到了神谕，并向国王做出如下的阐释：尼布甲尼撒就是那雕像的金头，而在他之后，还必然会另外兴起三个分别以银、铜、铁（包括泥）为象征的帝国。至于国王在梦境中见到一块巨石将金、银、铜、铁、泥都打得粉碎，则是预示神还会另外建立起一个国家，并最终消灭所有的俗世王国而充满全世界，而且，这个神的国度将是永恒的。

　　此一成书于西元前 2 世纪上半期[92]的宗教梦境阐释，构建了犹太"先知"凭借神谕来预言人类帝国发展的历史阐释模式。犹太智识精英藉此断言人间帝国在几经更迭之后，最终将走向某个由神所建立起来的具有普世性质的"上帝之国"。

　　这种阐释模式，被后世的斯宾格勒在其《西方的没落》中称为"世界四纪"（the four world-eras）模式。斯宾格勒认为，西方主流历史观念从该模式中吸收到了某种"启示录"性质的思想养分。[93]当代《历史观念杂志》的主编，唐纳德·R·凯利，则将该模式总结称为"帝国的转变"（拉丁文：translatio imperii）。并指出，它为西方政治史提供了一个极其重要的主题。[94]可见，尽管西方学者们对该种历史阐释模式的命名不尽相同，但对它在西方思想史上的重要性，还是一致认同。再比如，现代政治学家沃格林在其名著《政治观

92　《但以理书》一般被学界认为是源自西元前 168 至 165 年之间，见：*The Concise Oxford Dictionary of the Christian Church*, Ed. Elizabeth A. Oxford: Oxford University Press, 1977, p. 142. 另外，John J. Collins 在其著作中对《但以理书》的叙述渊源有颇详尽的梳理，并着重指出了《但以理书》的 1 至 6 章并非源于前 167 至 160 年之间的马克比时期（Maccabean times），参阅：John J. Collins, *The Apocalyptic Vision of the Book of Daniel*, Missoula: Scholars Press, (Harvard Semitic monographs; no 16), 1977, pp. 8-11。

93　（德）斯宾格勒：《西方的没落》，吴琼译，上海三联书店 2006 年版，第 17 页。

94　（美）凯利：《多面的历史：从希罗多德到赫尔德的历史》，陈恒、宋立宏译，三联书店 2003 年版，第 140、141 页。

念史稿》中，更是以"伟大的描述"来形容该模式："《但以理书》第一次对萦绕着各个帝国的命运进行了伟大的描述。……（它）把历史时期划分成一个由大帝国组成的序列，成为了一种新的观念"。[95]

2、但以理梦境阐释对早期基督教史学的影响

《旧约》中犹太先知以人间帝国序列来比附国王梦中奇景的阐释模式，对于日后那些依据《圣经》而撰史的基督教历史学家而言，绝不仅是提供了某种较早期的帝国历史划分方式与描述。这些似幻似真的关于梦境帝国历史的思想阐释，至少还在如下的两个主要层面上，对基督教史学产生了文深旨远的影响。

（1）但以理梦境阐释模式对早期基督教史学的影响

就该阐释模式的理论路径而言，《但以理书》以"神意"对人类历史进程加以阐释的思路，引导日后基督教史学能够为其历史观涂抹上极强的"神意"色彩。

但以理不仅将该梦境的整个叙事内容建构为"神施怜悯，将这奥秘的事指明"[96]的神意；而且还在对梦境的阐释过程中，将"神意"推进构建为了决定国家政治发展的终极推动。只有上帝，才是"改变时候、日期、废王、立王"[97]的最终决定者。犹太先知这种将人类历史发展完全归附于"神意"的思维建构，促使渊源于其的基督教史学，与古希腊罗马史学具有了本质上的鲜明差异。使基督教史学在诞生伊始，就具备了摆脱传统史学以"自我"奢求"真实"的桎梏，而显明为基督教史学自身。

正是建基于犹太思想将历史发展归依于"神意"的建构，原先希腊罗马史家单凭"自我"来见证历史真实，进而阐释历史真相的局限性，就在基督教历史观念中得到扬弃与克服。基督教史学思想也由此展现出依据"神意"而非"人性"来阐释历史，甚至要求历史学家依照神意来"预言"历史的强烈宗教特色。

比如基督教奠基者耶稣，就将其经历视作《圣经》中的"神意"安排，"人

---

95 （美）沃格林：《政治观念史稿·第 1 卷，希腊化、罗马和早期基督教》，谢华育译，华东师范大学出版社 2007 年版，第 154 页。

96 《圣经·旧约·但以理书》，第 2 章，第 18 节。

97 《圣经·旧约·但以理书》，第 2 章，第 21 节。

子必要去世，正如经上指着他所写的"；[98]并将其他史事诸如耶路撒冷的沦陷也阐释为"神意"之预定："使经上所写的都得应验"。[99]而后，基督教另一重要开创者，保罗，也将那些依据"人类的传统和尘世的原理"所做的历史阐释，直接斥为"妄言"。[100]再后来，早期基督教史学阐释者提阿菲罗斯，更在其著述中直白而理所当然地要求："那些历史编撰者，应当不仅能讲述过去与现在的事件，还应当能预言宣告那些将要来临到世上的事"。[101]

及至"教会史之父"攸西比乌斯撰述《教会史》时，基督教史学就已经呈现为在"神意"指引下所展开的历史书写："我们祈祷上帝来给予我们他的指引，我们藉此就能得到上帝神力的帮助"。[102]因此，基督教史学的"神意"历史观建构，可说早在《旧约·但以理书》中便有源可寻。

并且，但以理的梦境阐释模式，为日后基督教思想提供了一个规模宏大、由四个帝国依次构成的政治历史发展框架。

犹太先知但以理在为国王的解梦过程中，将人类历史依据金、银、铜、铁（包括泥）的顺序，阐释为以巴比伦帝国为首的四大帝国序列。并且在《但以理书》的第 7 章中，但以理又借自己的梦境，来对这一主题加以了复现。只不过以四个像狮、熊、豹、以及某种头有十角的怪兽，来代替了第 2 章中的金银铜铁等四种物质。这四个怪兽同样被阐释为四大帝国，其结局也是它们最终都被"亘古常在"的至高者"神"所毁灭，并建立起永恒的圣民之国。

这种由四个巨大帝国所构成的历史阐释框架，它在时间上一直延续到人类历史的末端，在形式上又兼有神谕预言的色彩，极大地启发了日后基督徒们对于人类政治史的阐释。他们依此而仿效，并掺杂己意地在该框架中"镶嵌"进各种不同的帝国序列。

比如部分早期基督教信徒就将该框架阐释为如下的四个主要大帝国，即亚述、波斯、马其顿以及罗马，而将巴比伦剔除出了这一序列。圣奥古斯丁就在《上帝之城》的第 20 卷第 23 章中，对此特地加以了转引，并指出，早

---

98 《圣经·新约·马太福音》，第 26 章，第 24 节。

99 《圣经·新约·路加福音》，第 21 章，第 20—22 节。

100 《圣经·新约·歌罗西书》，第 2 章，第 8 节。

101 Theophilus of Antioch, *Ad Autolycum* (*To Autolycus*), Text and Translation by Robert M. Grant, Oxford: Oxford University Press, 1970, p. 83.

102 Eusebius, *The Ecclesiastical History*, Volume I, with an English Translation by Kirsopp Lake, Cambridge, Massachusetts: Harvard University Press, reprinted 1998, p. 9.

期教父哲罗姆就这种帝国序列有过详尽的叙述。而在圣奥古斯丁本人的历史观念中，他也根据自己的见解，形成了"首先是亚述人的王国，随后就是罗马人的帝国"[103]的显赫帝国序列。甚至，不少日后的西方帝国，比如土耳其帝国、拿破仑帝国等，也在这样的宗教历史阐释中，被后世人们安排进入了该框架，并进而获得某种源于神谕或者天意的光环。[104]

《但以理书》中的梦境阐释模式，还为基督教史学对于人类历史发展的解读，提供了一个清晰的结局，那就是人类帝国的终结与上帝之国的降临。

西方智慧者早在古希腊诗人赫西俄德那里，就已经开始将人类历史做了一种依次为黄金、白银、青铜、英雄与黑铁等日益堕落的进程划分。[105]而在《但以理书》中，虽然它也类似参照了金、银、铜、英雄、铁的历史排序，但却一洗过往历史观念中那种乐往哀来的悲观绝望，为人类在现实困厄中构建了一个未来的美好天国。

并且如前所述，西方传统历史思维总是希图以"自我"意见探询过往测知未来，其结果却常被视为"一己之见"的焦虑与徒劳。而基督教史学思维，则遵循《但以理书》所构建的"神意"历史结局理论，得以有效地摆脱此种困境。犹太先知们为人类历史进程建构了"神意"拯救的美好结局，使得传统史学中对于未来的疑虑困顿，在先知预言中得到了一劳永逸的解决。

当然，传统史学如希罗多德根据自我经历对世间百相的探索；[106]抑或像塔西佗依赖个人认识就纷繁史事做出"认识它们的前提与原因"[107]的探究；也难免将在基督教历史撰述中得到极大消弭。

新兴的基督教史学，首先就将犹太先知对人类历史进程所作的阐释，作为了日后他们理解历史的基础；并进而推衍到将先知预言作为历史事件发生的直接证据。比如日后的基督教"教会史之父"攸西比乌斯，就将《圣经·旧

---

103 Saint Augustine, *The City of God Against the Pagans*, (Books V), with an English Translation by Eva Matthews Sanford and William Mcallen Green, Cambridge, Massachusetts: Harvard University Press, reprinted 1988, p. 367.

104 对此的探讨参阅：（美）凯利：《多面的历史：从希罗多德到赫尔德的历史》，陈恒、宋立宏译，三联书店 2003 年版，第 141 页。

105 （古希腊）赫西俄德：《工作与时日》，张竹明、蒋平译，商务印书馆 2009 年版（重印），第 4—7 页。

106 希罗多德：《历史》（全两册），王以铸译，商务印书馆 2005 年版，第 151 页。

107 Tacitus, *The Histories,* with an English Translation by Clifford H. Moore, Cambridge, Massachusetts: Harvard University Press, 1996, p. 9.

约》中的记载，尤其是《但以理书》第 7 章中的先知预言，作为了救主耶稣基督降临世间并将最终掌管世界的历史证据。[108]依靠《但以理书》中对于人类历史最终归宿阐释的完成，基督教得以告别希腊罗马史学对未知"世事"的探询，而转向对已知"神意"的证明。这正如攸西比乌斯所言，他为什么撰述历史，"仅仅是为了记录下足够的证据来证明神的判断"。[109]

（2）但以理梦境阐释行为对早期基督教史学的影响

而在另一层面上，但以理借释梦接近国王，并最终获得赏识的整个解梦行动，更为后世基督教史学引领了向现实帝国政治靠拢的风尚。近世沃林格曾经指出：但以理的阐释模式由于能被后人抽离那些具体的帝国，因而非常适应于罗马时代后期帝国的思想。[110]沃林格此番论断，无疑部分地触及了但以理这种历史阐释向现实政治靠拢的思想实质。实际上，如果我们深入但以理为王解梦的整个行为过程，还会发现，他的阐释行为在其动机、前提、以及效果上，都有着向当时政权接近的鲜明特色，并由此劝诱了早期基督教史

---

108 在叙述到耶稣基督时，攸西比乌斯在其《教会史》中明确指出："当全世界所有人都已预备好接受对圣父的认识时，同一位圣道在罗马帝国初建之际化身成人，他在人性上与我们并无二致，而且，他所行之事和所受之难与先知书的相关预言前后呼应，先知书曾预言，一位同时是上帝的人将会施行奇妙的事，教导万国当如何敬拜圣父。先知书还预言过他的诞生奇迹、他的奇妙作为、他的受死方式、他的死里复活，以及他藉着上帝大能的升天。关于他的最终执掌王权，先知但以理曾得着圣灵的默示，以人的语言进行过如下描述，'我观看，见有宝座设立，上头坐着亘古常在者，他的衣服洁白如雪，头发如纯净的羊毛，宝座乃火焰……侍奉他的有千千，在他面前侍立的有万万。他坐着要行审判，案卷都展开了……我观看，见有一位像人子的，驾着天云而来，被领到亘古常在者面前，得了权柄、荣耀、国度，使各方、各国、各族的人都侍奉他。他的权柄是永远的，不能废去，他的国必不败坏。'（此处参阅：《圣经·旧约·但以理书》第 7 章，第 9—10 节，第 13—14 节)这些话说的显然只能是我们的救主，他是太初即与上帝同在的上帝一道(God-Word)，由于最终的道成肉身，他又被称为"人子"(Son of Man)。参见：Eusebius, *The Ecclesiastical History*, Volume I, with an English Translation by Kirsopp Lake, Cambridge, Massachusetts: Harvard University Press, reprinted 1998, p. 27。以上中文译文参照：（古罗马）优西比乌:《教会史》，（美）梅尔英译、评注，瞿旭彤译，生活·读书·新知三联书店 2009 年版，第 26—27 页。

109 Eusebius, *The Ecclesiastical History,* Volume II, with an English Translation by J. E. L. Oulton, Cambridge, Massachusetts: Harvard University Press, reprinted 2000, p. 257.

110 （美）沃格林:《政治观念史稿·第 1 卷，希腊化、罗马和早期基督教》，谢华育译，华东师范大学出版社 2007 年版，第 154 页。

学向世俗政权接近的基本倾向。概言之，这种思维上的潜伏诱导，大致在如下三个主要方面予以展开：

第一，但以理的梦境阐释，其行为上有一个明显的动机，就是寄望能够调和他与统治者之间的紧张关系。

在《旧约》文本中，但以理首先就面临国王对其施加生死压迫的紧张局势，正如书中所说，当国王在得不到对其梦境的阐释时，就"气忿忿地大发烈怒，吩咐灭绝巴比伦的所有哲士……人就寻找但以理和他的同伴，要杀他们"。[111]因此，但以理的释梦动机十分明确，就是去调和这种紧张局势，促使政治者宽容地对待阐释者及其思想同伴，"不要灭绝巴比伦的哲士"。[112]

可见，在但以理梦中帝国的阐释模式尚未展开之前，其行为动机上就已经是为了争取现实帝国的宽待善遇。应该说，但以理这种以历史阐释来说服统治者，争取统治者善待其信仰共同体的行为动机，对于日后的基督教历史思维，无疑有着巨大的启迪作用。

比如基督教早期教父德尔图良，身处罗马帝国迫害基督徒群体的危急时刻，就也在其呈送给罗马帝国政权当局的名作《护教篇》中，一再呼吁迫害者们"去查查你们的历史"。[113]并运用大量的历史阐释，向帝国政权论证基督教的合法与无害，希图藉此缓和罗马帝政当局对于基督徒的迫害。

至于该动机在日后基督教历史撰述思维中，更也屡见不鲜。或者，日后攸西比乌斯在其《教会史》中极力赞美君士坦丁，并孜孜著述了四卷本《君士坦丁传》的行为背后，支持其握管悬毫的意识潜藏处，也可谓有着其旧约先知但以理的身影。

第二，但以理的梦境阐释行为，还有一个重要的理论前提，就是构建"神意"阐释对现有政权加以承认与颂扬。

当然，也许正基于他争取帝国政权善待的行为动机，也使得其释梦行动具有此种理论前提。单就文本叙事来考察，但以理在向国王阐释其梦境之先，便首先向国王强调指出："王啊，你是诸王之王，天上的神已将国度、权柄、能力、尊荣都赐给你"。[114]他还将国王所统治的巴比伦帝国阐释为"金头"，

---

111 《圣经·旧约·但以理书》，第2章，第12、13节。

112 《圣经·旧约·但以理书》，第2章，第24节。

113 （古罗马）德尔图良，《护教篇》，涂世华译，上海三联书店，2007年，第12页。

114 《圣经·旧约·但以理书》，第2章，第37节。

更强调以后的帝国都将比不上巴比伦帝国。明乎于此，我们也便能在日后基督教思想中不断看到该前提的复现。

比如耶稣本人，就对《旧约》中诸如但以理等先知的叙事阐释采取了一种“我来不是要废掉，乃是要成全”[115]的维护立场。再如使徒保罗，更直接以与但以理如出一辙的口吻，将当权者的权柄阐释为神所赐予：“在上有权柄的，人人当顺服他；因为没有权柄不是出于神的，凡掌权的都是神所命的”[116]。

在《教会史》中，攸西比乌斯则将君士坦丁宣称为“被上帝自己都一早就断言是最完美的帝王”。[117]在处理李锡尼与君士坦丁之间的战争叙事时，攸西比乌斯更把君士坦丁大帝与上帝直接加以等同：“（李锡尼）向君士坦丁开战，他也就已经开始向全世界的上帝开战”。[118]

由此不难推断，日后基督教史学思想中借“神意”来维护赞美现实君王的阐释行为，可以说其实在《旧约》时代便已有例可循。因为《旧约·但以理书》早就十分清楚地依靠其叙事流程表达出：在但以理还未向国王展开关于梦中帝国的历史阐释之前，印入读者眼帘的，首先就是对于现实帝国君权的接受与颂扬。

第三，但以理的梦境阐释行为，就其效果来考察，无疑在与帝国政权的关系处理上取得了一个皆大欢喜的结局。

根据《旧约》文本，当国王在听完但以理对其梦境的阐释之后，当即拜服于先知的精妙阐释，赏赐给但以理大量上等礼物，并派他管理巴比伦全省，还能时常在朝廷中侍立。如此的一种阐释效果，其对后世宗教型历史阐释者的激励作用，自是不言而喻。

比如日后攸西比乌斯常加引征的那位犹太史家——约瑟夫斯，[119]就在借“神意”阐释与预言现实政治历史的方面，充当了此种释梦行为的后继者。因为和但以理一样，约瑟夫斯也经历了一场与自己生死攸关的释梦事件。根据约瑟夫斯自己的历史叙述，当他参加犹太起义失败而正要被罗马士兵杀死

---

115 《圣经·新约·马太福音》，第 5 章，第 17 节。

116 《圣经·新约·罗马书》，第 13 章，第 13 节。

117 Eusebius, *The Ecclesiastical History,* Volume II, with an English Translation by J. E. L. Oulton, Cambridge, Massachusetts: Harvard University Press, reprinted 2000, p. 301.

118 Eusebius, *The Ecclesiastical History,* Volume II, with an English Translation by J. E. L. Oulton, Cambridge, Massachusetts: Harvard University Press, reprinted 2000, p. 469.

119 约瑟夫斯：Josephus, Flavius (c. 37-c. 100)，也有国内学者将其译为“约瑟夫”，犹太历史学家。

的时刻，"约瑟夫斯的心头突然回忆起了这些天夜里的梦境，在这些梦中上帝向他预言了犹太即将到来的宿命以及那罗马君王的命运。"[120]于是，约瑟夫斯就要求会见罗马将军韦斯巴芗（Vespasian），[121]并向将军讲述了梦中的神意预言："您将成为凯撒，韦斯巴芗，您与您的儿子将当上皇帝"。[122]得益于该预言，濒死的约瑟夫斯藉此被将军所保全。而后，韦斯巴芗竟然果真黄袍加身，当上了罗马皇帝。约瑟夫斯也就得到韦斯巴芗及其儿子提图斯（Titus）[123]与图密善（Domitian）[124]的善待，寄身于君王宅邸中，并享受皇室的养老金。

至于基督教史学开创者攸西比乌斯，虽然这位"君士坦丁大帝的首席神学顾问"[125]并未同样借"解梦"来照搬先贤，但这两位思想前辈凭借"神意"阐释得与现实政权修好的成功实例，无疑极大地鼓舞过他，而他对此的仿效性阐释也在其作品中屡见不鲜。

比如，攸西比乌斯曾将《旧约·出埃及记》中，关于追赶摩西的法老军队被上帝沉于红海的记载，建构为某种神意的"预言"，并将之转用比附到西元 312 年君士坦丁击败马克森狄的历史事件上。以至于君士坦丁人间仇敌马克森狄的最终坠河而死，也被攸西比乌斯阐释成一个早已经被天上神祇预言过的结局。[126]

以上不难看出，在但以理为国王解梦的阐释行为中，其动机就是争取现实政权的宽容善待，其前提则是对现有政权加以确认称颂，至于其效果更是

---

120 Josephus, *The Jewish War* (books III-IV), with an English translation by H. St. J. Thackeray, Cambridge, Massachusetts: Harvard University Press, reprinted 1997, p. 103.

121 Titus Flavius Vespasianus，英译：Vispasian，约西元 9 年—79 年。

122 Josephus, *The Jewish War* (books III-IV), p. 117。

123 Titus Flavius Vespasianus，一般称为提图斯（Titus)，约西元 39 年—81 年。古罗马历史家苏维托尼乌斯（Gaius Suetonius Tranquillus）所著《罗马十二帝王传》中对韦斯巴芗、提图斯以及提图斯的弟弟图密善分别有传记叙述。参阅：（古罗马）苏维托尼乌斯：《罗马十二帝王传》，张竹明、王乃新、蒋平等译，商务印书馆 2000 年版，第 300—343 页。

124 Titus Flavius Domitianus，约西元 51 年—96 年，一般称为图密善（Domitian）。

125 梅尔，"引言"，见：（古罗马）优西比乌：《教会史》，（美）梅尔英译、评注，瞿旭彤译，生活·读书·新知三联书店 2009 年版，"引言"，第 5 页。

126 Eusebius, *The Ecclesiastical History,* Volume II, with an English Translation by J. E. L. Oulton, Cambridge, Massachusetts: Harvard University Press, reprinted 2000, p. 363. 旧约经文参阅：《圣经·旧约·出埃及记》，第 15 章，第 10 节。

与现实政权间达成了融洽共处的美满结局。

虽然此种美好结局，并不能于逻辑上武断为其释梦动机及阐释前提的直接结果，但这个《旧约》中的释梦故事，毕竟为日后的基督教史学思想，建构起一种智识者凭借阐释"神意"而接近政治者，并最终赢得现实政权青睐善待的范式。

而通过前述对这种阐释模式的梳理与探析，我们也能够看到，它在如下两个层面上对后世基督教史学产生了极大的影响：一是它建构起一种以"神意"来阐释历史的宗教史学特色，并为后人提供了一个可以将片段历史进程"镶嵌"于其中的宏大历史框架，还进而指明了此种历史进程的最终归宿——上帝之国。二是它在阐释行为的动机、前提和效果上，都为日后基督教思想家在试图阐释历史时，先期树立了一个值得效仿的接近现实帝国政权的成功实例。

诚然，我们常会在司马迁以为孔子作《春秋》"则天下乱臣贼子惧焉"[127]的观念中，体会到华夏先贤总有某种借历史而关怀政治、讽喻家国的意图。而在前述对《旧约》先知但以理释梦故事的讨论中，我们也可以觉察到，西方古人对于现实王权的寄托，只不过，其中更多的是对于现有政权的靠拢接近。尽管我们不能就此片面认为但以理的解梦，完全就是一场政治化的谋划；或者简单断定其阐释内容只是形式，而接近帝国却是实质。但值得玩味的是，虽然《但以理书》标榜其历史阐释源于"神意"，然而它所阐释的梦境本身，却偏偏源于并不信神的巴比伦帝国统治者。

如若我们还记得先秦庄周梦蝶时的那个著名喟叹，"不知周之梦为蝴蝶与，蝴蝶之梦为周与？"。[128]那么今日，我们这些东方阅读者在探究但以理的释梦事件以后，会不会也如庄子当日般生出如下困惑，"究竟是帝王梦到了神意，还是神意梦到了帝王"？也许，要解答这种疑惑终将归于难能。但透过前面的文本研讨，我们至少能感受到，西方犹太先知在对国王梦中未来帝国的阐释中，更含蕴了在自我梦想中对现实帝国的某种寄寓。

概括言之，正是《旧约》中但以理的释梦行为，使得日后的基督教思想家们在试图阐释人类历史进程时，接受到了如下教益：如果能凭籍"神意"来做出迎合现实帝国政权的某种阐释，那么，即便梦幻中的上帝之国还无从印证，但至少应该有一个友善的现实帝国可以期待。而如此的一种思维榜样，对于屡

---

127 （汉）司马迁，《史记·孔子世家第十七》，中华书局 2006 年版，第 330 页。
128 陆永品：《庄子通释》（修订版），中国社会科学出版社 2006 年版，第 40 页。

遭罗马帝国政权迫害的早期基督教而言，其感召力量，自然是可想而知的。

（二）犹太史家约瑟夫斯与早期基督教史学

近代史学理论家柯林伍德曾总结认为，基督教史学撰述基本具有如下四个特点：即"普遍的、神意的、天启的和划分时期的"。[129]

关于其中的"神意"性特点，柯林武德认为，基督教史学是"要把种种事件不是归之于它们的那些人世执行者的智慧，而是归之于预先确定着他们的神意的作用"；[130]他还阐明，在"神意的"历史中，蕴含了上帝眼中人人平等的内涵，"神意的历史，在另一方面，确实是把历史当作上帝所写的一个剧本，但是在这个剧本里并没有哪个人物是作者所偏爱的人物"；[131]

在对其中"普遍"性特点做出阐释时，他首先指出，基督教史学"是一部普遍的历史，或一部世界通史，一直追溯到人类的起源"。[132]随后，他特意指明："希腊—罗马的普世历史并不是普遍的历史，因为它有一种特殊主义的重心。希腊或罗马就是它环绕着旋转的中心"，[133]而基督教"普遍的"历史实际上正是摧毁了这种"重心的观念"。[134]

在此，我们将考察一位与耶稣基督差不多同时代的犹太历史学家——约瑟夫斯。[135]因为在他的《犹太古史》与《犹太战记》这两部作品中，前述柯林武德所说的"神意"性与"普遍"性史学特点，已然得到表现。

当然，作为基督教史学的前导，尽管约瑟夫斯将人类历史阐释为上帝旨意在人间的展开，因而体现出很强的"神意"性特点，但他更致力于说明"神意"在他的时代里，明显钟情于罗马政治者；而约瑟夫斯所展示出的"普遍"

---

129 （英）柯林武德：《历史的观念》，何兆武、张文杰译，商务印书馆 2004 年版，第 89 页。

130 （英）柯林武德：《历史的观念》，何兆武、张文杰译，商务印书馆 2004 年版，第 90 页。

131 （英）柯林武德：《历史的观念》，何兆武、张文杰译，商务印书馆 2004 年版，第 90 页。

132 （英）柯林武德：《历史的观念》，何兆武、张文杰译，商务印书馆 2004 年版，第 89 页。

133 （英）柯林武德：《历史的观念》，何兆武、张文杰译，商务印书馆 2004 年版，第 89 页。

134 （英）柯林武德：《历史的观念》，何兆武、张文杰译，商务印书馆 2004 年版，第 89 页。

135 约瑟夫斯：Josephus, Flavius (c. 37-c. 100)，犹太历史学家。

性特点，则更多着力于建构一种源自"创世纪"的世界历史，却并没有对希腊或罗马中心（在约瑟夫斯有时甚至是犹太中心）观念的扬弃。故而，后世柯林武德所总结的基督教史学"神意性"与"普遍性"的特点，在约瑟夫斯文字中只能说得到了初步的、但不乏创造性与启迪意义的展开。

　　一方面，约瑟夫斯在《犹太古史》中开宗明义地宣称，人类历史中贯穿着一条主要教训，就是：

　　　　"那些遵从上帝意愿，恭敬遵行完美律法的人，将会不可思议
　　地兴旺成功，并且他们将得偿上帝赐予的至高幸福；而那些违背神
　　圣律法的人，一切都将事与愿违，最终遭受无法挽回的灾厄"。[136]

　　这表明他在其历史撰述中，正是依据某种"神意"的贯穿与实现，来对人类历史进程加以叙述与阐释。

　　另一方面，约瑟夫斯从"起初，上帝创造天地"[137]来展开其历史叙事，试图"把其他民族的历史包容在圣经叙述和年代纪中"。[138]他那长达二十卷的巨著《犹太古史》，就是以犹太人为叙述主题，并涵括了亚述人、巴比伦人、波斯人、马其顿人以及罗马人等，他的这种撰史实践也显露出指向"普遍"历史的趋势。

　　事实上，约瑟夫斯对日后基督教史学的重要意义，绝非仅仅止步于撰史思想上的"神意"与"普遍"性特点的初步建构。

　　单就史料保存而言，约瑟夫斯《犹太古史》的第18卷到20卷，就对日后的基督徒有不可估量的价值。作为耶稣基督的同时代人，约瑟夫斯不仅见证了耶稣基督的存在；[139]还记载了施洗约翰，本丢·彼拉多等人的活动；甚至还对耶稣基督的兄弟雅各之死，给出了《圣经·新约》所不曾给出的历史补充。

　　现代研究约瑟夫斯的学者保罗·梅尔，就对约瑟夫斯著述的史料价值有

---

136 Josephus, *Jewish Antiquities*, (books I-III), with an English translation by H. St. J. Thackeray, Cambridge, Massachusetts: Harvard University Press, reprinted 1998, p. 9.

137 Josephus, *Jewish Antiquities*, (books I-III), with an English translation by H. St. J. Thackeray, Cambridge, Massachusetts: Harvard University Press, reprinted 1998, p.15.

138 （美）凯利：《多面的历史：从希罗多德到赫尔德的历史》，陈恒、宋立宏译，三联书店 2003 年版，第 144 页。

139 Josephus, *Jewish Antiquities*, (books XVIII-XIX), with an English translation by Louis H. Feldman, Cambridge, Massachusetts: Harvard University Press, reprinted 2000, pp. 48-51。对后世来说，这一段记载由于涉及到耶稣而成为约瑟夫斯著作中最为著名的段落，并极具争议。相关论述可以参阅：约瑟夫斯：《约瑟夫著作精选》，（美）保罗·梅尔编译，王志勇中译，北京大学出版社 2004 年版，第 297-299 页。

过如下总结："除《圣经》和基督教资料以外，约瑟夫斯的这些记载是耶稣在公元 1 世纪时留下的最丰富的史料，这可能也是约瑟夫斯的大量作品原稿经历许多个世纪依然几乎完整无缺地保存下来的原因"。[140]

并且，约瑟夫斯的史学撰述，在早期基督教时期，就已经成为史家们思想与文字的宝库。比如早期基督教史学阐释家提阿菲罗斯，就在其《致奥托莱库斯》中多次提及与引征约瑟夫斯；[141]而教会史之父攸西比乌斯，不仅将约瑟夫斯称为"最著名的犹太/希伯来历史学家"，[142]更在其《教会史》第三卷的第 9、10 节中详细论及了约瑟夫斯的生平与著述。基本上，约瑟夫斯的大量记载都被攸西比乌斯作为"传递真相"[143]的资料加以承继，尤其是关于耶稣基督的记载。[144]

正是这位犹太史家约瑟夫斯，通过与其生平紧密联系的自我撰史实践，为日后基督教史学在希腊罗马史学之外提供了另一种在历史中阐释"自我"的路径。

他本人不仅担任过犹太人的军事将领，亲历了罗马与犹太人之间"规模最大的战争"，[145]进而动笔撰述七卷本的《犹太战记》；又在战争失败后效忠罗马成为罗马公民，以希腊文向罗马等异族世界叙述了关于"犹太人已拥有

---

140 约瑟夫斯：《约瑟夫著作精选》，（美）保罗·梅尔编译，王志勇中译，北京大学出版社 2004 年版，第 297 页。

141 关于提阿菲罗斯对约瑟夫斯的提及，可以参阅: Theophilus of Antioch, *Ad Autolycum* (*To Autolycus*), p.133.另根据 Robert M. Grant 所翻译的牛津版《致奥托莱库斯》(*To Autolycus*), 提阿菲罗斯至少有七处文字是以约瑟夫斯的《驳阿皮翁》(*Against Apion*) 为渊源或类似的，参阅: *Ad Autolycum* (*To Autolycus*)，p. 152.

142 Eusebius, *The Ecclesiastical History*, Volume I, with an English Translation by Kirsopp Lake, Cambridge, Massachusetts: Harvard University Press, reprinted 1998, p. 47.

143 Eusebius, *The Ecclesiastical History*, Volume I, with an English Translation by Kirsopp Lake, Cambridge, Massachusetts: Harvard University Press, reprinted 1998, p. 231.

144 Eusebius, *The Ecclesiastical History*, Volume I, with an English Translation by Kirsopp Lake, Cambridge, Massachusetts: Harvard University Press, reprinted 1998, p. 83。另外，《教会史》的中译本附录 1，"优西比乌对约瑟夫斯之耶稣记载的征引"中，较详细地论述了《教会史》所引征的约瑟夫斯《犹太古史》(18.63)关于耶稣的著名段落。参阅：（古罗马）优西比乌：《教会史》，（美）梅尔英译、评注，瞿旭彤译，生活·读书·新知三联书店 2009 年版，第 476—479 页。

145 Josephus, *The Jewish War* (books I-II), with an English translation by H. St. J. Thackeray, Cambridge, Massachusetts: Harvard University Press, reprinted 1997, p. 3.

了五千年的历史"[146]的《犹太古史》；在晚年，他还著述《自传》来对其经历与撰史予以反思；更写作了《反阿皮翁》一文批驳异族智识者对犹太人的指责，为犹太人辩护。

史家约瑟夫斯的主体"自我"，可谓既曾依靠自我在场去叙述单一的历史事件，又曾依据自我立场来建构以犹太民族为主线的整体历史进程，还用自传这种"最高级、最富有启发性的形式"[147]阐释自我个体，更以论文形式对他从未忘怀的犹太自我共同体做出过辩护。

约瑟夫斯在其文本中得以存在与展开的"自我"，始终承担着他一早就明示过的使命，就是为了避免有意的谄媚罗马与中伤犹太，而"向罗马帝国的臣民们提供一份关于各种事实的叙述"。[148]

约瑟夫斯出生于西元37年，[149]是祭司马提亚的儿子，他母亲则是犹太哈斯蒙王族（Hasmoneans）的后裔。还在少年时代，约瑟夫斯就因为他对犹太律法书的深入理解而闻名远近，对此约瑟夫斯在其自传中就不无自夸地写道：

> "当我还只是个男孩子，大约十四岁年纪时，我就因为对学问的酷爱而赢得人们普遍的赞赏；以致于为首的祭司们与城里的领袖们习惯于经常来到我这里，为了咨询某些我们律法中个别细节的精准信息"。[150]

成年后，约瑟夫斯当过数年祭司。西元64年，约瑟夫斯作为使节被派往罗马去营救一些犹太祭司。出使途中，船只在海上倾覆，但约瑟夫斯得以幸免并抵达罗马，随后他得到罗马波帕阿·萨比娜皇后（Poppaea Sabina）的欣赏与帮助，使罗马帝政当局释放了被捕的犹太祭司。

无疑，这次出使为他在犹太人中赢得了声誉，约瑟夫斯自己则亲身见识到了罗马的强大与繁荣。西元66年，犹太人爆发反罗马统治的大起义，当时

---

146 Josephus, *Jewish Antiquities,* (books I-III), with an English translation by H. St. J. Thackeray, Cambridge, Massachusetts: Harvard University Press, reprinted 2001, pp. 7-9.

147 （德）狄尔泰：《历史中的意义》，艾彦译，译林出版社2011年版，第25页。

148 Josephus, *The Jewish War* (books I-II), with an English translation by H. St. J. Thackeray, Cambridge, Massachusetts: Harvard University Press, reprinted 1997, p. 3.

149 关于约瑟夫斯的生平与著作，国内学者吴晓群有较为详尽的梳理，参见吴晓群：《西方史学通史·第二卷·古代时期》，复旦大学出版社2011年版，第274—280页。

150 Josephus, *The Life* (Josephus I), with an English translation by H. St. J. Thackeray, Cambridge, Massachusetts: Harvard University Press, reprinted 1997, p. 5.

已经回到犹太的约瑟夫斯也加入了起义，并被任命为加利利地区的指挥官。

西元67年，罗马将军韦斯巴芗的军团攻陷了约瑟夫斯所退守的约他帕他。约瑟夫斯和一些犹太人在据点陷落后藏身于山洞，但很快就被罗马士兵发现。藏身洞中的犹太人在罗马兵围逼下，都依照约瑟夫斯的建议，相继通过抽签互相杀死，最后仅存约瑟夫斯与另一个犹太人。[151]此时，约瑟夫斯说服该人与他一道向罗马人投降。

约瑟夫斯被俘后，本要被韦斯巴芗送到尼禄那里接受刑罚。但他求见到韦斯巴芗，并宣称自己在梦中得到上帝"神意"启示，预言韦斯巴芗日后将成为罗马皇帝，由此避免了送交尼禄的厄运。西元69年，韦斯巴芗果真当上了罗马皇帝，于是约瑟夫斯也被释放，并得到皇帝宽待。

西元70年，罗马军队围攻耶路撒冷，约瑟夫斯随军前往，目睹了犹太圣城耶路撒冷的被毁灭。其间，他试图劝犹太人放弃抵抗但并未成功。而在约瑟夫斯后来的生命中，他基本都托庇于韦斯巴芗及其儿子提图斯和图密善，并被赐姓"弗拉维乌斯"（Flavius），享受罗马皇帝给予的年俸，在犹地亚还拥有自己的封地，生活优渥地专注于历史写作。

---

151 根据约瑟夫斯自己的叙述，在罗马士兵围困山洞后，约瑟夫斯突然回想起他这些天夜里所做的梦，在梦中上帝向他预言了犹太失败和罗马人将统治世界的命运。于是他就打算投降，而其他犹太人（按照他的说法是共四十位)用剑威胁说，如果他屈服就把他当作叛徒杀掉。约瑟夫斯试图劝说他们，但这些犹太人已经围住约瑟夫斯并把刀刃架在他的喉咙上。他最后是以自己将军的权柄才喝退了他们。然后，约瑟夫斯就建议说既然大家都必须死，那么就不要自杀而是死在彼此手上。让大家抽签，抽到死签的人被接下来那个人杀死，再从这个人重新以此类推。而这些犹太人很快就同意了。接着约瑟夫斯就与其余人一起抽签。每个人都依次被下一个人杀死，直到只剩下约瑟夫斯和另外一个人。而对这样的结局，约瑟夫斯在行文中有如下的一个反问："人们应该说这是因为幸运，还是因为上帝的神意眷顾呢？"（以上记叙参见：Josephus, *The Jewish war*, (Books III-IV), with an English translation by H. St. J. Thackeray, Cambridge, Massachusetts: Harvard University Press, reprinted 1997, pp. 99-115。）实际上，这段历史就是数学史上很有名的"约瑟夫斯问题"或称"约瑟夫斯环问题"的来源，该问题是一个数学的应用问题：已知n个人（以编号1，2，3...n 分别表示)围坐在一张圆桌周围。从编号为k的人开始报数，数到m的那个人出列；他的下一个人又从1开始报数，数到m的那个人又出列；依此规律重复下去，直到圆桌周围的人全部出列。对于该问题有明确的数学解法，因此，我们确实可以怀疑约瑟夫斯是否事先知道解法；当然，作为最后的幸存者之一，我们也可以反问，约瑟夫斯有无必要如此以文字来展现他的心机呢？

约瑟夫斯凭借其历史撰述，在罗马人中享有了极大尊荣。根据后世攸西比乌斯的记载："人们在罗马城中树立了一座雕像对他（约瑟夫斯）加以尊崇，同时包含约瑟夫斯著述的作品也存放在他们的图书馆中"。[152]

在约瑟夫斯这里，历史叙述主体相当丰富地用其自我生命历程的情节与意蕴，在其叙述历史的同时向读者叙述了自我。

而其中的一个情节，无疑将使关注早期基督教史学的眼光为之凝视。因为《旧约·但以理书》中，但以理这位历史阐释者与现实政治者通过释梦而交好的范例，此刻又在另一位犹太历史叙述者身上得到了切实的复刻。

按照约瑟夫斯自己的撰述，这个几近复制的释梦事件的情节，大致如此展开：当时，罗马士兵发现了约瑟夫斯等人藏身的山洞并加以威吓，约瑟夫斯就突然回想起那些天夜里所做的梦，在该梦中上帝向他预言了犹太人和罗马人的命运。他于是对上帝默祷：

> "既然你（上帝）已经拣选我来宣告将要发生的事情，我愿意
> 向罗马人投降并承诺活下去。但我呼求你为我作见证，我出去，不
> 是作为一个叛徒，而是作为你的使者"。[153]

但他的投降被其他犹太人所阻止。再后来，约瑟夫斯被俘，并被带到韦斯巴芗那里。按照约瑟夫斯的叙述，其时人群将他团团围住，"那些离得越远的旁观者就越是叫喊着将他这个敌人处死，而那些靠近些的人们则回想起他的功绩，并惊叹于命运的颠倒无常"。[154]

也在此时，提图斯向他父亲求情保全了约瑟夫斯，但韦斯巴芗仍然想要把约瑟夫斯送到尼禄那里。于是，约瑟夫斯就要求会见韦斯巴芗，见面后他说：

> "你想，韦斯巴芗，你所押解来的这个叫约瑟夫斯的人只是一
> 个俘虏；但我却是作为一个更伟大命运的信使，来到你面前……你
> 将会成为凯撒，韦斯巴芗，你将成为皇帝——你和你在这里的儿
> 子……你不仅是我的征服者，而且还是大海和陆地的征服者，是整

---

152 Eusebius, *The Ecclesiastical History*, Volume I, with an English Translation by Kirsopp Lake, Cambridge, Massachusetts: Harvard University Press, reprinted 1998, p. 227.

153 Josephus, *The Jewish war*, (Books III-IV), with an English translation by H. St. J. Thackeray, Cambridge, Massachusetts: Harvard University Press, reprinted 1997, pp. 103-105.

154 Josephus, *The Jewish war*, (Books III-IV), with an English translation by H. St. J. Thackeray, Cambridge, Massachusetts: Harvard University Press, reprinted 1997, p. 115.

个人类的征服者"。[155]

韦斯巴芗起初只是把约瑟夫斯的上述宣示当作阿谀之辞，但随后也逐渐相信。尽管他用铁链锁着约瑟夫斯，却送给他衣服和其他物品，对他颇为友善。

西元 69 年，韦斯巴芗的军队宣告韦斯巴芗为皇帝，催促他拯救罗马，于是韦斯巴芗最终真正地君临天下。此时，韦斯巴芗回想起约瑟夫斯的预言，就即刻下令释放了约瑟夫斯。此后，约瑟夫斯在其余生里都得到了政治者们的宠信优待。

所以再一次地，我们在约瑟夫斯的史学叙述中，又看到了《旧约·但以理书》中那种阐释者与统治者之间关系范式的复现与推进：

一是阐释者仍然是面临了统治者对其施加生死压迫的紧张局势。二是阐释者的目也还是要调和这种紧张局势，三是阐释者又仍然以承认统治者的既有权力为前提。

约瑟夫斯还在此基础上加以创新。他进一步地将《旧约·但以理书》中那个原本应该由神所建立的普遍帝国，转义为当时具体的罗马帝国的未来。

他由此向韦斯巴芗预言："你不仅是我的征服者，而且还是大海和陆地的征服者，是整个人类的征服者"。[156] 或许也因为这种鼓舞性预告，使这位犹太教历史阐释者得到和但以理相似的结局，在释梦之后就与当权统治者之间达成友善的关系。

我们还看到，这段"神意"释梦文字的出现，是在一种叙述主体自我明确宣称其为"历史"的文本中得到呈现的，这无疑是对但以理范式的极大推进。

因为按照约瑟夫斯自己的说法，他写作《犹太战记》就是要"公正、准确地讲述史实……我决定尊重史实，写一部历史。"[157] 于是这位早年的犹太祭司，在其壮年归化罗马文化之后，又以一个历史写作者的身份，给传统的希腊罗马历史叙述，尤其是那个历史叙述主体的"自我"，以极富原创性与冲击力的范式构型了一种新颖的阐释策略。

---

155 Josephus, *The Jewish war*, (Books III-IV), with an English translation by H. St. J. Thackeray, Cambridge, Massachusetts: Harvard University Press, reprinted 1997, p. 117.

156 Josephus, *The Jewish war*, (Books III-IV), with an English translation by H. St. J. Thackeray, Cambridge, Massachusetts: Harvard University Press, reprinted 1997, p. 117.

157 转引自，吴晓群：《西方史学通史·第二卷·古代时期》，复旦大学出版社 2011 年版，第 276 页。

在此，依据对约瑟夫斯前述释梦事件的文本细读，我们可以将该阐释策略的两个主要环节大致展现如下：

首先，作为事件在场者的"自我"接受到了来自第三者他方"神意"的压力。也就是当约瑟夫斯"自我"并不打算投降时，"神意"就向他展现未来并迫使他放弃抵抗；其次，历史叙述者的现实"自我"身份就被压抑摒弃，转而成为"神意"的代言/转述者。这就如约瑟夫斯自己向韦斯巴芗所说，尽管现实中"这个叫约瑟夫斯的人只是一个俘虏"，但却更是"作为一个更为伟大的命运的信使，来到你（韦斯巴芗）面前"。[158]

并且我们在细读时会发现，对于这种阐释策略的具体目的，约瑟夫斯在其文本中有过一定程度的自我揭示，这表现在约瑟夫斯打算投降时在内心中与"上帝"的"对话"："我呼求你（上帝）为我作见证，我出去，不是作为一个叛徒，而是作为你（上帝）的使者"。[159]

很明显，叙述者约瑟夫斯于此已经预见到其"自我"将可能被潜在受众解读为"叛徒"。因此通过该策略，约瑟夫斯就能够使他所不愿承认的"叛徒"身份，升华成他乐于接受的神意"使者"身份。

我们也由是发现，西方史学中历来强调的叙述者"自我"在场身份，开始被约瑟夫斯极为原创地加以了压抑与放弃，摇身一变而成为"神意"的代言者/转述者。也许因为通过该种转换，约瑟夫斯认为叙述主体就可以借助权威性"他我"（在此处，与"自我"相对，以字面定义为"他我"）的话语，来对其"自我"的行为与思想进行阐释。

故而，我们可以将该策略较字面地称为："'他我'阐释策略"。这种"'他我'阐释策略"的根本目的，就是叙述主体利用"他我"去阐释"自我"所不愿阐释的事件，或者说去化解一种单凭"自我"无法化解的危机。

因此，这种阐释策略也就表现出迥异于希腊罗马史学以"自我"见证历史的传统阐释策略的显著特征：即约瑟夫斯的"他我"阐释策略在某种意义上阻隔了受众"自我"对叙述者"自我"的"代入"或者"重构"。这就意味

---

158 Josephus, *The Jewish war*, (Books III-IV), with an English translation by H. St. J. Thackeray, Cambridge, Massachusetts: Harvard University Press, reprinted 1997, p. 117.

159 Josephus, *The Jewish war*, (Books III-IV), with an English translation by H. St. J. Thackeray, Cambridge, Massachusetts: Harvard University Press, reprinted 1997, pp. 103-105.

着，"他我"所作出的历史叙述，只能作为独特的个人体验与人分享，却无法让其他受众仅仅依靠人类"自我"共性来"感同身受、设身处地"地再次在场。除非潜在受众也像约瑟夫斯一样，宣称其得到了"他我"神意的指示（但这正恰恰部分符合了约瑟夫斯的原意去理解"神意"）。借此，历史叙述者就可以依靠这种"他我阐释策略"，将受众带离自我体认上基于逻辑或者理性的"见证"，转入到他人先例经验或者神秘信仰领域里的"相信"。

但这种"他我阐释策略"，本身也含蕴了阐释者在意图说服解读者时存在的一个固有局限。

比如在约瑟夫斯上文这个案例中：就叙述者而言，约瑟夫斯绝不会承认他在该事件中是以"自我"在场，而只会宣称他乃"上帝"的代言者/转述者。这就使得人身"自我"被驱离而转为某种神性"他我"的在场，并被展现为叙述者自我的某种分裂与剥离。但就某些"不相信"的解读者来说，约瑟夫斯自始至终还是以他作为个人的"自我"在事件与文本中在场，即便他"自我"的分裂与剥离，也不过发生在其"自我"内心之中，究其本质，仍然是文本中"自我"的自说自话。

或者对于该局限性，约瑟夫斯自己也心知肚明。毕竟由于"神意"的介入，对于那些不信仰犹太教"上帝"的读者来说，这种阐释方式无疑甚为荒谬。

因此，约瑟夫斯本人就更加期待那些立场上"靠近"他的读者/观众，这正如他在被俘后，面对广大围观者时特意点明的那样："那些离得越远的旁观者就越是叫喊着将他（约瑟夫斯）这个敌人处死，而那些靠近的人们则回想起他的功绩，并惊叹于命运的颠倒无常"。[160]

针对此种基于信仰立场所导致的局限，日后那位饱受约瑟夫斯影响的提阿菲罗斯，显然已深刻领悟到约瑟夫斯彼时所面临的困难。无怪乎当他也依据"神意"来对历史做出阐释时，就会引用《新约·约翰福音》中的话语首先强调："不要怀疑，只要相信"；[161]甚至还要求解读者要像他一样地信奉上帝，

---

160 Josephus, *The Jewish war*, (Books III-IV), with an English translation by H. St. J. Thackeray, Cambridge, Massachusetts: Harvard University Press, reprinted 1997, p. 115.

161 Theophilus of Antioch, *Ad Autolycum (To Autolycus)*, Text and Translation by Robert M. Grant, Oxford: Oxford University Press, 1970, p. 19. 《圣经》经文参见：《圣经·新约·约翰福音》第20章，第27节。

"我不再疑惑而只是相信，顺从于上帝，如你愿意，你也必然顺从与信仰于上帝"。[162]

尽管有着局限，约瑟夫斯此种阐释策略的理论力量依然巨大。因为他使得当时希腊罗马传统史学中饱受质疑的"自我"，能够改换为"他我"的面目投奔于至高"神意"的庇护之下。这对日后早期基督教史学的启迪意义可谓非凡，就此，我们能够在如下对一条神谕的不同阐释中稍作管窥。

在《犹太战记》第六卷中，约瑟夫斯曾阐释过罗马皇帝韦斯巴芗现实统治的"神意"所归。他指出，当时犹太人中流传一条神谕，说犹太人国家中将兴起一个人成为统治全世界的王。而犹太人就将该神谕理解为这个人会从他们民族中兴起，因此这条神谕就是最能煽动犹太人起兵造反的原因。但约瑟夫斯阐明，实际上，这条神谕所指的是韦斯巴芗，因为韦斯巴芗是在犹太人的土地上被宣布为罗马皇帝的。[163]

日后，攸西比乌斯写作其《教会史》时，这位"教会史之父"又更进一步地解释了这条神谕，

> "不过，苇斯巴芗并没有统治全世界，他所控制的范围仅限于罗马版图之内。这项预言所指的对象更应该是基督，圣父曾对他说：'你求我，我就将列国赐你为基业，将地极赐你为田产'；[164]而且，基督圣使徒的'声音通遍天下，言语传到地极'[165]。"[166]

于是，这个统治全世界的"王"就在攸西比乌斯笔下由苇斯巴芗转变为了耶稣基督。而在这样的转变过程里，我们不难看出，虽然对同一条神谕的具体阐释不尽相同，但对借这条神谕来解读历史的阐释策略，犹太教史家约

---

162 Theophilus of Antioch, *Ad Autolycum (To Autolycus)*, Text and Translation by Robert M. Grant, Oxford: Oxford University Press, 1970, p. 19.

163 Josephus, *The Jewish war*, (Books V-VII), with an English translation by H. St. J. Thackeray, Cambridge, Massachusetts: Harvard University Press, reprinted 1997, p. 269. 另外，塔西佗在其著作中也提到了该神谕，并且同样指出犹太人错误地理解了该神谕。塔西佗认为："这一神秘的预言实际上指的是维斯帕西亚努斯（即苇斯巴芗)和提图斯。"参见：塔西佗：《塔西佗历史》，王以铸、崔妙因译，商务印书馆 2005 版，第 346 页。

164 参阅：《圣经·旧约·诗篇》，第 2 章，第 8 节。

165 参阅：《圣经·旧约·诗篇》，第 19 章，第 4 节。

166 （古罗马）优西比乌：《教会史》，（美）梅尔英译、评注，瞿旭彤译，生活·读书·新知三联书店 2009 年版，第 120 页。

瑟夫斯与基督教史家攸西比乌斯却如出一辙。也恰恰就是通过这样的文本实例，我们就能在这种历史阐释理论策略的传承与嬗变中，更为深入地去理解约瑟夫斯，以及他对早期基督教史学的意义。

（三）犹太解经家斐洛与早期基督教史学

在结束完对约瑟夫斯撰史实践的粗略探讨之后，随之我们有必要探询另一位对早期基督教史学至关重要的犹太教人物斐洛。

正如近代西方思想家黑格尔所总结概括，斐洛为西方思想"找出了一种神秘的、寓言（隐喻）式的意义加到历史上去"。[167]而具体到早期基督教史学的研究中，斐洛则促使早期基督教史学能够依照他所肇创的"隐喻解经法"，去理解历史文本并赋予"历史"更深层次的宗教内涵。

斐洛一般又被称为"亚历山大里亚的斐洛"（Philo of Alexandria）。[168]关于其生平，目前人们所知相当有限，但他应该出生于一个富裕而有声望的宗教虔信家庭，并且接受过良好的希腊与犹太两方面文化教育。

斐洛准确的生卒时间今已不可考，根据其《出使盖乌斯》（*On the Embassy to Gaius*）中的描述，他曾作为一个犹太人代表团中的一员，于西元 39 到 40 年间，从亚历山大里亚到罗马去拜见罗马皇帝卡尼古拉。其时他称自己已是"头发灰白"的"老人"，[169]据此，我们大致可以推断，在西元 40 年时的斐洛应该是位 60 至 70 岁之间的老者，这也意味着他大概出生于西元前 30 到 20 年之间。

斐洛还在《论特定律法》（*On the Special Laws*）中，透露他曾投身于"照管公民事务的汪洋之中"，[170]加上前述他代表犹太人出使罗马的经历，可推

---

167 （德）黑格尔：《哲学史讲演录》第三卷，贺麟、王太庆译，商务印书馆 1997 年版，第 162 页。

168 关于斐洛的生平，可以参看：（英）罗纳尔德·威廉逊，《希腊化世界中的犹太人：斐洛思想引论》，许开来、林庆华译，华夏出版社 2007 年版，第 1—20 页。另可参阅：Philo, "General Introduction", in *Philo*, Volume I, with an English translation by F. H. Colson and G. H. Whitaker, Cambridge: Harvard University Press, reprinted 1991, pp. ix-xxii. 又及：Peder Borgen, *Philo of Alexandria : an exegete for his time*, Leiden: Brill, 1997, pp. 14-29.

169 Philo, "On the Embassy to Gaius", in *Philo*, Volume X, translation by F. H. Colson, Cambridge: Harvard University Press, reprinted 1991, p. 3.

170 Philo, "On the Special Laws, book 3", in *Philo*, Volume VII, with an English translation by F. H. Colson, Cambridge: Harvard University Press, reprinted 1991, p.

知他生前多半颇具威望，并且相当程度地涉足过当时的政治与宗教事务。

斐洛一生著作颇丰，[171]而这些作品也无疑为他在生时与后世赢得了极高的声誉。比如距斐洛两个多世纪的攸西比乌斯，就在《教会史》中对斐洛做出过如下的描述：

> "在盖乌斯当政期间，斐洛作为一位最伟大的杰出人士，既在我们的民众中也在那些接受异教教育的人士中日渐知名。斐洛在种族血统上是一个希伯来人，但他丝毫不逊色于当时亚历山大里亚的任何一个权威显贵。他就自己种族的神学研究所呈献的著述，无论其内容还是质量，都的确是精专独到的；而他在异教世界的哲学与人文研究中所占据的权威地位，就更无需多言，因为他被认为已经超越了所有与他同时代的人，尤其是他对于柏拉图与毕达哥拉斯的研究热忱"。[172]

及至今日的西方学界，人们也依旧视斐洛为"希腊化时期犹太人（Hellenistic Jews）中最为重要的一个人物"，[173]并认为斐洛在西方学术上最具影响的成就，便是"他对'隐喻解经法'（the allegorical interpretation of Scripture）的理论发展"。[174]

而斐洛在前述"隐喻解经法"上的思想渊源，在有些西方学者看来，是可以追溯到柏拉图的，"源自柏拉图哲学的寓意（隐喻）释经方法（allegorical method）。[175]柏拉图认为，真正的实体（reality）隐藏在人看见的表象背后。这种对实体的看法应用到文学作品上，就暗示经文的真正含义是隐藏在字面的背后。换言之，经文成了某类延伸的隐喻，指向隐藏在它背后的观念。在

477.

171 斐洛作品流传至今的依旧详赡，仅以哈佛"洛布"（Loeb）版的《斐洛》而言，就达十卷之多（共计有34篇文章，另附2篇答问）。其传世文章列表可参阅：Philo, "List of Philo's Works", in *Philo*, Volume I, with an English translation by F. H. Colson and G. H. Whitaker, Cambridge: Harvard University Press, reprinted 1991, p. xxxv.

172 Eusebius, *The Ecclesiastical History*, Volume I, with an English Translation by Kirsopp Lake, Cambridge, Massachusetts: Harvard University Press, reprinted 1998, p. 117.

173 *The Concise Oxford Dictionary of the Christian Church*, Ed. Elizabeth A., Oxford: Oxford University Press, 1977, p. 400.

174 *The Concise Oxford Dictionary of the Christian Church*, Ed. Elizabeth A. Oxford: Oxford University Press, 1977, p. 400.

175 针对 allegorical 一词，国内译者有采用"隐喻"或者"寓意"等不同中译法，本文采取"隐喻"的译法。

希伯来圣经方面……斐洛是运用寓意（隐喻）方法的大师"。[176]

　　另有专研斐洛的现代学者指出："'隐喻'一词的第一次出现，是在西元前三世纪斯多亚派的克里尼雪斯（clenathes）的著作中。其他的希腊思想家曾经把隐喻阐释法用于荷马史诗，将荷马的诸神处理成道德行为和非道德行为的象征。"[177]

　　可见，斐洛所使用的"隐喻解经法"，是一种早已有之的以隐喻来阐释经书的方法。比如在当时的许多批评者看来，荷马史诗中所描述的那些众神的堕落行性，诸如通奸、嫉妒、受贿等，给宗教教化带来了许多难以解释甚至是难堪的问题。而古希腊的斯多亚学派就对此采用了隐喻阐释法来加以处理，认为"那些普通读者没有真正领会史诗的潜在含义，寓意（隐喻）解经法可以帮助人们获得潜在的含义"。[178]

　　至于"隐喻解经法"在斐洛时代里的状况，我们则根据斐洛在其《论特定律法》一文中所言"那些习惯把字面意思转变成隐喻的人们"，[179]不难推知，在斐洛的时代里，以隐喻来解释经典，已经是许多人的惯常做法。

　　某种意义上，斐洛真正将隐喻解经法对犹太圣经的阐释推向了极致。因为他对犹太圣经的几乎每一词句，几乎每一事件，[180]都深入地进行了隐喻的阐释。这也使得后世学者认为，正是斐洛才创立了圣经解经学上的"亚历山大里亚学派范型"，[181]并将他赞誉为"可能是在古代离散犹太人中最具影响力的犹太圣经研究者与神学家"。[182]

---

176 （美）克莱恩（Klein, W. W.）等，《基督教释经学》，尹妙珍等译，上海人民出版社 2011 年版，第 035 页。

177 （英）罗纳尔德·威廉逊，《希腊化世界中的犹太人：斐洛思想引论》，许开来、林庆华译，华夏出版社 2007 年版，第 155 页。

178 章学富：《圣经和希腊主义的双重视野：奥利金其人及神学思想》，中国社会科学出版社 2004 年版，第 137 页。

179 Philo, "On the Special Laws, book 3", in *Philo*, Volume VII, with an English translation by F. H. Colson, Cambridge: Harvard University Press, reprinted 1991, p. 397.

180 参阅：（英）罗纳尔德·威廉逊，《希腊化世界中的犹太人：斐洛思想引论》，许开来、林庆华译，华夏出版社 2007 年版，第 154 页。

181 Roger E. Olson, *The Story of Christian Theology: twenty centuries of tradition and Reform*, Downers Grove: InterVarsity Press, 1999, p. 49.

182 Roger E. Olson, *The Story of Christian Theology: twenty centuries of tradition and Reform*, Downers Grove: InterVarsity Press, 1999, p. 202.

　　黑格尔就曾研究过斐洛的隐喻解经法，并富有见地地揭示出斐洛在西方历史思想发展史上的重要意义。黑格尔首先指明了斐洛阐释历史的具体路径，"他（斐洛）把犹太族的历史当作基础，加以注解。但是历史上的传说和叙述，在他眼睛里都失去了直接的现实意义，他甚至从字句里找出一种神秘的、寓言（隐喻）[183]式的意义加到历史上去"。[184]进而，黑格尔还点明了斐洛的阐释路径在历史观念上对于西方智识界的启迪意义："所以，我们或者是把深刻的思想解释到历史事件里面去，象一般人所說的那样，或者是从历史里面解释出深刻的思想；而后面一种是更加真实的看法"。[185]随后，黑格尔是把斐洛的隐喻解经方式上升到相当的思想史高度，他强调，斐洛解经方式的主要意义就在于——"把思想带进一定的意识"。[186]

　　高山流水，黑格尔无疑是斐洛的千古知音。因为黑格尔体察到斐洛适用隐喻解经方式的关键意义，就是斐洛可以从犹太圣经的"字句里找出一种神秘的、寓言（隐喻）式的意义"，并由此能够将斐洛自己所理解到的那些"深刻思想"，脱离经书的字面束缚而向受众阐释出来。

　　故而，斐洛的隐喻解经，不但使他自己获得了对于经书意义的独有理解，而且，这显然要更为重要，也让西方智识者获得了一种新的理解经典文本的思想自由。或许，正是这种自由，黑格尔才会对斐洛的思想/哲学史意义如此强调；黑格尔也方可以脱离斐洛对犹太圣书的具体神学阐释，而升华到他对西方人历史观念的构型与影响上来。

　　具体到早期基督教史学研究，当切近地考察斐洛是如何理解文本的文本时，我们也将会更深入地理解黑格尔前述对于斐洛的理解。

　　基本上，斐洛之于早期基督教史学，其突出影响有如下两点：1，由于斐洛在解经时对于阐释主体灵性附体的强调，部分地影响了日后基督徒在阐释

183　此处较新牛津版英译为"allegorical"，参见：G. W. F. Hegel, *Lectures on the History of Philosophy*, Volume II: Greek Philosophy, Translated and edited by Robert F. Brown. Oxford: Oxford University Press, 2006, p.323.

184　（德）黑格尔：《哲学史讲演录》第三卷，贺麟、王太庆译，商务印书馆 1997 年版，第 162 页。

185　（德）黑格尔：《哲学史讲演录》第三卷，贺麟、王太庆译，商务印书馆 1997 年版，第 163 页。

186　（德）黑格尔：《哲学史讲演录》第三卷，贺麟、王太庆译，商务印书馆 1997 年版，第 164 页。

历史时也宣称他们得到了上帝"神意"的启示。2、由于斐洛在解经时对于犹太经书文本发展出以"字面意义"与"隐喻意义"为核心的隐喻阐释方法（这也就是前述黑格尔所强调的那种"从字句里找出一种神秘的、寓言（隐喻）式的意义"的方法），部分地影响了日后基督徒在阐释历史时也将该方法比附适用于人类的历史文本，并进一步地适用于人类的现实历史进程，得以建构出在历史中找寻"神意"的一整套历史阐释理论。

在斐洛看来，"整部律法书就像一个生灵，文字规章是这个生灵的躯体，而它的灵魂则是文字背后无形的智慧。"[187]因此，斐洛告诫读者，不要停留在"字面上与明显的"[188]意思，而应该"去进行隐喻的阐释，并且认识到：文字对于神谕而言，仅仅就像是阴影对于实体，而其中显现出来的更高价值，才是真实的与实存的事物。"[189]

因此，在斐洛的隐喻解经法理论中，《圣经》显然是具有两重意思的：其一是"字面意思"，其二则是"隐喻意思"。并且，隐喻意思还有着"显现出来的更高价值"。这种以两重意思与价值对犹太圣经做出阐释的理论方法，就是斐洛隐喻解经的典型阐释范式，或曰"二级圣经观"。[190]

如果要细察斐洛以"隐喻解经法"对圣经所作的具体阐释，则我们可以摘选两个例子如下，稍作管窥。

比如他在解释《圣经·旧约·利未记》第 26 章第 10 节中的一段经文"你们要吃陈粮，又因新粮挪开陈粮"时，就认为经文的意思是：

> "我们应当致力于研读圣贤们的著作，聆听从那些了解古代风俗习惯的人口中说出来的箴言和故事，始终寻求关于古代的人和事的知识。因为知晓一切实在是一件美妙的事。然而，一旦神所引发的自我启示的智慧的幼芽在灵魂里面绽开，那种由教训而来的知识

187 Philo, "On the Contemplative Life", in *Philo*, Volume IX, with an English translation by F. H. Colson, Cambridge, Harvard University Press, reprinted 1995, p. 161.

188 Philo, "On the Confusion of Tongues", in *Philo*, Volume IV, with an English translation by F. H. Colson& G. H. Whitaker, Cambridge, Harvard University Press, reprinted 1995, p. 113.

189 Philo, "On the Confusion of Tongues", in *Philo*, Volume IV, with an English translation by F. H. Colson& G. H. Whitaker, Cambridge, Harvard University Press, reprinted 1995, p. 115.

190 （英）罗纳尔德·威廉逊，《希腊化世界中的犹太人：斐洛思想引论》，许开来、林庆华译，华夏出版社 2007 年版，第 170 页。

就必须废除、挪开。"[191]

在此，经文中的"陈粮"被阐释为了"由教训而来的知识"，而"新粮"则被理解成"神所引发的自我启示"。

又比如，斐洛在解释"在白发的人面前，你要站起来，也要尊敬老人"[192]这节经文时，他则阐释说：

> "毫无疑问，心灵吸取古老而受人尊敬的思想，追溯高贵行为的可敬传统，就是历史学家和诗人们通过他们自己的记忆传递给未来世界的财富，是有益的，就算不是对获得完全的美德有益，无论如何对世俗的美德生活也是有益的"。[193]

在这个例子中，原本经文中所言说的那种"字面意思"，也就是人们应当对于"白发的人"、"老人"抱持敬重，被斐洛以隐喻的方式做了全新的阐释，被解说为人们可以从"历史学家和诗人们"的记忆传递中得到教益。

凭借隐喻解经法，斐洛使得经文中原本没有的"历史学家和诗人们"得以显现。原先不相干的"白发的人、老人"与"历史学家和诗人们"，因为都与"古老"相关，而形成了联接、等同。

并且，在斐洛的阐释理论中，人们若是仅仅理解到应当对"白发的人、老人"表示敬重，那只不过是明白了经文的"字面意思"，而如果能够由此而领会到经文的"隐喻意思"，也就是"历史学家和诗人们"的记忆传递对于人类之有益，才算领悟到了经文所"启示出来的更高价值"，也唯有这种隐喻意思，"才是真实的与实存的事物"。[194]

在此我们有一个重要的概念需要厘清，那就是虽然"隐喻解经法"渊源于"隐喻"，但两者并不能混淆。

"隐喻"作为一种修辞手法，早在亚里士多德处，西人就对之有了较明确认识，亚里士多德指出："隐喻是对借来之词的使用，或者从种借来用于属，

---

191 （古希腊）斐洛：《论凝思的生活》，石敏敏译，中国社会科学出版社 2004 年版，第 27 页。

192 《圣经·旧约·利未记》，第十九章，第 32 节。

193 （古希腊）斐洛：《论凝思的生活》，石敏敏译，中国社会科学出版社 2004 年版，第 27 页。

194 Philo, "On the Confusion of Tongues", in *Philo*, Volume IV, with an English translation by F. H. Colson& G. H. Whitaker, Cambridge, Harvard University Press, reprinted 1995, p. 115.

或者从属借来用于种，或者从属借来用于属，或者通过使用类比"。[195]

现代阐释学家伽达默尔也对"隐喻"做过如下总结："譬喻（隐喻，德语 Allegorie）本来属于述说，即 Logos（讲话）领域，因此譬喻（隐喻）起一种修饰性的或诠释性的作用。它以某个其他的东西代替原来所意味的东西，或更确切地说，这个其他的东西使原来那个所意味的东西得到理解。"[196]

因此，作为言语修辞上的"隐喻"，其功能与"借用"以及"代替"密不可分，通过隐喻，言语中的某事物"借用"了另一事物、或者被另一事物所"代替"，从而藉此"呈现在人们眼前"。[197]所以"隐喻"具有一个颇为显著的特点，即某事物因另一事物而"呈现"，也即利科所谓的"使人看见"。[198]就这个特点而言，"隐喻"与"隐喻解经法"是有着共通之处的。

然而，抛开上述这个使某事物得以呈现、使人看见的共同特点，斐洛的"隐喻解经法"还是有着与"隐喻"的根本不同。在此，我们可以稍作分析如下：首先，就应用的客体来看，隐喻解经法有其独特的适用对象，也即《圣经》（旧约），这本犹太人独有的"整部律法书"。因而，隐喻解经法只应用于对《圣经》等神圣经典的阐释；其次，就适用目的来看，隐喻解经法有一极显明的特点，就是斐洛认为隐喻阐释具有比文字字面更高的价值。[199]也就是说，隐喻解经法要阐释出文字字面之后的隐喻意思，并且，该隐喻意思要比原本的"字面意思"具有更高的价值。这显然有别于传统言语修辞范畴上的"隐喻"，因为在修辞"隐喻"中，某一事物只是为了达成理解而被"借用"或者"替代"于另一事物，两者之间只是类比、转换的关系，并不存在认识价值上的孰高孰低；最后也是最重要的，就使用主体来看，"隐喻解经法"的应用主体并不是普通的人，而必须是拥有灵性经验的人。斐洛在写作时就明

---

195 （古希腊）亚里士多德，《论诗》，见：《亚里士多德全集·第九卷》，苗力田主编，中国人民大学出版社 2009 年版，第 673 页。（1457b，6-9）

196 （德）伽达默尔：《真理与方法I》（修订译本），洪汉鼎译，商务印书馆 2007 年版，第 105 页。

197 （古希腊）亚里士多德，《亚历山大修辞学》，见：《亚里士多德全集·第九卷》，苗力田主编，中国人民大学出版社 2009 年版，第 518 页。（1410 b，33）

198 （法）保罗 . 利科：《活的隐喻》，汪堂家译，上海译文出版社 2004 年版（2006 年重印），第 044 页。

199 Philo, "On the Confusion of Tongues", in *Philo*, Volume IV, with an English translation by F. H. Colson & G. H. Whitaker, Cambridge, Harvard University Press, reprinted 1995, p. 115.

确宣称他时常遭遇到："它（更深层次的思想）来自于我灵魂中的一个声音，这个声音时常被神所占有，并且揭示了我思想中所不知晓的领域"。[200]斐洛这种被"神"所占有的解经主体，就使得其隐喻解经成为了如后人所总结的"一项受感的工作"，[201]这显然是修辞"隐喻"所不具备也不要求的。

通过上面对"隐喻解经法"的梳理以及它与"隐喻"之间的辨析。我们可以多少明白，为什么是"隐喻解经法"而不是"隐喻"，对于今后的基督教史学至关重要。

我们可以推断，西元前后斐洛使用"隐喻解经法"阐释犹太圣经的做法，将很自然地被当时兴起的基督教，这个"从一开始，基督教就是关于一本圣书（《圣经》）的宗教"[202]吸收与利用。

事实上，基督教发展到攸西比乌斯时代，斐洛所大力发展的"隐喻解经法"仍然被信徒们作为"传统的操练"，[203]许多基督徒都藉此去找寻文字中"永古隐藏不言的奥秘"。[204]

再比如，早期基督教历史阐释者提阿菲罗斯，就在其《致奥托莱库斯》（*To Autolycus*）中宣称："我将用一些你读过的历史书籍……来向你阐明真理"。[205]而他利用历史文本来阐明基督教真理的阐释路径，就颇类于斐洛对犹太圣经经文做出"字面意思"与"隐喻意思"的区分。提阿菲罗斯，也试图在历史文本的字面叙事中"去审视隐藏在言语之后的事实，去检视这些事实'是何所是'（what it is）以及'是何意是'（what it means）"。[206]因此，斐洛的隐喻解经，的确为后世提阿菲罗斯提供了让"历史"挣脱其文本字面，奔向某个

---

200 Philo, "On the Cherubim, the Flaming Sword, and Cain", in *Philo*, Volume II, with an English translation by F. H. Colson& G. H. Whitaker, Cambridge, Harvard University Press, reprinted 1994, p. 25.

201 （英）罗纳尔德·威廉逊，《希腊化世界中的犹太人：斐洛思想引论》，许开来、林庆华译，华夏出版社 2007 年版，第 170 页。

202 （美）梅琴（Machen, J. G.）：《新约文献与历史导论》，杨华明译，上海人民出版社 2008 年版，第 4 页。

203 Eusebius, *The Ecclesiastical History*, Volume I, with an English Translation by Kirsopp Lake, Cambridge, Massachusetts: Harvard University Press, reprinted 1998, p. 155.

204 《圣经·新约·罗马书》第 16 章，第 25 节。

205 Theophilus of Antioch, *Ad Autolycum (To Autolycus)*, Text and Translation by Robert M. Grant, Oxford: Oxford University Press, 1970, p. 23.

206 Theophilus of Antioch, *Ad Autolycum (To Autolycus)*, Text and Translation by Robert M. Grant, Oxford: Oxford University Press, 1970, p. 3.

全新处所的可能。

斐洛认为经文的"隐喻意思"高于"字面意思"的隐喻阐释理论，也启发了基督教史学思想者在将历史文本阐释为"字面"历史的同时，更加去强调历史背后隐藏有某种具有更高价值的"隐喻"意思——也就是上帝"神意"在历史中的显现，而这，也是黑格尔对斐洛所至为强调推崇的，"他（斐洛）甚至从字句里找出一种神秘的、寓言（隐喻）式的意义加到历史上去"。[207]

应该说，正是斐洛以强调"隐喻意思"来理解《圣经》的方法，使基督教信众们能够将原本难以信服甚至排斥的历史文本，转移到一个以基督教宗教经验来获得理解与信从的领域，究其根底，就是使历史叙事脱离其"字面意思"转向"隐喻意思"的隐喻阐释过程。当然，由此而断定整个早期基督教历史阐释观念都渊源于斐洛显然不妥，但我们应该承认，斐洛对于早期基督教史学思想极为重要。

---

207 （德）黑格尔：《哲学史讲演录》第三卷，，贺麟、王太庆译，商务印书馆 1997
    年版，第 162 页。

第二章　早期基督教史学的最初探索

在早期基督教思想中，有着远离甚至拒斥西方传统史学（古希腊罗马史学）的倾向，这不仅表现在被基督徒奉为圣书的《圣经》中，"希罗多德意义上的'历史'这一术语或概念并没有在圣经中使用"；[1] 同时，早期基督徒如保罗就很排斥那些依据人类"传统"的历史书写，"你们要谨慎，恐怕有人用他的理学和虚空的妄言，不照着基督，乃照人间的遗传和世上的小学，就把你们掳去。"[2]

但这绝不代表以理解人类历史为目标的历史学本身，就被早期基督教思想所摒弃。如前所言，早期基督教所拒斥的，只是那种依据人类旧有传统或者世俗原理而不是依据耶稣基督的传统历史书写。

耶稣曾经言说："没有人把新酒装在旧皮袋里；若是这样，新酒必将皮袋裂开，酒便漏出来，皮袋也就坏了"。[3] 这个比喻形象地揭示了新兴基督教思想对待西方传统史学的态度。

而且，新的历史观念也已经伴随着新兴基督教的产生而产生，这种新观念一扫传统史学观念基于"人啊，认识你自己"的艰难探询，斩钉截铁地以"神子"身份向世界宣告："我就是道路、真理、生命"，[4] 并教导信众只有在神那里，"凡祈求的，就得着；找寻的，就寻见"。[5]

1　（美）凯利：《多面的历史：从希罗多德到赫尔德的历史》，陈恒、宋立宏译，三联书店 2003 年版，第 147 页。

2　《圣经·新约·歌罗西书》，第 2 章，第 8 节。

3　《圣经·新约·路加福音》，第 5 章，第 37 节。

4　《圣经·新约·约翰福音》，第 14 章，第 6 节。

5　《圣经·新约·马太福音》，第 7 章，第 8 节。

因此，历史学通过研究过往将理念传达给现时代的基本特征并未改变，只不过，基督徒用来理解历史学的基本路径，却发生了根本的变化。

历史学在基督徒那里，不再是传达某种可以批判的个人意见，而是被建构为传递着某种只需信仰的神的"真理"与消息。于是，随后的早期基督教历史学家们，就把他们的史学任务看作以历史书籍来阐明真理，[6]用历史纪录来证明神的判断。[7]

随后，在本章中，我们就试图初略地探析一下早期基督教"救主耶稣"的历史观念，以及早期基督徒路加的史学尝试。以期部分地展现出，究竟是在一种什么样的历史观念建构与史学前导下，使得早期基督教史学能够以历史来阐明真理并见证神意。同时也试图揭示，那些至为创造性的思想，往往有着对传统最为深邃的理解与反思。

一、耶稣：基督教史学思想的基调

研究耶稣的历史观念，也就是利用现存文献去建构关于耶稣如何理解历史的理解。当然，现有文本中的确缺乏耶稣直接对"希罗多德意义上的'历史'"的论述，但这并不表明耶稣就没有历史观念，更不表明我们无法或者没有必要去探究耶稣的历史观念。

毕竟，整个基督教历史可说都渊源于这位创始者；尤其我们在研究基督教历史学的过程中，更能够感受到耶稣思想的巨大影响。所以我们应该一方面不脱离文献中刊载的耶稣思想，一方面结合被耶稣言行所启蒙的基督教历史学，去深入领会与揭示出"耶稣的历史观念"。

假若拘泥于字面上耶稣对"历史"的直接论述，那么这种拘泥则可借用近代阐释学的一个论断加以推拒，"如果我们把直接的现象当成全部真理，那么我们就忘记了这种历史现象的全部真理"。[8]事实上，正如攸西比乌斯所强调："谁打算致力于书写种种基督教源起的历史，他就必须从关于耶稣自身的首要神意开始"。[9]这也正是我们今日探究"耶稣的历史观念"的意义之所在。

6 Theophilus of Antioch, *Ad Autolycum* (*To Autolycus*), Text and Translation by Robert M. Grant, Oxford: Oxford University Press, 1970, p. 23.

7 Eusebius, *The Ecclesiastical History*, Volume II, with an English Translation by J. E. L. Oulton, Cambridge, Massachusetts: Harvard University Press, reprinted 2000, p. 257.

8 （德）伽达默尔：《真理与方法 I》（修订译本），洪汉鼎译，商务印书馆 2007 年版，第 409 页。

9 Eusebius, *The Ecclesiastical History*, Volume I, with an English Translation by Kirsopp

（一）以《圣经·新约》为基础探究"耶稣的历史观念"

《圣经·新约》无疑是探询"耶稣的历史观念"最重要的文献基础。不仅因为耶稣自己在《新约》中就曾经许诺："并且要叫你们想起我对你们所说的一切话"；[10]而且，就像西方专研基督教历史阐释的某学者所言："他们（早期基督徒）仍然保持了对于历史的浓厚兴趣，而这也塑造了《圣经》中对于人生的看法。"[11]反言之，研究者也正是通过对《新约》的理解，能够推衍出早期基督徒们（这自然包括其创始人耶稣）对于历史的旨趣所在。

特别重要的是，现有这本记载耶稣言行的《新约》，它之所以成为基督教的权威性正典，乃是历经了漫长的历史检验过程，"这一过程本质上是接受和承认那些已被知识渊博的教会领袖所担保的作品"。[12]因此，通过《新约》来考察耶稣的历史观，就是承认《新约》已经具备了超越当时其他基督教文献的权威性，并进而以之为基本来理解耶稣。

这也秉承了历史阐释学的如下前理解："现代的历史研究不仅是研究，而且是传统的传递"。[13]当然，这并不说明反映耶稣思想的文献就只有《新约》而无其他。但正如斯特劳斯在其巨作《耶稣传》中所坦承，他对"耶稣"这个复杂概念的理解只能在"实事求是和适可而止的范围之内"。[14]而今日我们研究耶稣的历史观，也似乎应该在较为确定并得到公认的文本证据，也即《新约》的基础上，来加以讨论：耶稣如何看待历史。

（二）早期基督教思想者视域中的《圣经·新约》与"耶稣"

现有《圣经·新约》在耶稣受难之后不久，就开始成文。目前可知的《新约》最早抄本之一，是在埃及发现的《约翰福音瑞兰兹纸草残篇》（John Rylands

---

Lake, Cambridge, Massachusetts: Harvard University Press, reprinted 1998, p. 11。另：在此句中，"神意"译自英译本中"dispensation"（希腊原文为 οἰκονομία），该词汇是较专用的神学术语，一般意涵耶稣具备神圣的"逻各斯"（Logos)的化身性质，在此也可理解为"神的安排"。相关探讨还可参看上诉英译本脚注。

10　《圣经·新约·约翰福音》，第 14 章，第 26 节。

11　R. L. P. Milburn, *Early Christian Interpretations of History*, New York: Harper & Brothers Publishers, 1954, p. 54.

12　弥尔顿·费希尔（Milton Fisher）："新约正典"，见：《圣经的来源》（美）康福特（Comfort, P. W.)编，李洪昌译，上海人民出版社 2011 年版，第 064 页。

13　（德）伽达默尔：《真理与方法 I》（修订译本），洪汉鼎译，商务印书馆 2007 年版，第 409 页。

14　（德）施特劳斯，《耶稣传（第一、二卷）》，吴永泉译，商务印书馆，2010 年，第 22 页。

papyrus），"它证明了大约在公元 125 年，使徒约翰的作品是如何被尊崇并抄写复制的"。[15]而西元 130 年左右的《巴拿巴书信》（Epistle of Barnabas）中，已经用"经上记着说"的句式来引用《新约·马太福音》的内容。[16]

及至 2 世纪中叶，殉道者查士丁（Justin Martyr）提到基督徒们在礼拜日聚会中诵读"众使徒的回忆录或者先知们的著作"，[17]可知当时基督徒已将《新约》作为其信仰的权威文献加以珍视。又在西元 367 年，亚历山大的主教阿塔那修（Bishop Athanasius）在其《第 39 封复活节书信》（39th Festal Letter）中，首次完整列出了现有《新约》的 27 卷卷目（其顺序与今日有所不同），并特别强调指出："不得增加；不得删减"。

及至西元 397 年的迦太基公会议，各位主教开始作出如下决议：

> "教会法典第 24 条，除正典圣经之外，任何书卷都不该以神圣经书之名在教会中诵读。此外，正典经书就是这些：（接着列出旧约经目）。新约（经书）：四福音书；一卷《使徒行传》；十三封保罗书信；一封致希伯来人的书信，作者同上；两封彼得的书信；三封使徒约翰的书信；一封雅各的书信；一封犹大的书信；《约翰启示录》。"[18]

从此至今的 1600 多年间，由上述 27 卷书本所构成《圣经·新约》，也

---

15 弥尔顿·费希尔（Milton Fisher）："新约正典"，见：《圣经的来源》（美）康福特（Comfort, P. W.)编，李洪昌译，上海人民出版社 2011 年版，第 059 页。

16 "Epistle of Barnabas", *The Apostolic Fathers*, Volume II, Edited and Translation by Bart D. Ehrman, Cambridge, Massachusetts: Harvard University Press, reprinted 2005, p. 25. 另：在《巴拿巴书信》第 4 章第 14 节中，该文献的匿名作者（尽管该文献被称为《巴拿巴书信》，但很少有学者会认为其作者是那位与保罗一道传教的巴拿巴／Barnabas，关于其匿名作者的讨论可以参考该文献英译者 Bart D. Ehrman 的介绍，见：*The Apostolic Fathers*, Volume II, p. 6）在引征《圣经·新约·马太福音》第 22 章第 14 节中"因为被召的人多，选上的人少"的内容时，使用了"经上记着说"的句式（英译为 as it is written)来引征。关于该句式的论述还可参见：弥尔顿·费希尔（Milton Fisher）："新约正典"，见：《圣经的来源》（美）康福特（Comfort, P. W.)编，李洪昌译，上海人民出版社 2011 年版，第 059 页。

17 St. Justin Martyr, *The first and second apologies*, translated and edited by Leslie William Barnard, New Jersey: published by Paulist Press, 1997, p.61.（*The first apology*, 63.)

18 （美）布鲁斯·M·麦慈格（Metzger, B. M.)：《新约正典的起源、发展和意义》，刘平、曹静译，上海人民出版社 2008 年版，第 297 页。

就成为了绝大多数基督徒所公认的基督教信仰正典。

尽管一般认为前述 4 世纪的教父决议表明了"最严格正式意义上的正典宣告确立"，[19]但《新约》并非直到 4 世纪才出现。实际上，从耶稣受难到 4 世纪，正是《新约》历经各种争议上升为基督教公认正典的时期。而且《新约》的这一正典化历程也得到了早期基督教史学家们的积极参与。

以攸西比乌斯为例，他就在《教会史》中对《新约》内容进行了详细的追溯与厘定。[20]尽管他所列书目与日后公会议上的《新约》正典还有出入，[21]但他已经将《保罗行传》（The Acts of Paul）、《（赫马）牧人书》（Shepherd [of Hermas]）、《彼得启示录》（The Revelation of Peter）等归为伪作；更将诸如《彼得福音》（Gospel of Peter）、《多马福音》（Gospel of Thomas）等当时流传的文献斥为"不虔不敬的荒谬之作"。[22]

在此指明早期基督教史家积极参与了《新约》正典化的这个思想史史实，也只是强调说明：本文结合早期基督教史学发展来探究的耶稣历史观念，其实质，只是尝试理解在日后历史中成为基督教正统的耶稣思想。

《新约》作为基督教正典，其传统的权威地位绝非赖于历史之惯性或思想之惰性，而是在历史中得到了作为思想者的人的积极理解与发展。早期基督思想者对"耶稣"的认识路径，也是我们今日理解"耶稣"的重要前提。

仍以攸西比乌斯为例，他就认为耶稣兼具有"神"与"人"的两重性质。

---

19 弥尔顿·费希尔（Milton Fisher）："新约正典"，见：《圣经的来源》（美）康福特（Comfort, P. W.)编，李洪昌译，上海人民出版社 2011 年版，第 057、058 页。

20 尽管攸西比乌斯在《教会史》中多处都有对《新约》的论述，但其第三卷无疑是相当详细的一部关于《新约》正典的追溯史。参见：（古罗马）优西比乌：《教会史》，（美）梅尔英译、评注，瞿旭彤译，生活·读书·新知三联书店 2009 年版，第 106—154 页。

21 此段原文见《教会史》第三卷第 25 节："现在，我们有必要整理一下已被提及的新约作品。四部福音书位居首列，紧随其后的依次是：《使徒行传》、保罗书信、《约翰一书》和《彼得前书》。约翰《启示录》也可列在其后，之所以这样做的理由，我会在适当时候加以说明。上述作品均是被广为接受的。那些广为人知却又尚存争议的作品主要有：《雅各书》、《犹大书》、《彼得后书》，以及所谓的《约翰二书》和《约翰三书》，最后两封书信可能出自使徒约翰的手笔，也可能是某位同名者的作品。参见：（古罗马）优西比乌：《教会史》，（美）梅尔英译、评注，瞿旭彤译，生活·读书·新知三联书店 2009 年版，第 134 页。

22 （古罗马）优西比乌：《教会史》，（美）梅尔英译、评注，瞿旭彤译，生活·读书·新知三联书店 2009 年版，第 134 页。

他指出："基督有两重特性，一方面，……他是上帝；另一方面，……他披戴上人性，成为与我们有一样性情的人。"[23]

在论述耶稣的神性时，攸西比乌斯基本以《圣经》作为其文本证据。例如他以《圣经·新约·约翰福音》第一章的 1 至 3 节，来解释耶稣的神性，[24]又辅以《圣经·旧约·诗篇》中的内容，进一步阐述耶稣的神性，[25]他还征引了《圣经》中诸多卷目，来力证耶稣所行的"神迹"。[26]

在关涉到耶稣的人性叙事时，当攸西比乌斯"开始讨我们救主在肉身中的显现"[27]时，这位早期基督教史家为了追求某种"记录历史的真实"，[28]就在其历史叙事中，采用了一种以《新约》为基准，以《旧约》先知预言、其他史家著述与文史档案为辅助的文献证据采集体系。

例如，在叙述耶稣出生时，攸西比乌斯首先引征《旧约·弥迦书》中的内容[29]来表明："按照先知预言，我们的救主、主耶稣基督诞生于犹太地的伯利恒。"[30]然后他才展开其史实叙事："当时，居里扭（Quirinius）任叙利亚总

---

23 （古罗马）优西比乌：《教会史》，（美）梅尔英译、评注，瞿旭彤译，生活·读书·新知三联书店 2009 年版，第 21 页。

24 （古罗马）优西比乌：《教会史》，（美）梅尔英译、评注，瞿旭彤译，生活·读书·新知三联书店 2009 年版，第 22 页。此处攸西比乌斯所引征的圣经文字见《圣经·新约·约翰福音》第 1 章 1-3 节："太初有道，道与神同在，道就是神。这道太初与神同在。万物是藉着他造的；凡被造的，没有一样不是藉着他造的。"

25 （古罗马）优西比乌：《教会史》，（美）梅尔英译、评注，瞿旭彤译，生活·读书·新知三联书店 2009 年版，第 23 页。此处攸西比乌斯所引征的圣经文字参见《圣经·旧约·诗篇》第 33 章第 9 节："因为他说有，就有；命立，就立。"另可参见：《圣经·旧约·诗篇》，第 148 章，第 5 节："愿这些都赞美耶和华的名，因他一吩咐便都造成。"

26 （古罗马）优西比乌：《教会史》，（美）梅尔英译、评注，瞿旭彤译，生活·读书·新知三联书店 2009 年版，第 22—32 页。

27 （古罗马）优西比乌：《教会史》，（美）梅尔英译、评注，瞿旭彤译，生活·读书·新知三联书店 2009 年版，第 34 页。

28 （古罗马）优西比乌：《教会史》，（美）梅尔英译、评注，瞿旭彤译，生活·读书·新知三联书店 2009 年版，第 34 页。

29 此处攸西比乌斯所引征内容系：《圣经·旧约·弥迦书》中的第 5 章第 2 节所言："伯利恒以法他啊，你在犹大诸城中为小，将来必有一位从你那里出来，在以色列中为我作掌权的；他的根源从亘古、从太初就有。"

30 （古罗马）优西比乌：《教会史》，（美）梅尔英译、评注，瞿旭彤译，生活·读书·新知三联书店 2009 年版，第 35 页。

督，罗马帝国正在进行第一次人口普查。"[31]又由这次人口普查来引征犹太史家约瑟夫斯的记载，再以约瑟夫斯的记叙与《新约·使徒行传》中的叙事互证，他就此写道：

> "这次人口普查，最著名的犹太历史学家约瑟夫斯也提到过；此外，他还曾提及，当时在加利利兴起了一个宗教派别。关于这个宗教派别，我们的路加在《使徒行传》中也谈到过：[32]……而刚刚提到的那位历史学家约瑟夫斯在其《犹太古史》（Antiquities）的第十八卷中则证实了路加的上述说法。"[33]

再比如，在攸西比乌斯探讨《新约·马太福音》和《新约·路加福音》中所载耶稣家谱的冲突时，他就大段引征了一位被他称为"杰出历史学家尤里乌斯·亚非利加努斯（Julius Africanus）"[34]的原文；[35]

还比如，攸西比乌斯在论述某位阿布加尔五世国王（King Abgar V）央求耶稣治病的事件时。他则引入了当时的文档资料，"关于这件事情，我们有来自档案馆的书面证据"。[36]

由此不难看出，对于攸西比乌斯等早期基督教历史家来说，《圣经·新约》无疑是"人性"耶稣在人间活动的基础史实文献，同时，他们还会有意识地摘录部分异教历史家的撰述与文档资料来对《新约》的"历史真实"性加以佐证。

在此再以早期基督教思想家德尔图良为例，当德尔图良呼吁当时的异教徒们去查阅历史记载[37]来为基督教辩护时，传统史学所注重的历史文档也就成

---

31 此处可参见：《圣经·新约·路加福音》第 2 章第 2 节，"这是居里扭作叙利亚巡抚的时候、头一次行报名上册的事。"

32 《圣经·新约·使徒行传》第 5 章第 37 节："此后，报名上册的时候，又有加利利的犹大起来，引诱些百姓跟从他；他也灭亡，附从他的人也都四散了"。

33 （古罗马）优西比乌：《教会史》，（美）梅尔英译、评注，瞿旭彤译，生活·读书·新知三联书店 2009 年版，第 35 页。

34 （古罗马）优西比乌：《教会史》，（美）梅尔英译、评注，瞿旭彤译，生活·读书·新知三联书店 2009 年版，第 37 页。

35 （古罗马）优西比乌：《教会史》，（美）梅尔英译、评注，瞿旭彤译，生活·读书·新知三联书店 2009 年版，第 39—42 页。

36 （古罗马）优西比乌：《教会史》，（美）梅尔英译、评注，瞿旭彤译，生活·读书·新知三联书店 2009 年版，第 53 页。

37 （古罗马）德尔图良：《护教篇》，涂世华译，上海三联书店 2007 年版，第 12 页。

为了印证《新约》关于耶稣叙事的有力证据。比如德尔图良在谈论《新约》中所载耶稣受刑时白昼变为黑夜[38]的叙事时，就宣称有历史档案为之作证。[39]

因此，我们今天以《新约》为基础来探讨"耶稣的历史观念"之前，我们首先就要明晰如下的知识前提，那就是《新约》作为基督教正典文本的发展，本身也得到了早期基督教历史家的积极参与。

并且对于早期基督教历史家而言，"耶稣"兼具了"神性"与"人性"，而当早期基督徒们试图在历史学领域中解释"人性"的耶稣时，那么《新约》的相关叙事仍然是他们首要的基准，但他们同时还会对其他异教历史文献加以采摘引征。

所以，我们今日在此知识前提下去探究"耶稣的历史观念"，实际也就是想在历史中前人已经多数认同的耶稣的"人性"叙事中，去梳理出能够得到基督教史学发展史所支持的"耶稣的历史观念"。

这种梳理将着重去获得一种真正的历史性。它的目的并不仅仅是单纯地解读现存的文本，还要去弥补某种现存文本及其历史发展之间的割裂。尽管从根本上说，理解文本与理解文本的历史都是理解历史传承物，并没有什么区别。但文献的解读者并不应该只满足于用文本的原本去理解该文本的本原意义。作为历史学家，他更应该清楚文本所经历的历史变迁，尤其是他的前辈是如何理解他将着手理解的话题。

（三）《新约》中的"耶稣的历史观念"

在具体探讨耶稣的历史观念之前，有一点应予强调，即耶稣的历史观念与基督教的历史写作之间具有一种互存性，其关键在于：不管是耶稣的历史观念还是后世的基督教历史学，彼此并非相互独立的事物，而是互相依赖的存在。离开耶稣的思想，基督教史学就是无源之水；而离开基督教史学，耶稣的思想也只是空中楼阁。

同时，这两者间的互存性又通过其历史性来获得与展开，这就意味着：我们此刻能够去追溯与整理耶稣的历史观念，乃是我们已经对基督教历史学发展有所理解。所以研究者不仅想知道耶稣关于历史言说过什么，还要结合

---

38 参阅《圣经·新约·马太福音》第 27 章第 45 节对耶稣受刑后的描写："从午正到申初，遍地都黑暗了"。

39 （古罗马）德尔图良：《护教篇》，涂世华译，上海三联书店 2007 年版，第 44 页。

基督教史学来推知耶稣所言说的含蕴什么意义。简言之，就是在解读"耶稣的历史观念"时，还要着重探究其在基督教史学中的展开。就本文来说，这种探讨将会更多地限定在对早期基督教的研究视域之中。

1、耶稣历史观念中的主体建构

耶稣对其自身作为人类历史起源的宣示与阐发

《新约》中，耶稣对其自身主体性质的定义，有一个基本的、与人类历史相关联的理论建构。就是耶稣指明了自己是人类历史的创造者——上帝的独生子，从永恒开始就与上帝同住，他在历史上要早于任何人类的先祖。

我们可以用《新约·约翰福音》中的记叙为例，来考察他的这种自我主体性建构：当耶稣在加利利的犹太人神殿中讲道时，面对犹太人的发难责问："你（耶稣）还没有五十岁，岂见过亚伯拉罕呢？"耶稣就直接回答说："我实实在在地告诉你们，还没有亚伯拉罕，就有了我"。[40]

随后，耶稣又在回答信徒多马的疑问时直言："我就是道路，真理，生命。若不借着我。没有人能到父那里去"。[41]同时，耶稣还通过建构其与上帝同在的历史起源性质来部分推演出了他的权威性，耶稣如是说道："你们称呼我夫子，称呼我主，你们说的不错。我本来是。……我实实在在地告诉你们，仆人不能大于主人。差人也不能大于差他的人"。[42]

实际上《约翰福音》的作者在其文本开篇，就对耶稣上述理论建构加以了颇为完备的总结与解释：

> "太初有道（耶稣），道与神同在，道就是神。这道太初与神同在。……约翰为他作见证，喊着说，这就是我曾说，那在我以后来的，反成了在我以前的。因他本来在我以前。……律法本是借着摩西传的，恩典和真理，都是由耶稣基督来的"。[43]

此处，文本作者还特地通过引入施洗约翰的呼喊，来对耶稣原本就是"历史起源"的重要性质予以了佐证。

应该指明，耶稣将自己宣扬为创世历史起源并随之附着权威性质的理论建构，有着直接的犹太教思想渊源。

---

40 《圣经·新约·约翰福音》第8章，第57、58节

41 《圣经·新约·约翰福音》，第14章，第6节。

42 《圣经·新约·约翰福音》，第13章，第13—16节。

43 《圣经·新约·约翰福音》，第1章，第1—19节。

比如，在耶稣初次传道时讲解的《旧约·以赛亚书》[44]中，我们就能看到犹太先知笔下的上帝，同样是向受众强调其作为历史起源而具备权威性质："你们要追念上古的事，因为我是神，并无别神，我是神，再没有能比我的。我从起初指明末后的事，从古时言明未成的事"。[45]

研究者更应注意到耶稣对此的发展，在《旧约》文本中，神指明自己作为创世者，通过知晓与规定人类历史的过去未来而具备权威；而在耶稣的宣讲中，那种对历史过去未来的神力不仅为耶稣自身所承有，还被"圣灵"所分有：一方面，耶稣明言他自己作为"世界的光"，全知其身前身后之事："我的见证还是真的。因我知道我从哪里来，往哪里去"；[46]另一方面，耶稣还向受众许诺："只等真理的圣灵来了，他要引导你们明白一切的真理。……并要把将来的事告诉你们。"[47]如《新约》文本所示，耶稣还特别指明了他与"圣灵"对历史的全知具有"真"与"真理"的性质。

至此，我们就基本理解了耶稣对其历史观念在主体上的建构，也即耶稣是如何建构了一个什么样的"耶稣"来解释人类历史。

首先，耶稣将其主体定义为神的儿子，他和神都是人类的历史起源，具有全知历史过去未来的能力与权威；其次，他还引入一个分有其全知历史神力的"圣灵"，并建立起日后"圣灵"可以降临在其他基督徒身上的开放性理论架构；最后也是最重要的，耶稣特别强调了他与"圣灵"在其历史认识上的"真理"性质。

上述耶稣对其自身的理论建构，就是耶稣思想得以在基督教史学发展中持续在场的基本前提，它保证了"耶稣的历史观念"能够持续关怀与指引日后的基督徒们对历史作出富有信仰特征的解释。

因为，只有耶稣才做出如下宣告："我就是道路、真理、生命"，[48]而这种宣告又得到了早期使徒的见证："道成了肉身，住在我们中间，充充满满地有恩典，有真理"。[49]正是耶稣思想的这种直称真理性质，连同早期使徒对其真

---

44 关于耶稣刚出来传道时讲解《以赛亚书》的记载，可参见：《圣经·新约·路加福音》，第 4 章，第 16—20 节。

45 《圣经·旧约·以赛亚书》，第 46 章，第 9—10 节。

46 《圣经·新约·约翰福音》，第 8 章，第 14 节。

47 《圣经·新约·约翰福音》，第 16 章，第 13 节。

48 《圣经·新约·约翰福音》，第 14 章，第 6 节。

49 《圣经·新约·约翰福音》，第 1 章，第 14 节。

理性的认同与传播，才能够促使早期基督教史学跳出传统希腊罗马史学所强调的"在历史中，评价一切的标准就是真实"[50]的"真实"性拘囿。

例如，被誉为"一位先驱者"[51]的早期基督教史学阐释家提阿菲罗斯，当他致力于向受众用他们所阅读的历史书籍阐明真理时，[52]就能够利用希腊语"真实/真理"的双关意蕴对传统史家发起本质的批判："在他们（传统史家）的作品中不存在丝毫的真理（希腊文：$\alpha\lambda\eta\theta\epsilon\iota\alpha\varsigma$）。即便有某些真实的（希腊文：$\alpha\lambda\eta\theta\epsilon\varsigma$）东西已经被他们宣示，它也是掺杂着谬误的"，[53]进而斥责那些异教传统史学作者既不知晓真理，也不能引导他人了解真理。[54]

耶稣还引入"圣灵"，建构起了一种应许其思想将持续在场的开放性架构。耶稣很明确地交代，在他离世后，将有"圣灵"来继续他对信众的关照与指导："他（圣灵）要将一切的事指教你们，并且要叫你们想起我对你们所说的一切话"，[55]同时，"他（圣灵）要引导你们进入一切的真理"。[56]

而这种圣灵将降临在后人身上的奇迹可能，不仅于当时基督徒而言，是一种实存的历史，如《新约·使徒行传》第 2 章第 4 节就记载说："他们就都被圣灵充满，按着圣灵所赐的口才，说起别国的话来"；而且即便到现代，也仍会被海德格尔总结为西方思想独特的"圣经语言观"。[57]

故而，在史学视域中探询耶稣的历史观念，我们首先就应清楚耶稣在其

---

50 Cicero, "De Legibus" (the Laws), in *Cicero XVI*, with an English Translation by Clinton Walker Keyes, Cambridge, Massachusetts: Harvard University Press, reprinted 1994, p.301.

51 Robert M. Grant, "Theophilus of Antioch to Autolycus", *The Harvard Theological Review* 4 (1947).

52 Theophilus of Antioch, *Ad Autolycum (To Autolycus)*, Text and Translation by Robert M. Grant, Oxford: Oxford University Press, 1970, p. 23.

53 Theophilus of Antioch, *Ad Autolycum (To Autolycus)*, Text and Translation by Robert M. Grant, Oxford: Oxford University Press, 1970, p. 47.

54 Theophilus of Antioch, *Ad Autolycum (To Autolycus)*, Text and Translation by Robert M. Grant, Oxford: Oxford University Press, 1970, p. 103.

55 《圣经·新约·约翰福音》第 14 章，第 26 节。

56 《圣经·新约·约翰福音》第 16 章，第 13 节。

57 （德）海德格尔：《在通向语言的途中》，孙周兴译，商务印书馆 2004 年版，第197 页。海德格尔曾特意以希腊文及路德的拉丁译文来抽取探讨《新约·使徒行传》第二章第 3、4 节的内容："又有舌头如火焰显现出来，分开落在他们各人头上。他们就都被圣灵充满，按着圣灵所赐的口才，说起别国的话来"，以之指出西方思想发展中的这种圣经语言观。另该中文译文中圣灵又被译为"神圣的气息"，见："$\pi\nu\epsilon\upsilon\mu\alpha$ $\alpha\gamma\iota\upsilon\nu$，即神圣的气息"。

主体建构上的理论突破，也即耶稣对其思想直指"真理"的强调，以及他对"圣灵"在日后的临在应许。这些，都是耶稣思想所以能持续影响后世基督徒理解历史的关键所在。也唯有耶稣思想中的此种"真理"性质，以及对"圣灵"的持续临在允诺，才使得基督教史家如攸西比乌斯，在展开"一种历史性的叙述"[58]时，会首先就必须向受众明示："我祈求上帝引领我，主的力量扶持我"。[59]

耶稣在上述主体理论建构之外，还多次回答了由谁来对他作出见证的问题，这对于西方史学也具有特殊的意义。

如我们所知，西方历史叙事自其肇始，就是通过叙事者的自我在场见证来标榜其真实性，进而说服受众。比如希罗多德，就宣称其作品都是他个人亲自考察探询的结果；[60]再如修昔底德，也强调其叙事都是他个人亲自参与，或者亲自加以确认的信息。[61]这固然使西方传统史学在前耶稣时期里发展出以"真实"为首要标准的特质，但同时也存在某种理论上的先天不足，毕竟叙事者对其自我在场的自信并不足以获得受众的相信。而且，历史学越追求公认的共同"真实"，也就越难以满足于叙事者仅以个人名义所承担的见证。事实上，西塞罗就一边强调历史写作最高标准乃是"真实"[62]，一边批判希罗多德等人的诸多著作并不真实可信。[63]

虽然耶稣没有直接评述过这种"以自我见证真实"的思路，但他显然已经体认到单凭自我无法见证真实，并因此，特别创设了关于谁来见证其"真"与"真理"的理论体系。

在《新约·约翰福音》的第 5 章，耶稣首先就强调，他不是单凭自己给自

58 （古罗马）优西比乌：《教会史》，（美）梅尔英译、评注，瞿旭彤译，生活·读书·新知三联书店 2009 年版，第 20 页。

59 （古罗马）优西比乌：《教会史》，（美）梅尔英译、评注，瞿旭彤译，生活·读书·新知三联书店 2009 年版，第 20 页。

60 希罗多德：《历史》（全两册），王以铸译，商务印书馆 2005 年版，第 151。

61 Thucydides, *History of the Peloponnesian War*, Books I and II, with an English Translation by Charles Forster Smith, Cambridge, Massachusetts: Harvard University Press, reprinted 1999, p.39.

62 Cicero, "De Legibus" (the Laws), in *Cicero XVI*, with an English Translation by Clinton Walker Keyes, Cambridge, Massachusetts: Harvard University Press, reprinted 1994, p.301.

63 Cicero, "De Legibus" (the Laws), in *Cicero XVI*, with an English Translation by Clinton Walker Keyes, Cambridge, Massachusetts: Harvard University Press, reprinted 1994, p.301.

已作见证。他说："我若为自己作见证，我的见证就不真"，[64]而是还有施洗约翰为他作见证。[65]

更关键的是，耶稣还引入了一个超越人类的权威——神来为他作见证："差我来的父，也为我作过见证"，[66]并且记载神意的《圣经》（旧约），也对他做出了见证："给我作见证的就是这经"。[67]

而在《约翰福音》的第8章，当法利赛人指责耶稣："你是为自己作见证。你的见证不真"[68]时，耶稣进一步发展了他的理论。他回答说："我虽然为自己作见证，我的见证还是真的。因我知道我从哪里来，往哪里去。你们却不知道我从哪里来，往哪里去"。[69]

至此，我们能较清晰地看到，耶稣在关于谁来见证其"真"与"真理"的问题上，相较于传统史学的两个理论突破：首先，耶稣绝非单凭"自我"来为他的言说做出见证，更还有先知、神与《圣经》等信仰权威来为他做出见证；其次，即便耶稣在"自我见证"的情况下，他的"真"与"真理"性质还具有他知晓其来龙去脉的认识前提。

耶稣上述理论中所含蕴的力量，对于西方史学发展无疑可以想见。一是耶稣引入神来作见证，为基督教历史认识在理论上提供了超越传统史学的制高点；二是耶稣对他已经全知其本人也即所有人类历史（因为他是创建并经历所有人类历史的神的儿子，与神同在）"来龙去脉"的强调，则不仅使得日后奉耶稣为"救主"的基督教史学在一开始就呈现出自命掌握历史真理的模样，更促使它脱离传统史学对未知规律的"探询"，转换为对已知神意的"显明"。

由此就能更深入地领会到：为什么被称为基督教早期"真正的历史学家"[70]——路加，他著述的直接缘由会是佐证其信仰的真理性质——"使你知道所

---

64 《圣经·新约·约翰福音》，第5章，第31节。

65 《圣经·新约·约翰福音》，第5章，第32、33节。

66 《圣经·新约·约翰福音》，第5章，第36、37节。

67 《圣经·新约·约翰福音》，第5章，第39节。

68 《圣经·新约·约翰福音》，第8章，第13节。

69 《圣经·新约·约翰福音》，第8章，第14节。

70 （美）梅琴（Machen, J. G.）：《新约文献与历史导论》，杨华明译，上海人民出版社2008年版，第171页。

学之道是确实的"；[71]又何以攸西比乌斯在撰写他那部自称为前人从未写过的教会历史[72]时，不复再像传统史学那样希图以"自我"来见证"真实"，反而是将历史作为某种证据来"显现"神意。[73]当然，我们并不能将基督教史学的前述种种，完全归因于耶稣的主体建构及其相关理论，但我们的确可以在文本梳理中感受到耶稣那不可忽视的存在。

2、耶稣历史观念中的客体建构

在基本梳理耶稣历史观念中的主体建构之后，我们就进入对其客体建构的探讨，去考察耶稣将"历史"理解成什么。而且，这种考察在深入理解耶稣的目的驱动下，显然不会仅仅满足于展示耶稣对于"历史"的看法，还将尽可能揭示耶稣是怎样提出这些看法的。

（1）一个有始有终的神意进程

人类历史，在自命为神子的耶稣看来，就是一个有始也有终的神意进程。历史服从于上帝的神意安排，肇始于创世纪，结束于最终审判。

首先，如前文所提及，耶稣沿袭了犹太教《旧约》[74]中的思想，将神的"创世纪"作为人类历史的起源，并认为他自己早于人类历史开端，在"未有世界以先"[75]就已经与神同在。

其次，耶稣又沿袭了《旧约》中将史事阐释为上帝"早先所作的，古时所立的"[76]神意安排的思想，将他的此生经历与人类的历史事件都解读为上帝神意的安排。比如，耶稣在讲述自己被犹大出卖一事时，他就指出这是按照

71《圣经·新约·路加福音》，第 1 章，第 3、4 节。

72 Eusebius, *The Ecclesiastical History*, Volume I, with an English Translation by Kirsopp Lake, Cambridge, Massachusetts: Harvard University Press, reprinted 1998, pp. 9-11.

73 Eusebius, *The Ecclesiastical History*, Volume I, with an English Translation by Kirsopp Lake, Cambridge, Massachusetts: Harvard University Press, reprinted 1998, p. 55.

74 在此应注意"犹太教《旧约》"的称谓显然是基于基督教史学研究视域而使用的，因为古代以色列人只是将希伯来《圣经》称为《塔纳赫》（*Tanach*），而犹太教徒则似乎也不会愿意将其《圣经》如基督教徒那样称为《旧约》。关于犹太教《圣经》（即基督教《圣经·旧约》)在史学史领域内的较详细探讨，可以参阅：吴晓群：《西方史学通史·第二卷·古代时期》，复旦大学出版社 2011 年版，第 257—273页、第 295—305 页。

75《圣经·新约·约翰福音》，第 17 章，第 5 节。

76《圣经·旧约·以赛亚书》，第 37 章，第 26 节。

《圣经》的预先安排，"人子必要去世，正如经上指着他所写的"；[77]再比如，耶稣在预言耶路撒冷的沦陷时也指明此乃神意的预定，"使经上所写的都得应验"，[78]并提醒受众们要注意《旧约·但以理书》中对此神意的记载。[79]

最后，耶稣很明确地宣示人类历史将终结于最终审判。他向其受众预言："人子要在他父的荣耀里，同着众使者降临。那时候，他要照各人的行为报应各人"；[80]并明示，自己将承有父神的权柄对所有人进行最终审判："父不审判什么人，乃将审判的事全交与子"，[81]"并且因为他是人子，就赐给他行审判的权柄"；[82]审判时，所有历史上存在过的人都将复活并得到赏罚，"行善的复活得生、作恶的复活定罪"；[83]而人类历史也将终结于此，因为在最终审判之后所有人都将承担永恒的刑罚或者生命："这些人要往永刑里去. 那些义人要往永生里去"。[84]

上述耶稣将人类历史客体建构为一个有始有终的神意进程的理论，也自然较全面地在早期基督教史学中得到了反映。

以提阿菲罗斯为例，当他首次[85]为基督教编撰出一部能够"准确地讲述所

77《圣经·新约·马太福音》，第26章，第24节、《圣经·新约·马可福音》，第14章，第21节、《圣经·新约·马可福音》，第14章，第21节、在《圣经·新约·路加福音》，第22章，第22节中则表述为"人子固然要照所预定的去世"。

78《圣经·新约·路加福音》，第21章，第20—22节。

79在《圣经·新约·马太福音》，第24章中，耶稣讲论到了耶路撒冷圣殿的被毁灭，"我实在告诉你们：将来在这里，没有一块石头留在石头上不被拆毁了"(第2节)，随后他要求受众注意《圣经·旧约·但以理书》中的相关叙事，"你们看见先知但以理所说的'那行毁坏可憎的'站在圣地（读这经的人须要会意）"(第15节)。而此处耶稣所引经文系指《圣经·旧约·但以理书》中先知但以理关于神意毁灭耶路撒冷的叙事，参见：《圣经·旧约·但以理书》第9章第27节、第11章第31节、第12章第11节。而耶稣的上述论述还可参见：《圣经·新约·马可福音》的第13章，第14—19节。

80《圣经·新约·马太福音》，第16章，第27节。关于耶稣对其再临进行最终审判的宣讲，在《马太福音》中还可以参见：《马太福音》，第13章，第37—43节、第24章，第29—35节、第25章，第31—46节。

81《圣经·新约·约翰福音》，第5章，第22节。

82《圣经·新约·约翰福音》，第5章，第27节。

83《圣经·新约·约翰福音》，第5章，第29节。

84《圣经·新约·马太福音》，第25章，第46节。

85爱尔兰教会历史学家詹姆斯·厄谢尔（James Ussher，1581-1656)就曾将提阿菲罗斯称为尝试从《圣经》来推算出整个世界纪年的"第一位基督徒作者"，参阅：James Ussher, *Annals*

有真理"[86]的编年史时，就也是将"创世纪"定义为人类历史的开端。提阿菲罗斯指出："事实上，世界是被创造出来的，而且是由万物的创造者上帝所统治的"，[87]并认为唯有这种从"起初，上帝创造天地"[88]展开的历史才是"神圣的历史"。[89]他由此详尽编撰了一部自"创世纪"直到罗马皇帝马可·奥勒留[90]驾崩的编年史。

当然，提阿菲罗斯与耶稣一样，在创世问题上有对犹太教《旧约》思想的沿袭，但如果没有基督教奠基者耶稣对创世起源的理论确认，我们也很难想象早期基督教史学家能如此自信地将创世作为他们编撰历史的开端。

也正是耶稣将自己建构为神子，将人类历史的起源定义为创世纪，并确认耶稣自己一早就与神同在人类起源之先的理论体系，使得教会史家攸西比乌斯在动笔撰述《教会史》时，首先就确认他的历史著述"必须从基督耶稣开始写起"。[91]而他以耶稣为起点撰史的主要理论支撑，也正在于："圣子是未有世界以先就已存在的光，是超越时间的智慧，是太初就与圣父同在的永生之道"。[92]

在此，我们还有必要着重探讨如下一个问题：即耶稣以"预言"来解读其生命与历史由神意所安排的理论建构。因为正是在这种理论的关照下，早期基督教史学开始呈现出一种极为鲜明的宗教信仰特征，或者，我们可以称之为"预言性历史观"。

如前所述，《新约》文本中的耶稣展现了他具有一种神奇的预言能力，他

---

of the World: James Ussher's Classic Survey of World History, revised and updated by Larry and Marion Pierce, Master Books, Inc., P.O. Box 726, Green Forest, Printed in the USA, 2003, p.8.

86 Theophilus of Antioch, *Ad Autolycum (To Autolycus)*, Text and Translation by Robert M. Grant, Oxford: Oxford University Press, 1970, p. 135.

87 Theophilus of Antioch, *Ad Autolycum (To Autolycus)*, Text and Translation by Robert M. Grant, Oxford: Oxford University Press, 1970, p. 141.

88 Theophilus of Antioch, *Ad Autolycum (To Autolycus)*, Text and Translation by Robert M. Grant, Oxford: Oxford University Press, 1970, p. 41.

89 Theophilus of Antioch, *Ad Autolycum (To Autolycus)*, Text and Translation by Robert M. Grant, Oxford: Oxford University Press, 1970, p. 59.

90 马可·奥勒留（西元 121 年 4 月 26 日－180 年 3 月 17 日），全名为马可·奥勒留·安东尼·奥古斯都（Marcus Aurelius Antoninus Augustus），于 161 年至 180 年在位。

91 （古罗马）优西比乌：《教会史》，（美）梅尔英译、评注，瞿旭彤译，生活·读书·新知三联书店 2009 年版，第 21 页。

92 （古罗马）优西比乌：《教会史》，（美）梅尔英译、评注，瞿旭彤译，生活·读书·新知三联书店 2009 年版，第 22 页。

预言了圣城耶路撒冷的陷落，[93]也预言了犹大对他的背叛与出卖，[94]而且他将这些灾难都归因于上帝的有意安排。

在这样的"预言"叙事中，耶稣肯定有我们无法理解的成分，研究者也明显难以"代入"或者"移情"。但恰因如此，才使得我们更专注于他的理论本身。

我们随之可引入《新约》中的一些叙事，进一步考察耶稣如何将其生命经历（历史）解读为神意之安排。

根据《马太福音》的记载，在耶稣进入耶路撒冷之前发生了如下事件：

> "耶稣和门徒将近耶路撒冷，到了伯法其，在橄榄山那里。耶稣就打发两个门徒，对他们说：'你们往对面村子里去，必看见一匹驴拴在那里，还有驴驹同在一处。你们解开，牵到我这里来。若有人对你们说什么，你们就说：'主要用它。'那人必立时让你们牵来。'……门徒就照耶稣所吩咐的去行，牵了驴和驴驹来，把自己的衣服搭在上面，耶稣就骑上。"[95]

对于耶稣这种看似怪异的举动，文本作者以插入方式加以了解释："这事成就，是要应验先知的话，说，要对锡安的居民（原文作女子）说：'看哪，你的王来到你这里，是温柔的，又骑着驴，就是骑着驴驹子'"。[96]

于是我们看到，《新约》中的耶稣，便是这样用他自己的行事来印证了《旧约》中所记载的如下神意预定："看哪，耶和华曾宣告到地极，对锡安的居民（原文作女子）说，你的拯救者来到。他的赏赐在他那里，他的报应在他面前"，[97]以及"锡安的民哪，应当大大喜乐。耶路撒冷的民哪，应当欢呼。看哪，你的王来到你这里。他是公义的，并且施行拯救，谦谦和和地骑着驴，就是骑着驴的驹子"。[98]

实际上，在诸如上述的细节之外，耶稣还在更宏观层面上对他的耶路撒

93《圣经·新约·路加福音》，第21章，第20—22节。

94《圣经·新约·马太福音》，第26章，第24节、《圣经·新约·马可福音》，第14章，第21节、《圣经·新约·马可福音》，第14章，第21节、在《圣经·新约·路加福音》，第22章，第22节中则表述为"人子固然要照所预定的去世"

95《圣经·新约·马太福音》，第21章，第1—7节。

96《圣经·新约·马太福音》，第21章，第4、5节。

97《圣经·旧约·以赛亚书》第62章，第11节。

98《圣经·旧约·撒迦利亚书》第9章，第9节。

冷之行做出了预言，也即一次他早已明知的受难、赴死与复活之旅。

对此，《马太福音》是这样叙述的："耶稣上耶路撒冷去的时候，在路上把十二个门徒带到一边，对他们说：'看哪，我们上耶路撒冷去，人子要被交给祭司长和文士。他们要定他死罪。又交给外邦人，将他戏弄、鞭打、钉在十字架上，第三日他要复活。'" [99]

耶稣这种将自己生命经历解释为完全遵照神意的理论建构，也伴随其人世之行的临近终结达到了高峰。面对前述即将到来的已知厄运，他向其父神如此恳求："我父啊，倘若可行，求你叫这杯离开我；然而，不要照我的意思、只要照你的意思。" [100]

悬隔起在耶稣前述理论中诸如弥赛亚、救赎等极富感召力的宗教意蕴不论。必须承认，耶稣的确以其自身生命经历来圆满了他对历史的神意解释与预言。

如果再结合耶稣关于"圣灵"临在的开放性理论架构，我们就更能领悟到其中巨大的理论力量。因为这意味着：后世基督徒也可以藉由神意对未来历史做出某种预言，或者反之，将现有历史解释为某种预言的显明。

其实《新约》的作者们在叙述耶稣自身事迹时，就已经充分浸染了这种以"预言"为特征的历史观念，多次将耶稣的人间行事阐释成《旧约》中相关神意预言的实现。[101]

而早期基督徒们，也主要在耶稣的引导下，开始以"预言"来对传统历史书写提出了批判与反思。

提阿菲罗斯就曾明言："那些历史编撰者，应当不仅能讲述过去与现在的事件，还应当能预言宣告那些将要来临到世上的事"。[102]早期基督教史学由是超越希腊罗马史学那种"为了以志纪念，为了予人教诲，为了诉说真相或面对现实" [103]的传统范畴，将史学叙事的时间视域在过去、现在的基础上更增

99《圣经·新约·马太福音》，第21章，第1—7节。

100《圣经·新约·马太福音》，第21章，第1—7节。

101 以《圣经·新约·马太福音》为例，上述这种以旧约预言来解释耶稣人间行事的相关叙事，可以参见：《圣经·新约·马太福音》，第1章第22节、第2章第15节、第23节、第4章第14节、第8章第17节、第12章第17节、第13章第35节、第21章第4节、第26章第56节等。

102 Theophilus of Antioch, *Ad Autolycum* (*To Autolycus*), Text and Translation by Robert M. Grant, Oxford: Oxford University Press, 1970, p. 83.

103（美）凯利：《多面的历史：从希罗多德到赫尔德的历史》，陈恒、宋立宏译，三联书店2003年版， 第111页。

扩至将来，构建出"以神意预言来关联与诠释人类历史"的新型阐释路径。

而作为"基督教世界的希罗多德"，[104]攸西比乌斯在其《教会史》中也全面继承了耶稣以预言来解释历史的思想。比如针对早期基督徒所遭受的政治迫害，攸西比乌斯也认为这符合《旧约》中神惩罚锡安城与以色列的旨意，[105]并且《旧约·诗篇》的第89章早就记载了此一神意并做出过预言。[106]

关于人类历史的终结也即最终审判，耶稣同样以预言形式，对这一将来事件的历史展开做出了如下三方面较明确的阐述：最终审判作为人类历史终结的必然来临；最终审判在具体来临时间上的不确定；以及在最终审判来临之前的诸多征兆事件。

"时候要到，凡在坟墓里的，都要听见他的声音，就出来。行善的复活得生，作恶的复活定罪"，[107]耶稣如此指明了最终审判的终将来临。这正如随后基督教另一奠基者保罗所阐明："按着定命，人人都有一死，死后且有审判"，[108]"因为他（上帝）已经定了日子、要借着他所设立的人（耶稣）、按公义审判天下"；[109]另一早期基督教奠基者彼得也就此言明："但现在的天地、还是凭着那命存留、直留到不敬虔之人受审判遭沉沦的日子、用火焚烧"。[110]

耶稣同时指明，即便是他自己也不知道最终审判的具体时日："但那日子、那时辰、没有人知道、连天上的使者也不知道、子也不知道、惟有父知道"。[111]因而，最终审判的来临包括耶稣的随之再临，对于信徒而言就是一件不确

---

104 （美）凯利：《多面的历史：从希罗多德到赫尔德的历史》，陈恒、宋立宏译，三联书店2003年版，第154页。

105 （古罗马）优西比乌：《教会史》，（美）梅尔英译、评注，瞿旭彤译，生活·读书·新知三联书店2009年版，第375页。旧约经文参阅：《圣经·旧约·耶米利哀歌》第2章，第1、2节。

106 （古罗马）优西比乌：《教会史》，（美）梅尔英译、评注，瞿旭彤译，生活·读书·新知三联书店2009年版，第375页。旧约经文参阅：《圣经·旧约·诗篇》第89章，第39—45节。关于《教会史》的第八章，攸西比乌斯中以《诗篇》中神意预言来阐释早期基督徒所受迫害的详细论述，还可参阅：Robert E. Somerville, "An Ordering Principle for Book VIII of Eusebius' Ecclesiastical History: A Suggestion", *Vigiliae Christianae* 2 (1966), pp. 91-97.

107 《圣经·新约·约翰福音》，第5章，第28、29节。

108 《圣经·新约·希伯来书》，第9章，第27节。

109 《圣经·新约·使徒行传》，第17章，第31节。

110 《圣经·新约·彼得后书》，第3章，第7节。

111 《圣经·新约·马可福音》，第13章，第32节。

定的将来历史事件、也因此，耶稣就要求所有的信众都必须保持警醒："你们要谨慎、儆醒祈祷、因为你们不晓得那日期几时来到"。[112]

耶稣还告知信徒，在最终审判来临之前，将有许多作为征兆的事件发生，诸如"民要攻打民、国要攻打国、多处必有地震、饥荒"、"然而福音必须先传给万民"[113]等等。

于是乎，过往史家所强调的那种人间兴衰更替、征伐分合的历史，就被耶稣有意识地统一到一个必然来临，而且时时可能来临的赏善罚恶的神意审判结局中，从而，极大地消解了以往历史认识在过程上的随意性与结果上的偶然性。

对当时的现实而言，耶稣此种理论建构就使得基督徒在解读现有历史时能超脱俗世价值而直面"神意"，这正如二世纪的早期基督徒克莱门所言："（耶稣）向人们展示获救的宏伟蓝图，为的是人们可以或者因忏悔而得救，或者因拒绝服从上帝而被定罪。这就是公义的布道；对顺从的人来说，它是好消息；对不顺从的人来说，它是定罪的手段"；[114]而就长远的历史来说，基督徒则开始围绕末日审判对历史建立起一种最终也是最深层次的希望，这就像当代历史哲学家利科所总结的那样，他们希望"最终只有一种历史，一切历史最终都是神圣的"；[115]并且，"基督教徒希望意义的统一将在'末日'出现，希望看到一切'在基督中'，帝国、战争和革命、发明、艺术、伦理学和哲学的历史——通过伟大和犯罪——如何'重新回到基督中'。[116]

（2）两分的世代／世界与天国／神的国

把握到耶稣将人类历史在总体上建构为"一个有始有终的神意进程"之后，我们很自然地进入到耶稣如何处理这一神意进程与人类现实历史之间关

---

112 《圣经·新约·马可福音》，第 13 章，第 32 节。

113 关于最终审判来临时的种种征兆，可以参看：《圣经·新约·马可福音》，第 13 章，第 3—29 节；《圣经·新约·马太福音》第 24 章，第 3—14 节；《圣经·新约·路加福音》第 21 章，第 7—19 节。

114 克莱门：《劝勉希腊人》，王来法译，北生活，读书，新知三联书店 2005 年版，第 129 页。

115 （法）保罗·利科（Ricaeur, P.）：《历史与真理》，姜志辉译，上海译文出版社 2004 年版（2006 年重印），第 79 页。

116 （法）保罗·利科（Ricaeur, P.）：《历史与真理》，姜志辉译，上海译文出版社 2004 年版（2006 年重印），第 80 页。

系的问题之中。也就是针对神意进程与现实历史之间的关系，耶稣所建构起的"两分的世代／世界与天国／神的国"的理论阐释。

尽管耶稣为神意进程建构起了无可考据的在起源与结局上的优越性，但面对当下的具体历史展开，这种"神意"构建，肯定无法完全克服现实人对于现实情况的直接体认与兴趣。

在《新约·马太福音》中，有如下记载：

> "从此，耶稣才指示门徒，他必须上耶路撒冷去，受长老、祭司长、文士许多的苦，并且被杀，第三日复活。彼得就拉着他，劝他说：'主阿，万不可如此！这事必不临到你身上。'耶稣转过来，对彼得说：'撒但，退我后边去吧！你是绊我脚的，因为你不体贴神的意思，只体贴人的意思。'"[117]

不难看出，即便深受耶稣教诲的门徒如彼得，当他直面神子将要赴死的预言将在现实历史中展开时，他仍然产生了本能的不解与拒绝。

因为，如果历史归因于神意，身为神子的耶稣基督何以竟要面对现实的如此厄运？这也是耶稣在其历史观念建构中，必须回答的一个问题。

那么，耶稣是否就仅如上文所述，简单地诉诸"神意大于人意"来解决信众对于现实的不满呢？答案显然并非如此，否则，他所开创的基督教也就无从影响人类思想如此深远，而不过沦落为某个神棍的梦呓了。

实际在整本《新约》中，耶稣都绝没有止步于将历史简单地比附于神意，而是建构了一整套理论去向信徒解释神意与现实历史的关联。因为，再怎样忠实的信徒，也会在他所体验的现实历史中去检验他的认知。人类的认识历史也清楚说明：正如人可以通过他人对事物的解释而建立起对事物的认知一样，人的确又可以在某种解释的诱导下扬弃他的经验与常识，而这很大程度上取决于该解释理论的说服力。

也许很多人会将耶稣的神意进程归为想象而非理性，但这决不意味着批评家就能找到耶稣面对历史现实无从解释的证据。相反，耶稣在前述那种简单的"神意大于人意"的论断之外，还完备地建构了一整套我们在此抽离命名为"两分的世代／世界与天国／神的国"的理论体系，来解决神意与现实的矛盾冲突，从而极大增强了他理论的说服力。

---

117 《圣经·新约·马太福音》，第 16 章，第 21—23 节。另可参见《马可福音》，第 8 章，第 31—33 节。

随后，我们便简要地对此一理论体系加以探讨。

首先，耶稣对代表现实历史也就是他所处的"世代"，进行了直接而全面的批判。在《马太福音》的第 12 章中，当几个文士与法利赛人对耶稣提出"显个神迹"的要求时，耶稣对他所处的当下世代加以批判说："一个邪恶淫乱的世代（希腊语：Γενε□）[118]求看神迹。除了先知约拿的神迹以外，再没有神迹给他们看"。[119]他随后预言在最终审判时，当下这个邪恶淫乱的世代将被定罪："当审判的时候，尼尼微人要起来定这世代（希腊语：γενεＳς）[120]的罪，……当审判的时候，南方的女王要起来定这世代的罪"。[121]

再到《马太福音》的第 17 章，耶稣则进一步对当下世代作出"不信、悖谬"的强烈指责："嗳！这又不信、又悖谬的世代（希腊语：γενε□）[122]啊，我在你们这里要到几时呢？我忍耐你们要到几时呢？"。[123]及至《马太福音》的第 23 章，耶稣通过对那些文士与法利赛人的警告，再次强调最终审判将会全面地归罪于当下世代："我实在告诉你们：这一切的罪都要归到这世代（希腊语：γενε□ｖ）[124]了。"[125]

有一点在此必须明晰，前文所引的"世代"概念，在耶稣的观念中绝不是仅仅指"人性"耶稣在世间所经历的那一个时代。实际上，耶稣很清楚地表示，他所言说的这个"世代"，乃是将一直持续到最终审判来临时的所有人类历史。

例如，在《马太福音》的第 24 章，耶稣便向信徒讲明了他所特指的这个

---

118 此处希腊语词摘引根据: *The New Testament in Greek (Cambridge Library Collection)*, edited by F. H. A. Scrivener, Cambridge: Cambridge University Press, this edition first published 1949, this digitally printed version 2010, p.31.

119 《圣经·新约·马太福音》，第 12 章，第 39 节。另可参见《马可福音》，第 8 章，第 11、12 节；《路加福音》，第 11 章，第 29—32 节。

120 此处希腊语词摘引根据: *The New Testament in Greek (Cambridge Library Collection)*, edited by F. H. A. Scrivener, p.31.

121 《圣经·新约·马太福音》，第 12 章，第 41、42 节。

122 此处希腊语词摘引根据: *The New Testament in Greek (Cambridge Library Collection)*, edited by F. H. A. Scrivener, p.46.

123 《圣经·新约·马太福音》，第 17 章，第 17 节。另可参见《马可福音》，第 9 章，第 19 节；《路加福音》，第 9 章，第 41 节。

124 此处希腊语词摘引根据: *The New Testament in Greek (Cambridge Library Collection)*, edited by F. H. A. Scrivener, p.65.

125 《圣经·新约·马太福音》，第 23 章，第 36 节。

"世代"远还没有结束，"我实在告诉你们，这世代（希腊语：γενε□）[126]还没有过去，这些事（指最终审判及之前的种种征兆）都要成就"，[127]这也意味着，只有最终审判与他的再次降临，才能终将终结耶稣所言称的"这世代"。

另外，前所引文中耶稣使用的希腊语词"γενε□（世代）"，于《新约》其他处，也曾被耶稣替换适用为另一希腊语词"αiφv（世界）"。

如在《马太福音》的第 13 章，就可以较明显地看到这一换用。当耶稣向门徒解释他关于最终审判所做的"撒稗子"的比喻时说："撒稗子的仇敌就是魔鬼. 收割的时候就是世界（希腊语：αiφv ͞ς）[128]的末了，收割的人就是天使。将稗子薅出来用火焚烧，世界的末了也要如此"。[129]

紧接着，耶稣又用"撒网"比喻来再次强调了最终审判将带来"世界的末了"，"天国又好像网撒在海里，聚拢各样水族。网既满了，人就拉上岸来；坐下，拣好的收在器具里，将不好的丢弃了。世界（希腊语：αiφv ͞ς）[130]的末了也要这样。天使要出来，从义人中把恶人分别出来"。[131]

不难发现，耶稣于此所指明的"最终审判"将带来"世界"的末了，与前引文中他所阐明的最终审判将导致这个"世代"的终结。因此，"世界"与"世代"二者，均将统一终末于"最终审判"的到来。

在此可对其中两个希腊语词"γενες（世代）"与"αiφv（世界）"稍加辨析：就前所摘引的《新约》文本而言，"γενε□"一词有着指称"世代，时代"的英文意蕴（an age）；而"αiφv"一词的英文意义则既有"世代，时代"的意蕴（an era，an age），同时也有"世界"的意思（the world）。[132]那么，我们也就发现，当耶稣预言同样将是"最终审判"导致"γενες（世代）"的终结，以

---

126 此处希腊语词摘引根据: *The New Testament in Greek (Cambridge Library Collection)*, edited by F. H. A. Scrivener, p.68.

127 《圣经·新约·马太福音》，第 24 章，第 34 节。另可参见《马可福音》，第 13 章，第 30 节；《路加福音》，第 21 章，第 32 节。

128 此处希腊语词摘引根据: *The New Testament in Greek (Cambridge Library Collection)*, edited by F. H. A. Scrivener, p.36.

129 《圣经·新约·马太福音》，第 13 章，第 39、40 节。

130 此处希腊语词摘引根据: *The New Testament in Greek (Cambridge Library Collection)*, edited by F. H. A. Scrivener, p.36.

131 《圣经·新约·马太福音》，第 13 章，第 47—49 节。

132 关于这两个希腊词语在《新约》中的英文释义可参考：William D. Mounce, *The Analytical lexicon to the Greek New Testament*, Michigan: Zondervan, 1993, p. 57, p.123.

及 "αiφv（世界）" 的末了时，他实际上是将 "世代" 一词替换推进为了 "世界"。而这种推进，又是基于希腊词汇 "αiφv（世界）" 本身所含有的 "世代、时代" 意蕴来完成的。

因此，就应该清楚地认识到，当耶稣同样断言最终审判也将带来 "世界的末了" 时，其中的 "世界" 就并非中文思维上常与空间相关联的 "世界"，而是指向一个涵括了时间与空间中所有一切的 "世界"。这个 "世界" 概念自然也包含了整个人类历史。

于是在这一点上，"世界" 也就与他将 "世代" 指称为一直延续到最终审判时的所有人类历史有着完全相同的意指。

我们还可以在文本其他地方更清晰地看到，耶稣使用了一个与 "αiφv（世界，英译：the world）" 同义的希腊词汇 "κ σμος（世界，英译：the world）"，[133] 明白地展示出他所言说的 "世界" 有着涵括整个人类历史的意蕴。

这就是在《马太福音》的第 24 章中，当耶稣在解释最终审判时断言："因为那时必有大灾难，从世界（κ σμου）的起头直到如今，没有这样的灾难，后来也必没有"。[134] 很明显，耶稣在此处预言了作为最终审判的标志之一的 "大灾难"，只会出现在所有的人类历史行将结束之时。同时，他又将人类历史划分为出 "世界的起头——如今——后来" 的时间轴线，由此 "世界" 也就通过囊括 "起头、如今、后来" 来代指了必将终结于最终审判的人类所有历史。

于是，我们借由上文对耶稣所言说的 "世代" 与 "世界" 等语词及其文本语境的梳理辨析，逐渐揭示出耶稣看待人类整体历史的核心思想：不管是这个 "邪恶淫乱" 的将一直延续到最终审判的 "世代"，还是那个意涵了人类历史 "起头、如今、现在" 的 "世界"，实际上，它们都只不过是同一条最终将终结于 "最终审判" 的时间轨迹。

这也意味这，虽然耶稣有过对 "这世代" 当下 "不信、悖谬" 的强烈斥责，虽然耶稣也曾对人类历史 "世界" 做出过 "起头、如今、后来" 的划分，但他绝没有对 "历史" 提出某种着眼于前进、起伏、或者轮回的传统看法。

因此，传统史学所关注的兴衰更替、征伐分合的 "历史"，从来就都不是

---

133 关于这两个希腊词语在《新约》中的英文释义可参考：William D. Mounce, *The Analytical lexicon to the Greek New Testament*, .Michigan: Zondervan, 1993, p. 57, p.289.

134 《圣经·新约·马太福音》，第 24 章，第 21 节。

耶稣所在意的"历史"。恰恰相反，他基于强烈的对于人类历史的整体批判，进而消解掉了过往思想所关注的人类历史的各种意义。

或者说，他在抹除传统历史思想中的所有意义之后，又为人类的历史观念确立了一个全新而且唯一的关键意义。因为如果说作为"世代"或者"世界"而存在的人类历史有着任何意义，那么在耶稣看来，这种历史的唯一意义就是等待一个决定性的终点，也即以种种"大灾难"作为表征的"最终审判"。并且，审判之后，再无历史，仅有永恒。

明乎于此，我们就能领悟为什么耶稣在首次向世人讲道时，会在开篇便向受众发出如下劝告："天国近了，你们应当悔改！"[135]

的确，抛开诸多宗教教义而单单考察耶稣的历史观念，我们也能明晓在耶稣的理论建构中，只有当"这世代"的所有都遭到贬斥，只有当"世界"的"起头、如今、后来"都不再具有什么意义的时候，耶稣才能劝诱信众走入他为人类历史所预设的最终目的——天国。

随之，显然有必要对耶稣的"天国"理论简略考察，以求更深入领会他在其历史客体认识中所做的"世代／世界"与"天国／神的国"的两分。

如前所述，据《马太福音》记载，耶稣在初次传道时便提出了关于"天国"的教诱："从那时候，耶稣就传起道来，说：'天国近了，你们应当悔改！'。[136]而在《马可福音》中，"天国"则被另一同义表述"神的国"所替代："约翰下监以后，耶稣来到加利利，宣传神的福音，说：'日期满了，神的国近了！你们当悔改，信福音。'"[137]

于此我们可以看到，耶稣正是以"天国／神的国"即将降临的预言，来宣告人类现实时日的终将完结，重申了他对"历史"所做的代表人类现实之"世代／世界"与代表神意救赎之"天国／神的国"的两分。

再比如，在《路加福音》中，耶稣还更直白地强调了"最终审判"之后就是人类原有历史的终结，以及"天国／神的国"的降临："这样，你们看见这些事（指最终审判的种种征兆）渐渐的成就，也该晓得神的国近了。"[138]

并且，耶稣在这里所言的"天国／神的国"之降临，还直接意味了人类

135　《圣经·新约·马太福音》，第4章，第17节。

136　《圣经·新约·马太福音》，第4章，第17节。

137　《圣经·新约·马可福音》，第1章，第14、15节。

138　《圣经·新约·路加福音》，第21章，第31节。

在基督教教义上的"得到救赎"。他对此直告受众："一有这些事，你们就当挺身昂首，因为你们得赎的日子近了"。[139]

这些耶稣的言说，也印证了前文中的分析：即耶稣藉由"最终审判"对历史的决定性划分，消解了原有人类历史的全部意义。这在耶稣对"天国／神的国"的如下阐述中尤其突出。比如在《马可福音》第 14 章的第 25 节，耶稣就表明了他自己对"神的国"的期盼，并借新的葡萄汁来预示了"神的国"中那种值得期待的全新样式："我实在告诉你们：我不再喝这葡萄汁，直到我在神的国里喝新的那日子。"[140]

如果说这种期盼多少显得有些隐晦，那他更在其他地方，直接地将"神的国"与"得救"、"永生"等宗教许诺加以挂钩。在《路加福音》中，便有如下记载："耶稣说：'我实在告诉你们：人为神的国撇下房屋，或是妻子、弟兄、父母、儿女，没有在今世不得百倍，在来世不得永生的。'"[141]

所以不难看出，耶稣的确做出了将"神的国"完全等同于信众之"得救"与"永生"的理论建构。

我们由此就更能领会到他将其历史客体两分为"世代／世界"与"天国／神的国"的深刻意义，因为耶稣正是通过对种代表神意最终救赎的"神的国"的建构，直接消解掉了人类现实历史的所有意义。

比如，在某次与门徒的问答中，耶稣就相当明确地表述了这种建构："又有一人说：'主，我要跟从你，但容我先去辞别我家里的人。'耶稣说：'手扶着犁向后看的，不配进神的国。'"[142]可见，耶稣正是借由"神的国"的期许建构，直白地要求受众舍弃人类现实，并产生出一种不许"向后看"的历史认识，将人类过往历史的所有传统价值消弭于无形。

至此，我们大致厘清了耶稣在处理神意进程与人类现实之间关系上的具体思考路径，也就是我们所概括命名的"两分的世代／世界与天国／神的国"的理论体系：

基本上，耶稣通过对"世代／世界"的贬斥，以及对"天国／神的国"的标举，系统性地消解掉了在"最终审判"来临前的所有人类历史的全部传

---

139 《圣经·新约·路加福音》，第 21 章，第 28 节。
140 《圣经·新约·马可福音》，第 14 章，第 25 节。
141 《圣经·新约·路加福音》，第 18 章，第 29、30 节。
142 《圣经·新约·路加福音》，第 9 章，第 61、62 节。

统意义，并为之建构起一个全新的终极意义，也即等待"天国／神的国"的降临。

如此我们就能够理解，耶稣是怎样在没有抛弃他的"神意大于人意"前提下，用一种天才的系统性理论思考来将他对现实历史的批判公之于世。并且，这些批判对于耶稣与其追随者都同样鲜明：面对充满困顿的人类现实历史，除了可以盼望的神之国度与可以坚振的内心信仰之外，现实并不存在任何其他的可观性。这正像日后使徒保罗所言说："我想，现在的苦楚若比起将来要显于我们的荣耀，就不足介意了"。[143]

就早期基督教史学思想而言，耶稣这种对于神意进程与现实历史之间关系的解读理论，也部分导致了早期基督徒对于传统史学的强烈排斥。比如在提阿菲罗斯看来："希罗多德、修昔底德、色诺芬，还有大多数其他历史学家"，就只是讲述了"大流士，居鲁士，野蛮人的国王，……或者讲述泰米斯托克列斯和伯罗奔尼撒战争的历史"，[144]因而都是"徒劳无功、毫无意义"[145]的。

因此，耶稣这种理论建构对早期基督教史学思想影响巨大。近代狄尔泰曾在评述修昔底德等传统史家时有言：

> "历史学家是通过对过去所包含的那些动态的互动过程进行冷静的研究，来对这种过去进行阐明的；因此，我们可以看到，历史也是可以具体表明未来的。当前面出现的某种互动过程已经得到了人们的领悟的时候，当一个事件最初的各个阶段都与这种互动过程相似的时候，人们就可以根据某种类比性的论断，来预期某种相似的结局。"[146]

---

143 《圣经·新约·罗马书》，第 8 章，第 18 节。保罗还在其他地方很明显地流露过这种思想，参见：《哥林多后书》第 4 章第 17 节，"我们这至暂至轻的苦楚、要为我们成就极重无比永远的荣耀"；此外另一使徒彼得也有这种无视现实苦楚，甚至认为现实困顿是基督再临时信众得到荣耀的前提，参见：《彼得前书》第 1 章，第 7、8 节，"因此，你们是大有喜乐。但如今在百般的试炼中暂时忧愁，叫你们的信心既被试验，就比那被火试验仍然能坏的金子更显宝贵，可以在耶稣基督显现的时候，得着称赞、荣耀、尊贵。"

144 Theophilus of Antioch, *Ad Autolycum* (*To Autolycus*), Text and Translation by Robert M. Grant, Oxford: Oxford University Press, 1970, p. 139.

145 Theophilus of Antioch, *Ad Autolycum* (*To Autolycus*), Text and Translation by Robert M. Grant, Oxford: Oxford University Press, 1970, p. 139.

146 （德）狄尔泰：《历史中的意义》，艾彦译，译林出版社 2011 年版，第 95、96 页。

而耶稣相比传统历史学家的独创意义在于：他并不是通过对具体的人类过往历史来对人类未来做出推断，相反，他是以一种宗教预言的形式直接建构了人类历史的未来。

由此，传统的历史认识方式就被极大地拓展，诸多信众将不再是通过阅读历史学家的"探询"去预测未来，而是信服于耶稣的宗教预言来理解未来。当然，这也使得受众在具体理解现实人世与未来天国时产生出许多矛盾，而耶稣前述"两分的世代／世界与天国／神的国"的理论体系之重要意义就在于：他不单为信众建构了未来，他还与之相适应地向信众完备地解释了未来天国与现实人世之间的关系。或者说，他为那种神意历史与人类现实之间的有可能出现的割裂，建立了一整套富有说服力的理论来加以弥合。

更为可贵的是，相对于过往理论在解释现实历史时的无望，耶稣的理论则为历史注入了一种全新的希望，他极大地鼓舞了人面对现实的勇气，并因此展现出他那具有垂范意义的深邃。

作为一个影响人类至为深远的宗教创始者，《新约》中的"耶稣"，常常由于展现了太多的奇迹，而给予人无法以"常识"与"理性"去理解的摸样。然而，就文本本身做展现的思想脉络而言，耶稣在《新约》中的言说，还是留下了可以为人所理解的路径。

因为耶稣很大程度上就是在《新约》这一文本中创造与表达了他自己，这也使得解读者也可能使用同样的理解形式来建构他。如前文所分析，耶稣在《新约》文本中的"历史观念"，结合了他天才的想象力与理解力而产生出巨大的说服力，给早期基督教徒们认识历史的方式带来了巨大的改变。

行文至此，我们随后还可以引征《赫马的牧人书》（Pastor of Herrnas）中一段隐喻性布道讲解，来对耶稣的理论及其影响再稍加阐发与显明。

在《赫马的牧人书》的此段叙事中，叙事者首先是碰到了"像鲸鱼那样的一个庞然巨兽"，[147] 然后发现"它的头上有四种颜色——黑色、火红色、金色和白色"。[148] 正当叙事者满腹困惑之际，"一位盛装少女向我走来……我从

---

147 《赫马的牧人书》，见：（古罗马）塔提安等：《致希腊人书》，滕琪，魏红亮译，中国社会科学出版社 2009 年版，第 35 页。

148 《赫马的牧人书》，见：（古罗马）塔提安等：《致希腊人书》，滕琪，魏红亮译，中国社会科学出版社 2009 年版，第 35 页。

前面的异象得知她便是教会"，[149]于是，叙事者就这位少女解释该奇景的寓意，他问道："请主母讲解一下，那些颜色有什么意义？"

而这位象征着"教会"的少女，对此奇景做出了如下解释：

> "请听我给你讲解，黑色指的是你们现今居住的这个世界。如血似火的红色预示这个世界要因血流、火烧而毁灭。金黄色象征你们逃脱此世的众人。黄金受了火炼，炼净渣滓才能合用，你们生在这个世界上，也要受火的试炼。……白色那一部分，则象征着将来的世代，上主拣选的众人将安居于其间，因蒙主拣选同享永生的他们，本是纯净洁白。你要不住地将这些话传入众圣徒的耳中。那么，关于未来患难的预兆，你便全晓得了……"。[150]

《赫马的牧人书》被专业研究者称为"即或不曾是最流行的书，也曾是基督教会在第二、第三、第四世纪最为流行的书之一"，[151]而在该书的上述隐喻叙事中，可以清楚看到，本文前所论述的"耶稣的历史观念"，也就是耶稣那种将历史建构为一个有始有终的神意进程，尤其是他那种"两分的世代／世界与天国／神的国"的理论体系，已经在当时教会对于教众的宣讲中全面而深入地播散开来。

如此这般地，这位将其自身定义为神的儿子，并认为他与其"圣灵"都能全知历史的"耶稣"，就在其历史观念的建构中，为追随他的信众们带来了全新的历史看法，也部分趋近了他所言的"真理"。

当然，由于本次解读只是限定在早期基督教史学的研究范畴之中，耶稣那许多重要的宗教灵感、神秘隐喻以及伦理建构就都并未充分的解读。解读者在本文中更多关注的，只是耶稣在对人类历史在想象与理解上的能力以及他解释这些能力的理论"技巧"。

但是，对于一个将其所有思想言说都定义为"真理"并指向"真理"的耶稣而言，要想真正明白他，也许可以回顾一下耶稣与罗马总督彼拉多在处死耶稣前的一段问答："彼拉多就对他说，这样，你是王吗？耶稣回答说，你

---

149 《赫马的牧人书》，见：（古罗马）塔提安等：《致希腊人书》，滕琪，魏红亮译，中国社会科学出版社 2009 年版，第 35、36 页。

150 《赫马的牧人书》，见：（古罗马）塔提安等：《致希腊人书》，滕琪，魏红亮译，中国社会科学出版社 2009 年版，第 37 页。

151 《赫马的牧人书》，"导言"，见：（古罗马）塔提安等：《致希腊人书》，滕琪，魏红亮译，中国社会科学出版社 2009 年版，第 10 页。

说我是王。我为此而生，也为此来到世间，特为给真理作见证。凡属真理的人，就听我的话。彼拉多说，真理是什么呢？"[152]

真理是什么呢？这，或许就是最难以理解耶稣的人理解耶稣的开始。

二、路加：基督教史学的较早尝试

尽管有现代教会历史研究者认为："路加乃是一个真正的历史学家"。[153]但也有西方权威史学史研究者似乎并不认可路加的"历史学家"地位。

比如汤普森，他虽然承认"《新约》中唯一公认的史书是《使徒行传》"，[154]并认同"据传《使徒行传》是圣路加的作品"，[155]但他同时指出："诸《福音书》的历史价值很小，因为这些书不是作为历史而是作为宗教论文写的。而且它们的写作时代也比通常认为的时间要晚得多"，[156,157]这种批评断言自

---

152 《圣经·新约·约翰福音》，第18章，第37、38节。

153 （美）梅琴（Machen, J. G.）：《新约文献与历史导论》，杨华明译，上海人民出版社2008年版，第171页。

154 （美）J W·汤普森：《历史著作史》，上卷，第一分册，谢德风译，商务印书馆1996年版，第179页。

155 （美）J W·汤普森：《历史著作史》，上卷，第一分册，谢德风译，商务印书馆1996年版，第179页。

156 （美）J W·汤普森：《历史著作史》，上卷，第一分册，谢德风译，商务印书馆1996年版，第180页。

157 在此似乎可以对汤普森此处所谓"历史价值"稍加质疑，按照汤氏说法，"诸《福音书》"之所以"历史价值很小"，原因就在于1："因为这些书不是作为历史而是作为宗教论文写的"，2："而且它们的写作时代也比通常认为的时间要晚得多"。但是：就第1点来说，判断古人所写作的文本的"历史价值"之大小，关键要素显然不是文本的写作形式或体裁，而"宗教论文"似乎更不是减弱某文本"历史价值"的一个原因；就第2点来说，尽管汤普森在后文中也点到了福音书的"口述"传统，但在此却又将"写作年代"作为一个判断诸《福音书》"历史价值"的重要要素，这就颇令人费解。毕竟对于"口述"传统极为重要的民族与时代来说，某作品的"写作年代"（实际也就是成文年代、书面化年代)并不意味着该作品的首次出现时间，因此也就不能简单认为诸《福音书》的"写作年代"晚于耶稣生活的时期，就由此否定它们对耶稣事迹的见证意义（在诸《福音书》中我们恰恰可以看到其作者们正是竭力地强调他们的见证）。当然，《福音书》中的确充满了常识不可理解的"神迹"与关乎宗教信仰的"布道"，但这正因为"这些书不是作为历史而是作为宗教论文写的"才使得它们如此。尤其重要的是，"历史价值很小"这样的断言，多少也应该在一种有参照与比较的语境中才有意义。而对于早期基督教在1到3世纪这段历史中的发生、发展大概来说，我们到目前应该还没有找

然也包括了路加所写的《路加福音》。

另外，再如莫米利亚诺，当他在其《现代史学的古典基础》中以专章来探究"基督教会史学的起源"[158]时，纵然他已经意识到"优（攸）西比乌斯前面还有《旧约》、约瑟夫斯和《使徒行传》"，[159]可他还是更着重于"凯撒利亚的优（攸）西比乌斯是第一位从信教者的角度来撰写教会历史的人"，[160]从而对《使徒行传》只是粗略带过。

相比前述汤普森与莫米利亚诺对于路加及其作品的简单判断与提及，更有史学史专家则采取了完全回避的做法。如凯利在其《多面的历史》中论及基督教史学时，就只是强调"攸西比戊（乌）斯是基督教世界中的希罗多德"，[161]并断言基督教早期几个世纪的事件和人物是通过攸西比乌斯的《教会史》"方才广为人知"，[162]而对于路加则只字未提。

然而，如果直接走进"教会史之父"攸西比乌斯的《教会史》文本，我们就会发现，当攸西比乌斯在开篇总序后着手探讨耶稣生平来"记录历史的真实"[163]时。除开他引用先知预言来表明耶稣诞生于伯利恒之外，攸西比乌斯首先就是引入了《路加福音》中第 2 章第 2 节关于居里扭担任叙利亚总督时实行人口普查的记载，然后他才说"这次人口普查，最著名的犹太历史学

到某种"历史价值很大"或者说"历史价值"超过了诸《福音书》的文本资料，因而简单断言诸《福音书》"历史价值很小"，似乎就是一种在当时情境中没有参照与对比的有些武断的说法。当然，"历史价值"本就是一种见仁见智的主观说法，在此只是针对该段话语的基本逻辑与理性稍作思考，并不意味着要由此得出《福音书》就是历史"或者《福音书》也是历史"等简单论断。

158　（意）莫米利亚诺（Arnaldo Momigliano）：《现代史学的古典基础》，洪洁音译，华东师范大学出版社 2009 年版，第六章："基督教会史学的起源"，第 179—206 页。

159　（意）莫米利亚诺（Arnaldo Momigliano）：《现代史学的古典基础》，洪洁音译，华东师范大学出版社 2009 年版，第 191 页。

160　（意）莫米利亚诺（Arnaldo Momigliano）：《现代史学的古典基础》，洪洁音译，华东师范大学出版社 2009 年版，第 188 页。

161　（美）凯利：《多面的历史：从希罗多德到赫尔德的历史》，陈恒、宋立宏译，三联书店 2003 年版，第 154 页。

162　（美）凯利：《多面的历史：从希罗多德到赫尔德的历史》，陈恒、宋立宏译，三联书店 2003 年版，第 154 页。

163　（古罗马）优西比乌：《教会史》，（美）梅尔英译、评注，瞿旭彤译，生活·读书·新知三联书店 2009 年版，第 34 页。

家约瑟夫斯也提到过"；[164]

紧接着，攸西比乌斯又直接引用了"我们的路加"[165]在《使徒行传》第5章第37节的文字作为史实，讲到当时在加利利地区所兴起的一个宗教派别，随后他才又引用约瑟夫斯的相关文字来证实路加的记载。[166]

可见，至少在攸西比乌斯自己的文本中，路加的《路加福音》与《使徒行传》不仅是他写作的第一手资料，而且也无疑代表了第一序位的"历史的真实"，诸如历史学家约瑟夫斯的相关文字则只是起到了旁证的作用。

（一）关于《路加福音》与《使徒行传》的作者路加

虽然《路加福音》与《使徒行传》均未明确指明其作者姓名，但西方学术界在传统上一般认为正是路加写作了这两本书。[167]

并且这两本书本身，也有一个较明显的证据表明它们由同一位作者所写：在《路加福音》的起始，其作者就明言："提阿非罗大人哪，有好些人提笔作书，述说在我们中间所成就的事，是照传道的人从起初亲眼看见又传给我们的"；[168]而在《使徒行传》的开篇，其作者也道明："提阿非罗啊，我已经作了前书，论到耶稣开头一切所行所教训的"。[169]可见这两本书是由同一位作者写给提阿非罗的，《使徒行传》中的上述话语也清楚表明，这位作者是在写作了"前书"（即《路加福音》）之后，又写作《使徒行传》为之后续。

当然在这个较明显的证据之外，相关研究者也指出："《路加福音》与《使徒行传》的行文风格与表达方法上有着明显的一致性"。[170]也正因为这些传统结论与文本证据，使现代专治路加研究的学者才会认为："是一位单独的作者

---

164 （古罗马）优西比乌：《教会史》，（美）梅尔英译、评注，瞿旭彤译，生活·读书·新知三联书店2009年版，第35页。

165 （古罗马）优西比乌：《教会史》，（美）梅尔英译、评注，瞿旭彤译，生活·读书·新知三联书店2009年版，第35页。

166 （古罗马）优西比乌：《教会史》，（美）梅尔英译、评注，瞿旭彤译，生活·读书·新知三联书店2009年版，第35页。

167 *The Concise Oxford Dictionary of the Christian Church*, Ed. Elizabeth A. Oxford: Oxford University Press, 1977, p. 311.

168 《圣经·新约·路加福音》，第1章，第1、2节。

169 《圣经·新约·使徒行传》，第1章，第1节。

170 （美）梅琴（Machen, J. G.）：《新约文献与历史导论》，杨华明译，上海人民出版社2008年版，第37页。

撰写了《路加福音》与《使徒行传》，作为一部两卷本的文集。"[171]而这位单独的作者，就是曾经伴随了保罗一同传教的"医生路加"。

研究者今日对于路加的了解，依旧十分有限，对其生平所知主要来源于《使徒行传》中关于保罗传道的事迹记载，因为在这部分叙述中路加特意使用了一个表明他自己也在场的复数人称代词："我们"，这也就使研究者能推知路加部分地参与了保罗的传道旅程。

比如在《使徒行传》第16章中有如下的描写：

> "保罗既看见这异象，我们随即想要往马其顿去，以为神召我们传福音给那里的人听。于是从特罗亚开船，一直行到撒摩特喇，第二天到了尼亚波利。从那里来到腓立比，就是马其顿这一方的头一个城。也是罗马的驻防城。我们在这城里住了几天。当安息日，我们出城门，到了河边，知道那里有一个祷告的地方，我们就坐下对那聚会的妇女讲道"。[172]

从这里所使用的"我们"以及总体行文不难看出，路加显然追随了保罗从特罗亚途径撒摩特喇、尼亚波利直至腓立比的传道之旅。

而以此方法征之整本《使徒行传》，研究者也可以推断，至迟在保罗第二次去特罗亚传道时，《使徒行传》的作者路加便开始伴随保罗并到了腓立比，也正是在那里，保罗与西拉被关进了监牢，路加则得以幸免。[173]

随后在保罗离开腓立比去帖撒罗尼迦与希腊传道的行程中，路加应该没有随同保罗，而是滞留在了腓立比。因为《使徒行传》直到几年后，在保罗第三次传道旅途快要结束时，作者路加才又以"我们"的在场者口吻，再次出现于腓立比。

然后，他就和保罗一起途径特罗亚、亚朔（在去亚朔时，路加曾与保罗短暂地分开过，路加坐船保罗则走陆路，后两人在亚朔会合）、米推利尼、撒摩、米利都、哥士、罗底、帕大喇、推罗、多利买、凯撒利亚、并最终到达

---

171 Clare K. Rothschild，*Luke-Acts and the Rhetoric of History: An Investigation of Early Christian Historiography*, Tübingen: Mohr Siebeck, 2004, p. 21. 另：这本书共八章近400页，有着对近年西方路加研究详细的梳理总结，其总体思路则着重于以历史解释学来探讨《路加福音》与《使徒行传》。

172 《圣经·新约·使徒行传》，第16章，第10—13节。

173 参阅：《圣经·新约·使徒行传》，第16章，第10—24节。

耶路撒冷。[174]

再后来，保罗在耶路撒冷被捕遭囚，后又被转囚于凯撒利亚历经了两年多的牢狱生活。[175]此后当保罗启程被押送往罗马去"上告于凯撒"[176]时，路加再次以"我们"来展开了其行文叙述。由此可知，路加在巡抚非斯都要求"我们坐船往意大利去"[177]的命令下，于是"我们就上了那船开行，有马其顿的帖撒罗尼迦人亚里达古和我们同行"[178]（伴随保罗），并且，保罗与路加在这次航行中还遭遇了海难，最后方抵达罗马。[179]

《圣经·新约》中留存的保罗书信，也在另一个侧面，为研究者更多地了解路加提供了可能。

比如在《歌罗西书》末尾中，保罗就写有如下文字：

> "与我一同坐监的亚里达古问你们安。巴拿巴的表弟马可也问你们安。（说到这马可，你们已经受了吩咐，他若到了你们那里，你们就接待他。）耶数又称为犹士都，也问你们安。奉割礼的人中，只有这三个人是为神的国与我一同作工的，也是叫我心里得安慰的。……所亲爱的医生路加和底马问你们安"。[180]

在此可以看到，保罗有意将路加与"奉割礼的人"区分开来，因而，这位与保罗关系亲密的"医生路加"就应该不是犹太人。

又比如，保罗在《腓利门书》的结尾问候语中，也提到了路加："与我同工的马可、亚里达古、底马、路加也都问你安"。[181]再比如保罗还在《提摩太后书》中，指出当时只有路加陪伴在他的身边："独有路加在我这里"。[182]

《歌罗西书》与《腓利门书》是保罗在差不多同一时期里所写成，[183]故

---

174 参阅：《圣经·新约·使徒行传》，第 20 章第 5 节—第 21 章第 17 节。

175 参阅：《圣经·新约·使徒行传》，第 21 章第 17 节—第 26 章 32 节。

176 《圣经·新约·使徒行传》，第 25 章，第 11、12 节。

177 《圣经·新约·使徒行传》，第 27 章，第 1 节。

178 《圣经·新约·使徒行传》，第 27 章，第 1 节。

179 参阅：《圣经·新约·使徒行传》，第 27 章第 1 节—第 28 章第 15 节。

180 《圣经·新约·歌罗西书》，第 4 章，第 10—14 节。

181 《圣经·新约·腓利门书》，第 1 章，第 24 节。

182 《圣经·新约·提摩太后书》，第 4 章，第 11 节。

183 *The Concise Oxford Dictionary of the Christian Church,* Ed. Elizabeth A. Oxford: Oxford University Press, 1977, pp. 119, 398. 另参阅：（美）梅琴（Machen, J. G.）《新约文献与历史导论》，杨华明译，上海人民出版社 2008 年版，第 128、129 页。

这两封信也多少参证了《使徒行传》中，路加叙述保罗在罗马"自己所租的房子里"度过两年多软禁生活的记载。[184]并也可以推断：路加陪伴了保罗在罗马"第一次"坐监与传道的经历。

又根据攸西比乌斯《教会史》中记载，保罗曾"第二次"到罗马坐监与传道并在那里"殉道"。[185]而前面保罗所提及"独有路加在我这里"的《提摩太后书》，也是保罗写作于在罗马坐监并传道的时期。[186]因此可推知，路加还陪伴了保罗生命中的最后时日。

基本上，目前所知较明确的路加生平记载，也就是上述路加自己在《使徒行传》与《路加福音》中的相关叙述，连同保罗书信中对路加的三次提及。但即便在这些少之又少的文字中，研究者也还是能看出路加有着与保罗非同一般的亲密关系，知道路加不仅深受保罗这位早期基督教最重要传道者的影响，而且还亲自参与了保罗向外邦传播基督教的大部分历程。

也正因如此，路加才能够以其自身角度见证早期基督教的向外传播，并广泛而深入地接触到诸多的早期基督教教徒与教会组织，从而掌握了大量第一手的历史资料。就记载早期基督教历史而言，路加有着他人无法比拟的出色客观条件。

更为重要的是，路加在其主观上，也有着以"历史"来纪录早期基督教发展的意愿。

在《路加福音》的开篇序言中，路加就有如下一段相当直白的动机剖白：

> "提阿非罗大人哪，有好些人提笔作书，述说在我们中间所成就的事，是照传道的人从起初亲眼看见，又传给我们的。这些事我既从起头都详细考察了，就定意要按着次序写给你，使你知道所学之道都是确实的"。[187]

从中，我们至少可以推断出如下三点：

1、路加采用希腊语词汇"καθὼς"（英译："just as"，中译："是照"）来区隔了"有好些人提笔作书，述说在我们中间所成就的事"以及"传道的人

---

184 《圣经·新约·使徒行传》，第28章，第30节。

185 （古罗马）优西比乌：《教会史》，（美）梅尔英译、评注，瞿旭彤译，生活·读书·新知三联书店2009年版，第91页。

186 （古罗马）优西比乌：《教会史》，（美）梅尔英译、评注，瞿旭彤译，生活·读书·新知三联书店2009年版，第91页。

187 《圣经·新约·路加福音》，第1章，第1—4节。

从起初亲眼看见，又传给我们的"。这表明，在路加写作《路加福音》时，至少有两个主要的写作来源：他不仅阅读并参照过"好些人"所写的关于"我们中间所成就的事"的早期基督教福音书卷；他还直接或间接地接受过"传道的人"关于"这些事"的传授（相对于"提笔作书"，这种传授很可能是口头传授）。

2，从路加自己动笔写作《路加福音》来看，他显然对以上两个主要来源有着不满足的意欲，他也表明了他对这两个来源的主要完善与改进之处："这些事我既从起头都详细考察了，就定意要按着次序写给你"。可见他有着"历史"书写中较主要的考证批判与编年叙事意识。

3，路加的写作是为了"使你知道所学之道都是确实的"。因此，传播基督教宗教信仰，仍然是他的最重要目的。另外，在《使徒行传》的开篇中他有言："提阿非罗啊，我已经作了前书"，显然他将《使徒行传》作为《路加福音》的续篇来写作，因此《使徒行传》也就有着与《路加福音》一致的写作意图。

至此，我们就能察看到，一位基督教内较早尝试以历史写作来记录早期基督教发展的作者路加形象。

就历史叙事内容来说，他以亲历者的身份见证与记载了早期基督徒保罗向外邦人传道的旅程；并且还记述了那些他不曾亲历过的诸如耶稣、其他早期使徒（如彼得）的传道事迹，这些则主要来源于他所阅读的大量相关早期基督徒文字书写，以及许多"亲眼看见"过这些事迹的早期基督教传道者的口头传授。

最为重要的是，当路加"定意要按着次序"来写作这些事件时，他还自认为他对这些文字资料与口头传授都进行了"从起头都详细考察"的考证。路加这种在写作上的主观自我定义，极其类似于西方史学奠基者之一修昔底德的自我表白："部分是我的亲自参与，部分是我从其他人那里得来的信息，并尽我所能地进行了确证"。[188]

因此，虽然路加没有明言他在写作一部"历史"，但其作品本身却不管是在记叙内容还是在作者意愿上，都相当符合于传统"历史"撰述的样式。

---

188 Thucydides, *History of the Peloponnesian War*, Books I and II, with an English Translation by Charles Forster Smith, Cambridge, Massachusetts: Harvard University Press, reprinted 1999, p.39.

诚然，路加在写作中还蕴含了一个至为强调的传播新兴基督教的目的，但这非但不能否定他是基督教内较早的一位历史写作尝试者，反而更显示出，当时的历史学在新兴基督教影响下，已经展现出了新的特征。

在路加的笔下，讲说"神的大作为"的早期基督徒，曾被人讥诮说："他们无非是新酒灌满了"。[189]其实路加自己，也是将基督教的"新酒"灌满在了旧有史学的皮袋之中。路加曾记载了耶稣的言说："没有人把新酒装在旧皮袋里；若是这样，新酒必将皮袋裂开，酒便漏出来，皮袋也就坏了"，[190]这也似乎预告了基督教的"新酒"迟早将碎裂陈旧的史学样式。当然，这种"旧瓶新酒"的借用，只是研究者在认识路加时的一个比喻意象。值得更多注意的，还是路加文字中属于早期基督教史学的新特征。

（二）《路加福音》与《使徒行传》：较早的基督教史学尝试

1、《路加福音》

在《使徒行传》的开篇，作者路加就道明："提阿非罗啊，我已经作了前书，论到耶稣开头一切所行所教训的"。[191]如前所述，这可以推断出《使徒行传》是《路加福音》的续篇。而就叙事安排来看：《路加福音》终止于耶稣门徒在见证了耶稣受难、复活与升天之后，返回耶路撒冷并"常在殿里称颂神"；[192]《使徒行传》则明白地将其叙事起始于耶稣嘱咐众门徒"不要离开耶路撒冷"，[193]因为"不多几日、你们要受圣灵的洗"。[194]这进一步表明：《路加福音》与《使徒行传》在叙事上也有着极为紧密的连贯。

所以，虽然西方有学者认为："《新约》中唯一公认的史书是《使徒行传》"，[195]但该论断更多的只是一种后人的人为隔断。并不代表路加自己是将《使徒行传》作为"史书"来写，而将《路加福音》看作了"非史书"。

正因此，本文讨论路加在早期基督教史学上的尝试，似乎也应该遵从于两文本自身间的紧密联系，而不再只强调《使徒行传》而忽视它的前作《路

189　《圣经·新约·使徒行传》，第 2 章，第 13 节。

190　《圣经·新约·路加福音》，第 5 章，第 37 节。

191　《圣经·新约·使徒行传》，第 1 章，第 1 节。

192　《圣经·新约·路加福音》，第 24 章，第 53 节。

193　《圣经·新约·使徒行传》，第 1 章，第 4 节。

194　《圣经·新约·路加福音》，第 1 章，第 5 节。

195　（美）J　W·汤普森：《历史著作史》，上卷，第一分册，谢德风译，商务印书馆 1996 年版，第 179 页。

加福音》。

（1）关于《路加福音》的成书年代与资料来源

虽然《路加福音》的确切成书时间难以考证，但现代研究《圣经》历史的学者梅琴还是提出了如下的一个推断：

> "如果《使徒行传》写作于它所记载的历史截止之际，那么我们就有一定的理由相信比《使徒行传》更早成书的《路加福音》应该不会迟于公元62年出现"。[196]

当然他同时也指出：

> "如果否定这种关于《使徒行传》成书时间的观点，那么我们必须退回到对两个问题的考虑之中。第一，路加的这两部著作一定是在他陪伴保罗期间所作。第二，既然《使徒行传》中的内容表明它和保罗书信之间没有什么关系，那么《使徒行传》与《路加福音》一定是在这些书信被教会广泛传阅之前就问世了。考虑到这两点，我们就能明确《路加福音》很可能在公元80年之前就写成了"。[197]

梅琴上述关于《路加福音》成书年代的论断，基本是谨慎而合理的。

（2）关于《路加福音》序言：特定的写作对象与意图、资料来源

在《路加福音》的开篇，路加就写作了如下一段序言性质的文字："提阿非罗大人哪，有好些人提笔作书，述说在我们中间所成就的事，是照传道的人从起初亲眼看见，又传给我们的。这些事我既从起头都详细考察了，就定意要按着次序写给你，使你知道所学之道都是确实的"。[198]

从中可以看出，尽管《路加福音》在早期基督教教会内广为传览，但路加毕竟是将该文本直接呈送给特定的对象：一位名为"提阿非罗"的人物。并且从路加尊称该人物为"大人"来看，显然这位"提阿非罗"在当时有着较高的社会地位（他很可能是位官吏），因而也不难推断其文化程度相应较高。同时，该人物很显然已经初步地接触了早期基督教教义的宣讲，否则路加也不会试图与这位人物探讨"所学之道"。

---

196 （美）梅琴（Machen, J. G.）：《新约文献与历史导论》，杨华明译，上海人民出版社2008年版，第167页。

197 （美）梅琴（Machen, J. G.）：《新约文献与历史导论》，杨华明译，上海人民出版社2008年版，第168页。

198 《圣经·新约·路加福音》，第1章，第1—4节。

因此，对于这样一位有着较高异教文化背景又初略接受了早期基督教教义宣讲的人物来说，我们也就很容易理解为什么路加会采用一种"既从起头都详细考察了，就定意要按着次序写给你"的传统"历史"文本样式，来使他"知道所学之道都是确实的"。

尤其结合《路加福音》中大量出现的罗马帝国官员的名称（这在其他三部福音书中是没有的），[199]我们就更可以认为：路加在面对这位特定的有文化的罗马官吏时，采取的是一种传统的"历史书写样式"，而不是什么后人所断言的"宗教论文"。[200]

同时，路加在这段序言中也明言他写作此书有一个特定的写作意图，那就是"使你（提阿非罗）知道所学之道都是确实的"。

围绕这个写作意图，路加在序言中还交代了他所依据的两个主要资料来源：一是他阅读并参照了"好些人"所写的关于"我们中间所成就的事"的早期基督教福音书卷；二是他所直接或间接地接受的"传道的人"关于"这些事"的传授（相对于"提笔作书"，这种传授很可能是口头传授）。

他更明言了他为实现该意图的写作方法，乃是一种相当符合传统史学样式的书写："这些事我（路加）既从起头都详细考察了，就定意要按着次序写给你（提阿非罗）"。

其实不难看出，如果说路加写作其《路加福音》的特定意图是宣扬基督教教义也即宣扬"所学之道是确实的"，那么"确实"一词就是路加言说其写

---

199 比如《圣经·新约·路加福音》在讲述耶稣降生事迹时，首先就交代了当时帝国官员正在进行人口普查："当那些日子，凯撒奥古斯都有旨意下来，叫天下人民都报名上册。这是居里扭作叙利亚巡抚的时候，头一次行报名上册的事"（《路加福音》，第2章第1、2节），而这种对当时罗马"恺撒"与"巡抚"的指明是其他三卷福音书中没有的历史背景（参阅：《马太福音》第1章第18节）。再比如《路加福音》在描写施洗约翰的传道事迹时，也叙述了当时时代背景："该撒提庇留在位第十五年，本丢彼拉多作犹太巡抚，希律作加利利分封的王，他兄弟腓力作以土利亚和特拉可尼地方分封的王，吕撒聂作亚比利尼分封的王，亚那和该亚法作大祭司。那时，撒迦利亚的儿子约翰在旷野里，神的话临到他"（《路加福音》，第3章第1、2节），而此处对当时罗马官吏的详细指明也是在其他三本福音书中所没有的（参阅：《马太福音》第3章第1节、《马可福音》第1章第1—4节，《约翰福音》第1章第19节）。如此等等。

200 （美）J　W　汤普森：《历史著作史》，上卷，第一分册，谢德风译，商务印书馆1996年版，第180页。

作意图语句中的关键。为了追求与受众达成在"确实"上的一致，路加将尝试采用当时与"确实"至相挂钩的、那种由作者自我考证、并有着明确时序的"历史写作"样式来书写早期基督教；并且，这位有着"非犹太"文化背景的"医生路加"更直白言明，他承担了论证"所学之道都是确实的"这样一个宣扬新兴基督教教义的最主要目的。

于是，路加笔下的《路加福音》也就自然开始展现出：某些早期基督教史学尝试的特征。

（3）《路加福音》中的史学尝试的特征

第一、叙述中强烈的"预言叙事"风格

如我们所知，基督教创始者耶稣在其初次讲道时，就使用了一种"预言"的范式来讲解其自身。这记载在《路加福音》的第 4 章第 16 节—30 节中：

> "耶稣来到拿撒勒，就是他长大的地方。在安息日，照他平常的规矩，进了会堂，站起来要念圣经。有人把先知以赛亚的书交给他，他就打开，找到一处写着说：'主的灵在我身上，因为他用膏膏我，叫我传福音给贫穷的人；差遣我报告：被掳的得释放，瞎眼的得看见，叫那受压制的得自由，报告神悦纳人的禧年。'于是把书卷起来，交还执事，就坐下。会堂里的人都定睛看他。耶稣对他们说：'今天这经应验在你们耳中了。'"[201]

可以看到，耶稣先在《圣经·旧约》中摘引了一段经文，也就是《旧约·以赛亚书》中的第 61 章第 1 节："主耶和华的灵在我身上，因为耶和华用膏膏我，叫我传好信息给谦卑的人（或作'传福音给贫穷的人'），差遣我医好伤心的人，报告被掳的得释放，被囚的出监牢"。[202]

然后，他再将这段《旧约》经文作为对他自己的"预言"，来向当时会堂中的受众直言："今天这经应验在你们耳中了"，也即解释他自己就是该段经文中所预言的那个被"耶和华"的灵所临在、香膏所涂抹的"传好消息"的使者。

并且根据路加的记载，耶稣此番讲解是在当时犹太人的公众场所会堂之中，可知当时大众还是能够接受耶稣这种以《旧约》为预言来解释自身及遭遇的做法。（受众们开始时都称赞耶稣的讲解，直到后来，当耶稣指出他将不

---

201 《圣经·新约·路加福音》，第 4 章，第 16—30 节。
202 《圣经·旧约·以赛亚书》，第 61 章，第 1 节。

在自己家乡被人悦纳后，情势方开始转变，参阅：《路加福音》第 4 章第 21 —30 节）。

而且耶稣不但如前述这样以《旧约》经文为预言来解释了他来到人间乃是受神的差遣来"传好消息"；又还以《旧约·以赛亚书》中的经文为预言，来解释了他自己的受难与离世。

根据《路加福音》记载，耶稣就其自身的受难与赴死曾对门徒做出过如下解释："我告诉你们，经上写着说：'他被列在罪犯之中。'这话必应验在我身上，因为那关系我的事，必然成就"。[203] 此处耶稣所摘引的旧约经文，就是《旧约·以赛亚书》第 53 章第 12 节的一段话语："所以，我要使他与位大的同份，与强盛的均分掳物；因为他将命倾倒，以致于死，他也被列在罪犯之中，他却担当多人的罪，又为罪犯代求"。

实际在《路加福音》的叙事中，作为"神子"的救主耶稣，他对自身遭遇的解释，远没有停止在依照《旧约》中的明确经文来加以解释，而更多地直接以自我言说来"预言"了他在人间的种种遭遇。

比如对耶稣的受难与复活，耶稣就分别做出过或隐或现的几次预言：如在《路加福音》的第 9 章中耶稣就曾明晰地对门徒预言："人子必须受许多的苦，被长老、祭司长和文士弃绝，并且被杀，第三日复活"。[204] 随后，耶稣又稍显隐晦地，向门徒"预言"了自己的受难，而"众人"当时并未领悟到他所"预言"的意思。该段叙事路加记载为："众人正希奇的时候，耶稣对门徒说：'你们要把这些话存在耳中。因为人子将要被交在人手里。'他们不明白这话，意思乃是隐藏的，叫他们不能明白，他们也不敢问这话的意思。"[205]

在此特别应该注意到：叙事者路加不但记载了耶稣的这段"预言"，还以旁白者的身份来解释了耶稣该段"预言"的隐含意思。

再后来，当耶稣又一次"预言"自己在耶路撒冷的受难时，耶稣则笼统地借"先知所写"来详尽预言了自己将要遭受的苦难。这段叙事在《路加福音》中记载如下："耶稣带着十二个门徒，对他们说：'看哪，我们上耶路撒冷去，先知所写的一切事都要成就在人子身上。他将要被交给外邦人。他们要戏弄他，凌辱他，吐唾沫在他脸上，并要鞭打他，杀害他，第三日他要复

---

203 《圣经·新约·路加福音》，第 22 章，第 37 节。
204 《圣经·新约·路加福音》，第 9 章，第 22 节。
205 《圣经·新约·路加福音》，第 9 章，第 43—45 节。

活。'"[206]而路加在此也再以旁白者的身份解释道："这些事门徒一样也不懂得，意思乃是隐藏的，他们不晓得所说的是甚么。"[207]

显然，路加在此叙事中不仅担任了耶稣"预言"的记录者，更充当了耶稣"预言"在事后应验的解释者。

也正是在这种耶稣遭受"戏弄、凌辱、唾弃、鞭打、杀害与复活"的当事者事前"预言"与叙事者事后解释相承接的叙事中，路加那种既追求"确实"又更强调"所传之道是确实的"写作，便开始展现出某种新型的宗教历史叙事的"预言叙事"风格。

路加叙事中这种"预言叙事"的风格，应该还是渊源于基督教创始者耶稣的言说。因为从《路加福音》中所叙述的耶稣言语来看，耶稣这种以"预言"来阐明其自身与人类历史的做法可说全面而系统。

比如，耶稣曾在历史宏观上"预言"了作为人类历史终结的"神的国"的到来；[208]也曾在事件细节上"预言"了诸如圣殿的被毁、[209]耶路撒冷的被践踏等；[210]耶稣在他自己即将受难时，"预言"了门徒彼得将会三次不认他；[211]特别地，耶稣还"预言"了自己在离世后将"再临"时的种种预兆；[212]甚

---

206 《圣经·新约·路加福音》，第 18 章，第 31—33 节。

207 《圣经·新约·路加福音》，第 18 章，第 34 节。

208 《圣经·新约·路加福音》，第 18 章，第 20—37 节。

209 《圣经·新约·路加福音》，第 21 章，第 6 节。

210 《圣经·新约·路加福音》，第 21 章，第 20—24 节。在此应该注意：根据目前所知公认的史实，在西元 70 年，罗马大军围困耶路撒冷并最终攻破城池拆毁了圣殿。而《路加福音》所记载的耶稣此处关于"圣殿"与"耶路撒冷"的被毁"预言"，的确似乎相当"精准"地指向了这一次耶路撒冷所遭受的灾难。而这种"精准"很可能使人们在"常识"上推断这段记载应该是后人（当然也包括路加，这样路加就必须是在西元 70 年以后写作此段)为了增加耶稣的"神性"而附会的"人为"。但这毕竟只是依据"常识"的一种解释，它并不代表耶稣在"当时"就肯定没有做出过"圣殿与耶路撒冷被毁"的"预言"（这种"当时"在"历史"眼光中应该是在耶稣受难也即西元 1 世纪 30 年代之前)。因为就是今天我们也经常看到有人也在做出各种"预言"，诸如地球末日、种群消亡、股市涨跌或者个人命运，而这些预言也都会在事后表现为或者应验或者没有应验。因此，人们并不能仅因为某种预言在"事后"得到了准确应验，就断言它一定是"事后"的添加附会。另外，本文关注的主要是早期基督教史学思想发展，故只是对这种可能的思考以脚注形式在此点明。

211 《圣经·新约·路加福音》，第 22 章，第 34 节。

212 《圣经·新约·路加福音》，第 21 章，第 8—19 节、第 25—28 节。

至就是在《路加福音》所描绘的不可思议的"复活"之后，耶稣也继续引征摩西与众先知的"预言"，向门徒们解释自身的神奇。[213]

尤其在《路加福音》的结尾处，耶稣还极详细地以"预言"形式就其自身与日后历史对门徒做了一次总的回顾与预示。

耶稣首先回顾了他的人间遭遇、受难与复活，指出这些都是早纪录在"经上"的预言的应验；[214]随后，耶稣又向门徒们以自我"预言"的形式指明日后人们将奉他的名传道，"从耶路撒冷起直传到万邦"；[215]并预告门徒们将为这些事迹作见证，以及领受他所赐予的能力。[216]

至此观之，《路加福音》可谓是完备地展现了耶稣以"预言"来解释自身及历史的范式。也于此，其写作者路加就在这一次次纪录与叙述耶稣"预言"范式的同时，逐渐催生并形成了路加在其早期基督教历史写作尝试中的"预言叙事"风格。也即：一种基督教教义"预言"将在现实历史中不断得到"应验"的历史叙述方式。

这就构成了早期基督教史学明显有别于传统史学写作的一个新特征。以路加为代表的早期基督教历史写作者开始意识到，影响人类历史理解的重要因素不仅包括对过去的忠实记载，同时更包含对于未来的果敢预言，而耶稣的范式无疑是他们信服的一个范本。

于是路加尝试着同样以"预言"的方式来解释耶稣与早期基督教的历史发展，以便使受众在看到一次次"预言"都得以实现的"预言叙事"中，形成对那些尚未得以应验的"预言"必将应验的预期。这当然符合路加的写作意图，因为那些"确实"被应验了的预言性历史叙述，具备了"使你知道所学之道都是确实的"例证力量。

本文对《路加福音》的研读还揭示出：路加已经尝试着模仿耶稣的"预言"范式，对这位基督教创始者的生平历史以及传道事迹做出叙述。

比如：在叙述耶稣诞生这一事件时，路加先是引入"天使"向撒迦利亚"预言"施洗约翰的诞生作为铺垫，[217]随后便直接叙述"天使加百利"向童

---

213 《圣经·新约·路加福音》，第 24 章，第 27 节。
214 《圣经·新约·路加福音》，第 24 章，第 44—46 节。
215 《圣经·新约·路加福音》，第 24 章，第 47 节。
216 《圣经·新约·路加福音》，第 24 章，第 47—49 节。
217 《圣经·新约·路加福音》，第 1 章，第 5—25 节。

女马利亚预言了耶稣的诞生。[218]也是在这位"天使加百利"的"预言"中，《路加福音》向受众指明："他（耶稣）要为大，称为至高者的儿子，主神要把他祖大卫的位给他，他要作雅各家的王，直到永远，他的国也没有穷尽"，[219]可见，该段"预言"不但在叙事上向角色马利亚解释了童女怀孕的"神迹"，而且直接向文本受众们解释了耶稣的"神子"性质。

进一步地，《路加福音》又在叙述撒迦利亚之妻伊利莎白在见到马利亚后，就"被圣灵充满"[220]而再次确证该"预言"："主对她所说的话都要应验"。[221]而马利亚在听闻这些来自"天使"加百利与"凡人"伊利莎白的预言后，也开始自己以"预言"形式赞颂主，以及基于她自己来预言："从今以后、万代要称我有福"。[222]

然后，《路加福音》开始叙述先于耶稣来到世间的"施洗约翰"之诞生。在这段描写中，原先神意所"预言"的诸如不能生育的伊利莎白将要产子、[223]这个儿子将被命名为"约翰"、[224]许多人将因为约翰的诞生而喜乐、[225]尤其是天使因为撒迦利亚不信，就惩罚他将直到其儿子出生"这事成就"的日子才能开口说话的诸多预言。[226]都全面而密集地在《路加福音》第 1 章的第 57 到 64 节行文中得到了应验。

《路加福音》更指明，这些预言的应验，极大地震撼了当时的人众并很快四处传播，"周围居住的人都惧怕。这一切的事就传遍了犹太的山地"。[227]

而撒迦利亚也"被圣灵充满"，开始做出解释施洗约翰的"预言"。[228]也就是在撒迦利亚的这段"预言"中，《路加福音》点明了施洗约翰为耶稣到来做铺垫的性质："孩子啊，你要称为至高者的先知；因为你要行在主的前面，

---

218 《圣经·新约·路加福音》，第 1 章，第 26—38 节。
219 《圣经·新约·路加福音》，第 1 章，第 32、33 节。
220 《圣经·新约·路加福音》，第 1 章，第 41 节。
221 《圣经·新约·路加福音》，第 1 章，第 45 节。
222 《圣经·新约·路加福音》，第 1 章，第 48 节。
223 《圣经·新约·路加福音》，第 1 章，第 7—13 节。
224 《圣经·新约·路加福音》，第 1 章，第 13 节。
225 《圣经·新约·路加福音》，第 1 章，第 14 节。
226 《圣经·新约·路加福音》，第 1 章，第 20 节。
227 《圣经·新约·路加福音》，第 1 章，第 65 节。
228 《圣经·新约·路加福音》，第 1 章，第 67—79 节。

预备他的道路"。[229]

阅读至此处时，可以很快地翻阅到《路加福音》的第 3 章第 4 节，因为在那里，叙事者又借用《旧约·以赛亚》书的"预言"，再次解释了施洗约翰为耶稣的到来做铺垫的性质，指明施洗约翰"正如先知以赛亚书上所记的话，说：'在旷野有人声喊着说：预备主的道，修直他的路……'"。[230]

继续还可以研读到，施洗约翰自己也"预言"解释了他为耶稣做铺垫的性质："约翰说：'我是用水给你们施洗，但有一位能力比我更大的要来（即耶稣），我就是给他解鞋带也不配，他要用圣灵与火给你们施洗'"。[231]

之后《路加福音》又记叙了天使在伯利恒的野地里向牧羊人们"预言"耶稣的降临，[232]并宣示耶稣就是"救主，就是主基督"。[233]

而作为耶稣诞生事迹的余音，《路加福音》随后又讲述了耶路撒冷人西面（Simeon）得到"圣灵"临在，受启示手捧耶稣讲出"耶稣的被立"是"要叫以色列中许多人跌倒，许多人兴起"等情事的"预言"，[234]并记录了女先知亚拿（Anna）对众人预言讲解耶稣的事，"将孩子的事对一切盼望耶路撒冷得救赎的人讲说"。[235]

从上述研读中，不难得见《路加福音》中对于耶稣诞生（包括"先行者"施洗约翰出生）的叙事中，既有例如"天使"、"先知"等超验角色的直接"预言"解释，也有许多凡人在"圣灵"的充满与感动下所做的"预言"阐述，当然还有叙事者直接引用《旧约》经文来做出的"预言"阐释。并且这些"预言"有部分在当下叙事中就得到了"应验"，比如预言童女马利亚怀孕，耶稣将降生马槽等。

尤其引人注意的是，《路加福音》还在这段叙事中携带了一个关于施洗约翰的种种"预言"全面得到"应验"的并行叙述，以求增强其叙事的说服能力。试想，类比文本中普罗大众在亲见对于施洗约翰的各种预言皆得以应验后的震

---

229 《圣经·新约·路加福音》，第 1 章，第 76 节。

230 《圣经·新约·路加福音》，第 3 章，第 4 节。此处《旧约》经文参阅：《圣经·旧约·以赛亚书》第 40 章，第 3—5 节。

231 《圣经·新约·路加福音》，第 3 章，第 16 节。

232 《圣经·新约·路加福音》，第 2 章，第 8—14 节。

233 《圣经·新约·路加福音》，第 2 章，第 11 节。

234 《圣经·新约·路加福音》，第 2 章，第 25—33 节。

235 《圣经·新约·路加福音》，第 2 章，第 36—38 节。

撼效果，"周围居住的人都惧怕。这一切的事就传遍了犹太的山地"。那么，围绕"能力"远大于约翰的耶稣所展开的各种"预言"，并且这其中还包括了施洗约翰自己对耶稣的"预言"，又怎不会使大众充满敬畏而满怀信服呢？

相比于施洗约翰的事迹"传遍犹太的山地"，天使对耶稣到来的"预言"则是"大喜的信息，是关乎万民的"，[236]而西面更"预言"了耶稣"是照亮外邦人的光，又是你民以色列的荣耀"。[237]在这种约翰仅影响"犹太"而耶稣将影响"外邦"的明显对比与递进处理上，研读者如果结合路加"外邦人"的身份，以及他跟随保罗向"外邦人"传教的经历，多少也就能看到路加在"预言"叙事中所展现出的作者自我痕迹。

第二、叙事中一条隐含的线索："圣灵"的持续在场

在对这段叙事的研读中，我们还可以看到一个有趣的现象：那就是路加在叙述某些"凡人"也能做出神意"预言"时，特意指明他们乃是获得了"圣灵"的"充满"与感召。

比如伊利莎白就是"被圣灵充满"[238]方才向马利亚高声预言说："你在妇女中是有福的、你所怀的胎也是有福的……"。[239]再比如在描写耶路撒冷人西面对耶稣的未来做出预言时，路加更是在行文中连续三次地紧密指明西面受到了"圣灵"的临在与感召。[240]

如果仔细梳理《路加福音》第1章到第2章40节关于耶稣诞生事迹的叙述，研读者可以看到，除开"天使"与"先知"（比如女先知亚拿）能够直接预言，以及叙事者直接引用《旧约》中的"先知预言"之外。所有"凡人"在"预言"时，都被路加特意注明了他们有着"圣灵"临在与感动的前提。即便像耶稣的生母马利亚，也有"天使"提前说明："圣灵要临到你身上"。[241]因此，对于宣称其写作乃是"从起头都详细考察"了的路加来说，"圣灵"在这里似乎承担了一种解释"凡人"为什么能够准确"预言"未来的作用。

其实，"圣灵"在《路加福音》中的作用远不止于此，它的持续存在更像

---

236 《圣经·新约·路加福音》，第 2 章，第 36—38 节。
237 《圣经·新约·路加福音》，第 2 章，第 32 节。
238 《圣经·新约·路加福音》，第 1 章，第 41 节。
239 《圣经·新约·路加福音》，第 1 章，第 42—45 节。
240 《圣经·新约·路加福音》，第 2 章，第 25—27 节。
241 《圣经·新约·路加福音》，第 1 章，第 35 节。

一条贯穿于整本《路加福音》的隐含线索，对文本的叙事推进起到了关键而多样的作用。

　　"圣灵"首次出现于"天使"向撒迦利亚的预言之中，它解释了"施洗约翰"日后何以能有种种神奇的作为，因为约翰乃是"从母腹里就被圣灵充满了"。[242]

　　随后"圣灵"的第二次出现，则解答了童女马利亚怎么可以怀孕，"天使回答说：'圣灵要临到你身上，至高者的能力要荫庇你。因此所要生的圣者，必称为神的儿子'"。[243]

　　再到"圣灵"的第三次出现，则是在马利亚去看望伊利莎白（施洗约翰的母亲）的叙事中，"伊利莎白一听马利亚问安，所怀的胎就在腹里跳动，伊利莎白且被圣灵充满"。[244]在此段叙事中，"圣灵"不再是解释某种神迹，而承担了一种解释与链接文本人物间关系展开的作用，因为伊利莎白与马利亚基本就是由于"圣灵"的参与才导致彼此间对话的产生。也恰恰由于伊利莎白基于"圣灵"充满而对马利亚的赞美，才引出了马利亚对其腹中耶稣的总括性评论。[245]

　　再后来，则是撒迦利亚被"圣灵"感动，做出施洗约翰将为耶稣"预备道路"的预言，[246]以及西面得到"圣灵"启示而预言耶稣的人间未来，[247]"圣灵"在这些叙事中，基本被用于解释撒迦利亚与西面这两个"凡人"何以能做出神意"预言"。

　　在随后的第3章第16节，则通过施洗约翰来指明"圣灵"乃是耶稣救赎众生的权能，"他（耶稣）要用圣灵与火给你们施洗"，[248]从而起到了一种尊崇"救主"耶稣的作用。

　　当《路加福音》以耶稣为绝对主角展开关于其传道、受难与复活等事迹的叙述时。[249]路加还同时强调记述了"圣灵"对耶稣的降临与伴随。这首先

---

242 《圣经·新约·路加福音》，第1章，第15节。
243 《圣经·新约·路加福音》，第1章，第35节。
244 《圣经·新约·路加福音》，第1章，第41节。
245 《圣经·新约·路加福音》，第1章，第39—56节。
246 《圣经·新约·路加福音》，第1章，第67—79节。
247 《圣经·新约·路加福音》，第2章，第28—32节。
248 《圣经·新约·路加福音》，第2章，第16节。
249 这部分可以看做由《圣经·新约·路加福音》第3章第21节起直到结尾。

是当耶稣在施洗约翰处受洗，《路加福音》指明正是在此时，"圣灵降临在他（耶稣）身上，形状仿佛鸽子"。[250]此后"圣灵"不单"充满"了耶稣，还指引他去接受魔鬼的试探，"耶稣被圣灵充满，从约旦河回来，圣灵将他引到旷野，四十天受魔鬼的试探"。[251]

由此耶稣就在"圣灵"的陪伴下，"耶稣满有圣灵的能力，回到加利利"，[252]开始了他的传道生活。并且，即便已经交待过耶稣被"圣灵"所充满，"满有圣灵的能力"才开始传道，《路加福音》在后来的叙事中，还是不忘再次点明耶稣曾因为"圣灵"的感动而欢乐。[253]

不难看出，《路加福音》中的"圣灵"在降临于耶稣身上后，便一直伴随未曾离开过。而且"圣灵"在陪伴耶稣的同时，也多次被耶稣所提到。比如耶稣在其传道中曾向受众明示："你们虽然不好，尚且知道拿好东西给儿女，何况天父，岂不更将圣灵给求他的人吗？"[254]

在此，"圣灵"首次藉由耶稣的言语解释，被预示了它日后能够降临在门徒等"普通人"身上。后来耶稣在传道中，又指明"圣灵"有着比他自身更不容侵犯的权威："凡说话干犯人子（耶稣）的，还可得赦免，惟独亵渎圣灵的，总不得赦免。"[255]并且，耶稣还具体预言了一个"圣灵"将降临在门徒身上的例子，也就是"圣灵"在日后将指引门徒们在公堂上应付诉讼："因为正在那时候，圣灵要指教你们当说的话"。[256]

可见，《路加福音》不仅叙述了"圣灵"对耶稣的降临于伴随；更也通过对耶稣言语的记述，表明了"圣灵"在今后也将降临与伴随"普通人"（当然主要是信教的门徒们）。

于是我们就发现，如果说《路加福音》叙事的主要线索是耶稣的诞生与传道、受难与复活事迹，并且这条线索明显地展示在研读者面前。那么，"圣灵"的持续在场就可以看作是伴随这条叙事主线的一条附属线索，它隐含于整本《路加福音》之中。

---

250 《圣经·新约·路加福音》，第 3 章，第 28—32 节。
251 《圣经·新约·路加福音》，第 3 章，第 28—32 节。
252 《圣经·新约·路加福音》，第 4 章，第 14 节。
253 《圣经·新约·路加福音》，第 10 章，第 21 节。
254 《圣经·新约·路加福音》，第 11 章，第 13 节。
255 《圣经·新约·路加福音》，第 12 章，第 10 节。
256 《圣经·新约·路加福音》，第 12 章，第 10 节。

同时如前所分析，这条线索基本分为三个阶段来伴随了耶稣主线：首先，"圣灵"伴随了对于耶稣诞生的种种预言与神迹，主要解释了许多"凡人"何以能够做出"神奇"的预言与事迹；其次，"圣灵"伴随了耶稣自受洗后的所有人间经历，部分印证与解释了耶稣为什么能够成为神奇的"救主"；[257]最后，《路加福音》又在对耶稣言语的记述中，充分预示了"圣灵"的降临与陪伴将使得日后的基督教门徒们获得"神力"。

《路加福音》通过这条隐含的"圣灵"线索，部分展现出路加尝试以历史样式记叙耶稣事迹时的"详细考察"。因为正是通过"圣灵"的持续在场，路加就为那些原本很容易遭受"确实"质疑的神迹叙事，提供了一条"圣灵"线索来隐含在文本中加以解释。

就此而言，"圣灵"既在形式上为叙事行进提供了隐含的解释与关联；同时也在实质上深化了受众对文本所叙述内容的理解与信服。透过抽象"圣灵"的持续在场，文本就在很大程度上离避了诸如"凡人能否预言"的日常质疑，而将受众引诱到类似"圣灵是否存在"的宗教思考。

尤其值得注意的是，作为《使徒行传》的前书，路加预设的这条"圣灵"线索显然还有着关乎后书的深意。当然，这将留待到对《使徒行传》的研读时再加以探讨。

第三、对叙事时序的重视，以及对同期相关罗马历史的考察引征

另外，路加在《路加福音》开篇就宣称："我（路加）既从起头都详细考察了，就定意要按着次序写给你（提阿非罗）"。[258]因此，我们既可以推想，同时也被行文本身所证实的就是：《路加福音》在叙事上对时序的高度重视，以及对同期历史事件的考察引征。

---

257 在此应该注意，在《路加福音》中，"圣灵"的降临与伴随，只是耶稣拥有神力的原因之一；并且，圣灵的降临更是耶稣作为"神子"的一个表征，这在《路加福音》中关于耶稣在约翰处受洗的描述就能看出，书中对当时情形的描述如下："圣灵降临在他身上，形状仿佛鸽子；又有声音从天上来，说：'你是我的爱子，我喜悦你'"（《路加福音》第4章，第22节）。可见，圣灵的降临不是耶稣享有神力的唯一原因，其主要原因还是耶稣乃神的"爱子"。因此，这与该书中其他处"圣灵"降临在"凡人"身上，即能让凡人获得神力的处理很不一样。这也在侧面说明，为了凸显耶稣的"神子"身份，《路加福音》对于"圣灵"的降临细节叙述有仔细的考虑。

258 《圣经·新约·路加福音》，第1章，第1—4节。

比如，《路加福音》的叙事首先从"为主预备道路"的施洗约翰开始，在一开始就明示了施洗约翰的诞生事迹发生在："当犹太王希律的时候"。[259]

再比如，在叙述耶稣降生事件时，路加引入罗马凯撒奥古斯都的人口普查作为具体历史背景，[260]并确切指明当时乃由名为"居里扭"（Quirinius）的官员担任叙利亚巡抚，进而点明是次人口普查乃该官员任内的"头一次"[261]人口普查，从而极大地增强了叙事中的历史事实感。其他三部福音书中均无此种处理，并且，前述行文也在日后被攸西比乌斯所全面承袭，作为了《教会史》中关于耶稣诞生事迹的史实。[262]

还比如，叙述施洗约翰事迹时，路加准确指出约翰传道开始于：

> "凯撒提庇留在位第十五年，本丢彼拉多作犹太巡抚，希律作加利利分封的王，他兄弟腓力作以土利亚和特拉可尼地方分封的王，吕撒聂作亚比利尼分封的王，亚那和该亚法作大祭司，那时，撒迦利亚的儿子约翰在旷野里，神的话临到他"。[263]与之相比较：《马太福音》中只是使用了一个"那时"的时间背景就开始叙述："那时，有施洗的约翰出来，在犹太的旷野，传道……"；[264]

而《马可福音》与《约翰福音》中，则根本没有提及约翰开始传道的具体时间。[265]

从上述引征分析中可以看出，《路加福音》确实有一种将早期基督教相对"神秘"的事迹置于公众所熟知的罗马"历史"中的叙事特征。这也表明路加确实做出了某种他自己所明言的"详细考察"，因为如前所述，路加已经交代过他的写作资料来源主要是当时"好些人"所写的福音性质文书，以及许多"传道的人"的口头传授。

而基督教作为一个最初在犹太人中兴起的宗教派别，路加所接触的这些

---

259 《圣经·新约·路加福音》，第 1 章，第 5 节。

260 《圣经·新约·路加福音》，第 2 章，第 1 节。

261 《圣经·新约·路加福音》，第 2 章，第 2 节。

262 参阅：（古罗马）优西比乌：《教会史》，（美）梅尔英译、评注，瞿旭彤译，生活·读书·新知三联书店 2009 年版，第 34、35 页。

263 《圣经·新约·路加福音》，第 3 章，第 1、2 节。

264 《圣经·新约·马太福音》，第 3 章，第 1 节。

265 参阅：《圣经·新约·马可福音》，第 1 章，第 3、4 节；《圣经·新约·约翰福音》，第 1 章，第 19 节。

书面与口头资料也自然是最早由犹太人所创作，并在犹太人中流行的，因而很难想象它们中会夹杂如此详尽的对同期罗马历史背景的关注。

所以，当路加以一个"外邦人"的信徒身份，又试图将基督教教义首先特定地推广到"提阿非罗"这位罗马"大人"时，路加在其叙事中所表现出的注重历史时序，并有意整理添加相关罗马历史事件作为叙事背景的"历史"化叙事特征，就应该可说理所当然也符合其本来的写作意图。

并且事实上，我们通过比较，也的确看到其他三本福音书中并没有路加这种"从起头都详细考察"的"历史"叙事特征。某种意义上，这正使得日后攸西比乌斯在写作《教会史》时，将《路加福音》作为了"确实"无疑并且值得全面采信的第一手历史资料渊源。

2、《使徒行传》

（1）关于《使徒行传》的成书年代与资料来源

在《使徒行传》的开端，路加明言："提阿非罗啊，我已经作了前书，论到耶稣开头一切所行所教训的"。[266]这句话，不仅点明了路加曾经曾写作过"前书"——《路加福音》；并且也表明《使徒行传》同样写给"提阿非罗"，故而也有着与《路加福音》一脉相承的写作意图。

因此，如果说《路加福音》是以耶稣的传道为主线，那么《使徒行传》则聚焦于耶稣复活升天之后，以使徒彼得与保罗等为代表的早期基督教教会的传道与发展。

而在前面的讨论中我们已经知晓，路加曾经亲身参与了保罗的传道历程，并且《使徒行传》也终止于保罗"第一次"在罗马的被软禁。所以，现代学者梅琴据此推断："《使徒行传》的成书时间大约是在公元 63 年"，[267]当然他也指出，这不是一个确定的答案，"《使徒行传》也可能成书于保罗后期，比如说在公元 80 年左右"。[268]

也由于路加对保罗传道的参与，促成《使徒行传》的写作资料来源发生了一个重大的变化，那就是相比于《路加福音》中所有耶稣事迹都源于他人

---

266 《圣经·新约·使徒行传》，第 1 章，第 1 节。

267 （美）梅琴（Machen, J. G.）：《新约文献与历史导论》，杨华明译，上海人民出版社 2008 年版，第 38 页。

268 （美）梅琴（Machen, J. G.）：《新约文献与历史导论》，杨华明译，上海人民出版社 2008 年版，第 38 页。

的书写与口传，《使徒行传》中的不少内容则是路加亲身之经历。

随后，我们就集中讨论一下这本承接《路加福音》的《使徒行传》，其中所展现出的某些早期基督教史学尝试的特征。

（2）《路加福音》中的史学尝试特征

第一、极强的"见证"意味

或许正因为路加对《使徒行传》中部分叙事的亲历体验，《使徒行传》便展现出我们随之将讨论的第一个值得注意的叙事特征，即它在行文中极强的"见证"意味。

然而根据路加的行文，这种"见证"首先还是来自耶稣在升天前对其信徒的要求。在《使徒行传》的第 1 章第 8 节，耶稣自己就对信徒讲明：日后"圣灵"将降临在众信徒身上并使他们得到能力，去在全世界做耶稣的"见证"。

随后，《使徒行传》就指出，秉承耶稣的要求，早期教会（或者说是早期教会组织雏形）的传道活动，很大程度上就是去为耶稣的传道、受难与复活等事迹做出"见证"。比如，《使徒行传》曾记载彼得在布道中对百姓明言："你们杀了那生命的主，神却叫他从死里复活了。我们都是为这事作见证"；[269]而且，当时早期教会内部重要职位的委任，也主要是为给耶稣做出"见证"。比如《使徒行传》曾描写在耶稣离世后，彼得等人集会决定再选举出一位信徒担任使徒，来代替背叛了耶稣的犹大，其主要理由就是："必须从那常与我们作伴的人中，立一位与我们同作耶稣复活的见证"；[270]再比如，保罗也曾讲明，他之所以能够皈依基督并担任教会的重要职位，就是因为耶稣曾在其神秘体验中授意保罗："你起来站着，我特意向你显现，要派你作执事，作见证，将你所看见的事和我将要指示你的事证明出来"。[271]

在早期教会看来，为耶稣做出"见证"不仅是使徒们的任务，更也是他们的能力与荣耀，《使徒行传》就对此指明："使徒大有能力、见证主耶稣复活，众人也都蒙大恩"；[272]而彼得甚至在讲道中将"见证"定义为神的预选，乃是使徒们的特权："不是显现给众人看，乃是显现给神预先所拣选为他作见

269　《圣经·新约·使徒行传》，第 3 章，第 15 节。
270　《圣经·新约·使徒行传》，第 3 章，第 15 节。
271　《圣经·新约·使徒行传》，第 26 章，第 16 节。
272　《圣经·新约·使徒行传》，第 4 章，第 33 节。

证的人看，就是我们这些在他从死里复活以后和他同吃同喝的人。他吩咐我们传道给众人，证明他是神所立定的，要作审判活人死人的主"。[273]因此，完全可以断言，为耶稣做出"见证"并在传道中为之证明，这既是耶稣对信徒的要求，也是早期教会及其领袖的重要使命与权能。

理所当然地，早期教会（主要是使徒们）的"见证"使命，无疑得到了路加的全面信奉，否则他也不会在《使徒行传》中如此地广为强调与宣扬。尤其作为保罗传道的伴随者，路加自己也"见证"了早期使徒与教会的事迹，可以说得上是早期基督教教内"见证者"的见证者。

因此不难理解，当路加在《使徒行传》中进入到对保罗传道的描述时，基于其自身参与的亲历经历，其叙事笔触就一反之前的宏观概述，而进入到极为详尽甚至细腻的陈述之中。保罗传道中的种种细节，各个名目繁多的地点与人物，路加都一一记载。对保罗所涉的争讼事端，路加也详细记录。甚至就连保罗从凯撒利亚去罗马的海上航程，路加竟也花了差不多一章半的篇幅加以详述。[274]似乎惟其如此，路加方能凸显他的在场，方能细微之处见真章，更显明出他的见证之真实。

如此这般，路加就以丰富而确凿的自我"见证"，承接了之前对他人书面与口传资料的"详细考察"，进一步证明其"所学之道是确实的"。也促使《使徒行传》富有了极强的"见证"意味。

第二、全面的"预表叙事"风格

并且《使徒行传》的"见证"意味，还蕴含了文本的另一重要指向，也即"见证"所有关于耶稣传道、受难与复活等神迹的"预言"。

如在《使徒行传》所载保罗对亚基帕王的申诉中，保罗就曾如此言说：

> "然而我蒙神的帮助，直到今日还站得住，对着尊贵、卑贱、老幼作见证。所讲的并不外乎众先知和摩西所说将来必成的事，就是基督必须受害，并且因从死里复活，要首先把光明的道传给百姓和外邦人"。[275]

保罗在此明晰地揭示出，他所做的"见证"不外乎是"证明"众先知关于耶稣的"预言"。

---

273 《圣经·新约·使徒行传》，第10章，第41、42节。
274 参阅：《圣经·新约·使徒行传》，第27章，第1节—第28章，第14节。
275 《圣经·新约·使徒行传》，第26章，第22、23节。

　　长期以来，西方学界曾以专有名词"预表解经法"[276]指称早期基督徒以"预言"解释耶稣及早期教会事迹的阐释路径，但顾名思义，该术语主要适用于解经学等神学研究领域。

　　事实上，在早期基督教史学发展中，提阿菲罗斯就曾明确要求以"预言"来叙述历史。[277]并且在前述分析中，作为基督教教内较早的史学尝试，《路加福音》也存在着极强的"预言"阐释叙事风格。因而在此我们不妨比照"预表解经法"的指称，将早期基督教史学中这种以《旧约》先知等"预言"来阐释耶稣事迹及早期教会相关事件的叙事方法称为"预表叙事法"。

　　作为《路加福音》的"后书"——《使徒行传》的内容业已进入到耶稣复活升天之后，早期教会及使徒传道事迹的撰述。也正如前述保罗在申辩中所言，《使徒行传》中的早期教众已经转向到以其"见证"来证明与阐释关于耶稣的诸多"预言"。于是《使徒行传》中也就大量刊载了诸如彼得、司提反、保罗等早期教众的"预表"阐释言语，更也形成了《使徒行传》的"预表叙事"特征。

　　此外，整本《使徒行传》可谓充满了"见证"意味，而它所"见证"的历史，主要就是由先知早已"预言"过的，"基督必须受害，并且因从死里复活，要首先把光明的道传给百姓和外邦人"[278]的神意"历史"。而这种以"预言"来"见证"神意历史的写作性质，也促使《使徒行传》展现出全面的"预表叙事"特征。

　　这种"预表叙事"是如此全面，甚至就连犹大对耶稣的背叛，以及犹大自身的悲惨下场，也都被叙述为早已由先知于《旧约》中做出过"预言"。如《使徒行传》第 1 章，便记载了彼得对犹大的如下"预表"阐释：

　　　　"弟兄们，圣灵借大卫的口，在圣经上预言领人捉拿耶稣的犹

　　大。这话是必须应验的。他本来列在我们数中，并且在使徒的职任

---

276 一般"预表解经"（typological interpretation)是指早期基督徒"在《旧约》出现的事物、对象和观念中，找出神所默示的预表（即模式或象征)，预言神在未来历史中的作为。它的假设是先前的事物/对象/观念，将会在以后重复出现。"见：（美）克莱恩（Klein, W. W.）等，《基督教释经学》，尹妙珍等译，上海人民出版社 2011 年版，第 041 页。另可参阅：*The Concise Oxford Dictionary of the Christian Church*, Ed. Elizabeth A. Oxford: Oxford University Press, 1977, p. 524.

277 Theophilus of Antioch, *Ad Autolycum* (*To Autolycus*), Text and Translation by Robert M. Grant, Oxford: Oxford University Press, 1970, p. 83.

278 《圣经·新约·使徒行传》，第 26 章，第 22、23 节。

上得了一分。这人用他作恶的工价，买了一块田，以后身子仆倒，肚腹崩裂，肠子都流出来。住在耶路撒冷的众人都知道这事，所以按着他们那里的话，给那块田起名叫亚革大马，就是血田的意思。

因为诗篇上写着说：'愿他的住处，变为荒场，无人在内居住'，又说：'愿别人得他的职分。'"[279]

此处，彼得不单将犹大背叛耶稣的事件，阐释为早被先知大卫籍"圣灵"启示所"预言"，更以《旧约·诗篇》中的"愿他们的住处变为荒场；愿他们的帐棚无人居住"，[280]以及"愿他的年日短少. 愿别人得他的职分"[281]这两段经文，作为了犹大死后他的田地荒芜，他的职位被人顶替等遭遇的"预表"。而《使徒行传》对此的全面记叙，无疑也表明了叙事者对此"预表"阐释的深刻认同。

《使徒行传》更也全面纪录了彼得在耶路撒冷，于耶稣复活事迹发生后的传道中所大量使用的"预表"阐释。[282]在此段行文中，犹太先知约珥、[283]大卫[284]被阐释为都曾经"预言"了耶稣的事迹。

再如在《使徒行传》对基督教早期殉道者司提反的记述中，则花费超过一整章的篇幅，详尽纪录了司提反在被捕后的当众申诉。[285]这一大段申辩言辞，可以看做是司提反关于犹太人历史的简略回顾，他从犹太人祖先亚伯拉罕一直讲到了耶稣（"义者"[286]）。其中，也特意将犹太先知摩西在《申命记》中的预言："耶和华你的神要从你们弟兄中间，给你兴起一位先知像我，你们要听从他"，[287]解释为是对耶稣的"预表"。[288]

至于曾与路加朝夕相处的保罗，则更表现出全面彻底以"预表"来解释耶稣及相关事迹的特点。比如《使徒行传》记载中保罗的初次长篇讲道，就

---

279 《圣经·新约·使徒行传》，第 1 章，第 16—20 节。

280 《圣经·旧约·诗篇》，第 69 章，第 25 节。

281 《圣经·旧约·诗篇》，第 109 章，第 8 节。

282 《圣经·新约·使徒行传》，第 2 章，第 14—36 节。

283 此处"预表"参阅：《圣经·旧约·约珥书》，第 2 章，第 28—32 节。

284 此处"预表"参阅：《圣经·旧约·诗篇》，第 16 章，第 8—11 节，以及《圣经·旧约·诗篇》，第 110 章，第 1 节。

285 《圣经·新约·使徒行传》，第 7 章，第 2 节—第 8 章，第 60 节。

286 《圣经·新约·使徒行传》，第 7 章，第 52 节。

287 《圣经·旧约·申命记》，第 18 章，第 15 节。

288 《圣经·新约·使徒行传》，第 7 章，第 37 节。

富含了对耶稣及相关事件的预表阐释，不仅耶稣的受难"正应了先知的预言"，[289]"成就了经上指着他所记的一切话"；[290]而且，使徒们当时所传播的"好消息"（福音），"就是那应许祖宗的话"；[291]保罗还以《旧约·诗篇》中的语句"你是我（神）的儿子，我今日生你"，[292]以及《旧约·以赛亚书》中的"我（神）必与你们立永约、就是应许大卫那可靠的恩典"，[293]连同《旧约·诗篇》中"你（神）必不叫你的圣者见朽坏"，[294]来综合"预表阐释"了耶稣是神的儿子，是神叫耶稣"从死里复活，不再归于朽坏"。[295]

尤其值得注意的是，根据《使徒行传》的记载，保罗在到达罗马后也曾试图向犹太人宣讲基督教"福音"，但并没有取得理想的效果，《使徒行传》对此记载如下：

> "他们彼此不合，就散了。未散以先，保罗说了一句话，说：圣灵藉先知以赛亚向你们祖宗所说的话是不错的。他说：'你去告诉这百姓说，你们听是要听见，却不明白；看是要看见，却不晓得。因为这百姓油蒙了心，耳朵发沉，眼睛闭着；恐怕眼睛看见，耳朵听见，心里明白，回转过来，我就医治他们。'所以你们当知道，神这救恩如今传给外邦人，他们也必听受"。[296]

此处不难得见，保罗正是摘引《旧约·以赛亚书》中第 6 章第 9、10 节的语句，作为"预言"来"预表阐释"了当时犹太人不听从其教诲，他因此转向外邦人传道并获得信从的现实经历。这不仅清楚地表明保罗已经开始以"预表阐释"来理解他的此生遭遇；更表明写作《使徒行传》的路加，通过对此上种种"预表阐释"的认同与叙述，开始以历史写作的模式，对早期教会与使徒的遭遇，进行了"预表叙事"。

第三，始终在场的隐含主角："圣灵"

在前文对《使徒行传》中"见证"意味以及"预表叙事"等特征的探析

---

289 《圣经·新约·使徒行传》，第 13 章，第 27 节。

290 《圣经·新约·使徒行传》，第 13 章，第 29 节。

291 《圣经·新约·使徒行传》，第 13 章，第 32 节。

292 《圣经·旧约·诗篇》，第 2 章，第 7 节。

293 《圣经·旧约·以赛亚书》，第 55 章，第 3 节。

294 《圣经·旧约·诗篇》，第 16 章，第 10 节。

295 参阅：《圣经·新约·使徒行传》，第 13 章，第 33—35 节。

296 参阅：《圣经·新约·使徒行传》，第 28 章，第 25—28 节。

中，我们进而能发现《使徒行传》中还隐含了一位角色："圣灵"。

比如前述彼得对犹大"预表"阐释中，他就点明了乃是"圣灵借大卫的口，在圣经上预言领人捉拿耶稣的犹大。这话是必须应验的"；[297]再比如《使徒行传》在叙述殉道者司提反的大段"预表"申诉前，也特意指出"司提反是以智慧和圣灵说话，众人敌挡不住；"[298]又比如在《使徒行传》末尾，保罗对那些犹太人所言的"预表"，也指明是由"圣灵"所直接主导："圣灵藉先知以赛亚向你们祖宗所说的话是不错的"。[299]

并且，这个隐含角色"圣灵"不只主导了这些"预表"言说，更主导了早期教徒的所有"见证"。

前曾提到，保罗明讲他"对着尊贵、卑贱、老幼作见证"，[300]不外乎是"证明"众先知关于耶稣的预言。《使徒行传》也交代过，"圣灵"早已经充满保罗："扫罗又名保罗，被圣灵充满"；[301]彼得更在讲道中直接揭示，"圣灵"与早期教徒们一起为耶稣的受难与复活等事迹做出"见证"："我们为这事作见证，神赐给顺从之人的圣灵也为这事作见证"。[302]

因此，"圣灵"其实更是《使徒行传》中一个始终在场的隐含主角，它既主导了各种关于耶稣的"预表"，也主导了早期使徒与教会对于耶稣的"见证"。

这一隐含主角"圣灵"的存在，于《使徒行传》中，早由耶稣对其信众的临别嘱咐所预设："但圣灵降临在你们身上，你们就必得着能力；并要在耶路撒冷、犹太全地和撒玛利亚，直到地极，作我的见证"。[303]也正是响应耶稣的这一要求，《使徒行传》就将彼得、司提反、保罗等早期教徒与教会教众，统一到这个始终在场的隐含主角"圣灵"的统辖之下。

于是"圣灵"就告别了它在《路加福音》中的隐含线索作用，而在《路加福音》的后书《使徒行传》中，代替耶稣担当起隐含的主角，使文本完整而统一地去展示其说服力。

至此，我们也藉由对《使徒行传》中的"见证"意味、"预表叙事"、隐

297　《圣经·新约·使徒行传》，第 1 章，第 16 节。

298　《圣经·新约·使徒行传》，第 6 章，第 10 节。

299　《圣经·新约·使徒行传》，第 28 章，第 25 节。

300　《圣经·新约·使徒行传》，第 26 章，第 22 节。

301　《圣经·新约·使徒行传》，第 13 章，第 9 节。

302　《圣经·新约·使徒行传》，第 5 章，第 32 节。

303　《圣经·新约·使徒行传》，第 1 章，第 8 节。

含的"圣灵"主角等特征的分析，把握到了《使徒行传》所内涵的总体叙事框架：即"圣灵"降临在信众身上，去"见证"耶稣以及随后教会与教众的所有"预表"。

作为隐含主角，"圣灵"在《使徒行传》的叙事中还展现出许多重要的特点。比如相对于《路加福音》中将"圣灵"叙述为"形状仿佛鸽子"，[304]那么在《使徒行传》中则增加了"圣灵"像火焰般的舌头的叙述，原本抽象的"圣灵"概念就进一步具象化，增加了对部分信众的说服力。

对此，《使徒行传》有如下的生动叙述：

> "五旬节到了，门徒都聚集在一处。忽然从天上有响声下来，好像一阵大风吹过，充满了他们所坐的屋子；又有舌头如火焰显现出来，分开落在他们（门徒们）各人头上。他们就都被圣灵充满，按着圣灵所赐的口才，说起别国的话来"。[305]

而这种由"圣灵"降临来促使各人讲说其他国家／民族语言的观念，对西方语言学发展的历史也可谓意义重大，前文就曾提到过海德格尔还曾特意摘引此段经文来指明这是西方历史上的"圣经语言观"。[306]

在《使徒行传》中，"圣灵"有时候还会作为实际角色来直接参与文本中的叙事发展，从而进一步使得"圣灵"具象化。

比如《使徒行传》在记载腓利劝说一个太监皈依基督教的故事中，就有圣灵登场直接指导现实情节发展的处理："圣灵对腓利说：'你去贴近那车走。'"[307]又有在记载保罗传道事迹时，对于保罗传道的路线"圣灵"也有直接的参与，"到了每西亚的边界，他们（保罗等人）想要往庇推尼去，耶稣的灵却不许。"[308]甚至在叙述保罗前往耶路撒冷受苦经历时，《使徒行传》也叙述了"圣灵"曾经降临在门徒身上，试图阻止他但却没有起到效果，"他们（门徒们）被圣灵感动，对保罗说：'不要上耶路撒冷去'"。[309]

透过这种种对"圣灵"的具象化处理，尤其是"圣灵"直接参与早期教

---

304 《圣经·新约·路加福音》，第 3 章，第 28—32 节。

305 《圣经·新约·使徒行传》，第 8 章，第 29 节。

306 （德）海德格尔，《在通向语言的途中》孙周兴译，商务印书馆 2008 年版，第 197 页。

307 《圣经·新约·使徒行传》，第 8 章，第 29 节。

308 《圣经·新约·使徒行传》，第 16 章，第 7 节。

309 《圣经·新约·使徒行传》，第 21 章，第 4 节。

众传道经历的叙述,《使徒行传》就既符合耶稣意愿地体现了"圣灵"对教众们的始终伴随,更也为原本极其抽象的"圣灵"在现实历史中争取到了一个"确实"的位置。

(3)《使徒行传》对日后基督教史学的其他重要影响

除开前文所分析的几个主要特征,《使徒行传》也还在许多方面为后世基督教史学展现与保留了不容忽视的史学思想与历史资料,并带来了如下几个值得注意的重要影响。

比如,路加极为关注并详尽纪录了早期基督教"使徒"们的种种相关。事实上,《使徒行传》并非路加所命名,而是后世的称呼,但这也侧面说明了《使徒行传》对于"使徒"的重视。在其行文中,路加详尽地叙述了早期教会组织对于"使徒"职位的推选程序;[310]并曾多次地强调了早期使徒所行的"奇事、神迹";[311]以及使徒们享有的特殊权能:诸如见证耶稣受难与复活、[312]通过"按手"让"圣灵"降临于信众;[313]路加还详细记载了早期使徒通过"按手"礼仪来拣选管理日常事务的门徒。[314]所有这些,都启发了日后基督教史学对于"使徒统绪"的特殊重视。

再比如,《使徒行传》中大量着墨记载司提反被捕殉道的事迹,[315]也开启了日后基督教史学对于"殉道者"事迹的特别关注。

同时,《使徒行传》中还记录了大量早期使徒及教会针对邪派异端所进行的斗争,如彼得对"行邪术"的西门的驳斥与劝勉;[316]保罗使"行法术的以吕马"瞎眼的争端;[317]甚至还记录了士基瓦的儿子们假冒保罗所奉耶稣之名赶鬼而最终被鬼所伤的事件。[318]这些,也都可以看做是日后基督教史学注重基督教与异端之间争斗叙事的肇源。

310　《圣经·新约·使徒行传》,第1章,第15—26节

311　《圣经·新约·使徒行传》,第2章,第43节、《圣经·新约·使徒行传》,第5
　　　章,第12节。

312　《圣经·新约·使徒行传》,第4章,第33节

313　《圣经·新约·使徒行传》,第8章,第17节

314　《圣经·新约·使徒行传》,第6章,第2—8节

315　《圣经·新约·使徒行传》,第6章,第8节—第8章第54节。

316　《圣经·新约·使徒行传》,第8章,第9—24节

317　《圣经·新约·使徒行传》,第13章,第8—11节

318　《圣经·新约·使徒行传》,第19章,第13—17节

《使徒行传》还可说是一部关于早期教会事迹的纪录文书，它有着对早期教会历史较全面的记载。路加笔端所触，不仅有诸如早期教会的内部礼仪、组织形式、经济分配、以及早期各地教会的建立等等，还大量书写了早期教会关于在外邦人中传道的争论与随后在外邦人中的传道情况，早期教会诸如耶路撒冷、安提阿教会的传道情况。这些叙事，都对日后基督教教会史的书写有着思路开拓与史料保存的关键作用。前述西方权威学者认为《使徒行传》是"《新约》中唯一公认的史书"[319]的看法，虽然有其偏颇之处，但也可谓充分肯定了《使徒行传》在早期基督教史学中的重要地位。

前已指出，近现代西方学界对路加的"历史学家"地位颇具争议。但路加却从未自诩为一位"历史学家"，甚至，他就连自己的名字也没有在《路加福音》与《使徒行传》这两部作品中注明。因此，对于这样一个连自我姓名都无意"载于史册"的人物来说，过多地纠结于他的身后史学家地位多少有违其初衷。

然而对研究早期基督教史学来说，路加的谦逊与隐匿，却绝不意味研究者可以轻视或者回避他的文本，因为如前所示，正是路加写作的《路加福音》与《使徒行传》，构成了早期基督教史学发展中的重要一环。

相对于耶稣在总体历史观念上为后世基督徒们提供指引，路加，则在具体的历史写作中试着去回答了应该如何记述耶稣、使徒以及早期教会的事迹。也因此，本文认为路加在早期基督教历史叙述中实现了一个较早的尝试。

---

319 （美）J　W·汤普森：《历史著作史》，上卷，第一分册，谢德风译，商务印书馆 1996 年版，第 179 页。

第三章　早期基督教史学的先行者

一、提阿菲罗斯：通往"真理"的历史阐释路径[1]

作为一个在古罗马帝国时期里能与罗马相提并论的繁华城市，[2]叙利亚的安提阿（Antioch）是早期基督教的策源地之一。初期传道者巴拿巴（Barnabs）与保罗，最早就是从这里被差遣去海外传道。[3]并且，根据《圣经·新约》的记载，甚至"基督徒"（Christian）这一个后世通用的称呼，也首先就是从安提阿开始使用的："门徒称为基督徒是从安提阿起首"。[4]

本文在此打算深入研究某位名为"安提阿的提阿菲罗斯"（Theophilus of Antioch）[5]的人物。笔者以为，提阿菲罗斯对于早期基督教史学，也正像"安

1　参阅拙文：肖超：《提阿菲罗斯在〈致奥托莱库斯〉中的史学阐释理论体系》，《世界宗教研究》， 2012 年第 4 期，第 108—116 页。

2　罗马诗人 Decimius Magnus Ausonius (ca. 310–395) 曾在其作品中（*Ordo urbium nobilium* 1-5)对罗马帝国各重要城市加以排序，安提阿（Antioch in Syria)紧随罗马城、君士坦丁堡（Constantinople)、迦太基（Carthage）而位列第四。参见：*Roman social history: a sourcebook*, edited by Tim G. Parkin and Arthur J. Pomeroy, New York, First published 2007 by Routledge, Reprinted 2008, p. 46. 另，有现代学者也指出安提阿是可以"与罗马城相比美"的，参见：(美) M·罗斯托夫采夫：《罗马帝国社会经济史》上册，马雍、厉以宁译，商务印书馆 2005 年版，第 203 页。

3　《圣经·新约·使徒行传》第 13 章，第 2 节

4　《圣经·新约·使徒行传》第 12 章，第 26 节

5　近现代西方学者对提阿菲罗斯及其《致奥托莱库斯》的研究，已经相当丰富与深入。如 Robert M. Grant 就曾颇详尽地以专题形式梳理过提氏《致奥托莱库斯》一书在西方的文本流传历史，参阅：Robert M. Grant, "The Textual Tradition of

提阿"这座城市对于早期基督教，有着至关重要的意义。当然，这绝非因为"安提阿"这一巧合，而是因为提阿菲罗斯在其传世之作《致奥托莱库斯》（*To Autolycus*）中的史学创新。

在该书中，提阿菲罗斯不仅首次依据基督教信仰，编撰了自创世纪以来直到罗马皇帝马可·奥勒留驾崩为止的编年史；他还对众多的传统西方史家与史著做出了评判，建构起了富有基督教信仰特色的新型史学阐释理论体系。因此他当之无愧地是早期基督教史学中一位重要的先行者。

（一）提阿菲罗斯在《致奥托莱库斯》中的史学阐释理论体系

提阿菲罗斯曾在《致奥托莱库斯》向其读者阐明，他撰述历史的目的乃是："我将采用一些你所阅读过的历史书籍……来向你阐明真理"。[6]我们随后也就沿着他这条借助于历史文本来阐释理念的思想路径，根据他自己所写作的文本《致奥托莱库斯》，来尝试阐明他在其中所展现出的史学阐释体系。

1、"安提阿的提阿菲罗斯"的生平与著述

目前关于提阿菲罗斯的生平，我们还所知甚少，只能根据其存世作品而大约推知以下信息：

提阿菲罗斯曾在《致奥托莱库斯》第 2 卷第 24 章中，提到"那被称作底格里斯河与幼发拉底河的两条河，就在我们自己区域的周边"，[7]由此可推测出

Theophilus of Antioch", *Vigiliae Christianae*3 (1952), pp. 146-159；在 1970 年牛津大学出版社刊行的《致奥托莱库斯》希腊文英文对照译本中，除讨论提氏个人的经历与观点之外，Robert M. Grant 又细致梳理了《致奥托莱库斯》各种版本在西方编辑发行的学术历史，参阅：Theophilus of Antioch, *Ad Autolycum (To Autolycus)*, Text and Translation by Robert M. Grant, Oxford: Oxford University Press, 1970, pp. ix-xxv；新近 Rogers Rick 出版的《提阿菲罗斯：一位 2 世纪主教的生平与思想》，则是近来关于提阿菲罗斯较为详博的一本专著，参阅：Rick Rogers, *Theophilus of Antioch: the life and thought of a second-century bishop*, Lanham, Maryland: Lexington Books, 2000。而我国学界对提阿菲罗斯的研究尚处于起步阶段，尤其在史学领域内，对这位"似乎是旧约教会最早的基督教史学家"（*The Ante-Nicene Fathers: Volume II, Fathers of the Second Century: Hermas, Tatian, Theophilus, Athenagoras, and Clement of Alexandtia*, edited by Rev. Alexander Roberts, Sir James Donaldson & Arthur Cleveland Coxe, USA, New York: Cosimo, Inc. 2007, p. 87)的研究，目前基本上还是空白。

6 Theophilus of Antioch, *Ad Autolycum* (*To Autolycus*), Text and Translation by Robert M. Grant, Oxford: Oxford University Press, 1970, p. 19.

7 Theophilus of Antioch, *Ad Autolycum* (*To Autolycus*), Text and Translation by Robert M. Grant, Oxford: Oxford University Press, 1970, p. 67.

他多半生活在两河流域，也即美索不达米亚平原（Mesopotamia）的一带或周边；而他在该书第 3 卷第 28 章中还提到了罗马皇帝马可·奥勒留的驾崩，故他至少应该活到了西元 180 年之后。

在当他谈及《圣经·创世纪》中"人要离开父母与妻子连合，二人成为一体"[8]这段话时，曾经指出"这话事实上也正在我们自身上得以应验"，[9]那么他很可能有过婚姻经历。

至于提阿菲罗斯皈依基督教的经历，根据他在《致奥托莱库斯》第 1 卷第 14 章中的表述，他自己以前"同样也不相信耶稣复活的这一事情"，直到后来"接触到了神圣先知写就的神圣文字"，[10]并经过仔细思考才终于信仰基督教的。那么，他最初应该是一个异教徒，是在接触了当时希腊语《旧约》文本后才皈依了基督教。

除开提阿菲罗斯自己的文本，我们还可以根据稍后于他的"教会史之父"[11]攸西比乌斯在《教会史》中的记载，了解到这位"著名的提阿菲罗斯"是在安提阿教会中"自使徒以来的第六任主教"。[12]攸西比乌斯还指出，提阿菲罗斯就任安提阿主教的时间是在马可·奥勒留当政的第 8 年，那么也就是在西元 168 年左右。

至于提阿菲罗斯的著述，攸西比乌斯在《教会史》中记载了这位主教"有一本名为《驳赫尔默格内斯的异端邪说》（*Against the Heresy of Hermogenes*）存世"，以及"一本崇高的反驳马西昂（Marcion）的论文"。[13]但我们今天所能见到的，则主要是攸西比乌斯所描述的另外那"三卷基础性的论文"。[14]在这三卷论文的第二卷第一章中，提阿菲罗斯自己直接指明，该文是写给"我的好朋友奥托莱库斯"的，因此后世西方学者一般就将这三卷作品合称为《致

8 《圣经·旧约·创世纪》，第 2 章，第 24 节。

9 Theophilus of Antioch, *Ad Autolycum* (*To Autolycus*), Text and Translation by Robert M. Grant, Oxford: Oxford University Press, 1970, p. 73.

10 Theophilus of Antioch, *Ad Autolycum* (*To Autolycus*), Text and Translation by Robert M. Grant, Oxford: Oxford University Press, 1970, p. 19.

11 （美）J　W·汤普森：《历史著作史》，上卷，第一分册，谢德风译，商务印书馆 1996 年版，第 187 页。

12 Eusebius, *The Ecclesiastical History*, Volume I, with an English Translation by Kirsopp Lake, Cambridge, Massachusetts: Harvard University Press, reprinted 1998, p. 373.

13 Eusebius, *The Ecclesiastical History*, Volume I, with an English Translation by Kirsopp Lake, Cambridge, Massachusetts: Harvard University Press, reprinted 1998, p. 385.

14 Eusebius, *The Ecclesiastical History*, Volume I, with an English Translation by Kirsopp Lake, Cambridge, Massachusetts: Harvard University Press, reprinted 1998, p. 385.

奥托莱库斯》（ *To Autolycus* ）。

事实上，正如近代研究提阿菲罗斯的专家罗伯特・M・格兰特（Robert M. Grant）所揭示的那样，这些作品既是"这位主教写给某位私密个人的，但同样也是写给某个更宽泛的读者群体的，其目的就是为了维护基督教信仰"。[15]

在今天的意大利威尼斯，人们依然珍藏着该书一份源于 11 世纪或者是 12 世纪的手抄本。[16]

2、通往"真理"的"意是"：提阿菲罗斯的史学阐释理论

在《致奥托莱库斯》中，提阿菲罗斯基本上展现出了一种较完备而且前驱的基督教史学阐释理论体系，并依据该体系对许多传统史家史著进行了阐释与批判。

他在其文章的甫一开篇，就用一句直白的话语表明了他在史学阐释中的核心理念：

> "那些喜爱真理的人，丝毫不会去关注那被污染过的言辞，而只会去审视隐藏在言语后的事实，去检视这些事实'是何所是'（what it is）以及'是何意是'（what it means）。"[17]

这句话，无疑是一把引导我们深入理解他整个阐释理论体系的钥匙。

基本上，这句关乎于"真理"（truth）、"言辞"(language)、"言语"(word)、"事实"(fact)的话语，揭示出了提阿菲罗斯史学阐释理论在解读他人文本时所包含的两方面基本意蕴：

一方面，提阿菲罗斯的阐释理论是以"喜爱真理"为前提的，其理论的适用主体，是那些"喜爱真理的人"；而其阐释的目的，则主要是指向"真理"。

另一方面，在主体的阐释行为过程中，主体又应该对阐释文本客体进行如下的三层区分：第一，作为阐释客体的文本，首先将被区分为"被污染过"（defiled）的言辞，以及未被污染过的言语。第二，而那些未被污染过的言语，

---

15 Theophilus of Antioch, *Ad Autolycum* (*To Autolycus*), Text and Translation by Robert M. Grant, Oxford: Oxford University Press, 1970, p. ix.

16 Robert M. Grant, "Theophilus of Antioch to Autolycus", *The Harvard Theological Review* 4 (1947), p. 227.

17 Theophilus of Antioch, *Ad Autolycum* (*To Autolycus*), Text and Translation by Robert M. Grant, Oxford: Oxford University Press, 1970, p. 3. 注意：在随后对提阿菲罗斯的分析中，此处所采用的"是何所是"与"是何意是"的中文翻译，将被简略为"所是"与"意是"，也即以"所是"代指该段引文中所称的"事实是什么"，以"意是"代指"意思或者意义是什么"。

随后又将被区分为言语本身，以及隐藏（behind）在言语之后的事实。第三，而那些隐藏在言语之后的事实，还将被区分为"所是"（is）与"意是"（means）这两者，最终的"真理"也就恰恰存在于所谓的"意是"之中。

接下来，我们也就根据上述提阿菲罗斯的这两方面意蕴以及三层区分，来对提阿菲罗斯在《致奥托莱库斯》中的史学阐释理论加以阐释。

（1）"喜爱真理的人"：提阿菲罗斯史学阐释的主体、前提与目的

揣摩提阿菲罗斯开篇所言"喜爱真理的人"，我们可以感悟到，当时基督教史学思想在发展到提阿菲罗斯处，传统史学依靠历史写作来对纷芸世事进行"观察、判断和探索"[18]的探询动机已然遭到了废黜。

显然，提阿菲罗斯已经在历史中发现了某种"真理"，因为只有在"真理"被找到的前提下，他才会自信能提出找寻"真理"的路向和方法，并产生衷心的"喜爱"。

但对于那些尚不知晓提阿菲罗斯所言"真理"为何物的受众来说，又该如何实现"喜爱"这一行动呢？

就在《致奥托莱库斯》的第1卷第8章，提阿菲罗斯以一个反问来回答了这种疑问："难道你不知道是信心引领了所有一切行动吗？"。[19]随即，他又引用《新约·约翰福音》中的话语"不要不信，只要相信"[20]来再次强调了这种引领一切的信心。而在第1卷的结尾处，提阿菲罗斯更将作者"我"与读者"你"这二者合一，总结性地做出了如下要求："我不再疑惑，而只是相信，顺从于上帝，如果你愿意，你也同样必须顺服与信仰于上帝。"[21]

因而，只有那种放弃疑惑转而相信的人，才能与提阿菲罗斯在其历史阐释理论上达成一致。换言之，提阿菲罗斯史学阐释理论的主体被如此地加以了规定：即他必须是一个相信并喜爱"上帝"也即基督教信仰的人，而不是某个仍然还在怀疑或者探询"真理"的人。

---

18 希罗多德：《历史》（全两册），王以铸译，商务印书馆2005年版，第151页。

19 Theophilus of Antioch, *Ad Autolycum* (*To Autolycus*), Text and Translation by Robert M. Grant, Oxford: Oxford University Press, 1970, p. 11.

20 Theophilus of Antioch, *Ad Autolycum* (*To Autolycus*), Text and Translation by Robert M. Grant, Oxford: Oxford University Press, 1970, p. 19. 参见《新约·约翰福音》第20章，第27节。

21 Theophilus of Antioch, *Ad Autolycum* (*To Autolycus*), Text and Translation by Robert M. Grant, Oxford: Oxford University Press, 1970, p. 19.

提阿菲罗斯在历史阐释中将基督教信仰视为"真理"，并非突发奇想而是渊源有自。

众所周知，即使在提阿菲罗斯之前不久的年代里，西方史学那种在历史中找寻隐含规律的探询使命依旧盛行。古罗马杰出史家塔西佗就认为他的撰述可以让读者"能够认识它们的前提与原因"，[22]并进而希望能按照己意对历史任意解释："依照自我意愿去感知，并能根据自我感觉去述说"。[23]

本文前面曾经论及，这种自希罗多德直到塔西佗的不懈探询，并未让古人信服地找寻到任何可以一劳永逸的解答。倒是史家们任意阐释历史的倾向，使得西塞罗的那句名言"在历史中，评价一切的标准就是真实"[24]成了一句空话，以至于"在帝制时代，真实性成了形式上的要求，史家们都肯定它，但这种肯定仅仅是一种陈词滥调罢了"。[25]于是西方传统史学逐渐堕入了一种探询无望，标准渐失的困境。

而与此同时，犹太教史学思想，以及接受其启迪的新兴基督教史学思想，都开始斩钉截铁地宣称他们已经在历史中发现了"真理"。那位被提阿菲罗斯多次引征[26]的犹太教史学家约瑟夫斯，就在其《犹太古史》中宣称人类历史中贯穿着一条主要规律，即人们必须"遵从上帝的意愿，恭敬遵行完美的律法"。[27]而在基督教早期史学尝试者路加那里，他记载历史的缘由直接就是："使你知道所学之道是确实的"，[28]而这其中的"道"，也就是基督教上帝信仰。

可见，提阿菲罗斯的宗教前贤，早为他预设了这样一种认识历史的前提

22 Tacitus, "The Histories", in *Tacitus* II, with an English Translation by Clifford H. Moore, Cambridge, Massachusetts: Harvard University Press, 1996, p. 9.

23 Tacitus, "The Histories", in *Tacitus* II, with an English Translation by Clifford H. Moore, Cambridge, Massachusetts: Harvard University Press, 1996, p. 5.

24 Cicero, " De Legibus " (the Laws), in *Cicero XVI,* with an English Translation by Clinton Walker Keyes, Cambridge, Massachusetts: Harvard University Press, reprinted 1994, p.301.

25 （美）凯利：《多面的历史：从希罗多德到赫尔德的历史》，陈恒、宋立宏译，三联书店 2003 年版，第 120。

26 关于提阿菲罗斯对约瑟夫斯的提及，可以参阅：Theophilus of Antioch, *Ad Autolycum* (*To Autolycus*), p.133.另据 Robert M. Grant 所翻译的牛津版《致奥托莱库斯》，提阿菲罗斯至少有七处文字是以约瑟夫斯的《驳阿皮翁》(*Against Apion*) 为渊源或类似的，参阅：*Ad Autolycum* (*To Autolycus*)，p. 152.

27 Josephus, *Jewish Antiquities,* (books I-III), with an English translation by H. St. J. Thackeray, Cambridge, Massachusetts: Harvard University Press, reprinted 1998, p. 9.

28《圣经·新约·路加福音》，第 1 章，第 3、4 节。

——"遵从上帝"或者"知道所学之道是确实的"。这种"真理"也被提阿菲罗斯予以承继，他在文章第 1 卷中，再三地[29]阐明了这种以上帝信仰为"真理"的信念："这就是我的上帝，我劝诫你敬畏和信仰他"。[30]

因此，提阿菲罗斯开篇所言"喜爱真理的人"（他的阐释理论主体），就必须是信奉或者喜爱基督教信仰的人。其理论还含有一个必要的认识前提，即早期基督教史学的作者与受众都首先应该认同基督教上帝信仰的"真理"性质。此种史学阐释体系的目的，自然就是为了维护与宣扬基督教。

（2）通往"真理"的"意是"：提阿菲罗斯的阐释区分理论

提阿菲罗斯史学阐释理论之所以重要，主要是他在史学阐释中对过往历史文本所作的三个区分，因为正是他这一整套带领"意义"脱离于"言语"的文本阐释体系，帮助早期基督教将传统历史文本中的言语叙事留给了文本本身，而将历史发展的隐含"意义"带到了受众们的面前。那么，提阿菲罗斯究竟是如何做，又是如何做到这些的呢？

第一，让我们回到提阿菲罗斯在《致奥托莱库斯》中的开篇语：

"在那些有着颓废心智的可怜弱者群体中，流利的演说与悦耳的措辞，会产生快乐与虚荣所孜孜以求的赞美。然而，那些喜爱真理的人，则丝毫不会去关注这被玷污过的言辞"。[31]

这样的言语，很容易让我们想起柏拉图的《申辩篇》中，苏格拉底在法庭上面对雅典公民们的那段著名开场白：

"先生们，我可以向你们保证，这不是因为我会像他们那样流利地使用语言和精心修饰词句。不，你们听到的话将是直截了当、脱口而出的，充满着正义的自信。"[32]

因此我们就能够看到某种思想上的沿袭：因为对于苏格拉底来说，雅典

---

29 参见 Theophilus of Antioch, *Ad Autolycum* (*To Autolycus*), Text and Translation by Robert M. Grant, Oxford: Oxford University Press, 1970, 第 I 卷第 3、4、5、6、7、8、11、12、13、14 章。

30 Theophilus of Antioch, *Ad Autolycum* (*To Autolycus*), Text and Translation by Robert M. Grant, Oxford: Oxford University Press, 1970, p. 11.

31 Theophilus of Antioch, *Ad Autolycum* (*To Autolycus*), Text and Translation by Robert M. Grant, Oxford: Oxford University Press, 1970, p. 3.

32 （古希腊）柏拉图：《申辩篇》，《柏拉图全集·第 1 卷》，王晓朝译，人民出版社 2002 年版（2005 重印），第 2 页。

城里那些控告他的演讲家"矫揉造作的话语"完全就是"连篇的假话"，而他自己的申辩，则因为直截了当而"将全部是真话"。[33]对此，苏格拉底一个最显明、也是最先表达出的论据就是："我不会像他们那样流利地使用语言和精心修饰词句"。

可见在苏格拉底那里，西方思想就已经有了将"流利地使用语言和精心修饰词句"斥为"非真"的思想；而发展到提阿菲罗斯处，则演进为将"流利的演说与悦耳的措辞"视为了"非真理"。

有意思的是，提阿菲罗斯在该观点上的这种思想演进，也回过头去给了其启蒙者们一口有力的反噬。在《致奥托莱库斯》的第 3 卷第 2 章中，他在讥笑了"苏格拉底藉着狗，鹅和梧桐树起誓"[34]的行为之后，更是尖锐反问"柏拉图的教育形式对他自己又有何益处？他们（苏格拉底与柏拉图）的学说体系对其他哲学家又有什么价值？"[35]随后就将这两位思想前辈归为了"爱慕虚名的人"，[36]他们的言论也自然就"一无益处，毫不虔敬"。[37]

某种意义上，正是苏格拉底为了标榜其申辩因为"直截了当，脱口而出"而具备真实性、从而将那些流利与精心修饰过的言辞视为"非真"的思想的做法，启发了日后提阿菲罗斯将柏拉图等古代作者那些洋洋洒洒，精心构建的鸿篇巨制，以彼之道还施彼身地视为了"非真理"。

上述就是提阿菲罗斯在其史学阐释理论中的第一层区分，即将文本区分为"被污染过的言辞"以及未被污染过的言辞，并将那些"被污染过的言辞"视为非真理，不值得关注。

那么，提阿菲罗斯又是如何具体地区别这些"被污染过的言辞"？一方面，他认为这种文本是基于史学家的虚荣心所引发，"历史家们总是喜欢著述大量的书籍来满足其虚荣心"。[38]而这些书籍中就有那些"关于诸神、战争和

33（古希腊）柏拉图：《申辩篇》，《柏拉图全集·第 1 卷》，王晓朝译，人民出版社 2002 年版（2005 重印），第 2 页。

34 Theophilus of Antioch, *Ad Autolycum* (*To Autolycus*), Text and Translation by Robert M. Grant, Oxford: Oxford University Press, 1970, p. 101.

35 Theophilus of Antioch, *Ad Autolycum* (*To Autolycus*), Text and Translation by Robert M. Grant, Oxford: Oxford University Press, 1970, p. 103.

36 Theophilus of Antioch, *Ad Autolycum* (*To Autolycus*), Text and Translation by Robert M. Grant, Oxford: Oxford University Press, 1970, p. 103.

37 Theophilus of Antioch, *Ad Autolycum* (*To Autolycus*), Text and Translation by Robert M. Grant, Oxford: Oxford University Press, 1970, p. 103.

38 Theophilus of Antioch, *Ad Autolycum* (*To Autolycus*), Text and Translation by Robert

编年史"的，古代史学家包括"希罗多德与修昔底德"，都是"一些爱慕虚名的人"，"他们自己既不知晓真理，也不能引导他人走向真理"。[39]

另一方面，他还承袭苏格拉底与柏拉图的观点，将那些精心修饰的华丽言辞贬低为"被污染过的言辞"，认为这些"喋喋不休"的繁琐文辞只不过是"徒劳无益与胡言乱语"。[40]诚然，定义文本作者是否"虚荣"，以及文本言辞是否"被污染"，这多少显得主观随意。但对于当时饱受西方传统智识界攻讦的新兴基督教思想而言，提阿菲罗斯毕竟在西方传统智识的源头处，找寻到了一把锋利的剃刀，可以言之有据地将那些违背与攻击基督教信仰的传统历史文本，首先就以"非真理"来定义并予以剔除。

第二，如果说提阿菲罗斯从希腊传统思想那里，借鉴了柏拉图与苏格拉底而构筑起其阐释理论中的第一层区分。那么他的第二层区分，则参考了我们前面曾在探讨斐洛时就有所涉及的，那种自犹太教传承至早期基督教的《圣经》阐释方法——"隐喻解经法"。

尽管提阿菲罗斯并未在其文章中直接提及这种释经方法，但我们根据攸西比乌斯引用斐洛（Philo）[41]的话语，可以知道早期犹太教徒们已经大量地使用这种方法，"他们用隐喻来研习圣典，来阐述他们本民族的哲学"。[42]在攸西比乌斯所处的 3 到 4 世纪，隐喻解经法也仍然是基督徒中阐释《圣经》的主流方法，"我们今天仍然遵照惯例来……研读神圣的话语。"[43]

可以推知，提阿菲罗斯这位自称接触了希腊文《圣经》后才皈依基督教

M. Grant, Oxford: Oxford University Press, 1970, p. 101.

39 Theophilus of Antioch, *Ad Autolycum* (*To Autolycus*), Text and Translation by Robert M. Grant, Oxford: Oxford University Press, 1970, p. 103.

40 Theophilus of Antioch, *Ad Autolycum* (*To Autolycus*), Text and Translation by Robert M. Grant, Oxford: Oxford University Press, 1970, p. 139.

41 关于他的生平与著作，可以参阅（英）罗纳尔德·威廉逊，《希腊化世界中的犹太人：斐洛思想引论》，许开来、林庆华译，华夏出版社 2007 年版，第 1—20 页。另可参阅 F. H. Colson & G. H. Whitaker, "General Introduction", ix, see in *Philo*, Vol. I. with an English translation by F. H. Colson& G. H. Whitaker, Cambridge, Harvard University Press, reprinted 1991。以及 *The Concise Oxford Dictionary of the Christian Church*, Ed. Elizabeth A. Oxford: Oxford University Press, 1977, p. 400.

42 Eusebius, *The Ecclesiastical History*, Volume I, with an English Translation by Kirsopp Lake, Cambridge, Massachusetts: Harvard University Press, reprinted 1998, p. 151.

43 Eusebius, *The Ecclesiastical History*, Volume I, with an English Translation by Kirsopp Lake, Cambridge, Massachusetts: Harvard University Press, reprinted 1998, p. 155.

的信徒，[44]他应该熟知当时所流行的这种《圣经》阐释方法。

前文在探讨斐洛时我们曾指出，犹太解经者斐洛对于圣经的几乎所有内容，都以隐喻的方法进行了阐释。[45]在他看来："整部律法书就像一个生灵，文字规章是这个生灵的躯体，而它的灵魂则是文字背后无形的智慧。"[46]因此，斐洛告诫读者，不要停留在"字面上与明显的"[47]意思，而应该"去进行隐喻的阐释，并且认识到：文字对于神谕而言，仅仅就像是阴影对于实体，而其中显现出来的更高价值，才是真实的与实存的事物。"[48]

正是通过隐喻解经法，斐洛将《圣经》区分为了两层意思：其一是"字面意思"，其二则是"隐喻意思"。并且，隐喻意思还有着"显现出来的更高价值"。

基督教奠基者保罗，也曾以隐喻方法来阐释《旧约》中的经文："这都是隐喻（英译：allegory），那两个妇人就是两约。一约是出于西奈山，生子为奴，乃是夏甲。"[49]在这里，保罗就也是通过隐喻解经的方法，将旧约经文中的字面意思"两个妇人"，阐释为隐喻意思的"两约"，并进而断言说："这夏甲二字是指着阿拉伯的西奈山"。以此来阐明"夏甲"实际是上帝在西奈山上赐给摩西的律法（十诫）。可见在基督教产生之初，其肇创者就已经通过区分"字面意思"与"隐喻意思"来对旧有经典加以阐释了。

而提阿菲罗斯在其史学阐释理论中对于文本的第二层区分，也就正是承袭了上述隐喻解经法将文本"字面"意思予以剥离的做法。他还极具创造性地将历史叙事文本区分为"言语"本身，以及"隐藏在言语之后的事实"这

---

44 Theophilus of Antioch, *Ad Autolycum* (*To Autolycus*), Text and Translation by Robert M. Grant, Oxford: Oxford University Press, 1970, p. 19.

45 （英）罗纳尔德·威廉逊，《希腊化世界中的犹太人：斐洛思想引论》，许开来、林庆华译，华夏出版社 2007 年版，第 154 页。

46 Philo, "On the Contemplative Life", in *Philo*, Volume IX, with an English translation by F. H. Colson, Cambridge, Harvard University Press, reprinted 1995, p. 161.

47 Philo, "On the Confusion of Tongues", in *Philo*, Volume IV, with an English translation by F. H. Colson& G. H. Whitaker, Cambridge, Harvard University Press, reprinted 1995, p. 113.

48 Philo, "On the Confusion of Tongues", in *Philo*, Volume IV, with an English translation by F. H. Colson& G. H. Whitaker, Cambridge, Harvard University Press, reprinted 1995, p. 115.

49 《圣经·新约·加拉太书》，第 4 章，第 24 节。

两者。[50]如此一来，传统历史文本就被区分为作为"言语"本身的"字面事实"，以及隐藏在言语之后的另一种"字后事实"。

这种区分，建构起了如下两点富有深意的含蕴：

首先，通过对"字面事实"的剥离，使得传统历史文本的言语叙事被定义与转换为某种类似于隐喻解经法中"字面意思"的等价物。提阿菲罗斯也就由此可以贬斥希罗多德、修昔底德、色诺芬（Xenophon）等传统史家是"徒劳无益、胡言乱语的写作者"，[51]并得以轻蔑地反问"他们又提供了什么重要的信息……？"[52]因为在这种区分中，前述史家们所讲叙的那些诸如大流士的事迹、或者雅典人与斯巴达人的战争、又或者伯罗奔尼撒战争的历史，[53]都只不过是些"字面事实"，它们在价值上都远逊于"字后事实"，并不值得人们予以重视。

其次，通过建构起对所谓"字后事实"的甄别与标榜，使得提阿菲罗斯为基督教创世纪历史观，[54]以及那记载了"众多神圣先知们协调一致、不可胜数的叙事"[55]的《圣经》历史叙事，在其阐释体系中找寻到了一个作为检验标准的最崇高位置。因此，提阿菲罗斯才得以自信满满地宣称："相比那些希腊人、埃及人和其他任何历史编撰家的著述，我们的神圣经书要更加古老与真实。"[56]于是，在提阿菲罗斯的第二层区分之下，其他历史文本所叙述的一切，就都被阐释为某种"字面事实"，而不得不被某种本来毫不相干的"字后事实"来加以检验。换言之，区分出所谓"隐藏在字面后的事实"，其实质就是去尊崇《圣经》中众多先知叙事中的"事实"，并认为这类先知叙事凌驾与统摄了其他所有百家争鸣的传统西方历史叙事。

---

50 Theophilus of Antioch, *Ad Autolycum* (*To Autolycus*), Text and Translation by Robert M. Grant, Oxford: Oxford University Press, 1970, p. 3.

51 Theophilus of Antioch, *Ad Autolycum* (*To Autolycus*), Text and Translation by Robert M. Grant, Oxford: Oxford University Press, 1970, p. 139.

52 Theophilus of Antioch, *Ad Autolycum* (*To Autolycus*), Text and Translation by Robert M. Grant, Oxford: Oxford University Press, 1970, p. 139.

53 Theophilus of Antioch, *Ad Autolycum* (*To Autolycus*), Text and Translation by Robert M. Grant, Oxford: Oxford University Press, 1970, p. 139.

54 Theophilus of Antioch, *Ad Autolycum* (*To Autolycus*), Text and Translation by Robert M. Grant, Oxford: Oxford University Press, 1970, pp. 39-41.

55 Theophilus of Antioch, *Ad Autolycum* (*To Autolycus*), Text and Translation by Robert M. Grant, Oxford: Oxford University Press, 1970, p. 87.

56 Theophilus of Antioch, *Ad Autolycum* (*To Autolycus*), Text and Translation by Robert M. Grant, Oxford: Oxford University Press, 1970, p. 139.

第三，前面我们大致阐明了提阿菲罗斯史学阐释理论中的前两层区分。但这更多地只是反映出他是一个擅于利用对手漏洞的辩论者；或者是一个长于承袭前人精髓的继承者。

如果我们要见识到他作为"一位先驱者"[57]和一名理论家的独特面貌，那么我们还是必须深入到他随后的第三层区分之中。因为正是这最后也是最为复杂的一层区分，才真正地展现了这位早期基督教史学家深刻的理论性，以及独创的前驱性。

回到提阿菲罗斯开篇那句关键性语句，在剔除了那些"被污染过的言辞"与"字面事实"之后，其史学阐释理论体系的最后一层区分实际上就是如下的陈述："那些喜爱真理的人……只会去审视隐藏在言语后的事实，去检视这些事实'是何所是'以及'是何意是'。"[58]

单就思辨而言，"是何所是"强调的是对文本叙事本身"是什么"的认识过程；而"是何意是"则强调的是文本叙事"到底意味什么"的阐释过程；换句话说：探询"所是"，更强调的从文本本身中去形成某种认识；而追问"意是"，则更着重基于某种已有认识来对文本加以解释。

故而当深入到提阿菲罗斯的第三层区分时，我们要追问的就应该是在提阿菲罗斯自己的文本世界中，他这最终一层区分的"所是"究竟是什么，而他的"意是"又意味着什么呢？

如前述，提阿菲罗斯曾清楚指出他阐释传统史学作品的目的："我将采用一些你所阅读过的历史书籍……来向你阐明真理。"他也指明了只有"那些热爱真理的人"才会最终注意到"是何所是"以及"是何意是"。所以，提阿菲罗斯这层层递进的体系最终走向的，就是他的基督教信仰"真理"。

基于此，提阿菲罗斯第三层区分中"所是"与"意是"的某方面也就渐渐清晰起来。承接他在第二层区分中将传统历史文本建构为某种"字面事实"，那么与之相对应的"字后事实"则是指《圣经》旧约中"希伯来人中的先知们"[59]的种种预言性叙事。也正是这些先知预言，在提阿菲罗斯的第三层区分

---

57 Robert M. Grant, "Theophilus of Antioch to Autolycus", *The Harvard Theological Review*4 (1947), Published by: Cambridge University Press on behalf of the Harvard Divinity School，P256.

58 Theophilus of Antioch, *Ad Autolycum* (*To Autolycus*), Text and Translation by Robert M. Grant, Oxford: Oxford University Press, 1970, p. 3.

59 Theophilus of Antioch, *Ad Autolycum* (*To Autolycus*), Text and Translation by Robert M. Grant, Oxford: Oxford University Press, 1970, p. 87.

中充当了"字后事实"中的实际"所是"。

并且，他通过竭力展示出这些"所是"是如何呈现出"彼此和谐一致……而且千真万确"的面貌，[60]从而带领受众们亦步亦趋地跟随他最终来到他那作为"意是"的基督教信仰"真理"领域。

正像西方现代学者所揭示的那样："提阿菲罗斯通过将先知们的论说作为某种超自然的神谕的见证，以此来增强基督教教义的说服力。"[61]而且，提阿菲罗斯也讲明了他自己的这种引导路径：即受众们只有通过阅读那些讲述真理的先知们的叙事，"才不致被诸般疑虑和无益的徒劳引入歧途，而能去获得真正的确切知识"。[62]

那种作为最终"真理"的"意是"，实际也被提阿菲罗斯在文章中一早就已经阐明："上帝，……给予了人类一部律法，并派遣了神圣先知们来晓谕和教导众生，以使我们每一个都能被唤醒并意识到只有一个上帝。他们也教我们戒绝不法的偶像崇拜、通奸、谋杀、淫乱、偷盗、贪财……"[63]一言以蔽之，所有那些先知言论在其"所是"中最终所"意是"的"真理"：就是基督教的一神教信仰及其教义道德。

另外，提阿菲罗斯的"所是"与"意是"，还承担了一个将传统史学以探询"真实"为目的，转换为基督教史学以宣扬"真理"为前提的任务。

我们知道，传统希腊罗马史学中最重要的就是"真实"，也即关注历史文本所叙述的事实"是什么"的"所是"，而提阿菲罗斯则通过对"所是"与"意是"的区分，将受众们引向了追问文本"意味着什么"的"意是"领域。

于是乎，原本那些貌似中性客观的、着眼于"所是"的叙事文本，就在提阿菲罗斯专注于"意是"的阐释过程中，被基督教教义道德来加以了评判并贴上标签。

对此，提阿菲罗斯还特地通过转引希米卢斯（Simylos）的话语来提醒受众："诗人们习惯于一视同仁地去命名那些本质优秀卓越，和那些天性邪恶败

60 Theophilus of Antioch, *Ad Autolycum* (*To Autolycus*), Text and Translation by Robert M. Grant, Oxford: Oxford University Press, 1970, p. 123.

61 John G. Cook, "The Protreptic Power of Early Christian Language: From John to Augustine" *Vigiliae Christianae* 2 (1994).

62 Theophilus of Antioch, *Ad Autolycum* (*To Autolycus*), Text and Translation by Robert M. Grant, Oxford: Oxford University Press, 1970, p. 87.

63 Theophilus of Antioch, *Ad Autolycum* (*To Autolycus*), Text and Translation by Robert M. Grant, Oxford: Oxford University Press, 1970, p. 85.

坏的事物，我们对此必须加以辨别"。[64]

在此，还可以举出提阿菲罗斯对传统史学文本的一个阐释实例来深入探讨。在《致奥托莱库斯》的第 3 卷第 5 章中，提阿菲罗斯向奥托莱库斯发问："历史学家希罗多德难道不是叙述说过，冈比斯（Cambyses）[65]怎样杀死了哈尔帕哥斯（Harpagus）的孩子，又将他们在烧熟之后，于他们的父亲面前摆放成为宴席？"[66]

就该处所涉史学叙述的文字事实而言，提阿菲罗斯所指的这道"食人宴席"，系希罗多德在《历史》第一卷第 119 节中所载内容。美地亚国王阿司杜阿该斯恼怒其心腹哈尔帕哥斯，因为他没能够杀死尚是婴儿的波斯王居鲁士，于是，哈尔帕哥斯就诱骗哈尔帕哥斯吃掉了由后者孩子血肉所制成的菜肴，以此来惩罚哈尔帕哥斯的历史叙事。[67]

但对于希罗多德这一段关于哈尔帕哥斯食人的"所是"性记载，提阿菲罗斯却将其阐释为了希罗多德教唆读者们去食人的"意是"性灌输。他对此怒斥说："啊！这些灌输邪恶言论的人，他们记载了——或者毋宁说是向世人倡导了——这种（食人的）行为！"。[68]

提阿菲罗斯进而痛责所有在书籍中记载食人事件的作者们："他们是如此地不虔与邪恶！这就是他们孜孜以求的道理和四处宣扬的哲学！正是这些人写下了这些教义学说（食人）才让世界充满了罪恶。"[69]

所以，提阿菲罗斯的"所是"与"意是"这一对区分，就至少在两个领域里分饰了不同的角色：

一是在宣扬基督教"真理"的领域中，他的"所是"就被定义为圣经中众多先知的叙事，而这时的"意是"就是基督教信仰与教义道德；

---

64 Theophilus of Antioch, *Ad Autolycum* (*To Autolycus*), Text and Translation by Robert M. Grant, Oxford: Oxford University Press, 1970, p. 111.

65 按：有如此行径的并非冈比斯，而是美地亚国王阿司杜阿该斯；见希罗多德：《历史》（全两册），王以铸译，商务印书馆 2005 年版，第 61、62 页。

66 Theophilus of Antioch, *Ad Autolycum* (*To Autolycus*), Text and Translation by Robert M. Grant, Oxford: Oxford University Press, 1970, p. 105.

67 该故事叙事参见希罗多德：《历史》（全两册）上册，，王以铸译，商务印书馆 2005 年版，第 55—63 页。.

68 Theophilus of Antioch, *Ad Autolycum* (*To Autolycus*), Text and Translation by Robert M. Grant, Oxford: Oxford University Press, 1970, p. 105.

69 Theophilus of Antioch, *Ad Autolycum* (*To Autolycus*), Text and Translation by Robert M. Grant, Oxford: Oxford University Press, 1970, p. 105.

二是在批驳传统历史文本"邪恶言论"的领域中，他的"所是"则指称传统文本的字面叙事，而"意是"则被用来建构出作者在字面背后的"邪恶"意图。

故而，提阿菲罗斯的"所是"与"意是"，也就常常是较为模糊地被他在两个有着不同任务的阐释领域内加以运用，曾有现代西方学者批评过他"有些不够系统"，[70]那么提阿菲罗斯理论上的这种模糊性，也多少印证了这些学者的指责。

我们在前文曾经预设过这样的一个问题：提阿菲罗斯是如何帮助早期基督教将历史"事实"留给了文本本身，而将历史的"意义"带到了受众们的面前。

通过对他的历史阐释理论体系的大致剖析，我们基本上厘清了这位"试图去阐明基督教关于上帝、创世、以及人类历史的叙述是真实准确的"[71]早期基督徒，是如何一层而又一层地将文本的"所是"引入了那个他命名为"是何意是"的领域。

也正是在这个追问文本究竟"意味着什么"的领域里，他才真正可以像我国史家刘知几所说地那样去"睹一事于句中，反三隅于句外"；[72]才能够彻底离开传统那种对于历史叙事事实进行"是何所是"的探询行为，而进入到在文本字面叙事背后去追问"是何意是"的阐释行为，从而最终才能够将受众们带向"千真万确"的"真理"，也即基督教信仰与教义那里。

而他也终于摆脱了苏格拉底等所代表的希腊哲学，以及斐洛等所代表的犹太信仰，首次以自己的基督教信仰理论来完善和发展了他从前人那里得来的一切。

当然，提阿菲罗斯的上述阐释体系远非完美无缺，这或者是由于他一开始就处在了两个彼此抵牾的场所之中：一来，他所立足的是一个汇聚了众多强调信仰而摒弃知识的先知们的场所，"这些希伯来人中的先知，他们是些不识字的牧羊人并且从未受过教育"；[73]二来，他所面对的又是一个充满了诸如

---

70 Robert M. Grant, "Theophilus of Antioch to Autolycus", *The Harvard Theological Review* 4 (1947), p. 228.

71 Carl Curry, "The Theogony of Theophilus", *Vigiliae Christianae* 4 (1988), p. 318.

72 《史通·叙事》

73 Theophilus of Antioch, *Ad Autolycum* (*To Autolycus*), Text and Translation by Robert M. Grant, Oxford: Oxford University Press, 1970, p. 87.

奥托莱库斯这种"读过大量书籍"[74]的异教智识人群的场所。

因而他的"所是"与"意是"，也就不得不经常承担了在这两个场所中跨界穿梭的职责，它们有时候既要斩钉截铁地去定义与高举神圣的教义信条；有时候又需要去迂回曲折地阐释与贬斥传统的史学文本。这自然在某种意义上也模糊了他的理论适用。

但我们毕竟要考虑到，他是处在一个更大的，充斥了诸多异教对其信仰加以攻讦甚至污蔑的情境之中。比如他对食人叙事的阐释，其根源就还是在于"众多不虔敬的唇枪舌剑，都在错误地指责我们这些被称为基督徒的人……而其中最为邪恶野蛮的，就是诬陷我们吃人肉"。[75]这种当时的大情境，才是决定其理论要勉为其难地沟通两处原本互斥的场所的最主要原因。

西方现代关注"所指""能指"与"意指"等概念的阐释理论家罗兰·巴尔特，曾经在批评左拉时认为，"毒害作品的东西，是左拉回答了他所提出的问题，但是，为其留下喘息、梦想或震撼的东西，是小说的技巧本身"。[76]而如果将这样的评判来比附到提阿菲罗斯身上，那么，对这位早在西元 2 世纪就致力于建构"所是"与"意是"区分的早期基督教史学思想家来说，或者他的理论内容在我们今天看来有许多缺陷，但是他建构其历史阐释理论的技巧本身，确实还是让人震撼与折服。

（二）提阿菲罗斯：基督教历史阐释学的先行者

在《真理与方法》的"导言"中，现代阐释学家伽达默尔开宗明义地将阐释学定义为某种"理解和对所理解东西的正确解释的现象"，并指出："阐释学……在对传承物的理解中，不仅文本被理解，而且见解也被获得，真理也被认识了"；同时他认为，在西方"自古以来，就存在一种神学的阐释学和一种法学的阐释学"。[77]

---

74 Theophilus of Antioch, *Ad Autolycum* (*To Autolycus*), Text and Translation by Robert M. Grant, Oxford: Oxford University Press, 1970, p. 105.

75 Theophilus of Antioch, *Ad Autolycum* (*To Autolycus*), Text and Translation by Robert M. Grant, Oxford: Oxford University Press, 1970, p. 105.

76 （法）巴尔特（Roland Barthes）："文学与意指"，《文艺批评文集》，怀宇译，中国人民大学出版社 2010 年版，第 319 页。

77 参见：Hans-Georg Gadamer, *Hermeneutik I: Wahrheit und Methode*, Tübingen, J. C. B. Mohr（Paul Siebeck），1986, p. 1. 中文译文参见：（德）伽达默尔：《真理与方法 I》（修订译本），洪汉鼎译，商务印书馆 2007 年版，第 3 页。

　　而通过我们前面对提阿菲罗斯在《致奥托莱库斯》中的史学阐释理论的初略探讨。就会发现前述伽达默尔所言的那种理解文本、获得见解并进而认识真理的"阐释学现象"，早就已经在提阿菲罗斯所代表的早期基督教历史学领域内发生。

　　于此我们不妨重申，正是提阿菲罗斯，在其传世之作《致奥托莱库斯》中，诚如他本人对受众所言："我将用一些你读过的历史书籍……来向你阐明真理"的那样，[78] 初步建构起一种通过解读传统历史文本，来引导受众去领悟基督教"真理"的史学阐释路径；并且他还结合自己的历史阐释理论，首次[79]为基督教编撰出一部自"创世纪"直到罗马皇帝马可·奥勒留驾崩的编年史。因此，他当之无愧地称得上是早期基督教的历史阐释学先行者。

　　前面我们曾就提阿菲罗斯的历史阐释理论初步做出探讨，随后，我们将尝试着进一步地加以深入，寄望藉此能更清晰地阐明，这位目前尚不太为我们所关注的早期基督教史学家的先驱意义。

1、提阿菲罗斯史学阐释理论的前语境

　　事先阐明某种新兴理论在思想承递中的前语境，将使我们对于精神传承物——该理论本身——的理解更加深入。在如下对提阿菲罗斯史学理论两方面思想语境的简要梳理中，我们就试图使自己处在某种理解提氏史学理论"为什么"的语境中，去获得某些关于它"是什么"的前理解。

（1）传统希腊罗马史学思想的困境

　　前文曾经讲过，发展到基督教兴起的西元前后，"真实"已经成为历史学的首要标准。那位被誉为"修昔底德以后最伟大的希腊史家"[80]的波里比乌斯，就曾认为："如果历史被剥夺了她的真实，那么就只剩下一个无用的传说"。[81]

78　Theophilus of Antioch, *Ad Autolycum (To Autolycus)*, Text and Translation by Robert M. Grant, Oxford: Oxford University Press, 1970, p. 23.

79　爱尔兰教会历史学家詹姆斯·厄谢尔（James Ussher, 1581-1656)就曾将提阿菲罗斯称为尝试从《圣经》来推算出整个世界纪年的"第一位基督徒作者"，参阅：James Ussher, *Annals of the World: James Ussher's Classic Survey of World History*, revised and updated by Larry and Marion Pierce, Master Books, Inc., 2003, p.8.

80　参见：（美）J　W·汤普森：《历史著作史》，上卷，第一分册，谢德风译，商务印书馆 1996 年版，第 74 页。

81　Polybius，*The Histories*，Volume I, with an English Translation by W. R. Paton, Cambridge, Massachusetts: Harvard University Press, Reprinted 1998, pp. 35-37.

西塞罗更是明言："在历史中，评价一切的标准就是真实"。[82]但同时，那些被公认为"历史"的著述，却也被批评为充满了"不真实"，西塞罗就批评史学之父希罗多德等人的诸多著作中，"充斥着难以计数的不可置信的传说"；[83]并且，史学作者们自己也越来越感到了追求真实的困难，如普鲁塔克就坦承："通过历史追溯并发现任何事物的真实性是非常困难的"。[84]

也如我们曾经指出，传统史学这种追求真实而不可得的坦塔罗斯（Tantalus）困境，[85]一早就是由传统历史写作者们那种以"自我"来佐证"真实"的思维路径所决定。

因为这种叙事者自我的单方面自信，未必就能获得并未在场的读者们的相信，更不意味藉此就可以达到"真实"。尤其在西元前后那种断言"历史包含了对实际事实的阐释"[86]的时代大趋势下，此种路径更是充满局限。以"真实"为首要标准的传统史学，在当时已然于读者而言满纸荒唐，于作者而言则满腹辛酸。

（2）提阿菲罗斯史学阐释理论的三个主要思想渊源：隐喻解经法，约瑟夫斯的撰史，以及早期基督徒与史学的关联。

前曾言及，早期基督教神学家们深信，除了《圣经》的字面意义之外，他们还能够诉诸"隐喻解经法"[87]来解读出更为深奥的真理。保罗就曾以"这

---

82 Cicero, "De Legibus" (the Laws) , in *Cicero* XVI, with an English Translation by Clinton Walker Keyes, Cambridge, Massachusetts: Harvard University Press, reprinted 1994, p.301.

83 Cicero, "De Legibus" (the Laws) , in *Cicero* XVI, with an English Translation by Clinton Walker Keyes, Cambridge, Massachusetts: Harvard University Press, reprinted 1994, p.301.

84 转引自：（美）凯利：《多面的历史：从希罗多德到赫尔德的历史》，陈恒、宋立宏译，三联书店 2003 年版，第 79 页。

85 坦塔罗斯（Tantalus）：希腊神话中主神宙斯之子，因虚荣心作祟而对诸神作恶，被神祇们打入地狱里备受折磨。其中有惩罚就是他站在一池深水中间，可他只要想喝水，池水就立即从身旁流走；同时他身后岸上有果树结满果实，弯垂在他的额前，但等他想要摘取充饥时，就会有大风将果实吹向空中。

86 Quintilian, *The Orator's Education*, Books 1-2, Edited and Translated by Donald A. Russell, Cambridge, Massachusetts: Harvard University Press, reprinted 2001, p. 281.

87 "隐喻"（allegorical)一词源自于古希腊文的词汇 allēgoria，随后在柏拉图与亚里士多德的时代里被用于指称名为 huponoia 的实践活动，而 huponoia 是与动词 huponoein 相对应的一个名词，其字面意思就是"深入地看穿、领悟"(to see under, to understand under)，也就是，去辨析出隐藏在话语直白（表面)意义背后的深层次

都是隐喻"[88]的方式，向受众们讲解《旧约》。

这种"隐喻解经法"由犹太教解经师斐洛系统性地加以理论建构。《圣经》在斐洛的隐喻阐释下，具备了两重意思：其一是"字面意思"，其二则是"隐喻意思"；并且，隐喻意思还有着"显现出来的更高价值"。

及至基督教发展到攸西比乌斯的时代，隐喻解经法依旧被信徒们作为"传统的操练"，[89]许多早期基督徒都藉此去找寻文字中"永古隐藏不言的奥秘"。[90]而就本文所研究的早期基督徒提阿菲罗斯来说，隐喻解经法则为他提供了一种让"历史"挣脱其文本字面，奔向某个全新处所的可能。

提阿菲罗斯的另一个重要思想源泉，也就是他在《致奥托莱库斯》中多次提及与引征[91]的犹太教史学家约瑟夫斯。

在约瑟夫斯看来，人类发展历史的主要规律就是"遵从上帝意愿"，[92]而其他异教历史作者的错谬就在于他们对此盲然不知，"没有揭示出真理"。[93]并且，约瑟夫斯是从"起初，上帝创造天地"[94]来开始其历史叙事的，他可以说建构起了一种以《圣经》中"创世纪"作为人类历史总开端的史学观念。

含蕴。"参阅：Luc Brisson, *How philosophers saved myths: allegorical interpretation and classical mythology*，Chicago: University of Chicago Press，2004. p. 32。而"隐喻解经法"（The allegorical interpretation of Scripture)则是在巴勒斯坦的犹太拉比学校里所实行的一种特殊的阐释方法，这种方法也被《新约》的写作者适用于对《旧约》的阐释。参阅：*The Concise Oxford Dictionary of the Christian Church,* Ed. Elizabeth A. Oxford: Oxford University Press, 1977, p. 15。

88 中文译文可参阅:《圣经·新约·加拉太书》(新标准修订版，简化字和合本，2007)第 4 章，第 24 节。

89 Eusebius, *The Ecclesiastical History*, Volume I, with an English Translation by Kirsopp Lake, Cambridge, Massachusetts: Harvard University Press, reprinted 1998, p. 155。

90《圣经·新约·罗马书》第 16 章，第 25 节。

91 关于提阿菲罗斯对约瑟夫斯的提及，可以参阅: Theophilus of Antioch, *Ad Autolycum* (*To Autolycus*)，p.133。另根据 Robert M. Grant 所翻译的牛津版《致奥托莱库斯》(*To Autolycus*)，提阿菲罗斯至少有七处文字是以约瑟夫斯的《驳阿皮翁》(*Against Apion*)为渊源或类似的，参阅：*Ad Autolycum* (*To Autolycus*)，p. 152。

92 Josephus, *Jewish Antiquities,* (books I-III), with an English translation by H. St. J. Thackeray, Cambridge, Massachusetts: Harvard University Press, reprinted 1998, p. 9.

93 Josephus, *Josephus I: the life, Against Apion*, with an English translation by H. St. J. Thackeray, Cambridge, Massachusetts: Harvard University Press, reprinted 1997, p. 173.

94 Josephus, *Jewish Antiquities,* (books I-III), with an English translation by H. St. J. Thackeray, Cambridge, Massachusetts: Harvard University Press, reprinted 1998, p. 15.

尤其约瑟夫斯还以其自身的遭遇，为后人树立了一种通过基于"神意"的历史写作来向政治接近的典范。根据其《犹太战记》所载，约瑟夫斯凭借向韦斯巴芗将军讲述"您与您的儿子将当上皇帝"[95]的神性预言，方才死里逃生，并获得皇室垂青。

理解提阿菲罗斯，还应该注意早期基督徒与历史学之间的以下三方面关联。第一，早期基督教对于传统史学采取了一种既拒斥、又保留的模棱两可：如保罗就把过往史家依据"人类的传统和尘世的原理"所做的阐释，直接斥为"妄言"来要求信众们远离。[96]但对涉及古犹太历史的先知叙事，耶稣本人还是采取了"我来不是要废掉，乃是要成全"[97]的保留态度。

第二，早期基督徒已经通过写作历史来传播信仰，其著述经常呈送给异教的政治与智识精英。前述路加所撰的《路加福音》与《使徒行传》，就都是献给提阿菲罗——一位在现实中有较高官阶[98]的"大人"，以此来使他"知道所学之道是确实的"。[99]而且在路加的史学尝试中，还反映了早期基督徒接近既有政权的态度：如《路加福音》就记载耶稣对帝政当局征税的认同，"凯撒的物当给凯撒，神的物当归给神"；[100]又如《使徒行传》则描述了保罗将罗马皇帝视为能还他公义的仲裁者，"……我要上告于凯撒"；[101]

第三，早期基督教由于其渊源于犹太教，很自然地将《旧约》叙事作为了自身的古老历史，并认为自身的历史要比其他异教历史更为古老与可信。如早期罗马教父克莱门特就将《旧约》的记载作为"古人的例子"加以采信。[102]再比如殉道者查士丁[103]也在其《对希腊人的劝导》中，鼓励读者们追寻先

---

95 Josephus, *The Jewish War* (books III-IV), with an English translation by H. St. J. Thackeray, Cambridge, Massachusetts: Harvard University Press, reprinted 1997, p. 117.

96 《圣经·新约·歌罗西书》，第 2 章，第 8 节。

97 《圣经·新约·马太福音》，第 5 章，第 17 节。

98 关于提阿菲罗的这一段考证，参阅：（美）梅琴（Machen, J. G.）：《新约文献与历史导论》，杨华明译，上海人民出版社 2008 年版，第 168 页。

99 《圣经·新约·路加福音》，第 1 章，第 1—4 节。

100 《圣经·新约·路加福音》，第 20 章，第 25 节。

101 《圣经·新约·使徒行传》，第 25 章，第 10、11 节。

102 Clement, "First letter of Clement", in *The Apostolic Fathers (Volume I)*, edited and translated by Bart D. Ehrman, Cambridge, Massachusetts: Harvard University Press, reprinted 2005, p. 43. 该文件又被称为《克莱门特致哥林多教会的第一封信》(First letter of Clement to the corinthians)，西方学界普遍认为其作者是早期罗马教父克莱

知摩西的犹太教古代史，并指出摩西的历史"远远比其他任何的异教历史都更为古老"。[104]

至此，我们就基本展现了提阿菲罗斯成为一个史学阐释理论建构者，在其思想传承上的一些前语境。随后，我们将着重继续深入探讨提阿菲罗斯究竟建构了怎样的阐释路径，他又从历史文本中阐明了什么"真理"？而对这些疑问的探询，都将有赖于提阿菲罗斯他自己的文本世界。

2、提阿菲罗斯的史学阐释理论

如其题名所示，《致奥托莱库斯》的受众，首先就是像奥托莱库斯这样"读过大量书籍"[105]的异教智识人群，于是同样博览群书的提阿菲罗斯就相应采取了一种"我将用一些你读过的历史书籍……来向你阐明真理"[106]的阐释路径。在这个过程中，原先倾向于强调天堂信仰而摒弃尘世知识的新兴基督教，开始主动地进入了被称为"历史学"的智识领域。

基督教通过提阿菲罗斯，开始以一种历史学阐释者的眼光来看待"历史"，开始基于基督教信仰来对过往的历史文本加以评判与阐发。

当然，这并不意味他们认同那些传统历史撰述者对历史的见解。刚好相反，正是在对传统历史文本中的观点的理解中，早期基督教的历史阐释学建构起了属于它自己的"真理"。

（1）提阿菲罗斯史学阐释理论中的一个关键理论前提："真实"向"真理"的转换

相比前述传统希腊罗马史学因为追求"真实"而遭遇到的困境，提阿菲罗斯对"真理"的追寻可谓另辟了一条蹊径。提阿菲罗斯自己在评说异教传统历史的写作者时就说："他们的作品中不存在丝毫的真理（希腊文：$\alpha\lambda\eta\theta\varepsilon\iota\alpha\varsigma$）。即便有某些真实的（希腊文：$\alpha\lambda\eta\theta\dot{\varepsilon}\varsigma$）东西已经被他们宣示，它也

门特（活跃于西元 1 世纪左右)，但对此也有不少争议，相关内容可参阅上述 *The Apostolic Fathers (Volume I)*, pp. 18-33。

103 Justin Martry，约 100—约 165 年，一般称为"殉道者查士丁"。

104 Saint Justin Martyr, "Exhortation to the Greeks", in *the Fathers of the Church*, translated by Thomas B. Falls, D.D. copyright 1948 by the Catholic University of America Press, Inc, First paperback reprint 2008, p.388.

105 Theophilus of Antioch, *Ad Autolycum* (*To Autolycus*), Text and Translation by Robert M. Grant, Oxford: Oxford University Press, 1970, p. 105.

106 Theophilus of Antioch, *Ad Autolycum* (*To Autolycus*), Text and Translation by Robert M. Grant, Oxford: Oxford University Press, 1970 p. 23.

是掺杂着谬误的"。[107]

从中我们可以清晰看到，以古希腊语写作的提阿菲罗斯，对于"真理"与"真实"这两个在史学领域中差异很大的概念，有意识地适用了某种类似双关[108]的手法来处理了一组古希腊语词汇形式："$\dot{\alpha}\lambda\acute{\eta}\theta\varepsilon\iota\alpha$"（名词）、"$\dot{\alpha}\lambda\eta\theta\acute{\varepsilon}\varsigma$（形容词）"。

这组词汇在古希腊语中，本身就有着既能指称"真理（的）"又能指称"真实（的）"的多义现象，从而使得提阿菲罗斯能用类似双关的方式，将"真实"在其史学阐释理论中有意转换为了"真理"。这或许在思想实质上看似突兀，但在作为形式的语言[109]上还是被建构得颇为自然。

事实上，早期基督教徒们在使用"$\dot{\alpha}\lambda\acute{\eta}\theta\varepsilon\iota\alpha$"、"$\dot{\alpha}\lambda\eta\theta\acute{\varepsilon}\varsigma$"时，不仅没有涉及过对任何史学文本的阐释，并且对其中的"真理（的）"与"真实（的）"意蕴也有着泾渭之隔。

以《圣经·新约》为例，"$\dot{\alpha}\lambda\acute{\eta}\theta\varepsilon\iota\alpha$"、"$\dot{\alpha}\lambda\eta\theta\acute{\varepsilon}\varsigma$"在作为"真理/真实"与"真理的/真实的"[110]的意义时，大致可区分为如下两种语境：

一是当"$\dot{\alpha}\lambda\acute{\eta}\theta\varepsilon\iota\alpha$"、"$\dot{\alpha}\lambda\eta\theta\acute{\varepsilon}\varsigma$"作"真理"、"真理的"含义时，一般指具有基督教神圣性质的某种绝对、终极的"真理（的）"，它只和具有神性的上帝、耶稣等有关。比如《约翰福音》中就说："恩典和真理（$\dot{\alpha}\lambda\acute{\eta}\theta\varepsilon\iota\alpha$）都是由耶稣

---

107 Theophilus of Antioch, *Ad Autolycum* (*To Autolycus*), Text and Translation by Robert M. Grant, Oxford: Oxford University Press, 1970, p. 47.

108 在此应注意本文所借用的"双关"一词有着某种与"一词多义"的意蕴重合。一般而言，在现代汉语中，"双关"系指利用某词语的多义（或者两词语的同音)而有意使该词语在同一语境中具有双重意义的修辞手法；而"一词多义"则是各种语言中普遍存在的语言现象，一般系指某词语在不同语境中具有不同的含义。但在此处我们可以看到，尽管希腊语"$\dot{\alpha}\lambda\acute{\eta}\theta\varepsilon\iota\alpha$"（名词)、"$\dot{\alpha}\lambda\eta\theta\acute{\varepsilon}\varsigma$（形容词)"等词汇本身就有着"真实"与"真理"的一词多义现象，但提阿菲罗斯又显然有着将其在不同语境中所蕴含的"真实"与"真理"意义糅杂到同一语境中的理论努力，也就是使得该词语在同一语境中兼含有"真实"与"真理"的双重意蕴，因此可以说提氏已使得其中原本自在的"一词多义"被有意发展成了一种自为的"双关"，故本文仍借用了现代汉语中的"双关"一词来指称他对该词语的使用，但还是加上了一个"类似"的限定语。

109 参阅：（瑞士）费尔迪南·德·索绪尔，沙·巴利，阿·薛施蔼，阿·里德林格合作编印：《普通语言学教程》，高名凯译，岑麒祥，叶蜚声校注，商务印书馆 2009 年版，第 169 页。

110 当然，它们还有诸如"诚挚""真诚"等其他意思，但这不在本文讨论范围内。

基督来的"；[111]并记载了耶稣自己所说的："我就是道路、真理（*ἀλήθεια*）、生命"；[112]再比如《约翰二书》中写道："恩惠、怜悯、平安从父神和他儿子基督耶稣，在真理（*ἀληθεία*）和爱心上必常与我们同在！"。[113]

二是当"*ἀλήθεια*"、"*ἀληθές*"作"真实"、"真实的"的意思时，则基本指某种与人间事实相符合一致的真相与情况，主要与平常的人类相关联。比如《马可福音》讲述某位患病女子偷偷触摸耶稣的衣裳来治愈病症，被发现后向耶稣坦白的事件时，就采用了"……将实情（*ἀλήθειαν*）全告诉他"[114]的行文；再比如在《约翰福音》中，针对某个撒玛利亚妇人关于她丈夫情况的陈述，耶稣所下的断言："……你这话是真实的（*ἀληθές*）"。[115]

因此可见，在早期基督教思想中，"*ἀλήθεια*"、"*ἀληθές*"在指称"真理（的）"时主要关联神性，意涵"真实（的）"时则基本牵涉人事。

回到前面为强调传统希腊罗马史学具有追求真实的特质，而被多次引用过的那句西塞罗的名言："在历史中，评价一切的标准就是真实（古拉丁文：*veritatem*，现代英译：truth）"。[116]在西塞罗的语境中，所谓"真实"，指的乃是判断史学叙事是否与人事相一致的"真相"、"事实"等意蕴，尤其这种"真实"在其上下文中，更是专为注重人类事业而抵制神话传说而使用。这从西塞罗随后对希罗多德等人作品中充斥荒诞"传说"（古拉丁文：*fabulae*，现代英译：fabulous tales）[117]的批驳中就能感知。

---

111 *The New Testament in Greek*, edited by F. H. A. Scrivener, published in the USA by Cambridge University Press, New York, 2010 年, p.233. 中文译文参照：《圣经·新约·约翰福音》（新标准修订版，简化字和合本）第 1 章，第 17 节。

112 *The New Testament in Greek*, p. 279. 中文译文参照：《圣经·新约·约翰福音》，第 14 章，第 6 节。

113 *The New Testament in Greek*, p. 596. 中文译文参照：《圣经·新约·约翰二书》，第 3 章。

114 *The New Testament in Greek*, p. 99. 中文译文参照：《圣经·新约·马可福音》，第 5 章，第 33 节。

115 *The New Testament in Greek*, p. 241. 中文译文参考：《圣经·新约·约翰福音》，第 4 章，第 18 节。

116 Cicero, "De Legibus"（the Laws）, in *Cicero* XVI, with an English Translation by Clinton Walker Keyes, Cambridge, Massachusetts: Harvard University Press, reprinted 1994, p. 301.

117 Cicero, "De Legibus"（the Laws）, *Cicero* XVI, with an English Translation by Clinton Walker Keyes, Cambridge, Massachusetts: Harvard University Press, reprinted 1994, p. 301.

然而，传统古典史学思想中此种关注人事忽视神迹的"真实"，又恰恰部分地符合于早期基督教思想中对希腊语词"*ἀλήθεια*"、"*ἀληθές*"中关涉人事的"真实"意涵。

因此，当日后提阿菲罗斯宣称："我将用一些你读过的历史书籍……来向你阐明真理（古希腊文：*ἀληθές*，英译：truth）"时，[118]就正是利用了早期基督教思想以"*ἀλήθεια*"、"*ἀληθές*"等语词既指称"真实"又指称"真理"的特点，将异教传统史学中所强调的人事"真实"，以类似双关的手法，巧妙地推向了基督教信仰所宣扬的神性"真理"。

这就使得原本注重于记叙"人类的功业"[119]或者"自城奠基以来罗马人民的功绩"[120]等人类事业的传统希腊罗马史学，被引入了一个向来只要求信众关注神圣奇迹——"你们要记念他（上帝）奇妙的作为和他的奇事，并他口中的判语"[121]——的新兴基督教信仰领域。并且，这种理论还为受众预设一个内在的理论前提：在历史文本的人事"真实"中，隐含了某种神性"真理"，而这种"真理"，恰恰要依靠该理论去加以阐明。

（2）历史作为通向"真理"的路径

当然，如果认为提阿菲罗斯只是巧妙利用类似"双关"去处理了"*ἀλήθεια*"、"*ἀληθές*"等语词的"真实"与"真理"两义，那么，我们对其史学阐释理论的理解将未免失于浅显。

实际上，提阿菲罗斯更肇创了一个较为完备的、关于"谁""如何"在"怎样的历史真实"中去阐明"何种真理"的理论体系。

前面曾指出，提阿菲罗斯史学阐释理论具有两项基本意蕴：一是提阿菲罗斯建构其阐释理论的动机与核心意义，就在于"真理"；

二是提阿菲罗斯阐释理论的主体是某种"喜爱真理的人"，并且他还大致概括了该主体去阐释"真理"的方法——即某种递进并且两分性质的阐释层路径：首先，文本将被区分为"被污染过的"与未被污染过的言辞；随后，那些未被污染过的言辞，又将被区分为言语本身与"言语之后的事实"；最后，

---

118 Theophilus of Antioch, *Ad Autolycum* (*To Autolycus*), Text and Translation by Robert M. Grant, Oxford: Oxford University Press, 1970, p. 23.

119 希罗多德：《历史》（全两册），王以铸译，商务印书馆 2005 年版，第 1 页。

120 Livy, *History of Rome,* with an English Translation by B. O. Foster. Cambridge, Massachusetts: Harvard University Press, 1998, p. 3.

121《圣经·旧约·历代志上》，第 16 章，第 12 节。

那些言语之后的事实，还将被区分为"所是"与"意是"两者。简言之，提阿菲罗斯已经为那些"喜爱真理的人"，准备好了一整套如何在历史文本中去阐明"真理"的理论。

第一、提阿菲罗斯的"真理"及其对史学阐释主体的建构

我们再着重对其中的关键概念"真理"稍作深入。如前所述，提阿菲罗斯显然自信他已经找到了终极的"真理"，因而才要求读者不必再艰辛求索，只需要衷心喜爱。

那么，提阿菲罗斯所言的"真理"又到底是什么呢？

纵观提阿菲罗斯三卷本的《至奥托莱库斯》，在其第一卷中，提阿菲罗斯主要就是向受众阐明基督教的上帝信仰。他指出上帝"是宇宙的创造者与制作者，……他是万能的"。[122]因此，他劝喻其读者们信奉上帝："我劝告你敬畏与信从他"。[123]

在第二卷中，提阿菲罗斯则将《圣经·创世纪》中的传说记载，[124]都阐释成已经揭示了真理的真实历史事实，对此他明确指出："这本书（即《创世记》）本身题为'世界的起源'，那些渴慕知识的人能从中获得最为精准的记叙"。[125]

及至第三卷，提阿菲罗斯更批驳异教史家完全出于虚荣写作："因为那些历史家喜欢为了虚荣而写下大量的书籍，有些书是关于诸神与战争或者编年史"，[126]这些异教作者"实在既不知晓真理，也不引导他人了解真理"。[127]

因此，提阿菲罗斯决定自己来编写历史："在上帝的帮助下，向你更为准确地展示历史年代顺序"，[128]他依照旧约中《出埃及记》《士师记》《列王记》

---

122 Theophilus of Antioch, *Ad Autolycum* (*To Autolycus*), Text and Translation by Robert M. Grant, Oxford: Oxford University Press, 1970, p. 7.

123 Theophilus of Antioch, *Ad Autolycum* (*To Autolycus*), Text and Translation by Robert M. Grant, Oxford: Oxford University Press, 1970, p. 21.

124 参阅：Theophilus of Antioch, *Ad Autolycum* (*To Autolycus*), Text and Translation by Robert M. Grant, Oxford: Oxford University Press, 1970, pp. 45-83.

125 Theophilus of Antioch, *Ad Autolycum* (*To Autolycus*), Text and Translation by Robert M. Grant, Oxford: Oxford University Press, 1970, p. 73.

126 Theophilus of Antioch, *Ad Autolycum* (*To Autolycus*), Text and Translation by Robert M. Grant, Oxford: Oxford University Press, 1970, p. 101.

127 Theophilus of Antioch, *Ad Autolycum* (*To Autolycus*), Text and Translation by Robert M. Grant, Oxford: Oxford University Press, 1970, p. 103.

128 Theophilus of Antioch, *Ad Autolycum* (*To Autolycus*), Text and Translation by Robert M. Grant, Oxford: Oxford University Press, 1970, p. 121.

等篇章，并参照其他部分异教人士的历史记载，[129]首次完整地为早期基督教编撰出一部从上帝创造世界到罗马皇帝马可·奥勒留驾崩，"累积共计 5695 年左右"[130]的"真实历史记叙"。[131]

故而，透过提阿菲罗斯的文字我们清楚知道，其孜孜不倦要教诲读者的所谓"真理"，实在就是他所信仰的基督教上帝信仰与教义。

同时他在基督教内开风气之先地，将旧约传说建构成"真实"的人类历史起源，推演出了一整部他自称的"真实历史记叙"。如前所述，传统希腊罗马史学由于其写作者仅以"自我"来佐证著述的"真实"，而遭逢了巨大的信任危机。因为这种思路并不能达致普遍认可的客观真实。[132]而当提阿菲罗斯将历史学有意识地从"真实"引向"真理"，并将该"真理"解释成基督教上帝信仰及其教义时，他就为困囿重重的西方史学，引入了一位权威远在作者"自我"主体之上的拯救者——上帝。

提阿菲罗斯首先指出，一般人由于被蒙蔽而不能见到与相信上帝："人啊，因你的不虔敬使你处于黑暗之中，所以你不能见到上帝"；[133]随后，提阿菲罗斯解释了基督徒之所以能够感受与信仰上帝，乃是由于上帝两方面的"作品"：其一，是所有的物质世界："天堂是他的作品，大地是他的创造……上帝的伟大能够通过他的作品被知晓与理解"；[134]其二，则是基督教先知们借由上帝圣灵所"预言"的、关于人类历史的书面文字。并且这也是提阿菲罗斯他自己皈依基督教的缘由："我遭遇了圣先知的神圣经文，圣先知已借着上帝的灵预

---

129 在这里，提阿菲罗斯还告诉我们他参考了"侍从者克里希鲁斯（Chryserus the nomenclator）"所编写的罗马历史纪录，他告诉读者："如果有人想了解他们（指罗马重要政治人物及其编年日期），可以在侍从者克里希鲁斯所编撰的纪录中查证。"见：Theophilus of Antioch, *Ad Autolycum* (*To Autolycus*), Text and Translation by Robert M. Grant, Oxford: Oxford University Press, 1970, p. 141.

130 Theophilus of Antioch, *Ad Autolycum* (*To Autolycus*), Text and Translation by Robert M. Grant, Oxford: Oxford University Press, 1970, p. 145.

131 Theophilus of Antioch, *Ad Autolycum* (*To Autolycus*), Text and Translation by Robert M. Grant, Oxford: Oxford University Press, 1970, p. 147.

132 关于历史中客观事实与"普遍性认可与接受"之间关系的较深入论述，可以参见：陈新：《历史中的普遍与特殊：基于内容与形式的分析》，《天津社会科学》2012 年第 2 期。

133 Theophilus of Antioch, *Ad Autolycum (To Autolycus)*, Text and Translation by Robert M. Grant, Oxford: Oxford University Press, 1970, p. 5.

134 Theophilus of Antioch, *Ad Autolycum (To Autolycus)*, Text and Translation by Robert M. Grant, Oxford: Oxford University Press, 1970, p. 7.

言了那已经、正在和将要应验的过去、现在与未来的诸般事件"。[135]

正是在对上述第二点的阐释中，提阿菲罗斯就将先知们的"预言"叙事建构为了"历史写作"的重要标准。

他对此明言："那些历史编撰者，应当不仅能讲述出过去与现在的事件，还应当能预言宣告将要来临到世上的事"。[136]基于这种思路，神意"预言"就构成了基督教与异教在历史书写上的关键区别，并成为基督教史学叙事能够揭示"真理"的缘由："通过比较我们所说与他人所说的不同，你就可以发现真理。"[137]

此外，提阿菲罗斯还将先知们的传说言辞升华为附有上帝智慧的历史叙事："他们（先知们）值得成为上帝的工具，并且接纳从上帝而来的智慧，通过这智慧他们讲述了世界的被创造以及其他一切事情"。[138]

于是在前述这种理论推导下，基督教史学中的历史阐释（撰述）主体，就摆脱了原本在备受传统史学中饱受诟病的个人"自我"，而被置换成毋容置疑的"上帝"代言者："上帝……降临到先知，而且借他们的口述说了世界的被创造与剩余的一切"。[139]

比如摩西就被提阿菲罗斯建构了一位"上帝"的代笔人："上帝的圣言就像借着一件工具一样地借着他（摩西）说：'起初，上帝创造天地。'"[140]

可见，提阿菲罗斯正是凭借对"真理"而非"真实"的强调，使得使其历史阐释主体获得了"上帝"附体的权能，利用"不要怀疑，只要相信"[141]的基督教信仰特征来放逐了早先史家的主体"自我"。

进一步思考，提阿菲罗斯这种在史学阐释中引入"真理"并将上帝附身

---

135 Theophilus of Antioch, *Ad Autolycum* (*To Autolycus*), Text and Translation by Robert M. Grant, Oxford: Oxford University Press, 1970,p. 7.

136 Theophilus of Antioch, *Ad Autolycum* (*To Autolycus*), Text and Translation by Robert M. Grant, Oxford: Oxford University Press, 1970, p. 83.

137 Theophilus of Antioch, *Ad Autolycum* (*To Autolycus*), Text and Translation by Robert M. Grant, Oxford: Oxford University Press, 1970,p. 83.

138 Theophilus of Antioch, *Ad Autolycum* (*To Autolycus*), Text and Translation by Robert M. Grant, Oxford: Oxford University Press, 1970, p. 39.

139 Theophilus of Antioch, *Ad Autolycum* (*To Autolycus*), Text and Translation by Robert M. Grant, Oxford: Oxford University Press, 1970, p. 41.

140 Theophilus of Antioch, *Ad Autolycum* (*To Autolycus*), Text and Translation by Robert M. Grant, Oxford: Oxford University Press, 1970, p. 41.

141 Theophilus of Antioch, *Ad Autolycum* (*To Autolycus*), Text and Translation by Robert M. Grant, Oxford: Oxford University Press, 1970, p. 19.

于阐释主体的理论建构，实际上还实现了如下两个主要功能：

首先，它党同伐异地建构了某种身份认同。恰好是在他自己放弃异教信仰转而皈依基督教的经验中，提阿菲罗斯深刻体会到了"历史"，尤其是基督教那种"预言"性历史的巨大作用。[142]所以，他很自然地将历史阐释当作一件能够揭示"真理"的工具，尤其将先知"预言"叙事建构为基督教史学与异教传统史学之间的关键区别。[143]

这意味着，能否在历史中认识与阐释"真理"，尤其是能否在历史中揭示与信服先知预言，就构成了基督徒与异教徒的重要甄别标准。而这，也暗合了提阿菲罗斯对"基督徒"的身份认定。因为在提阿菲罗斯这里，基督徒是"一个为上帝所爱的名字，并希望能为上帝所用"，[144]而异教徒则"不能为上帝所用"。[145]

因此依靠过往历史撰述去阐释与传播上帝信仰，本身就被提阿菲罗斯理解成了"为上帝所用"的一个具体方式。也因如此，提阿菲罗斯才会在其史学阐释中预设一个名为"喜爱真理的人"的共同体，使得他的史学阐释理论在甄别基督徒与异教徒的同时，又能够向那些异教徒展现出一种开放甚至引诱的姿态。无疑，那些愿意在其理论建构下，去依照先知所言"神意"来理解人类历史，进而信服基督教上帝信仰的潜在宗教信仰转变者，将被冠以"喜爱真理的人"这一嘉誉。

其次，提阿菲罗斯还以"信心"为号召，阻断人们对阐释主体叙事"真实"的质疑，转而强调对主体所阐释"真理"的信从，从而建构起阐释主体在史学领域中的权威。

对于这个名为"喜爱真理的人"的共同体，提阿菲罗斯还赋予了一种以信仰为基石的凝聚力，因为他认为"喜爱真理"的最简单方法，莫过于放下"探询"转而断然"相信"。

因此，提阿菲罗斯才会现身说法地劝诱其受众："我不再疑惑而只是相信，

---

142 Theophilus of Antioch, *Ad Autolycum* (*To Autolycus*), Text and Translation by Robert M. Grant, Oxford: Oxford University Press, 1970, p. 7.

143 Theophilus of Antioch, *Ad Autolycum* (*To Autolycus*), Text and Translation by Robert M. Grant, Oxford: Oxford University Press, 1970, p. 83.

144 Theophilus of Antioch, *Ad Autolycum* (*To Autolycus*), Text and Translation by Robert M. Grant, Oxford: Oxford University Press, 1970, p. 3.

145 Theophilus of Antioch, *Ad Autolycum* (*To Autolycus*), Text and Translation by Robert M. Grant, Oxford: Oxford University Press, 1970, p. 3.

顺从于上帝，如你愿意，你也必然顺从与信仰于上帝"。[146]也唯如此，提阿菲罗斯才能在其历史阐释理论中，预建起一种阐释者的权威感。他自命自己是一位已经知道目的地的向导，将带领着茫然无知的游客共同走向"真理"。

联想近代以商谈理论著称的哲学家哈贝马斯所言："语言活动"总是以"隐性的共识为基础"。[147]我们也就能够观察到，提阿菲罗斯在试图与异教之间达成某种相互理解时，创造性地将基督教"真理"引入历史学作为双方的共识基础，又进而将上帝神意附着在基督教史学阐释主体一方（他自己就是"在上帝的帮助之下"[148]），并辅以"信心"来号召双方凝聚到一个由"喜爱真理的人"所组成的共同体。在这样的一些商谈前理解的构建里，他也为自己找寻到了一种以神性"真理"来凌驾于人类"真实"的权威。

当然，提阿菲罗斯并没有仅仅停留在以信仰来规定共识的层面，而是富有理论技巧地展开了对历史语言本身，尤其是奥托莱库斯等读者惯常所阅读的异教传统历史文本的解读。也只有这样，我们才能说他构建了属于历史学的阐释理论，而并非在进行单纯的布道传教。

那么，提阿菲罗斯究竟是怎样来解读历史文本，又是如何在"历史"中阐明"真理"的呢？

第二、提阿菲罗斯史学阐释的层状路径，及其对文本客体的解读

虽然前文已经初略涉及过提阿菲罗斯的层状阐释路径，但在此还是要进一步强调，之所以提阿菲罗斯对于早期基督教史学至关重要，就在于他建立了一整套带领"意义"脱离于"言语"的文本阐释体系，帮助早期基督教将历史语言中的具体人类"真实"留给文本本身，将抽象的神性"真理"带到受众们的面前。

因此我们不妨再简略回顾一下，他这个分为三层的层状阐释路径：

回到提阿菲罗斯在《致奥托莱库斯》中的开篇语："流利的演说与悦耳的措辞，会产生快乐与虚荣所孜孜以求的赞美。而那些喜爱真理的人，丝毫不

---

146 Theophilus of Antioch, *Ad Autolycum* (*To Autolycus*), Text and Translation by Robert M. Grant, Oxford: Oxford University Press, 1970, p. 19.

147 （德）哈贝马斯（Habermas, J.）:《理论与实践》第 2 版，郭官义、李黎译，社会科学与文献出版社 2010 年版，第 14 页。

148 Theophilus of Antioch, *Ad Autolycum* (*To Autolycus*), Text and Translation by Robert M. Grant, Oxford: Oxford University Press, 1970, p. 121.

会去关注这被污染过的言辞"。[149]由此，提阿菲罗斯就首先将诸多异教史学著作都阐释成虚荣心的产物，[150]并认为大量古代史家包括希罗多德与修昔底德所写作的历史叙事，基本都是"毫无益处与极不虔敬"的。[151]于是，那些违背与攻击基督教信仰的史学叙事，首先就能够被斥为"被污染过"以及"非真理"的解释而予以剔除。

阿菲罗斯的第二层区分，则是将历史文本，如斐洛的隐喻解经法对待经文文本那样，也类似地区分为了言语本身述说的"字面事实"，以及"隐藏在言语之后的"[152]的"字后事实"。这有着两方面的深意：

一方面，通过对"字面事实"的剥离，传统历史叙事就被转换为类似于隐喻解经法中"字面意思"的等价物，因此并不具备什么重大的价值。提阿菲罗斯由此轻蔑地反问希罗多德、修昔底德、色诺芬（Xenophon）等传统史家"可曾揭示了什么重大的信息呢"？[153]并进而斥责他们"徒劳无功、毫无意义"。[154]在他的这种区分下，前述史家所讲叙的那些王侯事迹、或者人类攻伐，[155]都只不过是些无足轻重的"字面事实"，不值得重视。

另一方面，通过对所谓"字后事实"的区分与标举。提阿菲罗斯就能够将基督教那种"上帝通过圣言创造一切"[156]的创世纪历史观，以及记载了"（许多神圣先知）和谐一致的不可胜数的陈述"[157]的《圣经》，引入到传统的历史学领域之中，并赋予它们远高于其他异教历史叙事的权威。因此，提阿菲罗斯才得以自信宣称："我们圣书的古老与真实，超越了希腊人、埃及人与其他

149　Theophilus of Antioch, *Ad Autolycum (To Autolycus)*, Text and Translation by Robert M. Grant, Oxford: Oxford University Press, 1970, p. 3.

150　Theophilus of Antioch, *Ad Autolycum (To Autolycus)*, Text and Translation by Robert M. Grant, Oxford: Oxford University Press, 1970, p. 101.

151　Theophilus of Antioch, *Ad Autolycum (To Autolycus)*, Text and Translation by Robert M. Grant, Oxford: Oxford University Press, 1970, p. 103.

152　Theophilus of Antioch, *Ad Autolycum (To Autolycus)*, Text and Translation by Robert M. Grant, Oxford: Oxford University Press, 1970, p. 3.

153　Theophilus of Antioch, *Ad Autolycum (To Autolycus)*, Text and Translation by Robert M. Grant, Oxford: Oxford University Press, 1970, p. 139.

154　Theophilus of Antioch, *Ad Autolycum (To Autolycus)*, Text and Translation by Robert M. Grant, Oxford: Oxford University Press, 1970, p. 139.

155　Theophilus of Antioch, *Ad Autolycum (To Autolycus)*, Text and Translation by Robert M. Grant, Oxford: Oxford University Press, 1970, p. 139.

156　Theophilus of Antioch, *Ad Autolycum (To Autolycus)*, Text and Translation by Robert M. Grant, Oxford: Oxford University Press, 1970, p. 39.

157　Theophilus of Antioch, *Ad Autolycum (To Autolycus)*, Text and Translation by Robert M. Grant, Oxford: Oxford University Press, 1970, p. 87.

任何的历史学家"。[158]概言之，区分与高举所谓的"字后事实"，其实质就是去尊崇《圣经》中所记载的自上帝创世以来的诸多传说叙事，并认为这类叙事凌驾与统摄了其他异教史学百家争鸣的记叙。

提阿菲罗斯的第三层区分，则是在言语叙述的事实中去区分"'是何所是'以及'是何意是'"。[159]

提阿菲罗斯并非不知道传统史学中用"自我"来见证真实的方法，他自己就曾强调过："写作者应该对其所断言的事件亲眼见证，或者向那些亲眼所见的人准确求证"。[160]

正因为明乎此，他才会有意地去解构与贬斥异教史学所强调的"真实"，利用"所是"与"意是"来对异教历史叙事加以辨析。其立意，就是要诱导那些熟读异教历史书籍的智识分子，放下传统思想中对文本叙事中真实性"所是"的执迷，转而悟求文本中所蕴含的真理性"意是"，最终亦步亦趋地听信他"准确地讲述所有真理"。[161]

他这种基于真理性"意是"来阐释异教历史著述的做法，就突破了原有隐喻解经法仅仅阐释《圣经》等教内经典的局限，创新地将异教史学文本也纳入了基督徒的视野。并使他能够在理论层面上将异教历史叙事中指向"真实"的"所是"，依附于指向基督教"真理"的"意是"。从而，所有与基督教信仰相冲突的异教历史文本叙事，即便它们有可能记载的是真实的事实，也依然可以被解读为与真理相悖的歪理邪说。

对此我们前面曾举出例证，即提阿菲罗斯针对史家希罗多德记载"食人宴席"的引申阐释。而提阿菲罗斯之所以能够认为希罗多德在向世人灌输食人行为。[162]并痛责所有记载"吞噬人肉"的作者们，"正是这些人散布歪理邪说，让世界充满了不虔敬。"[163]很明显，就完全有赖于他自己建构的"所是"

158 Theophilus of Antioch, *Ad Autolycum (To Autolycus)*, Text and Translation by Robert M. Grant, Oxford: Oxford University Press, 1970, p. 139.

159 Theophilus of Antioch, *Ad Autolycum (To Autolycus)*, Text and Translation by Robert M. Grant, Oxford: Oxford University Press, 1970, p. 3.

160 Theophilus of Antioch, *Ad Autolycum (To Autolycus)*, Text and Translation by Robert M. Grant, Oxford: Oxford University Press, 1970, p. 101.

161 Theophilus of Antioch, *Ad Autolycum (To Autolycus)*, Text and Translation by Robert M. Grant, Oxford: Oxford University Press, 1970, p. 135.

162 Theophilus of Antioch, *Ad Autolycum (To Autolycus)*, Text and Translation by Robert M. Grant, Oxford: Oxford University Press, 1970, p. 105.

163 Theophilus of Antioch, *Ad Autolycum (To Autolycus)*, Text and Translation by Robert M. Grant, Oxford: Oxford University Press, 1970, p. 105.

与"意是"理论。

因为在传统史学观念看来，历史以"真实"为目的，故希罗多德才会毫不避忌地写下关于"食人"的历史叙事；而对提阿菲罗斯所建构的早期基督教史学观念来说，"食人"显然有悖于基督教信仰及教义这一"真理"前提。因此，"描述"食人就被他上纲成"灌输"食人的大逆不道之事。

使得注意的是，提阿菲罗斯对"所是"与"意是"的区分，又在不同的两方面被他加以运用：一方面，他的"所是"可以指称《圣经》中众多先知的叙事，而这时的"意是"则相应就是基督教信仰与教义。比如在他看来，"圣先知预言了万事万物"的叙事"所是"，就证明与揭示了"基督徒是持守真理"的蕴含"意是"；[164]

另一反面，他的"所是"又可以指称异教史学的文本叙事，而此时的"意是"则多半被建构为异教作者不虔敬甚至邪恶的意图。比如上述希罗多德关于食人记载的例子。

应该承认，当提阿菲罗斯在新兴基督教史学阐释领域中建构起某种类似于"字面意思"与"隐喻意思"的"所是"与"意是"时，他既突破了隐喻解经法囿于教内经典的局限，但也同时在新领域中产生了新的局限。这主要就表现在上述"所是"与"意是"对教内经典与异教文本两方面的模糊适用，以及他对"意是"较为武断与随意的解释。

第三、以编年史叙述通向"真理"

我们看到，在提阿菲罗斯的史学阐释理论中，并不是所有历史撰述本身就构成了通向真理的道路，而更多地是对历史撰述的阐释，才达成为一条揭示真理的路径。顺理成章地，提阿菲罗斯就不满足于仅仅从他人所写的历史去阐明真理，而更乐意去将他在其他人撰写的历史中所阐明的真理，通过他自己的历史撰述表达出来。这就促成了他作为一个早期基督徒在史学领域中所完成的创举——他编撰了一部属于他自己的编年史，去"准确地讲述所有真理"。[165]

基于前述对提阿菲罗斯层状史学阐释理论的分析，我们并不难想见这部编年历史的摸样。而且这种想象也的确被提阿菲罗斯自己的文字所证实，那

164 Theophilus of Antioch, *Ad Autolycum (To Autolycus)*, Text and Translation by Robert M. Grant, Oxford: Oxford University Press, 1970, p. 83.

165 Theophilus of Antioch, *Ad Autolycum (To Autolycus)*, Text and Translation by Robert M. Grant, Oxford: Oxford University Press, 1970, p. 135.

就是他的编年史很鲜明地展现了如下三个特点：一是这部历史是朴直无华的；二是这部历史直接地规定了它的"字后事实"，就如提阿菲罗斯自己所言，"事实上，世界是被创造出来的，而且是由万物的创造者上帝所统治的"，[166]三是这部历史也被其作者自己部分总结出了它的深层意义——

> "从所有这些年代编撰和叙述来看，这些预言作品的古老以及我们教义的神圣是显而易见的。我们这种教义与这些作品都不是新近才有的，也并非像有人假设的那样是虚妄和臆想的。它们的确要更为古老和更值得相信。"[167]

我们可以对提阿菲罗斯的编年史作品加以更深入的阐明。因为如果以现时代的视域去考察他的编年史，我们不仅会发现该部编年史正是在后世柯林武德所总结的"神意"与"普遍"这两个极具基督教史学特色的方面，[168]为当时庞大的罗马帝国建构起了一种源于"神意"，并能够"普遍"适用于其所有臣民的历史身份认同。甚至，我们还能依照他自己的理论在其文字字面之后，咀嚼出某种"意是"——向罗马政治接近的意味。

首先，在编年史的开端也即世界史的起源问题上，提阿菲罗斯就认为唯有《圣经》中那种"起初，上帝创造天地"的历史才是"神圣的历史"。[169]参比西塞罗在回顾罗马起源时的感伤，"罗马的历史实际上是模糊不清的"。[170]我们就能体会到提阿菲罗斯这部编年史对于罗马的积极意义。

因为这种以神创造世界为开端，又以罗马皇帝为结尾的编年史编排，不单为皇帝们争取到一个与神相提并论的崇高位置；还使得原本相对短暂而且

---

166 Theophilus of Antioch, *Ad Autolycum (To Autolycus)*, Text and Translation by Robert M. Grant, Oxford: Oxford University Press, 1970, p. 141.

167 Theophilus of Antioch, *Ad Autolycum (To Autolycus)*, Text and Translation by Robert M. Grant, Oxford: Oxford University Press, 1970, p. 141.

168 尽管说柯林武德在其行文中并没有提到提阿菲罗斯，但这也正表明了柯林武德该种总结性理论的某种相对广泛的适用性。参阅：R. G. Collingwood, *The Idea of History*, edited with an introduction by Jan Van Der Dussen, revised edition, with lectures 1926-1928, Oxford: Oxford University Press, 1993, p. 49. 中文译文引自：（英）柯林武德：《历史的观念》，何兆武、张文杰译，商务印书馆2004年版，第89、90页。

169 Theophilus of Antioch, *Ad Autolycum (To Autolycus)*, Text and Translation by Robert M. Grant, Oxford: Oxford University Press, 1970, p. 59.

170 Cicero, *Cicero XVI, De Re Publica, De Legibus*, with an English Translation by Clinton Walker Keyes, Cambridge, Massachusetts: Harvard University Press, 1994, p. 141.

起源模糊的罗马历史，被合并到一个更加悠久并且开端更为清晰的时间框架之中。

其次，提阿菲罗斯还建构起某种适应罗马帝政的普遍的世界历史观念。他在《致奥托莱库斯书》的第二卷第三十二章中，详细地讲述了人类是如何逐渐分散的："起初阿拉伯半岛和迦勒底的土地虽然只有很少的人，但在他们的语言歧分之后，他们就在整个地球上逐渐开始增多并且四处繁衍"，[171] 藉此将各民族发展史都囊括到一个源于共同祖先的普遍历史进程中。

故而他猛烈地抨击了以往历史家们将笔触局限于本民族伟人、或者本国家对外战事的历史叙事模式。在他看来："希罗多德、修昔底德、色诺芬，还有大多数其他历史学家"，都只不过讲述了"大流士，居鲁士，野蛮人的国王，……或者讲述泰米斯托克列斯和伯罗奔尼撒战争的历史"，[172] 而这些在普遍历史中根本不值一提，对此的史学记载也徒劳而毫无意义。[173]

提阿菲罗斯这种普遍世界史观，无疑顺应了当时人们将罗马帝国等同于普世帝国的主流政治观念。尤其他对过往各民族之间纷争的历史意义的贬抑，更契合了罗马努力消融其治下各民族间矛盾的政治需要。尤其值得玩味的是，虽然对于其他民族伟人的重要性加以贬斥，提阿菲罗斯自己却又将罗马皇帝马可·奥勒留驾崩作为了其编年史的结尾。从中我们不难感受到，他那向罗马统治者接近的史学编撰意识。

从以上的探讨中我们可以看到，提阿菲罗斯的整个编年史框架是适应于罗马统治需要的，它凸显了罗马政治在整个基督教史学编年体系中的重要性。现代学者沃格林曾精辟地认为："罗马帝国只是人们聚集在一起，但是并没有成为一个民族"，全有赖于基督教为罗马"创造了一个新的社群本质"。[174] 而提阿菲罗斯的基督教编年史创举，就为在广袤罗马疆域内各个原本历史彼此歧异甚或敌意的民族，提供了一种新的基督教徒的世界历史观。他为罗马帝国的臣民建构起了一个以远古神意为起点，并进而发展向普世罗马帝国的宏

171 Theophilus of Antioch, *Ad Autolycum (To Autolycus)*, Text and Translation by Robert M. Grant, Oxford: Oxford University Press, 1970, p. 129.

172 Theophilus of Antioch, *Ad Autolycum (To Autolycus)*, Text and Translation by Robert M. Grant, Oxford: Oxford University Press, 1970, p. 139.

173 Theophilus of Antioch, *Ad Autolycum (To Autolycus)*, Text and Translation by Robert M. Grant, Oxford: Oxford University Press, 1970, p. 139.

174 （美）沃格林：《政治观念史稿·第 1 卷，希腊化、罗马和早期基督教》，谢华育译，华东师范大学出版社 2007 年版，第 191 页。

伟历史框架。

至此，通过对其历史阐释理论体系及其编年史框架的剖析，我们基本厘清了这位"试图去阐明基督教关于上帝、创世、以及人类历史的叙述是真实准确的"[175]早期基督徒，是如何一层又一层地将文本"所是"（也即历史文本所记载的史实），引入了那个他命名为"意是"（也即他所理解的历史文本深层意义）的领域。他以其巧妙的历史阐释理论，使得历史学不仅被作为"字面言辞"，也不仅被作为"事实所是"，而更加被作为了"真理意是"。

此中极为深刻的意蕴就是：凭借对终极"真理"的追求与阐释，提阿菲罗斯就消解了传统史学追求"真实"而不得的困窘，开始引领受众转而走向"千真万确"的所谓"真理"，也即基督教信仰与教义那里。

而且提阿菲罗斯还首次为基督教编撰了一部属于他们自己的编年史。一方面，他开启了一种以叙事真实来服务于信仰真理的尝试；而另一方面，他也明确了某些日后基督教史学的特征以及其向现实政治接近的基调。

当然，提阿菲罗斯的史学阐释理论体系（包括他由此所发展的编年史体系），都并非完美无缺。这或者由于他的理论出发，就是试图以历史阐释去沟通两个原本抵触甚至敌视的共同体。其一是汇聚了强调信仰而摒弃知识的先知们的早期基督教共同体，"这些希伯来人中的先知，他们是些不识字的牧羊人并且从未受过教育"；[176]而另一则是充满了奥托莱库斯这种"读过大量书籍"[177]的异教智识者共同体。

因此，他常常要在信仰与智识之间两难地奔走，这自然或多或少地削弱了他理论上的纯粹与一贯。但作为一个早期基督徒，他首先还是担当了以基督教信仰为根本，利用自身学养智识来回击异教攻讦甚至污蔑的使命。比如他对希罗多德食人叙事的过度阐释，其根源还是在于"众多不虔敬的唇枪舌剑，都在错误地指责我们这些被称为基督徒的人……诬陷我们吃人肉"。[178]而这种使命，才是他利用历史阐释来"为上帝所用"的最深层动因。

黑格尔曾在论及斐洛时认为，"历史上的传说和叙述，在他（斐洛）眼睛

175 Carl Curry, "The Theogony of Theophilus", *Vigiliae Christianae* 4 (1988), p. 318.

176 Theophilus of Antioch, *Ad Autolycum (To Autolycus)*, Text and Translation by Robert M. Grant, Oxford: Oxford University Press, 1970, p. 87.

177 Theophilus of Antioch, *Ad Autolycum (To Autolycus)*, Text and Translation by Robert M. Grant, Oxford: Oxford University Press, 1970, p. 105.

178 Theophilus of Antioch, *Ad Autolycum (To Autolycus)*, Text and Translation by Robert M. Grant, Oxford: Oxford University Press, 1970, p. 105.

里都失去了直接的现实意义，他甚至从字句里找出一种神秘的、寓言式的意义加到历史上去"，[179]并认为人们在这种思想路径下将能够"从历史里面解释出深刻的思想"。[180]黑格尔的此番评价，无疑也适合于提阿菲罗斯。而且，斐洛传世的著述虽然浩繁，[181]但大多属于神学阐释而非史学阐释，并不及提阿菲罗斯如此这般地直指史学意蕴上的"历史"。

正是提阿菲罗斯，他真正在历史学领域中，建构起了对于历史文本中"言辞"、"所是"、"意是"加以区分的理论体系，并以基督教信仰来展开了对历史撰述中所含蕴的意义、尤其是"真理"的追寻。他还特地为此编撰出一部以新兴基督教信仰为依归的编年史。所有这些，都使得他既为业已陷入困境的西方史学另辟了一条新路；也为原本拒斥传统史学的早期基督教思想，找到了将历史学征为已用的可能。

因此，提阿菲罗斯显然为早期基督教建构起了一条以历史学来通往基督教"真理"的历史阐释路径。这就是他先驱意义的所在。

二、德尔图良：历史作为证据为基督徒辩护

大约在耶稣来到西方世界的同时代，罗马人李维在其《罗马史》中宣称，他撰述历史的动机是"通过撰史来纪念世界上最重要民族的业绩，并为能投身于此而感到满足"。[182]并且他认为受众们可以通过阅读其历史著述，"从中为你和你的国家选择那些值得效仿的事迹，同时回避那些在人们的观念中以之为耻并终将以羞辱收场的言行"。[183]可见，当时的史学家含有一种自信，即他可以通过写作来"再现"历史，并做出某种自认为合理的阐释，而受众们应当据此为鉴。

---

179 （德）黑格尔：《哲学史讲演录》第三卷，，贺麟、王太庆译，商务印书馆1997年版，第162页。

180 （德）黑格尔：《哲学史讲演录》第三卷，，贺麟、王太庆译，商务印书馆1997年版，第163页。

181 斐洛作品流传至今的依旧详赡，仅以哈佛"洛布"（Loeb）版的《斐洛》而言，就达十卷之多（共计有34篇文章，另附2篇答问）。其传世文章列表可参阅："List of Philo's Works"，in *Philo*, Volume I, with an English translation by F. H. Colson and G. H. Whitaker, Cambridge: Harvard University Press, reprinted 1991, p. xxxv.

182 Livy, *History of Rome,* with an English Translation by B. O. Foster. Cambridge, Massachusetts: Harvard University Press, 1998, p. 3.

183 Livy, *History of Rome,* with an English Translation by B. O. Foster. Cambridge, Massachusetts: Harvard University Press, 1998, p3.

这种认为历史写作可以再现过往并对之加以阐释的观念，在与耶稣同一世纪的古罗马雄辩家昆体良那里也有所反映，他直白地总结说："历史包含了对实际事实的阐述"。[184]而在随后的另一位罗马著名史家塔西佗那里，前述的自信则得到了更为强烈地表达，"我们不仅可以理解那些历史事件中的事变与结果，它们大多是基于偶然，而且能够认识它们的前提与原因"。[185]

西方世界自希罗多德在雅典将作品宣称为都是自我观察探询的结果[186]以来，历史写作就隐含了这样的一种叙事动机与逻辑：即史学家们相信可以依靠自己的观察，通过写作历史文本来"再现"人类的沧桑史事并加以探询，从而产生个体化的理解，进而做出普遍性的阐释。

西方这种与我国先秦"物格而后知至"[187]颇为相似的观念，传承至西元一世纪左右，依然强烈地流露于史家们的笔端。然而，如果我们检视的视线由雅典移至耶路撒冷，就会发现同样在此期间，史家们的此种动机与逻辑，却形成了与此时所兴起的基督教思想的巨大冲突。

首先，就历史撰述主体而言，基督教认为人类的历史进程只是上帝的作品，旧约诗篇中就说"你所定的日子，我尚未度一日，你都写在你的册上了"[188]，而西方史家们以私人身份去记载与再现历史，自然有违其教义；

其次，就历史撰述客体而言，基督教要求信徒们感怀上帝，"你们要记念他奇妙的作为和他的奇事，并他口中的判语。"[189]，而史家们所记录与缅怀的只是"人类的功业"[190]或者"自城奠基以来罗马人民的功绩"[191]等人类的事迹，亦显然有悖其宗旨；

最后，就历史撰述目的而言，基督教认为人类的所有探寻目的都应该面向至高的神，新约明白地宣示在神那里，"凡祈求的，就得着；找寻的，就寻

---

184 Quintilian, *The Orator's Education*, Books 1-2, Edited and Translated by Donald A. Russell, Cambridge, Massachusetts: Harvard University Press, 2001, p. 281.

185 Tacitus. *The Histories,* with an English Translation by Clifford H. Moore, Cambridge, Massachusetts: Harvard University Press, 1996, p. 9.

186 希罗多德：《历史》（全两册），王以铸译，商务印书馆 2005 年版，第 151 页。

187 潜苗金译注：《礼记译注》，浙江古籍出版社 2007 年版，第 736 页。

188《圣经·诗篇》第 139 章，第 16 节。

189《圣经·历代志上》第 16 章，第 12 节。

190 希罗多德：《历史》（全两册），王以铸译，商务印书馆 2005 年版，第 1 页。

191 Livy, *History of Rome,* with an English Translation by B. O. Foster. Cambridge, Massachusetts: Harvard University Press, 1998, p. 3.

见。"[192]而史家们基于个人对史事的再现与探询，试图对历史"依照我们的意愿去感知，并能根据我们的感觉去述说"[193]地来加以阐释，显然荒诞不经。

因此，原来希腊与罗马史学家们的历史撰述，便遭到了早期基督教思想的否定。比如圣保罗在一世纪传播福音时，就特别要求人们不要相信那些依据人类过往传统和芜杂世事而得出的解释，他向信徒们强调："注意不要让任何人用哲学和虚空的妄言扰乱你，这些哲学和妄言依据的是人类的传统和尘世的原理，而不是依据基督。"[194]

这种否定的力量是如此强大，使得西方的历史撰述发生了巨大的转变。一种依据基督教原理的新历史观念由是发展起来，它认为：历史的过程并不是人类的目的，而是上帝的目的的实践。[195]

于是那种自希罗多德直至塔西佗等"为了以志纪念，为了予人教诲，为了诉说真相或面对现实"[196]的叙事动机逐渐隐没。基督教神学家们开始赋予历史一种"神在我们之中显现出来"[197]的意蕴。

到西元四世纪，教会史之父攸西比乌斯开始写作历史之时，他的撰史目的已经"仅仅是为了记录下足够的证据来证明神的判断"。[198]以前希腊与罗马史家们认为他们能够再现人类过往，并做出阐释的自信，就转变成了基督教史学家们以笔墨来"显现"神意，并对神的存在与意志进行证明的虔信。

正是针对此种转变，随后我们将着眼于历史在基督教史学中的"证据"意蕴，来主要探讨一下如下的问题：即西方的历史撰述在遭遇早期基督教的排斥之后，为何会在叙事动机上转向了"证明"？或者说，为什么西方史学叙事会由以探询为目标的"再现"，逐渐地走向了以证明为归依的"显现"？

本章中，对于上述这些问题的思考路径，将主要围绕"最早的西方神学

---

192 《圣经·新约·马太福音》，第 7 章，第 8 节。

193 Tacitus, *The Histories,* with an English Translation by Clifford H. Moore. Cambridge, Massachusetts: Harvard University Press, 1996 年, p. 5.

194 《圣经·新约·歌罗西书》，第 2 章，第 8 节

195 （英）柯林武德：《历史的观念》，何兆武、张文杰译，商务印书馆 2004 年版，第 87 页。

196 （美）凯利：《多面的历史：从希罗多德到赫尔德的历史》，陈恒、宋立宏译，三联书店 2003 年版，第 111 页。

197 （古罗马）德尔图良：《护教篇》，涂世华译，上海三联书店 2007 年版，第 42 页。

198 Eusebius, *The Ecclesiastical History,* Volume II, with an English Translation by J. E. L. Oulton, Cambridge, Massachusetts: Harvard University Press, reprinted 2000, p. 257.

家之一"[199]德尔图良[200]（Tertullian 约 160—225）所写的《护教篇》[201]一文加以展开。这不仅由于《护教篇》一文"可以作为历史编撰的论文加以解读"，[202]更期望透过具体的原典文本解析，能够针对前述早期基督教史学观念的"证据"意蕴，在局部但却深层次地提供一些新的有价值的管窥。

（一）历史作为"证据"的路径隐现

在德尔图良所生活的时代里，古罗马帝国展现的是一派文明强盛发达的景象。然而对于早期基督徒来说，帝国的强大却并不意味其尘世中的福音，他们所遭受的"种种迫害是和基督教以及基督教教会同样地古老"。[203]在异教罗马世界的眼中，这个脱蜕于古犹太教的新生宗教，不过是一群"搅乱天下的"人。[204]

新兴的基督教，对于教外一般民众，因其活动之神秘与仪规之封闭而颇多误解；于社会智识阶层，则因其独特的一神教与宣扬耶稣复活而常有贬损；于帝国行政当局，更因其不敬拜罗马神明、不向罗马皇帝献祭而屡予迫害。早期基督徒们在帝国中的境遇，正如耶稣本人向信徒所言，"你们以为我来，是叫地上太平吗？我告诉你们：不是，乃是叫人纷争。"，[205]"并且你们要为我的名为众人恨恶"。[206]

因此，对信仰加以辩护，从而调和新兴宗教与传统世俗双方之间关系的重任，很自然地落在了早期基督教思想家们的肩上。

德尔图良的《护教篇》，作为一篇为基督教进行辩护的正式书面辩护文书，就在这样的背景下，呈送给了罗马帝国的行政官员，"向你们提出这一切，是

---

199 Eric Osborn, *Tertullian, first theologian of the West,* Cambridge, Cambridge University Press, 1999, p. xiv.

200 *The Concise Oxford Dictionary of the Christian Church,* Ed. Elizabeth A. Oxford: Oxford University Press, 1977, p. 504.

201 （古罗马）德尔图良：《护教篇》，涂世华译，上海三联书店 2007 年版。英译本参阅：Tertullian, *Apology . De Spectaculis,* with an English Translation by T. R. Glover, Cambridge, Massachusetts: Harvard University Press, 1998.

202 Mark S. Burrows, "Christianity in the Roman Forum: Tertullian and the Apologetic Use of History", *Vigiliae Christianae*3, (1988), p. 231.

203 Kurt Aland, *A History of Christianity,* Vol.1, trans by James L. Schaaf, Philadelphia, Fortress Press, 1985, p. 65.

204 《圣经·使徒行传》第 17 章，第 6 节。

205 《圣经·路加福音》第 12 章，第 51 节。

206 《圣经·马太福音》第 10 章，第 22 节。

为了证明，你们对基督徒称号的仇恨是不公正的"[207]。一般认为，其成书时间是在西元 197 年左右，[208]适值中国由东汉王朝向三国鼎立过渡的纷争岁月。

关于德尔图良本人，他曾经在罗马学习过修辞、钻研法律并成为律师，也在那里皈依了基督教。所以他不仅精通基督教神学，还有着丰富的法律与历史知识。攸西比乌斯的记载中，说德尔图良是"一个精通罗马法律的人，一个在那些杰出的罗马人中特别声名卓著的人"。[209]而他出类拔萃的历史与古典学识，则被近代学者赞誉为，"相比起其他那些以拉丁文写作的基督徒，关于异教世界的古物与文学，他展示了更广博、更精深的知识"。[210]

尤其在他的《护教篇》中，由于涉及了大量的史家与史作，加之其自身深刻的历史识见，从而有海外学者据此认为"德尔图良提出了一种系统而全面的历史哲学"[211]。更重要的是，通过《护教篇》一文，德尔图良在坚持其基督教信仰的前提下，基于对异教世界的法律与历史等学科知识的谙熟，雄辩而令人信服地利用了"历史"这一工具来为信仰做出了符合帝国法律意识的辩护。

某种意义上，正是他这篇被日后攸西比乌斯所熟知并多加引述的名作《护教篇》，使得传统的古希腊罗马那种以"探询"为目标的再现性历史写作，有可能在理论路径上转向为早期基督教史学那种"以证明神的判断"[212]为归依的历史叙事，从而在原本拒斥历史学来加以"探询"的宗教思想禁区里，隐现了一条以历史作为"证据"，来沟通历史学与基督教信仰的新路径。

（二）以"历史"在法律面前为基督教辩护

就理解基督教史学由"探询"向"证明"的转变而言，我们先可以在法律与神学两方面来加深对这种转变的解读：首先，就罗马法制而言，它将解

---

207 （古罗马）德尔图良，《护教篇》，涂世华译，上海三联书店，2007，第 4 页。

208 *The Concise Oxford Dictionary of the Christian Church*, Ed. Elizabeth A. Oxford: Oxford University Press, 1977, p. 504.

209 Eusebius, *The Ecclesiastical History,* Volume I, with an English Translation by Kirsopp Lake, E Cambridge, Massachusetts: Harvard University Press, reprinted 1998, p. 113.

210 Barnes, Timothy D, "Tertullian the Antiquarian", *Early Christianity and the Roman Empire*, Aldershot (Britain): Ashgate Publishing Limited, Reprinted 1998, p. 4.

211 Mark S. Burrows, "Christianity in the Roman Forum: Tertullian and the Apologetic Use of History", *Vigiliae Christianae*3, (1988), p. 211.

212 Eusebius, *The Ecclesiastical History,* Volume II, with an English Translation by J. E. L. Oulton, Cambridge, Massachusetts: Harvard University Press, reprinted 2000, p. 257.

释"历史"为何会成为法律辩护中使用的工具；其次，就基督信仰而言，它将解释"历史"如何能克服早期基督教对其的拒斥并进而为之辩护。

从罗马法制发展的角度来看，在德尔图良写作《护教篇》之时，尽管罗马帝国已经进入梅因所称的"法典时代"[213]，但在各种成文法典之外，"习惯"（拉丁语：consuetudo，mos，mores）作为罗马法"形成的最初方式"[214]，藉由它的"古老性和根深蒂固性"[215]而仍然在罗马法制中占据了极重要的地位。

稍早于德尔图良的罗马法学家盖尤斯（Gaius，约 130—180）在其《法学阶梯》中就首先强调，所有的民众共同体都是"受法律和习俗调整的"。[216]也恰恰是代表古老传统的"习惯"，成为了帝国迫害基督徒们的主要口实。

因为，当基督徒们四处宣扬"往日随从外邦人的心意行邪淫、恶欲、醉酒、荒宴、群饮，并可恶拜偶像的事，时候已经够了"，[217]而由此号召信徒们开始新生活时。其新兴教义固然会吸引许多信徒，但也难免激起教外人群的敌视，就像后世学者总结："很明显地，基督徒们怂恿人们在各个方面都拒绝履行父祖的习惯（mos maiorum）"。[218]因而，与外界对他们的倾慕相伴随，仇视也如野草般蔓延开来。尤其基督徒们对传统习惯的驳斥与否定，在很多异教世界的人们眼中，就成为了"你们不参加我们的表演；你们不加入我们的游行队伍；你们不出席我们的公共宴会；你们厌恶神圣的竞赛（格斗）"[219]等种种背离习惯并扰乱现行公众秩序的言行。

并且对于罗马帝政当局来说，公众秩序本来就"是世俗政权最为关心的内容"，[220]又由于"习惯"所具有的等同于甚至高于成文法律的效力，使得帝

213　（英）梅因：《古代法》，高敏、瞿慧虹译，九州出版社 2006 年版，第 19 页。

214　（意）比德罗·彭梵得：《罗马法教科书》，黄风译，中国政法大学出版社 1992 年版，第 16 页。

215　（意）比德罗·彭梵得：《罗马法教科书》，黄风译，中国政法大学出版社 1992 年版，第 16 页。

216　（古罗马）盖尤斯：《法学阶梯》，黄风译，中国政法大学出版社 1996 年版，第 2 页。

217　《圣经·彼得前书》，第 4 章，第 3 节。

218　Barnes, Timothy D, "Legislation Against the Christians", *Early Christianity and the Roman Empire*, Aldershot (Britain): Ashgate Publishing Limited, Reprinted 1998, p. 50.

219　（美）阿尔文·施密特，《基督教对文明的影响》，汪晓丹、赵巍译，北京大学出版社 2004 年版，第 12 页。

220　O. F. Robinson, *The Criminal Law of Ancient Rome,* Baltimore, The Johns Hopkins

国的行政官员们完全可以据此来对基督徒们加以迫害。很显然，熟稔帝国法制体系的德尔图良对此也深有觉察，他一针见血地指出"你们对先辈的传统似乎多么忠心维护，并以此作为指控基督徒的主要内容"。[221]

当德尔图良发现"习惯"这一导致基督徒受难的根源后，便有意识地在辩护中使用了对于"习惯"来说最有力的理论武器——"历史"。这一方面固然因为历史本身与古老相连，通过它来驳斥或证明某些传统习惯是自然而然的；而另一方面，则源于德尔图良所受的修辞学训练与熏陶。

事实上，罗马那位强调历史"这一文学的分支要比任何其他都更接近于雄辩学"[222]的修辞学大师西塞罗，早就指出了历史所具备的见证作用，"历史是逝去岁月的见证人，它能照亮现实，唤醒记忆以及指引人类的存在"。[223]而另外一位著名的雄辩学教师昆体良，也曾教导他的学生，"语言建基在推理、古物、权威和运用之上"，其中的"权威"就来自于演说家和历史学家。[224]并且帝国早期史家苏维托尼乌斯（Suetonius 约 69—160）在谈论到修辞学的教授方法时，也有如下的记载："早期的论辩题目或取自于历史故事，有时事实上就是当代事件，或来源于现实生活中新近发生的事情"。[225]

可见，对于曾在罗马研习过修辞学的德尔图良而言，他熟稔于如下这种理念：历史，可以在论辩中为现实做出见证，并且是富有权威的见证。正因如此，德尔图良才有信心依据自身渊博的历史知识与高超的修辞技巧，直面那些迫害基督教徒的人，那些"对其先辈法律和体制最虔诚的保护者与辩护人"，[226]以彼之道还施彼身地驳斥他们说："你们鄙夷、轻视并且废除了古代的传统，将他们的权威完全抛弃了"。[227]

此外，前所指出的新兴基督教思想对于传统历史撰述的否定，主要是否

University Press, 1995, p. 95.

221 （古罗马）德尔图良：《护教篇》，涂世华译，上海三联书店 2007 年版，第 15 页。

222 Cicero, *Cicero XVI, De Re Publica, De Legibus,* with an English Translation by Clinton Walker Keyes, Cambridge, Massachusetts: Harvard University Press, 1994, p. 303.

223 Cicero, *De Oratore*, Books I - II, with an English Translation by E. W. Sutton, Cambridge, Massachusetts: Harvard University Press, p. 225.

224 Quintilian, *The Orator's Education*, Books 1-2, Edited and Translated by Donald A. Russell, Cambridge, Massachusetts: Harvard University Press, reprinted 2001, p. 161.

225 （古罗马）（古罗马）苏维托尼乌斯：《罗马十二帝王传》，张竹明、王乃新、蒋平等译，商务印书馆 2000 年版，第 360 页。

226 （古罗马）德尔图良：《护教篇》，涂世华译，上海三联书店 2007 年版，第 13 页。

227 （古罗马）德尔图良：《护教篇》，涂世华译，上海三联书店 2007 年版，第 15 页。

定异教世界那种传统的以个人自我探询为动机的历史写作。而对于传统的犹太教律法与先知言论，耶稣本人还是采取了一种"我来不是要废掉，乃是要成全"[228]的宽容态度；并且，早期使徒们为了传播福音，也在宣讲教义时隐现了一种基于信仰来撰述历史的动机，比如路加的史学尝试，就是寄望以类似传统历史学的写作来向受众阐明其信仰，"使你知道所学之道是确实的"。[229]而早期罗马教父克莱门特（Clement）也在《致哥林多教会的第一封信》中，将旧约上的记载作为"古人的例子"加以采信，并通过笔墨来让教徒们"看看发生在我们这一代人中间的著名事例"，[230]从而明晓信仰真谛。

因而，早期基督教思想上这种对传统的有限度保留，以及现实中传播教义的需要，使得他们在否定过往"历史"叙述的同时，也的确为西方历史撰述向另一条道路的转变容留了可能。

又随着基督教在帝国内的传播，当像德尔图良这样精通历史的高级智识分子也皈依基督教信仰之后。面对帝国施于基督徒们的种种不公，"历史"这一有力的呈堂证供，便被这位曾经的罗马律师有意识地唤醒并加入到对现实的抗辩中来。

为了从法律起源上来驳斥异教世界对基督徒的迫害，德尔图良呼吁迫害者们"去查查你们的历史"；[231]又为了论证基督教先知与经典之权威，他强调"需要翻遍许多古老民族如埃及人、迦太基人、腓尼基人的历史"。[232]这使得原本那些为早期基督教所拒斥的传统历史家和历史著述，由于现实的需要而走近了基督教信仰。这固然是德尔图良对于日后基督教史学的开创性贡献，但也有赖于原初基督教为历史撰述所保留的宽容。

联想我国与德尔图良差不多同时期的史家荀悦（148—209）曾云："夫立典有五志焉：一曰达道义，二曰彰法式，三曰通古今，四曰著功勋，五曰表贤能。"[233]在此我们似乎可以感觉到，虽时地阻隔，然人类于历史之诉求却颇

228《圣经·马太福音》，第5章，第17节。

229《圣经·路加福音》，第1章，第1—4节。

230（英）麦格拉思编：《基督教文学经典选读》，苏欲晓等译，北京大学出版社2004年版，第17页。

231（古罗马）德尔图良：《护教篇》，涂世华译，上海三联书店2007年版，第12页。

232（古罗马）德尔图良：《护教篇》，涂世华译，上海三联书店2007年版，第39页。

233 荀悦：《两汉纪》：《汉纪》、《后汉纪》/（汉)荀悦、(晋)袁宏著，张烈点校，中华书局2002年版，高祖皇帝纪卷第一，第1页。

为相通并遥相呼应。至少，参之以古罗马的德尔图良，基于其"达道义"的信仰前提，借助于历史的"彰法式"与"通古今"，德尔图良就在久有嫌隙的罗马法律与新兴基督教之间，利用"历史"为媒介，构建了一条联接彼此的新路径：以历史在法律面前为基督教辩护。

（三）德尔图良在《护教篇》中的历史理论体系

以"历史"作为证据的路径既已隐现，拓荒者德尔图良，又是如何在这思想的旷野中征召"历史"来为信仰辩护的呢？

如前所述，罗马法制对于传统习惯的重视，以及修辞学教育中对历史所具权威的强调。这两者为德尔图良预设了一个理论架构，那就是"古老"等同于"权威"，而历史又是判定"古老"与否的有力见证。简言之，就是历史具有甄别权威的权威。

但德尔图良并没有简单地停留于该理论架构，而是出色地对上述理论架构进行了发展与改造：首先，他选择与利用了"古老等同于权威"的理论基石；其次，他作出了"历史学家及其著作作为基督教信仰在世俗中给予权威见证"的理论阐释；第三，他论证和总结了在历史这样的世俗权威之上，"神的启示"（也就是《圣经》）具有最高的权威，它要远远高于一切人类所记载的历史。由此，一个新的理论体系在这位基督徒律师的笔端展露出来，同时也构成了《护教篇》中富有早期基督教特色的历史观念。

1. 理论基石："古老"等同于"权威"

前文曾经论及，关于人生苦短的观念在古希腊智识阶层中蔚为风行。比如诗人忒俄格尼斯就曾感言，"世人最好不要出生"；[234]而索福克勒斯也是感慨，"思虑再三，人最好还是不要来到人间"；[235]人生，如西勒诺斯所喟叹："可怜的蜉蝣族啊，无常与苦难所生的孩子"。[236]而这种对人生苦短的伤感，以及人类苦中作乐的天性，使得古希腊人在写作历史时主要是寄望于留下某种痕迹以供后人凭吊，"使之不致由于年深日久而被人们遗忘"，[237]因而其写作更

---

234 Theognis, "Elegies", *Greek Elegiac Poetry, From the Seventh to the Fifth Centuries BC*, Edited and Translated by Douglas E. Gerber, Cambridge, Massachusetts: Harvard University Press, 1999, p. 235.

235 Sophocles. *Sophocles, Oedipus at Colonus.* Edited and Translation by Hugh Lloyd-Jones. Cambridge, Massachusetts: Harvard University Press, 1998, p. 547.

236 （德）尼采：《悲剧的诞生》，杨恒达译，译林出版社 2007 年版，第 26 页。

237 希罗多德：《历史》（全两册），王以铸译，商务印书馆 2005 年版，第 1 页。

多地指向"当下"而非"古老"。

但当岁月行至德尔图良的时代，昔日希腊人的"当下"早已成为了罗马人的"古老"，历史撰述也已然在许多时人的心目中升华为权威的代名词。一方面，在罗马的法制体系中，古老习惯本身就是法的渊源，并且罗马人也在思想观念上赋予了历史撰述可以见证与甄别"权威"的权威；而另一方面，作为基督教渊源的古犹太教思想，也有着重视上古之事的观念，甚至神自己也要求信众们，"你们要追念上古的事，因为我是神，并无别神；"[238]因为对于生命短促的人类来说，只有依赖"古老"的历史撰述，才能为神做出权威的见证。

那么，"古老"既是罗马法制的渊源，也是基督神明的见证，这样的思想脉络对于精通古典的德尔图良而言自然是了然于胸。因此当他为基督信仰加以辩护时，就对该思想脉络做了巨大的推进。

他首先指出，基督教是"有最古老的犹太著作作证"[239]的宗教，然后他以"古老"为联结，将原本为基督神明做出见证的"上古之事"即犹太先知的言行，与作为罗马法制之渊源的古老习惯直接地糅杂在一起，涵括在了了"古老"这一宏大概念的内涵之中，从而模糊与消弭了二者原本在外延上的隔阂与冲突。

于是他将原本适用于罗马民族传统习惯的"古老"，同样地延伸到了犹太教"古老"的上古之事，并进一步地扩展到以犹太教为渊源的新兴基督教信仰。使得原本为罗马人所拒斥的基督教信仰，通过德尔图良对"古老"概念的糅杂，获得了与罗马民族传统习惯同等甚至更高的权威。

也正是依据德尔图良在《护教篇》中内含的这种"古老等同于权威"的逻辑理论建构，使得他可以直接地向罗马人宣称，"这些著作的远古程度，就说明了它们的权威性"。[240]他并且据此向罗马人举证说，"你们的文字形式，那些历史事件的展示者与保存者，甚至连你们的众神本身，你们的神殿和神谕以及圣礼等"[241]都不及基督教的先知摩西早，因为摩西

238　《圣经·以赛亚书》第 46 章，第 9—10 节。
239　（古罗马）德尔图良：《护教篇》，涂世华译，上海三联书店 2007 年版，第 41 页。
240　（古罗马）德尔图良：《护教篇》，涂世华译，上海三联书店 2007 年版，第 38 页。
241　（古罗马）德尔图良：《护教篇》，涂世华译，上海三联书店 2007 年版，第 38 页。

"与伊纳古斯[242]（Argive Inachus）一样早；比达劳斯[243]（Danaus），你们中最古的人几乎要早400年——只差7年——同时他的逝世要比普里阿姆[244]早1000年。我还可以肯定，他比荷马要早500年。"[245]

德尔图良还进一步指出，那些基督教的其他先知，即使是最晚的也与异教世界的"最早的哲学家、法学家和历史学家一样早"，[246]至于基督教的经典文本《圣经》，它的古老性也是和它的神圣性一样成为其权威的来源。[247]

总而言之，在德尔图良的历史理论体系中，基督教无论是就其先知还是就其经典，皆因其古老而值得信仰。德尔图良此种"古老等同于权威"的逻辑理论，使得原本需要依靠信仰才具有意义的宗教经典，成为了某种具备历史感而必须被世人所尊重的古老文本。他也由此为以《圣经》为代表的基督教信仰，寻找到了一块坚固的理论基石。并且，他为之找寻到的，还是一个高高在上的处所。

2、理论阐释：历史具有极高的权威，能够为信仰作证

事实上，德尔图良之所以将"古老等同于权威"作为其论辩的理论基石，很大程度上也由于他对历史知识的渊博与精深。这使得他有足够的自信与能力来利用过往的历史学家及其著作，做出有利于基督教信仰的阐释。

同时《护教篇》又是一篇严肃而关乎基督徒生死的法律辩护文书，这也导致德尔图良在论辩中，没有像与他同时期的亚历山大的克莱门（Clement of Alexandria）那样思辨而浪漫地以古希腊哲学[248]与古希腊诗歌[249]来为基督神明作证；而是务实而严谨地选择了与"古老"最为直接相关、对于罗马帝政当局而言最具法律证据意义的——"历史"，来充当基督信仰的权威见证。

依凭他深厚的历史学养，德尔图良向读者们强调"我们要去考查各民族

---

242 古希腊城邦阿尔戈斯（Argos)传说中的国王。据说他生活在人类的早期。

243 利比亚的传奇性国王。

244 古特洛伊的末代国王。

245 （古罗马）德尔图良：《护教篇》，涂世华译，上海三联书店2007年版，第39页。

246 （古罗马）德尔图良：《护教篇》，涂世华译，上海三联书店2007年版，第39页。

247 （古罗马）德尔图良：《护教篇》，涂世华译，上海三联书店2007年版，第39页。

248 参阅: Clement of Alexandria, *Exhortation to the Greeks*, with an English Translation by G. W. Butterworth, Cambridge, Massachusetts: Harvard University Press, pp. 145-163.

249 Clement of Alexandria, *Exhortation to the Greeks*, with an English Translation by G. W. Butterworth, Cambridge, Massachusetts: Harvard University Press, pp. 163-173。

的历史与文献"。[250]而在《护教篇》一文中，除了著名的希罗多德之外，德尔图良为了证明基督教信仰的古老与权威，还征召了大量为后世所知晓及公认的历史学家来为其信仰作证：比如西元前五世纪的希腊历史学家忒息亚斯（Ctesias），[251]他著有波斯和印度史；前三世纪时写作古埃及史的埃及历史学家曼内托（Manetho）[252]；差不多与基督同时代的犹太历史学家约瑟夫斯；[253]西元前一世纪的迪奥多鲁斯（Diodorus）[254]，这位希腊史家写有四十卷本的古代世界史；生活于前一世纪的罗马历史学家赛维鲁斯（Cassius Severus）[255]；撰写了《著名皇帝传》以及《杰出将领列传》的罗马史家内波斯（Cornelius Nepos）[256]；以及被我国学者称为"罗马史学的真正奠立者"[257]的加图（Cato）；[258]当然还有古罗马那位著名的史学家塔西佗，等等。

而且德尔图良在对"历史"予以渊博引证的同时，还含有了对史料的考证意识，这也使其论辩摆脱了单纯的理论宣告与典籍罗列所带来的独断与偶然，从而展现出更为有力的论辩策略。

比如在关于异教世界误以为基督徒将"驴头"作为其偶像并加以崇拜的问题上，德尔图良就追本溯源地指出：

> "塔西佗首先把这个观念塞到人们的头脑中。在塔西佗所编的历史第五卷中，在开始讲犹太战争时，谈到该民族的起源；并且对其起源以及犹太人的宗教随意地提出理论，他说，他们在被解救或者据他看是被埃及驱逐之后，在越过干旱的阿拉伯大平原时，他们口渴得很；可是有一头野驴进食之后似乎也在找水，在它的带领下他们发现一眼泉水，于是出于感激之心就将这头动物的头神圣化了。"[259]

250　（古罗马）德尔图良：《护教篇》，涂世华译，上海三联书店 2007 年版，第 39 页。
251　（古罗马）德尔图良：《护教篇》，涂世华译，上海三联书店 2007 年版，第 21 页。
252　（古罗马）德尔图良：《护教篇》，涂世华译，上海三联书店 2007 年版，第 39 页。
253　（古罗马）德尔图良：《护教篇》，涂世华译，上海三联书店 2007 年版，第 39 页。
　　针对这位史家可参见前文关于约瑟夫斯的讨论。
254　（古罗马）德尔图良：《护教篇》，涂世华译，上海三联书店 2007 年版，第 23 页。
255　《（古罗马）德尔图良：《护教篇》，涂世华译，上海三联书店 2007 年版，第 23 页。
256　（古罗马）德尔图良：《护教篇》，涂世华译，上海三联书店 2007 年版，第 23 页。
257　张广智主著：《西方史学史》（第二版），复旦大学出版社 2004 年版，第 44 页。
258　（古罗马）德尔图良：《护教篇》，涂世华译，上海三联书店 2007 年版，第 26 页。
259　（古罗马）德尔图良：《护教篇》，涂世华译，上海三联书店 2007 年版，第 34 页。

随后德尔图良又通过对塔西佗著作的深入研究，找出了塔西佗关于这一讹传的自相矛盾之处，他向受众阐明：

> "正是这位塔西佗（恰好在说谎上并不谨慎）在其上述著作中告诉我们，在庞培攻占耶路撒冷之后，他曾进入圣殿看了犹太教的约柜，却发现其中并无什么神像。"[260]

从而有力地揭示出大众们在该问题上对基督信仰的误解。

值得注意的是，在处理基督教经典《圣经》与"历史"之间的关系时，德尔图良更表现出了一种利用历史来证明圣经的"以史证经"倾向，他向人们宣称，人间的灾祸是可以通过《圣经》的预言与历史的记载这两个方面来相互参证的，并由此来论证《圣经》的神圣性。他就此指出"当我们遭受到这些灾祸时，在《圣经》中我们也同样读到它们；据我们考查，它们都应验了"。[261]

又比如在谈论到耶稣受刑时白昼变为黑夜这一基督教传说中的奇迹时，他则宣称有历史档案为之作证，"在你们的档案中对此世界奇事就有记载"。[262]如果由此而联想起我国史家陈寅恪关于"以史证经"所言"若不取事实以证之，则成无的之矢"[263]的议论，那么德尔图良这种在西方思想领域内的"以史证经"，的确也为其辩护辞章增加了一种"有的放矢"的精准。更为日后基督教将历史的见证功能渗入宗教而置放了基础。

3、理论核心：尽管"历史"具有极高权威，但"神的启示"要远远优越于它

曾有现代学者敏锐地指出，古代希腊人存在着一种"证据就在于目击者的叙述，而历史方法则在于得出这些叙述"的历史观念。[264]如果我们仔细研读《护教篇》一文，也可以发现德尔图良的早期基督教历史观念，已经在理论上将古希腊人的上述观念做了如下的推进：他把握并理解到了古希腊历史写作有着以"目击者的叙述"来得出"证据"的意蕴，并由此而将历史撰述

---

260 （古罗马）德尔图良：《护教篇》，涂世华译，上海三联书店 2007 年版，第 34 页。
261 （古罗马）德尔图良：《护教篇》，涂世华译，上海三联书店 2007 年版，第 40 页。
262 （古罗马）德尔图良：《护教篇》，涂世华译，上海三联书店 2007 年版，第 44 页。
263 该语系陈寅恪在为杨树达《论语疏证》所作的序言中所说。参阅：杨树达，《论语疏证》，江西人民出版社 2007 年版，第 001 页。
264 （英）柯林武德：《历史的观念》，何兆武、张文杰译，商务印书馆 2004 年版，第 57 页。

转用到了强调"证据"的古罗马法律论辩之中。过往的历史学家及其作品在德尔图良的阐释下，就不但因其古老，更因写作方法上的证据指向，而能够在尘世的法庭上获得高度的权威。

并且这种理论上的阐释与推进，正是德尔图良通过其论辩中的实践——对历史的大量引征与印证——所反映出的，他无疑借此将历史叙述提升到了具有极高权威的地位。

因此，这位对哲学、诗歌与戏剧等都嗤之以鼻的神学家德尔图良，当谈及哲学时他认为"雅典与耶路撒冷有何相干"；[265]当谈及诗歌时他认为诗人们将"在他们意料之外的基督台前战战兢兢"；[266]当谈及戏剧时他断言"就戏剧的根源来说，每次演戏都是恶人的集会"。[267]却独独对于历史家们崇尚有加。

例如当德尔图良提及亚历山大大帝将自己视为神明时，他就指出正是历史学家卡利斯特莱斯（Callisthenes）极具权威地给这位人间的君王予以了当头棒喝，"你回头看看，记住你不过是人"。[268]在涉及加图这位卓越的罗马史学家时，他甚至认为，在罗马人所崇拜的诸神中，没有一个神的"庄重和智慧超过加图"。[269]毫无疑问地，德尔图良这种对于历史学家们的推崇有加，对后世的基督教历史写作可谓是影响深远。

尽管"历史"在其为基督徒的辩护中被反复地传召出庭，德尔图良这种"我们更早，于是也更真，更值得相信"[270]的论辩逻辑，终究只是其理论上的阐释发展，而并非其理论的理念核心。

这是因为：一来这可能导致历史凌驾于信仰；二来也可能授人以柄，使得敌对者利用相反的史事来驳斥信仰。所以，这种"以史证经"的阐释论证最终还是走向了"以经证经"的绝对判断。

比如针对基督教经典《圣经》，德尔图良就给予了如下解释："神通过先知们首先向犹太人作了启示，这一切在托勒密王朝已译成希腊语公之于世，

---

265 转引自：（古罗马）德尔图良：《护教篇》，涂世华译，上海三联书店2007年版，xi.

266 （古罗马）德尔图良：《护教篇》，涂世华译，上海三联书店2007年版，第150页。

267 （古罗马）德尔图良：《护教篇》，涂世华译，上海三联书店2007年版，第130页。

268 （古罗马）德尔图良：《护教篇》，涂世华译，上海三联书店2007年版，第61页。

269 （古罗马）德尔图良：《护教篇》，涂世华译，上海三联书店2007年版，第26页。

270 （古罗马）德尔图良：《护教篇》，涂世华译，上海三联书店2007年版，第82页。

凡是读了或听了的就不得不相信"。[271] 如此一来，《圣经》就成为了"凡是读了或听了的就不得不相信"的某种不证自明的神圣文本。

并且《圣经》在德尔图良的阐释下，还被作为"神的启示"来要求受众对于基督教上帝信仰的无条件服从："神另加了一种书面启示，以便每一个决心寻求他的人，寻求而能发现，发现而能信仰，信仰而能服从。"[272] 由此可见，在基督徒德尔图良的内心法庭中，最终的裁判者和至高的权威从来都只有一个，那便是上帝这位，"既统治世界又统治着统治世界者的主"。[273]

这种对上帝与《圣经》的信仰强调，就使得德尔图良在早期基督教历史观念中建构了一个如下的理论核心：虽然"历史"有着极高权威，但《圣经》作为神的"启示"，要远远优越于它。故而，德尔图良在利用"历史"来证明了基督教信仰与《圣经》的古老之后，他还会进一步地向受众们宣称，"如果你们怀疑我们所说的古老程度，我们就来证明它的神圣性"。[274]

这实际上隐含了如下的判断，亦即尽管历史因其古老而具有权威，但兼具了古老性与神圣性的《圣经》，理所当然地要优越于只关乎古老的历史文本；并且正是神圣性本身，使得《圣经》直接具备了"如果理解了就会相信，如果相信了就会得救"[275] 的至高地位。

让我们回到前文所引圣保罗的那个著名警句："注意不要让任何人用哲学和虚空的妄言扰乱你，这些哲学和妄言依据的是人类的传统和尘世的原理，而不是依据基督。"在早期基督教思想看来，人类的所有传统与原理，相比基督的言行都是不值得信赖的。因此，就早期基督教教义和《圣经》原典而言，它们都极少提及甚至颇为拒斥那些古希腊与罗马史学家们的所谓"历史"。

然而，当早期基督徒德尔图良在基督教遭受迫害而需要向罗马官员与民众做出申辩的时候，他那种原本个体化的内心信仰，在呈送给当局的辩护词中就得到了普遍化的展现。神，不再是不容怀疑地静默于内心的神圣殿堂，而是必须置身于了充满喧嚣与狐疑的世俗广场。

所以，出身律师又谙熟史籍的德尔图良，遵从罗马法中的崇古精神，理

271 （古罗马）德尔图良：《护教篇》，涂世华译，上海三联书店 2007 年版，第 36 页。
272 （古罗马）德尔图良：《护教篇》，涂世华译，上海三联书店 2007 年版，第 37 页。
273 （古罗马）德尔图良：《护教篇》，涂世华译，上海三联书店 2007 年版，第 54 页。
274 （古罗马）德尔图良：《护教篇》，涂世华译，上海三联书店 2007 年版，第 40 页。
275 （古罗马）德尔图良：《护教篇》，涂世华译，上海三联书店 2007 年版，第 43 页。

所当然地利用了"历史"这一权威证据，并运用他渊博的历史知识来证明了基督教的古老与崇高。他是如此地娴熟与依赖于历史，以至于有海外学者认为他在某种程度上将《护教篇》这篇辩护词演绎为了"一部关于基督教起源的专著"。[276]尽管他这种辩护的思路看上去有些矛盾，因为神是不具备历史性的，而人又需要通过历史来证明他。可正是德尔图良这种开创性地试图克服神与历史之间对立的努力，使得他在早期基督教的"护教士"中尤其突出，并且对后世基督教的历史观念影响深远。

当代阐释学家伽达默尔曾将历史定义为与理论理性不同的真理来源，他认为，"人的激情是不能为理性的一般规则所支配，为此，我们需要更令人信服的事例，而这种事例只有历史才能提供出来"。[277]而德尔图良在《护教篇》中利用历史为信仰所作的辩护，正可以说是伽达默尔前述观点的古老范例。

首先，通过"古老等同于权威"，德尔图良为后来的基督教历史观引入了古罗马的"崇古"思想，尤其是罗马法中恪守传统的精神，扬弃了古希腊历史写作中指向"当下"的当代性，使得历史不再仅仅因为"在场"而成为"证据"，还可以由于其"古老"而攫取"权威"；

其次，德尔图良利用历史来为信仰进行申辩，以及他在辩护中所赋予历史的极高权威。使得原本排斥历史的基督教信仰，反而可以通过历史的权威见证而获得令人信服的思想力量，从而在教义宣讲与神学阐述之外，为人们揭示了另一种依靠历史去认识神明的可能。而这也就为日后基督教思想的传播，隐现了一条以历史写作来为神明作证的全新路径；

最后也是最重要的，尽管德尔图良阐释并利用了历史能够"再现"史事的证据功能，但他仍限定了历史主要是与古老相关，而只有《圣经》才是完全记载"神在我们之中显现出来"[278]的神圣文本，并且其神圣性是远远优越于古老性的。可以说，德尔图良这种对于神性启示文本优于人性历史叙事的判断与强调，为随后基督教历史写作的那种由记录过往人事的"再现"，转向证明上帝神意的"显现"的路径转换，既提供了坚实而富有创造力的理论基

---

276 Mark S. Burrows, "Christianity in the Roman Forum: Tertullian and the Apologetic Use of History", *Vigiliae Christianae* 3. (1988), p. 210.

277 （德）伽达默尔：《真理与方法 I》（修订译本），洪汉鼎译，商务印书馆 2007 年版，第 38 页。

278 （古罗马）德尔图良：《护教篇》，涂世华译，上海三联书店 2007 年版，第 42 页。

础，也笼上了沉重并难以摆脱的理论桎梏。

因此，当时光流逝百年余之后，当熟读德尔图良著作的攸西比乌斯开始撰写其《教会史》的时候，已经可以很平静而毫无疑虑地宣称，他之所以撰述历史，只不过"仅仅是为了记录下足够的证据来证明神的判断"。[279]

---

279 Eusebius, *The Ecclesiastical History,* Volume II, with an English Translation by J. E. L. Oulton, Cambridge, Massachusetts: Harvard University Press, reprinted 2000, p. 257.

第四章　早期基督教史学的完型

　　本章中所谓早期基督教史学的"完型"，主要是指凯撒利亚的攸西比乌斯（Eusebius of Caesarea），这位被史学界公认为"教会史之父"[1]的基督教史家，通过他在 4 世纪初期所撰写的《教会史》，具备典型意义地反映出：早期基督教历史学历经此前三百余年的发展，终于孕育出了一种真正独立而完备的基督教史学范型。

　　自此，早期基督教可说为人类认识历史开拓出了一条前所未有的基督教历史学阐释路径。这既如攸西比乌斯自己所言，他的历史叙述乃是"踏上了一条荒凉而无人涉足的道路"；[2]也像后世研究者所总结，攸西比乌斯"在史学历史上开创了新的时代"；[3]更预示着西方史学思想从此将发生一个意义深刻的转向："历史的观念由于基督教的革命性的影响而经过重新塑造"。[4]

　　正是基于攸西比乌斯《教会史》的典范性与开创性，也就标志了基督教史学至此告别其"早期"而走向成熟。因此本章在将《教会史》作为"一种

1　（美）J　W·汤普森：《历史著作史》，上卷，第一分册，谢德风译，商务印书馆
　　1996 年版，第 187 页。另参阅：*The Concise Oxford Dictionary of the Christian Church,*
　　Ed. Elizabeth A. Oxford: Oxford University Press, 1977, p. 181.
2　Eusebius, *The Ecclesiastical History*, Volume I, with an English Translation by Kirsopp
　　Lake, Cambridge, Massachusetts: Harvard University Press, reprinted 1998, p. 9.
3　（意）莫米利亚诺（Arnaldo Momigliano）：《现代史学的古典基础》，洪洁音译，华
　　东师范大学出版社 2009 年版，第 188 页。
4　（英）柯林武德：《历史的观念》，何兆武、张文杰译，商务印书馆 2004 年版，第
　　85 页。

基督教史学新范型"加以理解与探讨之后，随后便能够较系统地回顾早期基督教史学中两个较为重要的思想传承，并期望更深入地理解，早期基督教史学发展至《教会史》的"完型"意义。

这两条思想脉络此前曾被多次的涉及，但并没有得到足够深入的展开，而它们在本章中则被冠以如下的标题，那就是"一个新特征的展现：早期基督教史学与政治之关联"；以及"一条新路径的开辟：'隐喻解经法'与早期基督教史学思想"。

一、一种新范型的确立：攸西比乌斯的《教会史》

攸西比乌斯被近代史学界公认为"教会史之父"。他所撰写的《教会史》，不仅纪录了"基督教在关键性的前三百年（自耶稣至君士坦丁）间的兴起状况"；[5]更反映出早期基督教历史学历经之前三百多年的演历，至此终于构型出一种真正独立而完备的史学新范型，也即基督教史学范型。

因为正是《教会史》这部前无古人的"如此样式的历史"，[6]标志基督教史学相较于西方传统史学出现了系统性的巨大转变。

先就历史写作的主体而言，撰史者不复再如古希腊罗马史学家那样，强调其个人"自我"的身份，而是将历史叙述者宣称为由上帝引导，并被神灵附着的神意代言人："我们祈祷上帝来给予我们他的指引，我们藉此就能得到上帝神力的帮助"。[7]

再就历史写作的客体来说，如攸西比乌斯自己指出，其《教会史》记载的主要是基督教圣使徒统绪的传承、[8]教会的历史承继、教团内部的卓越领袖、

---

5 （古罗马）优西比乌：《教会史》,（美）梅尔英译、评注，瞿旭彤译，生活·读书·新知三联书店 2009 年版，"引言"，第 1 页。

6 Eusebius, *The Ecclesiastical History*, Volume I, with an English Translation by Kirsopp Lake, Cambridge, Massachusetts: Harvard University Press, reprinted 1998, pp. 9-11.

7 Eusebius, *The Ecclesiastical History*, Volume I, with an English Translation by Kirsopp Lake, Cambridge, Massachusetts: Harvard University Press, reprinted 1998, p. 9.

8 圣使徒统绪（the successions of the sacred apostles）：也作"使徒统绪"（apostolic succession），"（圣)使徒统绪"在攸西比乌斯的行文中，主要展现为早期教会的教父与主教们，基于早期教会特定的基督信仰，依照教义解释如"圣灵"、"恩赐"等，或者教会特定礼仪程序如推选、按立等，来追溯到最初的基督教"使徒"直至耶稣基督的传承关系。这在《教会史》中主要被用于强调正统的基督教思想与组织继承，是一个颇复杂的教会史专题，在此不作过多展开。

对外的杰出传道者、连同一些思想异端分子、还包括犹太民族在背叛耶稣后的命运、异教徒对基督教的攻击以及护教人士的英勇事迹，此外还记叙了在攸西比乌斯的时代里的殉道事迹与救主耶稣的帮助。[9]

这就一反西方传统史学中由希罗多德开创的主要描绘社会文化发展的"文化史"范型、以及修昔底德开辟的着重记叙政治军事进程的"政治史"范型，[10]另辟蹊径地肇创了主要书写基督教教会历史的"教会史"范型。

最后亦是最重要的，教会史的历史写作目的，也发生了关键性的转变。攸西比乌斯明言他写作《教会史》的出发点是"显明与救主耶稣基督有关的上帝的初次神恩应许"，[11]并且在写作中也是"下决心去仅仅记录下那些能够证明神的审判的内容"。[12]因而彻底告别了传统史家纪录诸多纷繁史事以进行"探询"的意愿，转变为有意识地搜集事实来"证明"神意在历史中的显现。这正像他自己在《教会史》中所言："我们记载的这些事实，可以作为证据来显明另一个预言的实现，那就是我们的救主耶稣基督的显现"。[13]

以上所有这些转变，都标志着西方历史学发生了一个根本转折，即历史学所要阐释的不复再是历史事件的现实意义，而是它们的宗教意蕴。就如柯林武德所总结：基督教对历史学的新看法，就是将历史过程看做并非人类的目的，而是上帝目的的实践。[14]当然，攸西比乌斯并不是第一个如此看待历史的人，但他的《教会史》，却的确是基督教内第一本系统而深刻地展现了这种新兴基督教历史观念的史学文本。

9 Eusebius, *The Ecclesiastical History*, Volume I, with an English Translation by Kirsopp Lake, Cambridge, Massachusetts: Harvard University Press, reprinted 1998, p. 7—9.

10 关于此两种西方史学史上不同范型的概论可以参阅：张广智：《西方史学通史·第一卷·导论》，复旦大学出版社2011年版，第17页。而对攸西比乌斯《教会史》突破此两种传统史学范型的更深入探讨则可参见：赵立行：《西方史学通史·第三卷·中世纪时期》(公元5世纪至14世纪)，复旦大学出版社2011年版，第1、2页。

11 Eusebius, *The Ecclesiastical History*, Volume I, with an English Translation by Kirsopp Lake, Cambridge, Massachusetts: Harvard University Press, reprinted 1998, p. 9.

12 Eusebius, *The Ecclesiastical History*, Volume II, with an English Translation by J. E. L. Oulton. Cambridge, Massachusetts: Harvard University Press, reprinted 2000, p. 257.

13 Eusebius, *The Ecclesiastical History*, Volume I, with an English Translation by Kirsopp Lake, Cambridge, Massachusetts: Harvard University Press, reprinted 1998, p. 55.

14 （英）柯林武德：《历史的观念》，何兆武、张文杰译，商务印书馆2004年版，第87页。

（一）攸西比乌斯的生平简述[15]

西方学界一般认为，攸西比乌斯的生卒年份为西元260—340年。[16]这位教会史之父又被称呼为"凯撒利亚的攸西比乌斯"，以此区别于基督教历史上其他同名人物。而他之所以在名字前被冠以"凯撒利亚"这座巴勒斯坦名城，则主要因为他曾担任该城主教多年，并且他也很可能出生在这里。[17]

事实上，这座凯撒利亚城可谓与早期基督教渊源颇深。根据《新约·使徒行传》的记载，彼得在访问该城时，"圣灵"首次降临在外邦人身上（也可理解为首次向外邦人传教）；[18]保罗则在传道时被囚在此城中两年有余。[19]另外，早期基督教杰出的神学家奥利金（Origen），[20]也于西元213年因避难来到该城并卒于此地，奥利金还在这座城市中创建了日后相当著名的基督教学校。[21]

也正是奥利金，对攸西比乌斯的宗教思想有着重大的影响。因为不仅攸西比乌斯的挚友兼恩师潘菲鲁斯（Pamphilus）就是一位"奥利金的狂热追随

---

15 关于攸西比乌斯的生平，国内学者研究已颇深入，其中赵康英的博士论文《凯撒利亚的尤西比乌斯及其〈基督教会史〉研究》较为系统，参阅：赵康英：《凯撒利亚的尤西比乌斯及其〈基督教会史〉研究》（博士学位论文），南开大学历史学院2010年，第21—41页。此外还可参阅《教会史》英译者梅尔在其译本"引言"中的简介：（古罗马）优西比乌：《教会史》，（美）梅尔英译、评注，瞿旭彤译，生活·读书·新知三联书店2009年版，"引言"，第1—6页；另可参阅："introduction", in Eusebius, *The Ecclesiastical History*, Volume I, with an English Translation by Kirsopp Lake, Cambridge, Massachusetts: Harvard University Press, reprinted 1998, pp. ix-xxvii。而本文关于攸西比乌斯生平的简介则仅仅是对上述研究成果的综合梳理，特此申明。

16 *The Concise Oxford Dictionary of the Christian Church*, Ed. Elizabeth A. Oxford: Oxford University Press, 1977, p. 181.

17 参阅：赵康英：《凯撒利亚的尤西比乌斯及其〈基督教会史〉研究》（博士学位论文），南开大学历史学院2010年，第23页

18 参阅：《圣经·新约·使徒行传》，第10章，第1—44节。

19 参阅：《圣经·新约·使徒行传》，第23章，第23节—第24章，第27节。

20 关于奥利金的生平与事迹，可以参阅 *The Concise Oxford Dictionary of the Christian Church*, Ed. Elizabeth A. Oxford: Oxford University Press, 1977, p. 371~372. 以及（美）奥尔森：《基督教神学思想史》，吴瑞诚，徐成德译，北京大学出版社2003年，第93—96页。

21 *The Concise Oxford Dictionary of the Christian Church*, Ed. Elizabeth A. Oxford: Oxford University Press, 1977, p. 371.

者",[22]而且攸西比乌斯自己更是对奥利金心怀崇敬。[23]攸西比乌斯《教会史》中篇幅最长的第六卷,就几乎整卷都是围绕奥利金所展开,[24]攸西比乌斯还曾评价奥利金对于《圣经》的研究"极其地准确无误"。[25]

至于攸西比乌斯的师长潘菲鲁斯,则曾经担任过凯撒利亚教会的长老,并被攸西比乌斯誉为"我们这个时代最杰出的人",[26]此人也是在西元 309 年殉道于凯撒利亚。[27]

西元 313 年,君士坦丁与李锡尼在米兰共同通过了著名的"米兰赦令"(Edict of Milan),标志着罗马帝国结束了其长期以来对基督教徒的迫害。在随后的 315 年,攸西比乌斯被推选为凯撒利亚主教并一直担任此项职务直至离世。

攸西比乌斯生前曾卷入早期基督教内的巨大教义争端"阿里乌之争"(the Arian controversy),[28]并由于他对这场论争中异端首领阿里乌(Arius)所抱持的同情,而在 324 年被基督教安提阿会议暂时性地革除教籍。

> "次年,攸西比乌斯的案子被转到尼西亚大公会议;在这次会议期间,他成了君士坦丁大帝的首席神学顾问,不仅坐在这位皇帝的右手边,而且还发表了一篇为他歌功颂德的颂词"。[29]

---

22 参阅(美)布鲁斯·M·麦慈格(Metzger, B. M.):《新约正典的起源、发展和意义》,刘平、曹静译,上海人民出版社 2008 年版,第 189 页。

23 参阅:(美)凯利:《多面的历史:从希罗多德到赫尔德的历史》,陈恒、宋立宏译,三联书店 2003 年版,第 154 页。

24 参阅: Eusebius, *The Ecclesiastical History*, Volume II, with an English Translation by J. E. L. Oulton, Cambridge, Massachusetts: Harvard University Press, reprinted 2000, pp. 2-131.

25 Eusebius, *The Ecclesiastical History*, Volume II, with an English Translation by J. E. L. Oulton, Cambridge, Massachusetts: Harvard University Press, reprinted 2000, p. 51.

26 Eusebius, *The Ecclesiastical History*, Volume II, with an English Translation by J. E. L. Oulton. Cambridge, Massachusetts: Harvard University Press, reprinted 2000, p. 297.

27 *The Concise Oxford Dictionary of the Christian Church*, Ed. Elizabeth A. Oxford: Oxford University Press, 1977, p. 378.

28 关于早期基督教的"阿里乌主义"(Arianism)可参阅: *The Concise Oxford Dictionary of the Christian Church*, Ed. Elizabeth A. Oxford: Oxford University Press, 1977, pp. 32, 33。关于攸西比乌斯卷入及"阿里乌之争"的情况可参阅《教会史》英译者梅尔在其译本"引言"中的介绍:(古罗马)优西比乌:《教会史》,(美)梅尔英译、评注,瞿旭彤译,生活·读书·新知三联书店 2009 年版,"引言",第 5 页。

29 梅尔,"引言",见:(古罗马)优西比乌:《教会史》,(美)梅尔英译、评注,瞿

也是在这次尼西亚大公会议上，"攸西比乌斯呈交了他在凯撒利亚教会所使用的信经，得以避免被指控为异端"。[30]此后，攸西比乌斯还曾先后参加过331 年的基督教安提阿会议，以及 336 年的君士坦丁堡会议。及至西元 337 年，君士坦丁大帝驾崩，随后不久，攸西比乌斯也离开了人世。

按照《教会史》现代英译者梅尔的说法，攸西比乌斯离世的"确切时间很可能是 339 年 5 月 30 日"，他同时指出"这一说法出自 4 世纪的叙利亚殉道史"。[31]

（二）由作者经历而把握的《教会史》两个基调

从以上生平简述中不难得见，教会史学创始者攸西比乌斯适逢早期基督教团体在罗马帝国治下转危为安的关键性历史转折。他的恩师潘菲鲁斯曾惨遭帝国迫害以致殉道，而攸西比乌斯自己则切近见证了君士坦丁大帝所代表的帝国对于基督教的宽容甚至推崇。

正基于基督教旧有厄运的终止，以及新兴荣耀的来临，使得《教会史》的结尾充满"神的正义"终得伸张的欣喜。攸西比乌斯不但将《教会史》最后第 10 卷"这一完美数字"[32]的卷目用于"对教会重建的全面描述和赞颂"。[33]而且他在此卷开端就摘引《旧约·诗篇》中"你们要向耶和华唱新歌……耶和华发明了他的救恩，在列邦人眼前显出公义"[34]的诗句，将自己的撰史转喻为"现在让我们大声唱出新歌"。[35]

他随后讲出这首"新歌"的主要基调，就是在结束此前诸卷中基督徒惨遭迫害的"那些可怕与阴暗的场景与叙述之后"，[36]他终于可与所有《教会史》

旭彤译，生活·读书·新知三联书店 2009 年版，"引言"，第 5 页。

30 梅尔，"引言"，见：（古罗马）优西比乌：《教会史》，（美）梅尔英译、评注，瞿旭彤译，生活·读书·新知三联书店 2009 年版，"引言"，第 5 页。

31 梅尔，"引言"，见：（古罗马）优西比乌：《教会史》，（美）梅尔英译、评注，瞿旭彤译，生活·读书·新知三联书店 2009 年版，"引言"，第 6 页。

32 Eusebius, *The Ecclesiastical History,* Volume II, with an English Translation by J. E. L. Oulton. Cambridge, Massachusetts: Harvard University Press, reprinted 2000, p. 391.

33 Eusebius, *The Ecclesiastical History,* Volume II, with an English Translation by J. E. L. Oulton. Cambridge, Massachusetts: Harvard University Press, reprinted 2000, p. 391.

34 《圣经·旧约·诗篇》，第 98 章，第 1 节。

35 Eusebius, *The Ecclesiastical History,* Volume II, with an English Translation by J. E. L. Oulton. Cambridge, Massachusetts: Harvard University Press, reprinted 2000, p. 391.

36 Eusebius, *The Ecclesiastical History,* Volume II, with an English Translation by J. E. L. Oulton. Cambridge, Massachusetts: Harvard University Press, reprinted 2000, p. 391.

受众来共同庆祝迫害的终止，"所有人类都从那些暴君的逼迫中得到解放"。[37]

也由此，我们就把握到这位教会史之父在其《教会史》撰述中第一个贯穿始终的主要基调：早期基督徒所遭受的"迫害"与他们的"反迫害"。

这正如他在《教会史》第 1 卷开篇就已明言，其主要记述意图便包括了如下内容：异教徒对基督教的攻击以及护教人士的英勇事迹，以及攸西比乌斯自己时代里的殉道事迹与救主耶稣的帮助。[38]

如果说攸西比乌斯因为亲历早期基督教团体由辱转荣的关键转折，使《教会史》有了第一个显见的基调："迫害"与"反迫害"。那么他生平另一重要经历，也即他曾深度参与早期基督教内部的教义争端，则使《教会史》有了第二个较为明显的基调："异端"与"反异端"。

攸西比乌斯早年曾与其恩师潘菲鲁斯合作撰写过《为奥利金辩护》（*Defense of Origen*）一书，来为奥利金的隐喻解经倾向辩护。此后一生中他更是撰写了许多反驳"异端"的论战性文字，[39]其《教会史》也由于对《圣经》正典发展史的详尽梳理，而在基督教《圣经》发展史上影响深远。[40]

---

37 Eusebius, *The Ecclesiastical History,* Volume II, with an English Translation by J. E. L. Oulton. Cambridge, Massachusetts: Harvard University Press, reprinted 2000, p. 395.

38 Eusebius, *The Ecclesiastical History*, Volume I, with an English Translation by Kirsopp Lake, Cambridge, Massachusetts: Harvard University Press, reprinted 1998, p. 7—9.

39 根据《教会史》英译本译者梅尔梳理，攸西比乌斯目前可知的著作中，反驳异端的"论战类作品"就已经十分丰富（当然有些作品仅存题目或者只有片段流传）：《为奥利金辩护》（*Defense of Origen*）一书，反驳那些攻击奥利金把神学隐喻化的人。"最让优西比乌感到恼火的异端似乎是撒伯里乌异端"，这异端十分强调三一之中的合一，从而认为独一的上帝显现于三个不同的形态而非三个不同的位格之中，进而主张圣父在基督的形态之中受难"圣父受难论"（Patripassianism）。优西比乌还写过两部作品：《驳马尔塞鲁斯》(*Against Marcellus*)、《论教会神学：驳马尔塞鲁斯》(*On the Theology of the Church. A Refutation of Marcellus*），以反驳时任安西拉主教的马尔塞鲁斯。他还写有《驳摩尼教徒》(*Against the Manicheans*)驳斥那些追随摩尼（Mani)的人，他们在波斯宣扬一种二元论的诺斯替主义，把实在分成两种原则：光明与黑暗、上帝与物质。此外，被梅尔归为"护教类作品"的《论古人的多子多孙》(*On the Numerous Progeny of the Ancients*)、《福音的预备》(*Preparation for the Gospel*)和《福音的证据》(*Proof of the Gospel*)以及《论神显》(*Theophany*)等书，包括攸西比乌斯许多的"教义类作品"与"释经类作品"，在某种意义上也多少反映了他与"异端"之间的争斗。参阅：梅尔，"引言"，见：（古罗马）优西比乌：《教会史》，（美）梅尔英译、评注，瞿旭彤译，生活·读书·新知三联书店 2009 年版，"引言"，第6—10 页。

40 关于攸西比乌斯《教会史》对于基督教《圣经》正典发展重要影响的讨论，可以

攸西比乌斯在《教会史》开篇，便表明他记述的意图中就包括那些形形色色的"异端"，[41]并将这些"异端"比喻为残暴掳掠基督羊群的"恶狼"。[42]及至第三卷他更几乎以整卷来追溯了基督教《圣经》正典的形成历史，并直接列举了那些他视为"正典"与"异端"的卷目。

实际上，"异端"与"反异端"虽然没有像"迫害"与"反迫害"那样由始至终地贯穿全书，但却在思想深度与原创性上凸显了《教会史》的"教会史"特征。如现代史学家莫米利亚诺就曾指出，这种对"异端"的关注"显示出攸西比乌斯研究的新颖性"。[43]

当然，"迫害"与"反迫害"以及"异端"与"反异端"，绝非攸西比乌斯《教会史》的全部，只是《教会史》中较为显见的两条主要写作线索。但这两者是如此明显与关键，使我们已经能够沿着这两条线索去对《教会史》有一个概括的把握。

一方面，"迫害"与"反迫害"所展现的是早期基督教团体与异教世界尤其是罗马帝政当局之间的冲突互动，更强调早期教会的世俗进程；另一方面，"异端"与"反异端"所反映的则是早期基督教团体内部的争端联系，更聚焦于早期教会的信仰发展。

而这种试图糅合早期教会"世俗"与"信仰"两方面历史的史学叙述意欲，又是一早就在攸西比乌斯对待耶稣的态度中显现出来的。在《教会史》第1卷第2章中，攸西比乌斯就明确指出："基督有两重特性，一方面，……他是上帝；另一方面，……他披戴上人性，成为与我们有一样性情的人"。

因此在攸西比乌斯随后动笔撰述"耶稣"的历史时，他就既要依照《圣经》去展现耶稣自"创世纪"以来并且曾经"复活"的"神性历史"，又不得不在《圣经》之外仍参考犹太史家约瑟夫斯的文字，与相关书信档案来记述耶稣在人间从生到死的"俗世历史"。[44]

参阅：（美）布鲁斯·M·麦慈格（Metzger, B. M.）：《新约正典的起源、发展和意义》，刘平、曹静译，上海人民出版社2008年版，第189—194页。

41 Eusebius, *The Ecclesiastical History*, Volume I, with an English Translation by Kirsopp Lake, Cambridge, Massachusetts: Harvard University Press, reprinted 1998, p. 7—9.

42 Eusebius, *The Ecclesiastical History*, Volume I, with an English Translation by Kirsopp Lake, Cambridge, Massachusetts: Harvard University Press, reprinted 1998, p. 7—9.

43 （意）莫米利亚诺（Arnaldo Momigliano）：《现代史学的古典基础》，洪洁音译，华东师范大学出版社2009年版，第六章："基督教会史学的起源"，第191页。

44 Eusebius, *The Ecclesiastical History*, Volume I, with an English Translation by Kirsopp

而攸西比乌斯以"神性"与"人性"两重特性来记述耶稣历史的《教会史》第 1 卷，也无疑引领了整部《教会史》糅合"世俗"与"信仰"两重历史的"教会史"撰史范型。

（三）依照前述两基调对《教会史》的概括与探析

随后，我们也就依照"迫害"与"反迫害"以及"异端"与"反异端"这两个主要基调，来对《教会史》的整体叙述加以概括把握。

目前通行的《教会史》全书共十卷：第 1 卷主要叙述耶稣的生平。某种意义上，"耶稣"的受难经历正是早期基督教遭受迫害的最典型。而在该卷的第 4 章，攸西比乌斯则脱离开对耶稣生平的描述，转而以整章篇幅来驳斥外界对于基督徒的攻击，论证基督教信仰是"上古、唯一和真实的"。[45]

第 2 卷主要叙述早期基督教使徒的事迹，但在描述他们传道活动之外，更多还是强调了他们所遭受的迫害，诸如司提反、雅各与彼得的殉道，保罗的受迫害，教会在耶路撒冷被犹太人迫害，罗马元老院对基督教的抵制以及皇帝提庇留的宽容，皇帝尼禄的迫害。更以一种报应史观详述施加迫害的犹太人群体、彼拉多，希律王的悲惨下场。讲述了早期教会与异端腓利（Philip）、"行邪术的西门"与海伦（Helen）的斗争，还大量引征斐洛的文字来力证"第一代使徒传人"[46]的虔敬生活为基督徒辩护。

第 3 卷承接第 2 卷，起先仍然是早期使徒在传道中所遭受的种种迫害，以及迫害者犹太人群体被罗马人屠杀的悲惨结局，随后强调了皇帝图密善对基督徒的迫害，各地主教诸如耶路撒冷主教西面、安提阿主教伊格纳修的殉道，还讲到皇帝图拉真停止追捕基督徒。在此卷中攸西比乌斯撰述了一个重要内容，即对《圣经》正典发展的追溯，以及对正典与"异端"书目的划分。随后他撰述了异端米南德（Menander）、"伊便尼派"（Ebionites）、克林妥（Cerinthus）、尼哥拉（Nicolaus）与尼哥拉党人（Nicolaitans）等，以及早期教会与异端间的斗争。

第 4 卷继续讲述了犹太人群体被罗马人镇压的惨烈下场，各种异端诸如

Lake, Cambridge, Massachusetts: Harvard University Press, reprinted 1998, pp. 11—97.

45　Eusebius, *The Ecclesiastical History*, Volume I, with an English Translation by Kirsopp Lake, Cambridge, Massachusetts: Harvard University Press, reprinted 1998, p. 45.

46　Eusebius, *The Ecclesiastical History*, Volume I, with an English Translation by Kirsopp Lake, Cambridge, Massachusetts: Harvard University Press, reprinted 1998, p. 157.

诺斯替派（Gnostics）等以及早期教内神学家对他们的驳斥。罗马皇帝哈德良（Hadrian）治下基督教遭受的攻击，连同哈德良对基督教实行宽容政策的"哈德良敕令"，殉道者查士丁（Justin of martyr）向罗马皇帝安东尼努斯·庇护（Antoninus Pius）的信仰申辩。重点叙述了土美拿的波利卡普（Polycap of Smyrna）、殉道者查士丁（Justin of martyr）的护教与殉道事迹，以及各地主教诸如哥林多主教狄奥尼修斯（Dionysius）、安提阿主教提阿菲罗斯（Theophilus）等的传道与护教。

第 5 卷，此卷始于西元 177 年罗马皇帝马可·奥勒留治下，在开篇攸西比乌斯就指出基督徒所遭受的迫害愈益猛烈，随后讲述大量的迫害与殉道事迹。期间转引爱任纽（Irenaeus）关于《圣经》正典的论述，再次梳理了正典的发展。并提及不少重要的早期神学家，简介了一些重要教区主教的承继。还重点记叙了教会对马西昂异端（Marcionites）、异端孟他努（Montanus）与孟他努主义者（Montanism）等的斗争。值得注意的是该卷详叙了教会内部的复活节节期争端，并以相当篇幅论证基督徒能祈祷降雨等神奇能力。

第 6 卷基本围绕攸西比乌斯极为推崇的神学家奥利金所展开，行文也集中于奥利金与异端间的神学争论，奥利金就《圣经》正典的注释与梳理，奥利金自己所遭迫害及其亲属与学生们所遭的迫害与殉道。并对一些重要主教与教父加以记载，对他们的作品包括书信加以叙录、评析。记载了早期教徒与罗马帝政高层之间的互动，如奥利金会见皇帝赛维鲁斯（Severus）的母亲马美娅（Mamaea）等。论及罗马皇帝腓利普（Philip）有可能是一位基督徒，其继任者德西乌斯（Decius）对基督徒的迫害及相关的殉道者事迹。以及诺瓦替安（Novatian）异端与教会之间的斗争。

第 7 卷，主要内容大多来源于亚历山大主教狄奥尼修斯（Dionysius, Bishop of Alexandria）的书信，攸西比乌斯利用这些书信一如既往地展现了皇帝加鲁斯（Gallus）、瓦莱里安（Valerian）等对基督徒的迫害，以及皇帝加里努斯（Gallienus）下令结束对基督徒的迫害，特别整理了狄奥尼修斯对《启示录》的理解。还描写了在凯撒利亚的基督雕像等，早期教会会议与主教们对各种异端的斗争。皇帝奥勒良（Aurelian）统治后期及其继任者们对基督徒的迫害。在此卷末尾，他声明至此他结束了书中一个重要主题："从我们救主出生到各处祈祷场所被毁坏之间的使徒统绪传承，时间跨度超过三百零五年"。[47]

---

47 Eusebius, *The Ecclesiastical History,* Volume II, with an English Translation by J. E. L.

第 8 卷，此卷中攸西比乌斯极少引征他人资料，而是以亲历见证来着重描写他自己时代里基督徒所遭受的巨大迫害，列举了许多的殉道者。并重点叙述迫害基督教的罗马皇帝戴克里先（Diocletian）、马克森狄（Maxentius）、马克西敏（Maximin）对基督徒的暴行，皇帝君士坦提乌斯（Constantius）及其儿子君士坦丁对基督徒的宽容。以及十年大迫害的终止，这被阐述为是神惩罚元凶加勒里乌斯（Galerius）并迫使其悔改，随后攸西比乌斯用此报应史观描绘了其他几位皇帝的结局。

第 9 卷，承袭第 8 卷的风格，主要讲述东部暴君马克西敏对基督徒的迫害，新的殉道者们，神对马克西敏统治的各种惩罚。君士坦丁与李锡尼在神的帮助下战胜马克西敏与马克森狄。并着重阐释了马克西敏在神惩罚下的悲惨下场。

第 10 卷，在罗马帝政当局结束迫害之后，该卷完成了对教会重建的描述与赞美，保留不少当时皇帝们停止迫害以及推崇教会的文件。并叙述李锡尼对基督徒继续施加迫害，以及君士坦丁最终在神的帮助下战胜这个暴君。至此，君士坦丁大帝及其儿子基利司布（Crispus）终于统一东西罗马，"将整个帝国置于他们和平的统治之下"，[48]人们尽情地享受各种美好，"这所有的美好事物都来自上帝的赐予"。[49]

以上我们就基本概括了整部《教会史》，的确也看到"迫害"与"反迫害"、"异端"和"反异端"，是怎样交织地构建了攸西比乌斯的"教会历史"。并也在这样的概括中把握到《教会史》以下两方面特征，值得在此稍加探析：

（四）《教会史》的两个主要特征

1、《教会史》是一部以"信仰（宗教）"历史为主、以"世俗（政治）"历史为辅的历史作品

诚然自第 8 卷开始，正如攸西比乌斯在第 7 卷结尾点明已结束对使徒统绪的撰述，他随之便极少再着墨于对"异端"与"反异端"的展现。于是《教会史》确实展现出以罗马皇帝更迭为序的表面性的叙事时间框架，其第 8、9、10 卷更集中讲述以罗马皇帝为代表的帝政当局对基督徒的迫害与宽容。但这

Oulton, Cambridge, Massachusetts: Harvard University Press, reprinted 2000, p. 245.
48　Eusebius, *The Ecclesiastical History,* Volume II, with an English Translation by J. E. L. Oulton, Cambridge, Massachusetts: Harvard University Press, reprinted 2000, p. 479.
49　Eusebius, *The Ecclesiastical History,* Volume II, with an English Translation by J. E. L. Oulton, Cambridge, Massachusetts: Harvard University Press, reprinted 2000, p. 481.

并不意味着攸西比乌斯将《教会史》视为一部罗马帝政发展史加以撰写。

须知，整部《教会史》在总体时间框架上，仍然是一部自"救主耶稣"这位"在未有世界以先就存在的光，是超越时间的智慧，是太初就与圣父同在的永生之道和上帝"[50]开始，直至攸西比乌斯自己的时代里"从现在开始，天空晴朗无云，天堂之光四处散发，照耀着普世的基督教会"，[51]神意最终"在列邦人眼前显出公义"[52]为止的基督教信仰发展史。

并且就具体行文编排来看，从第1卷对耶稣的"世俗历史"撰述开始，到第7卷结束对使徒统绪的撰述为止。与攸西比乌斯大量记叙各个现实政治人物相并行的，则是攸西比乌斯同样大量记载了当时的使徒、主教与教父、殉道者等基督教信仰人物。而且后者才是重点，因为正是这些人物在世俗历史中的传道、遭受迫害甚至殉道，方引出攸西比乌斯对相关政治人物与事件的撰述。故而对"俗世"人物的撰述，其实是作为教会内部"信仰"人士的辅助与参照。

在此笔者认为：就撰史意图而言，虽然攸西比乌斯基于"迫害"与"反迫害"的基调，而在《教会史》中展现许多现实政权的更迭与战争，包括罗马对犹太人的战争。但那只是他为了显现"神意"而做的必要历史叙述，并非他的撰史关键。

如下，有攸西比乌斯自己的文字，可以明证笔者以上观点。在该段文字中，攸西比乌斯强调其与传统史学家的一个本质区别就是：

> "其他史家的作品仅限于记录战争中的胜利、指挥官的功绩和士兵的英勇，这些人为了国家、家族和财富的缘故大肆屠杀，双手沾满了成千上万人的鲜血。我的作品与此恰恰相反，我要记录的是那些为灵魂之和平而战的战争、那些在这样的战争中不为国家而为真理、不为家族而为信仰而战的人物，为的是让这些战争和这些人物一并永留青史"。[53]

---

50 （古罗马）优西比乌：《教会史》，（美）梅尔英译、评注，瞿旭彤译，生活·读书·新知三联书店2009年版，第23页。

51 （古罗马）优西比乌：《教会史》，（美）梅尔英译、评注，瞿旭彤译，生活·读书·新知三联书店2009年版，第437页。

52 （古罗马）优西比乌：《教会史》，（美）梅尔英译、评注，瞿旭彤译，生活·读书·新知三联书店2009年版，第436页。

53 （古罗马）优西比乌：《教会史》，（美）梅尔英译、评注，瞿旭彤译，生活·读书

因此，世俗的政治战争历史绝非攸西比乌斯的撰史主旨，而只能看作是他在撰写教会"信仰历史"时的辅助性书写。

2、《教会史》是一部以早期基督教教内文献为主、以教外文字与资料为辅的历史作品

在《教会史》中，有着大量对教外文献与档案的引用摘录，但这些都主要服务于"反异端"与"反迫害"目的。相比于以《圣经》[54]为核心的早期基督教教内文献，这些教外文献档案仅处于从属性的旁证地位。

就撰史总体而言，为了"反异端"，《教会史》在教会组织上列序"使徒统绪"以正本、于教义思想上追溯"《圣经》正典"以清源，并由此摘引大量教内主教、教父等的"正面"文献，自然也保留一些"反面"的异端书目与文字；又为了"反迫害"，《教会史》在引征教内资料如护教文献之余，当然也涉猎某些相关的教外文本及政治文档。

就撰史细节来看，教内文献与教外资料在《教会史》中也有明显的主从区分。比如前文曾在涉及路加时探讨过，当攸西比乌斯决定着手撰述耶稣生平来"记录历史的真实"[55]时，他先是他引用《旧约》中的先知预言来表明耶稣诞生于伯利恒，[56]然后再引入《路加福音》中第2章第2节关于居里扭任叙利亚总督时实行人口普查的记载，并辅以犹太史家约瑟夫斯的记叙为之参证；[57]后来攸西比乌斯又在行文上称呼路加为"我们的路加"，[58]视《使徒行传》

・新知三联书店2009年版，第205、206页。

54 当然在攸西比乌斯的时代中，目前公认的《圣经》正典还在发展过程中。对于当时攸西比乌斯自己所确信的《圣经》正典卷目，可以参阅：（古罗马）优西比乌：《教会史》，（美）梅尔英译、评注，瞿旭彤译，生活・读书・新知三联书店2009年版，第134页。

55 （古罗马）优西比乌：《教会史》，（美）梅尔英译、评注，瞿旭彤译，生活・读书・新知三联书店2009年版，第34页。

56 参阅：《圣经・旧约・弥迦书》，第5章，第2节，"伯利恒以法他啊，你在犹大诸城中为小，将来必有一位从你那里出来，在以色列中为我作掌权的；他的根源从亘古、从太初就有。"

57 （古罗马）优西比乌：《教会史》，（美）梅尔英译、评注，瞿旭彤译，生活・读书・新知三联书店2009年版，第35页。

58 （古罗马）优西比乌：《教会史》，（美）梅尔英译、评注，瞿旭彤译，生活・读书・新知三联书店2009年版，第35页。

的撰述为主要史实，再引用约瑟夫斯的文字来证实路加的说法。[59]

因此，《圣经》记载就构成了《教会史》中第一序位的"历史的真实"，教外文献诸如约瑟夫斯的文字或者其他档案文书，则只是为证实教内文献真实性而引用的旁证。

仍以《教会史》中频繁引用的约瑟夫斯文字为例：当约瑟夫斯的看法与《圣经》文献冲突时，攸西比乌斯就以《圣经》为是，而以约瑟夫斯为非了。比如在《教会史》第 3 卷第 8 章，攸西比乌斯特别提到约瑟夫斯曾根据犹太人中广为流传的一条神谕，将罗马皇帝韦斯巴芗阐释为统治全世界的"神意"所归。[60]然后攸西比乌斯指出约瑟夫斯这种观点是错误的："显然韦斯巴芗并没有统治全世界，他所控制的范围仅限于罗马版图之内"。[61]

进而攸西比乌斯指明，这个神谕预言所指的乃是耶稣，其理由乃根据《圣经·旧约·诗篇》，"圣父曾对他（耶稣）说过：'你求我，我就将列国赐你为基业，将地极赐你为田产'；[62]而且，基督圣使徒的'声音通遍天下，言语传到地极'[63]"。[64]

所以不难看出，约瑟夫斯这位"最著名的犹太/希伯来历史学家"[65]的史学撰述与观点，在攸西比乌斯的《教会史》中，无疑服务与服从于《圣经》等基督教教内文献。

其实攸西比乌斯早在《教会史》前言中，就揭示了他以教内文献为主、以教外文字为辅的资料处理手法。

就此他使用了一个比喻说："我从古代作家留卜的零星回忆中选取一些合适的资料，这就好像是我从前人的文献园地中采取一些花朵一般，我将把这

---

59 （古罗马）优西比乌：《教会史》，（美）梅尔英译、评注，瞿旭彤译，生活·读书·新知三联书店 2009 年版，第 35 页。

60 此处可参见前文第一章在论及约瑟夫斯时的讨论。

61 （古罗马）优西比乌：《教会史》，（美）梅尔英译、评注，瞿旭彤译，生活·读书·新知三联书店 2009 年版，第 120 页。

62 参阅：《圣经·旧约·诗篇》，第 2 章，第 8 节。

63 参阅：《圣经·旧约·诗篇》，第 19 章，第 4 节。

64 （古罗马）优西比乌：《教会史》，（美）梅尔英译、评注，瞿旭彤译，生活·读书·新知三联书店 2009 年版，第 120 页。

65 Eusebius, *The Ecclesiastical History*, Volume I, with an English Translation by Kirsopp Lake, Cambridge, Massachusetts: Harvard University Press, reprinted 1998, p. 47.

些资料融入到一种历史性的叙述当中"。[66]

可见，当攸西比乌斯在"上帝"的引领与"主"的力量扶持下去撰述历史时，[67]他自己显然只愿意也只能够以代表"上帝、主"神意的《圣经》等教内文本为主，其次才会在教外文献中"选取一些合适的资料"，"融入到一种历史性的叙述当中"。

但攸西比乌斯这种以教内文献为主、以教外文档为辅的资料处理，以及他以信仰为主、以世俗为辅的撰史主旨，都不应该被简单地贬抑为某种削足适履的独断。

因为所有的信仰事迹与教内文献，并没有单一地构成《教会史》，而是很好地结合了俗世事件与教外文献。归根结底，攸西比乌斯是依照自己所信服的某种对历史的看法，统摄了他的撰史内容与资料处理。只不过因为这种看法渊源于基督教，才使其《教会史》有了以基督教信仰为首要旨归的表征。

那么，这种对历史的看法，就像攸西比乌斯自己所言，将历史看做是耶稣的显现，"我们记载的这些事实，可以作为证据来显明另一个预言的实现，那就是我们的救主耶稣基督的显现"；[68]它又是如何能"历史地"产生于攸西比乌斯这里呢？

（五）早期基督教史学对攸西比乌斯《教会史》的支持与准备

1、耶稣的理论支持："真理"在历史中的"显现"

如前引攸西比乌斯所言，他是以《教会史》撰述来显明其所信仰的"救主耶稣"在历史中的"显现"。[69]而攸西比乌斯此种撰史观念之所以可能，则首先离不开耶稣自己在基督教教义思想上为之所做的理论奠基。

如所周知，耶稣曾在离开人世前向其信众许诺："只等真理的圣灵来了，他要引导你们明白一切的真理。……并要把将来的事告诉你们。"[70]这是耶稣

---

66 （古罗马）优西比乌：《教会史》，（美）梅尔英译、评注，瞿旭彤译，生活·读书·新知三联书店 2009 年版，第 20 页。

67 （古罗马）优西比乌：《教会史》，（美）梅尔英译、评注，瞿旭彤译，生活·读书·新知三联书店 2009 年版，第 20 页。

68 Eusebius, *The Ecclesiastical History*, Volume I, with an English Translation by Kirsopp Lake, Cambridge, Massachusetts: Harvard University Press, reprinted 1998, p. 55.

69 Eusebius, *The Ecclesiastical History*, Volume I, with an English Translation by Kirsopp Lake, Cambridge, Massachusetts: Harvard University Press, reprinted 1998, p. 55.

70 《圣经·新约·约翰福音》第 16 章，第 13 节。

思想得以在基督教史学发展中持续在场的根本理论前提，它保证了日后奉耶稣为"救主"的史学阐释者们，能够在"圣灵"引导下，就如攸西比乌斯所宣称其在"上帝"之指引，"神力的帮助"下，[71]去明晓"一切的真理"，并阐明"将来的事"。

这种"真理"就是耶稣事迹与信仰。因为正是耶稣所明言："我就是道路、真理、生命"。[72]

并且这也使早期基督徒萌发了以历史见证"耶稣／真理"的撰述冲动："道成了肉身，住在我们中间，充充满满地有恩典，有真理"。[73]同时耶稣自己在宣教中又为后世指明，给他作见证应该以《圣经》[74]为依据："给我作见证的就是这经"。[75]

因而，耶稣以"圣灵"引导后世明白"真理"的理论建构，给攸西比乌斯日后以撰史来证明救主耶稣的"显现"，提供了基本的理论支持，并规定了以《圣经》为依据的理论限定。

耶稣还为后世基督教史学在总体历史观上提供了指南。

前已指出，人类历史在耶稣的理论中，就是一个有始有终的神意进程，它肇始于创世纪，结束于最终审判。耶稣曾声明他自己在"未有世界以先"[76]就与神同在，是神意安排他来到人间并离开："人子必要去世，正如经上指着他所写的"。[77]并且历史最后将结束于最终审判，"人子要在他父的荣耀里，同着众使者降临。那时候，他要照各人的行为报应各人"，[78]所有人类都将在审

---

71 Eusebius, *The Ecclesiastical History*, Volume I, with an English Translation by Kirsopp Lake, Cambridge, Massachusetts: Harvard University Press, reprinted 1998, p. 9.

72 《圣经·新约·约翰福音》第14章，第6节。

73 《圣经·新约·约翰福音》第1章，第14节。

74 当然这种《圣经》在后世被发展为涵括《新约》，这也离不开耶稣"圣灵"引导的理论建构许可。

75 《圣经·新约·约翰福音》，第5章，第39节

76 《圣经·新约·约翰福音》，第17章，第5节。

77 《圣经·新约·马太福音》，第26章，第24节、《圣经·新约·马可福音》，第14章，第21节、《圣经·新约·马可福音》，第14章，第21节、在《圣经·新约·路加福音》，第22章，第22节中则表述为"人子固然要照所预定的去世"

78 《圣经·新约·马太福音》，第16章，第27节。关于耶稣对其再临进行最终审判的宣讲，在《马太福音》中还可以参见：《马太福音》，第13章，第37—43节、第24章，第29—35节、第25章，第31—46节。

判时复活并归于"永恒"："行善的复活得生、作恶的复活定罪"，[79]"这些人要往永刑里去．那些义人要往永生里去"。[80]

正由于耶稣将历史看成一个有始有终的神意进程的理论建构。使得攸西比乌斯在以通史形式撰述《教会史》时，确认其开端"必须从基督耶稣开始写起"[81]并收尾于他自己的时代里"天堂之光四处散发，照耀着普世的基督教会"。[82]

尤其值得注意的是，耶稣还有一种很强的以"预言"来阐释历史事件早已由神意所预定的理论建构，比如他以"预言"形式阐释圣城耶路撒冷的陷落，[83]解释犹大对他的背叛与出卖[84]等等，而且他将这些灾难都归因于上帝的有意安排。而该种理论建构结合耶稣关于"圣灵"临在的开放性理论，就容许后世基督徒模仿他去借助"神意"对历史做出某种"预言"性阐释，或者将现有历史解释为某种《圣经》中"预言"的应验。

这一点很鲜明地反映在《教会史》之中。例如攸西比乌斯将马克森狄为君士坦丁所败而坠河死亡的历史事件，阐释为是一个被神所"预言"的结局[85]再比如针对早期基督徒所遭受的政治迫害，攸西比乌斯也认为这符合《旧约》中神的旨意，[86]并阐明《旧约·诗篇》早就对此做出过预言。[87]

79《圣经·新约·约翰福音》，第5章，第29节。

80《圣经·新约·马太福音》，第25章，第46节。

81（古罗马）优西比乌：《教会史》，（美）梅尔英译、评注，瞿旭彤译，生活·读书·新知三联书店2009年版，第21页。

82（古罗马）优西比乌：《教会史》，（美）梅尔英译、评注，瞿旭彤译，生活·读书·新知三联书店2009年版，第437页。

83《圣经·新约·路加福音》，第21章，第20—22节。

84《圣经·新约·马太福音》，第26章，第24节、《圣经·新约·马可福音》，第14章，第21节、《圣经·新约·马可福音》，第14章，第21节、在《圣经·新约·路加福音》，第22章，第22节中则表述为"人子固然要照所预定的去世"

85 Eusebius, *The Ecclesiastical History*, Volume II, with an English Translation by J. E. L. Oulton, Cambridge, Massachusetts: Harvard University Press, reprinted 2000, p. 363. 旧约经文参阅：《圣经·旧约·出埃及记》，第15章，第10节。

86（古罗马）优西比乌：《教会史》，（美）梅尔英译、评注，瞿旭彤译，生活·读书·新知三联书店2009年版，第375页。旧约经文参阅：《圣经·旧约·耶米利哀歌》第2章，第1、2节。

87（古罗马）优西比乌：《教会史》，（美）梅尔英译、评注，瞿旭彤译，生活·读书·新知三联书店2009年版，第375页。旧约经文参阅：《圣经·旧约·诗篇》第89章，第39—45节。关于《教会史》的第八章，攸西比乌斯中以《诗篇》中神意预言来阐释早期基督徒所

故而，当攸西比乌斯以《教会史》来显明其 "救主耶稣" 在历史中的显现时，他一方面向受众显明了以耶稣为象征的早期基督教教会与教义历史；另一方面也在史学史上展现了他自身作为思想传承环节对耶稣历史观念的承继。应该说，耶稣的 "真理" 在根本上 "引导" 了这部 "将来的" 《教会史》。

2、早期基督教史学的思想准备

另外，攸西比乌斯这本将历史写作 "作为证据来显明另一个预言的实现，那就是我们的救主耶稣基督的显现"，[88]并 "下决心去仅仅记录下那些能够证明神的审判的内容"[89]的《教会史》，也离不开早期基督教史学思想的长期准备。

（1）作为 "见证" "预言" 的历史

现代史学研究者莫米利亚诺在其《现代史学的古典基础》中，曾以专章来探究 "基督教会史学的起源"。[90]研究中他就已经意识到 "优（攸）西比乌斯前面还有《旧约》、约瑟夫斯和《使徒行传》"。[91]

本文前曾指出：早期基督徒路加所写作的《路加福音》，正构成了攸西比乌斯在撰述耶稣生平时第一序位的 "历史的真实"。同时，《路加福音》中以 "预言" 解释耶稣生平与传道的历史阐释路径；以及在叙事中注重历史时序，并有意整理添加相关罗马政治历史作为背景的 "历史" 化叙事特征。也对攸西比乌斯写作《教会史》造成了极大的影响。因此在梳理《教会史》的主要思想渊源时，应该不能只谈及路加的《使徒行传》而弃其 "前书"《路加福音》于不顾。

当然，《使徒行传》中更多地含蕴了对耶稣与早期基督教信仰及事迹极强的 "见证" 意味。

受迫害的详细论述，还可参阅：Robert E. Somerville, "An Ordering Principle for Book VIII of Eusebius' Ecclesiastical History: A Suggestion", *Vigiliae Christianae* 2 (1966), pp. 91-97.

88 Eusebius, *The Ecclesiastical History*, Volume I, with an English Translation by Kirsopp Lake, Cambridge, Massachusetts: Harvard University Press, reprinted 1998, p. 55.

89 Eusebius, *The Ecclesiastical History,* Volume II, with an English Translation by J. E. L. Oulton. Cambridge, Massachusetts: Harvard University Press, reprinted 2000, p. 257.

90 （意）莫米利亚诺（Arnaldo Momigliano）：《现代史学的古典基础》，洪洁音译，华东师范大学出版社 2009 年版，第六章："基督教会史学的起源"，第 179—206 页。

91 （意）莫米利亚诺（Arnaldo Momigliano）：《现代史学的古典基础》，洪洁音译，华东师范大学出版社 2009 年版，第 191 页。

首先，《使徒行传》阐明了这种"见证"既根据耶稣所要求，也得到早期使徒所确认。如耶稣就向信众指明："但圣灵降临在你们身上，你们就必得着能力，并要在耶路撒冷、犹太全地和撒玛利亚，直到地极，作我的见证"；[92]再如彼得也代表早期使徒将此"见证"加以公认；"你们杀了那生命的主，神却叫他从死里复活了。我们都是为这事作见证"；[93]更有如保罗以异象来阐明此种"见证"乃是神意的显明："你起来站着，我特意向你显现，要派你作执事，作见证，将你所看见的事和我将要指示你的事证明出来"。[94]

其次，《使徒行传》自身更在很大程度上以路加的亲历者身份"见证"了早期基督教的事迹，富有说服力地承接《路加福音》中对他人书面与口传资料的"详细考察"，来证明其"所学之道是确实的"。[95]就此而言，当日后攸西比乌斯以历史撰述作为证据来显明其"救主耶稣基督"的显现时，[96]以及他利用《教会史》记录下足够的证据证明神的判断时，[97]《使徒行传》中对早期基督徒以"见证"显明神意的思想阐明与撰史尝试，也就更直观地构成了《教会史》一个不容忽视的前导。

尤其《使徒行传》的这种"见证"，在阐释取向上更倾向于其中所载的保罗言语：

> "然而我蒙神的帮助，直到今日还站得住，对着尊贵、卑贱、老幼作见证。所讲的并不外乎众先知和摩西所说将来必成的事，就是基督必须受害，并且因从死里复活，要首先把光明的道传给百姓和外邦人"。[98]

因为路加毕竟长久追随保罗并深受其影响，所以路加的撰史尝试在做出"见证"的同时，其"见证"内容也就不外乎是"证明"众先知关于耶稣的"预言"，亦即耶稣的神迹以及早期基督教信仰的传播，"把光明的道传给百

---

92 《圣经・新约・使徒行传》，第1章，第8节。

93 《圣经・新约・使徒行传》，第3章，第15节。

94 《圣经・新约・使徒行传》，第26章，第16节。

95 《圣经・新约・路加福音》，第1章，第4节。

96 Eusebius, *The Ecclesiastical History*, Volume I, with an English Translation by Kirsopp Lake, Cambridge, Massachusetts: Harvard University Press, reprinted 1998, p. 55.

97 Eusebius, *The Ecclesiastical History*, Volume II, with an English Translation by J. E. L. Oulton, Cambridge, Massachusetts: Harvard University Press, reprinted 2000, p. 257.

98 《圣经・新约・使徒行传》，第26章，第22、23节。

姓和外邦人"。[99]

因此《使徒行传》的撰述内容，也就围绕"使徒"（主要是彼得与保罗）的传道而展开，笔锋所及不仅有诸如早期基督教教会的内部礼仪、组织形式、经济分配、以及各地教会的建立等，还大量纪录了早期教会在外邦人在外邦人中的传道情况，以及早期教会诸如耶路撒冷、安提阿教会的传道情事。并进而详尽记载了早期基督徒比如司提反在传道时受迫害而被捕殉道的事迹，还记录了大量早期使徒及教会针对邪派异端所进行的斗争。

而《使徒行传》中的这些内容，也都可以看成日后《教会史》在撰述早期基督教教会发展历史时，尤为关注"迫害"与"反迫害"、"异端"与"反异端"的肇源。

甚至《使徒行传》中以"预言叙事"对基督教叛徒犹大悲惨下场的历史阐释，[100]也可以说引领了《教会史》中那种屡见不鲜的，将基督教"敌人"（例如整个犹太人群体）的灾难性遭遇，理解为神意早已对此做出过"预言"的历史解释方式。

尽管路加的史学尝试在理论拓展与内容创设上为《教会史》带来了莫大的影响，但路加毕竟还只是早期基督教史学思想上一次较早的尝试。如前所述，在路加时代的早期基督徒们，对传统史学的"历史"书写更多地还是轻视与拒斥。因为在《旧约》和耶稣的神意历史观影响下，历史是某种早已经被神意预定的事物，[101]实在无需历史学家多费笔墨。并且信徒们更需要感怀上帝的神迹；[102]传统史家们对"凡人"功业的撰述与纪念无异于喧宾夺主。尤其这些异教传统史家还常常对史事做出各种有违"神意"的私家阐释，自然也荒谬绝伦。

因此路加所追随的使徒保罗，才会在传道时向受众强调不要被那些依据人类传统和尘世原理的"妄言"所扰乱，因为它们没有依据基督。[103]至于路加本人，也并没有将其撰史尝试真正地称呼为"历史"。

---

99 《圣经·新约·使徒行传》，第 26 章，第 22、23 节。

100 《圣经·新约·使徒行传》，第 1 章，第 16—20 节。

101 《圣经·旧约·诗篇》，第 139 章，第 16 节："你所定的日子，我尚未度一日，你都写在你的册上了"。

102 《圣经·旧约·历代志上》，第 16 章，第 12 节："你们要记念他（神)奇妙的作为和他（神)的奇事，并他（神)口中的判语"。

103 《圣经·新约·歌罗西书》，第 2 章，第 8 节

随后，我们有必要强调一下德尔图良对《教会史》的影响。正是这位被攸西比乌斯赞誉为"精通罗马法律的人"，[104]在其《护教篇》中雄辩而令人信服地利用"历史"来为基督教信仰做出了符合罗马帝国法律意识的辩护。才真正使得历史叙述在现实政治生活中能够成为替基督教信仰辩护的"证据"，引领早期基督徒们在本质上提升了对历史学功能的认识。

前文曾指出，德尔图良已经敏锐地意识到，大多数罗马异教徒是因为基督徒有违其传统习惯而迫害基督徒，[105]于是他有意识地在其申辩中使用了与"传统习惯"紧密联系的理论武器——"历史"。为了从法律起源来驳斥异教世界之迫害，德尔图良呼吁迫害者们"去查查你们的历史"；[106]又为了论证基督教先知与经典之权威，他强调"需要翻遍许多古老民族如埃及人、迦太基人、腓尼基人的历史"。[107]促使原本那些为早期基督教所拒斥的历史家和历史著述，基于现实需要而走进基督教信仰。

并且，德尔图良还将基督教建构为"有最古老的犹太著作作证"[108]的宗教，然后将罗马民族将传统习惯的"古老"视为权威的看法，巧妙地转用于犹太《圣经》等先知著作的"古老"并构建其权威性。他向罗马人宣称，"这些著作的远古程度，就说明了它们的权威性"。[109]并通过大量对先知著作与传统历史撰述间的分析比较，建构起以"历史"来力证基督教信仰因为"古老"所以"真实可信"的如下论辩逻辑："我们（基督教）更早，于是也更真，更值得相信"。[110]

同时，德尔图良也承继与发展了早期基督教思想中以"预言"阐释历史的做法，并由此来反证《圣经》（当然主要是《旧约》）的权威尤其是"神圣性"。他指出，人类历史上的许多灾祸早已被《圣经》所预言。[111]并进一步解释《圣经》乃是神的启示。[112]于是德尔图良在以"历史"力证基督教信仰因为古老而真实可信之后，又将"历史"在理论上发展为可以证明《圣经》中

104 Eusebius, *The Ecclesiastical History*, Volume I, with an English Translation by Kirsopp Lake, Cambridge, Massachusetts: Harvard University Press, reprinted 1998, p. 113.
105 （古罗马）德尔图良：《护教篇》，涂世华译，上海三联书店 2007 年版，第 15 页。
106 （古罗马）德尔图良：《护教篇》，涂世华译，上海三联书店 2007 年版，第 12 页。
107 （古罗马）德尔图良：《护教篇》，涂世华译，上海三联书店 2007 年版，第 39 页。
108 （古罗马）德尔图良：《护教篇》，涂世华译，上海三联书店 2007 年版，第 41 页。
109 （古罗马）德尔图良：《护教篇》，涂世华译，上海三联书店 2007 年版，第 38 页。
110 （古罗马）德尔图良：《护教篇》，涂世华译，上海三联书店 2007 年版，第 82 页。
111 （古罗马）德尔图良：《护教篇》，涂世华译，上海三联书店 2007 年版，第 40 页。
112 （古罗马）德尔图良：《护教篇》，涂世华译，上海三联书店 2007 年版，第 37 页。

"预言"也就是"神的启示"的证据。

正是有赖于德尔图良在《护教篇》中是如此娴熟与巧妙地以"历史"为基督教信仰以及"上帝"作证，从而极大地克服了早期基督教对"历史"的忽视与拒斥。也因此，当日后熟读德尔图良著作的攸西比乌斯开始撰写《教会史》时，他才能够有足够的理论准备，来宣称他的历史撰写："仅仅是为了记录下足够的证据来证明神的判断"。[113]

（2）作为"隐喻"的历史

当早期基督教史学主要经由路加、德尔图良、攸西比乌斯的努力，逐渐将历史叙述发展为"见证"神意"预言"的"证据"性文字撰述时。另一条历史阐释理论路径也与之并行地得以拓展，它教诱基督教众透过历史书写去理解到文字后所潜藏的"神的启示"，系统地将各种历史阐释为神意的"显现"，这就是将历史视为"隐喻"的重要早期基督教史学理论建构。

该理论路径可说至《教会史》方得以确立，也有赖于它，《教会史》才能利用历史甚至是异教历史去认识到其中所含蕴的"神的显现"："我们记载的这些事实，可以作为证据来显明另一个预言的实现，那就是我们的救主耶稣基督的显现"。[114]

前文曾分析认为，早期基督教史学将历史理解为"隐喻"，主要得益于当时基督徒中流行的"隐喻解经法"。此种解经方法最初渊源于犹太教解经大师斐洛，他教导读者不要停留于经文中"字面上与明显的"[115]意思，而应该"去进行隐喻的阐释"，[116]以揭示出文字背后所含蕴的更高价值与更深层次的意义。随后保罗也同样以"隐喻"方法来解释经文，[117]促使基督教信仰如保罗所言的那样"这奥秘如今显明出来"。[118]

---

113 Eusebius, *The Ecclesiastical History,* Volume II, with an English Translation by J. E. L. Oulton, Cambridge, Massachusetts: Harvard University Press, reprinted 2000, p. 257.

114 Eusebius, *The Ecclesiastical History*, Volume I, with an English Translation by Kirsopp Lake, Cambridge, Massachusetts: Harvard University Press, reprinted 1998, p. 55.

115 Philo, "On the Confusion of Tongues", in *Philo*, Volume IV, with an English translation by F. H. Colson& G. H. Whitaker, Cambridge, Harvard University Press, reprinted 1995, p. 113.

116 Philo, "On the Confusion of Tongues", in *Philo*, Volume IV, with an English translation by F. H. Colson& G. H. Whitaker, Cambridge, Harvard University Press, reprinted 1995, p. 115.

117 《圣经·新约·加拉太书》，第 4 章，第 24 节。

118 《圣经·新约·罗马书》，第 16 章，第 26 至 27 节。

而早期使徒这种以"隐喻"来解释经文文本，以便显明基督教信仰"奥秘"的阐释方法，也自然被引申到早期基督徒对历史文本的解读中。比如前面已经着重探讨过的，那位熟读了异教历史书籍的德尔图良。

在此值得一提的，还有对攸西比乌斯影响至深的早期基督教神学家奥利金，他凭借"隐喻解经法"，也对早期基督教的历史阐释理论做出了极大推进。奥利金指明："历史故事不只是一种叙事，更有奥秘交织其中"。[119]鼓励人们应该透过"历史"的叙事言辞去领悟其后隐含的真谛。他对此强调说："经书上那些使用了现实历史事件的言辞，处处它们都能被蕴含着这些奥秘的意思，在这些大量的言辞中隐藏着更深刻的意思"。[120]奥利金的这种理论推进，可说直接启迪了攸西比乌斯，使得《教会史》能够大量搜集相关历史著述，阐释出其中的隐含意义来"显明"耶稣信仰。

正如攸西比乌斯自己所言："在一些专门的论述中，我们已经搜集了大量与救主耶稣基督有关的预言"。[121]正是早期基督教思想家们的理论构建和推进，极大地鼓励了攸西比乌斯，使他开始去实践一种"显明与救主耶稣基督有关的上帝的初次神恩应许"[122]的历史叙述。同时，早期基督教史学总体上将历史作为"隐喻"的理论建构，也最终通过攸西比乌斯的《教会史》的撰史实践予以完成。进一步推动西方的历史撰述由传统史学对人事的再现，转向对基督教信仰"神意"的显现。

（3）通向"真理"的历史

前面指出，耶稣为早期基督教史学提供了根本性的理论支持，他阐明其自身就是"真理"，并构建"圣灵"将持续引导信众知晓基督教信仰"真理"。因此，当攸西比乌斯以《教会史》显明救主耶稣基督的显现时，[123]基督教史学撰述也自然承担起向受众显明"真理"并引导他们走向"真理"（即耶稣及

---

119 中文译文转引自：章学富：《圣经和希腊主义的双重视野：奥利金其人及神学思想》，中国社会科学出版社 2004 年版，第 129 页，Origen, Homilies on Genesis, 10.4, *Homilies on Genesis and Exodus*, Chicagan: The Catholic University of America Press, 2002.

120 Origen, "On First Principles," in Manlio Simonetti, *Biblical Interpretation in the Early Church*, Bloomsbury T&T Clark, 2002, p. 62.

121 Eusebius, *The Ecclesiastical History*, Volume I, with an English Translation by Kirsopp Lake, Cambridge, Massachusetts: Harvard University Press, reprinted 1998, pp. 27-29.

122 Eusebius, *The Ecclesiastical History*, Volume I, with an English Translation by Kirsopp Lake, Cambridge, Massachusetts: Harvard University Press, reprinted 1998, p. 9.

123 Eusebius, *The Ecclesiastical History*, Volume I, with an English Translation by Kirsopp Lake, Cambridge, Massachusetts: Harvard University Press, reprinted 1998, p. 55.

基督教信仰）的任务。

实际上，这种将历史著述建构为引导受众通往"真理"的理论，也经历了早期基督教史学思想漫长的发展。前曾言及，提阿菲罗斯对此种理论建构可谓尤为重要。因为正是他在《致奥托莱库斯》中，初步建构起一种通过历史文本来引导受众领悟基督教"真理"的史学阐释路径；他还首次完整地编撰出一部从上帝创造世界到罗马皇帝马可·奥勒留驾崩，共计 5695 年左右，[124]代表了"真实历史记叙"[125]的编年史。

提阿菲罗斯在理论上巧妙而系统地将传统史学所强调的"真实"，有意识地推向了基督教史学所关注的"真理"，并将该"真理"系统地解释为基督教上帝信仰及其教义。

他有意地解构与贬斥了传统史学的"真实"叙事，诱导受众放下对真实历史叙事的执迷，转而领悟历史文本中所蕴含的基督教"真理"，信服于他"准确地讲述所有真理"。[126]因此，提阿菲罗斯就猛烈抨击了以往历史家们将笔触局限于政治人物、或者国家间战事的叙事模式。指责传统异教史学作者们"实在既不知晓真理，也不引导他人了解真理"，[127]因此这些史学记载统统都毫无意义。[128]

正是提阿菲罗斯这种鄙夷与驳斥传统政治战争史家，认为他们尽管关注"真实"但却没有理解"真理"、更不能引导受众知晓"真理"的观点。极大启发了攸西比乌斯对其《教会史》与传统历史撰述的重要区分。攸西比乌斯认为：传统史家大多记录了沾满了人类鲜血的战争，以及参与这种彼此残杀的角色；而他自己的作品，则主要记录了为灵魂之和平而战的战争，连同那些不为国家而为真理、不为家族而为信仰作战的人物。[129]

---

124 Theophilus of Antioch, *Ad Autolycum (To Autolycus)*, Text and Translation by Robert M. Grant, Oxford: Oxford University Press, 1970, p. 145.

125 Theophilus of Antioch, *Ad Autolycum (To Autolycus)*, Text and Translation by Robert M. Grant, Oxford: Oxford University Press, 1970, p. 147.

126 Theophilus of Antioch, *Ad Autolycum (To Autolycus)*, Text and Translation by Robert M. Grant, Oxford: Oxford University Press, 1970, p. 135.

127 Theophilus of Antioch, *Ad Autolycum (To Autolycus)*, Text and Translation by Robert M. Grant, Oxford: Oxford University Press, 1970, p. 103.

128 Theophilus of Antioch, *Ad Autolycum (To Autolycus)*, Text and Translation by Robert M. Grant, Oxford: Oxford University Press, 1970, p. 139.

129 （古罗马）优西比乌：《教会史》，（美）梅尔英译、评注，瞿旭彤译，生活·读书·新知三联书店 2009 年版，第 205、206 页

由此，早期基督教史学终于摆脱了传统史学渴求"真实"而不得的困境，开启了一种将历史叙事"真实"服务于基督教信仰"真理"的新史学范型。这主要得益于早期基督教为《教会史》所做的根本理论支持与长期准备。

概括而言，首先是耶稣将历史视为一个有始有终、并早已为神意所预定的进程，为《教会史》的总体历史观念提供了基本的理论支持。而早期基督教史学的发展，则使得历史能够作为"见证"神意"预言"的证据，为新兴基督教向受众做出"证明"；也促使历史可以作为"隐喻"，使新兴基督教得到受众"理解"；还将历史建构为通往"真理"的路径，引领受众接受基督教"教化"。而这些理论与思想，既可以说催生了《教会史》，同时也在《教会史》中孕育与成熟了自身。

以上对《教会史》中理论与思想的梳理，大多集中于基督教史学思想自身发展，并没有过多涉及基督教史学对他们与外界，尤其是政治当局间关系的理论建构。

并且，我们在前面的思想梳理中已经反复地看到，早期基督教教徒似乎有意表现出了对传统政治历史撰述的鄙夷与拒斥。那么，基督教史学是否也真的如它抵制传统政治历史一般，也拒斥现实政治呢？

又或者说，当攸西比乌斯声言要抛弃传统史学对"双手沾满了成千上万人的鲜血"[130]的指挥官的讴歌之后，其《教会史》又何以会结束于对身经百战、屠杀众多生灵的君士坦丁（及其儿子们）的赞颂，并且还要以"历史"来显明这些政治者们"对美德和对上帝的热爱，以及对全能者的虔敬和感恩"[131]呢？

在接下来的一节中，我们就带着这个由研读《教会史》而生出的疑问，将视域不再聚焦于《教会史》而扩展至整个早期基督教史学的发展，从而在宏观上去研讨早期基督教史学对于他们与现实政治之间关系的理论建构。以期能够深入地理解，这种在总体上将历史视为"神意"进程的历史学，它是否会因为推崇"神意"而漠视君权？

如果不是，那它与当时政治之间的关系又究竟为何？

---

130 （古罗马）优西比乌：《教会史》，（美）梅尔英译、评注，瞿旭彤译，生活·读书·新知三联书店 2009 年版，第 205、206 页。

131 （古罗马）优西比乌：《教会史》，（美）梅尔英译、评注，瞿旭彤译，生活·读书·新知三联书店 2009 年版，第 470 页。

二、一个新特征的展现：早期基督教史学与政治之关联

柯林武德在《历史的观念》中认为：西方的基督教历史编撰学是某种"普遍的（universal）历史"。[132]是一种根据基督教原理而写作的历史，其所要描述的是各种文明和各个政权的兴衰，从而摧毁了以往那种以希腊或罗马为中心的历史观念。

柯氏进而指出，基督教史学更是一种"神意的（providential）历史"。[133]它将人类的各种历史事件都归因于天堂的神意，而不再像传统史学那样着眼于人间的智慧。同时柯氏强调，基督教史学中的这种"普遍的"与"神意的"特点，"事实上都是被早期的基督徒有意识地输入到历史学思想中来的"。[134]

如是，在罗马帝国时期才得以兴起的基督教历史编撰学，就在柯林武德的笔下，被描摹成了某种与罗马帝国政治相隔阂、甚至是相对抗的模样。首先，基督教史学被柯氏刻画成是拒斥罗马的，因为它所强调的是各民族的普遍历史，而并非帝国的特殊历史；其次，基督教史学更被柯氏赋予了某种漠视君权专制的况味，因为它相信决定人类历史的，乃是天国里的上帝，而并非尘世中的皇帝。

那么，我们该如何看待柯氏对基督教史学思想的此番认识呢？

我们知道，在论证上述如此极具概括性的结论时，柯林武德的举证溯源却只是始于"公元3世纪至公元4世纪初期塞瑟里亚的攸西比乌斯"。[135]而对于1世纪至攸西比乌斯时代之间的早期基督教史学发展，包括之前的犹太教

132 R. G. Collingwood, The Idea of History, edited with an introduction by Jan Van Der Dussen, revised edition, with lectures 1926-1928, Oxford: Oxford University Press, 1993, p. 49. 中文译文引自：（英）柯林武德：《历史的观念》，何兆武、张文杰译，商务印书馆2004年版，第89页。

133 R. G. Collingwood, The Idea of History, edited with an introduction by Jan Van Der Dussen, revised edition, with lectures 1926-1928, Oxford: Oxford University Press, 1993, p. 49. 中文译文引自：（英）柯林武德：《历史的观念》，何兆武、张文杰译，商务印书馆2004年版，第90页。

134 R. G. Collingwood, The Idea of History, edited with an introduction by Jan Van Der Dussen, revised edition, with lectures 1926-1928, Oxford: Oxford University Press, 1993, p. 49. 中文译文引自：（英）柯林武德：《历史的观念》，何兆武、张文杰译，商务印书馆2004年版，第91页。

135 R. G. Collingwood, The Idea of History, edited with an introduction by Jan Van Der Dussen, revised edition, with lectures 1926-1928, Oxford: Oxford University Press, 1993, p. 49. 中文译文引自：（英）柯林武德：《历史的观念》，何兆武、张文杰译，商务印书馆2004年版，第91页。

史学思想渊源，则都被柯氏加以了回避。而当我们对这段时期里的早期基督教史学加以仔细探究后，却正可以发现另一幅被柯氏忽略、甚或遮蔽了的史学思想图景，并且这将极大地有利于厘清柯氏前述结论上的模糊。

当然，本文此节的最终目的，绝非仅仅打算对于柯林武德的前述结论做出某种浅显的表态，而是希望借助于这位历史哲学大师所打开的思想之门，尤其是秉承他所强调的"提问活动（questioning activity）"，[136]来将他的结论转化为一个问题而加以探询，进而更深入地理解西方的早期基督教史学思想。

换言之，如果真的如柯氏所言，存在某种"普遍"与"神意"的基督教史学，那么它一开始（早期）就是拒斥罗马并且漠视君权的吗？它与当时政治之间的关系究竟为何？

（一）框架：《圣经·旧约·但以理书》对帝国历史的阐释

要探讨某种"普遍的"与"神意的"基督教史学，我们也许在此又要回到前文曾论及的那个《但以理书》中的梦境，[137]因为正是这个梦境，肇构了日后基督教对于尘世帝国历史的一个阐释框架，更引出了基督教历史观念与政治意识形态之间关系的前奏。

在此我们再次将该梦境稍作简述，根据《但以理书》的记载，巴比伦国王尼布甲尼撒某日做了一个怪梦，在梦中国王见到了一座巨大的雕像，它的头是金的，胸膛臂膀是银的，肚腹和腰则是铜的，而腿是铁的，脚又是半铁半泥的。尔后，又有一块石头从天而降将这雕像砸得粉碎，再后来这石头又变成了一座大山，并且"充满天下"。[138]

对于这个怪梦，犹太先知但以理给出了如下的阐释：国王尼布甲尼撒就是那雕像的金头，在他以后，又将兴起一个国家，是银的，随后又有第三国，是铜的，再又有第四国，则是铁的。而且当这些国王在位时，天上的神还必然会另外建立一个国家，并最终打碎与灭绝其他所有的一切国家，并且这个神的国家将是永不败坏的。这也就是国王在梦境里最后所梦到的，那块石头将打碎雕像，并最终充满天下的景象。

考察这个大约写于西元前 2 世纪上半期的宗教梦境预言，我们可以看到

136（英）柯林伍德（R. G. Collingwood），《柯林伍德自传》，陈静译，北京大学出版社，2005 年，第 32 页。

137 参阅：《圣经·旧约·但以理书》，第 2 章。

138《圣经·旧约·但以理书》，第 2 章，第 35 节。

它已然展露了日后基督教史学中"普遍的"与"神意的"的思想端倪。

首先，它以某种特殊的"预言历史进程"[139]方式，指出人世帝国在几经更迭之后，最终将走向神所建立的"普遍的"上帝之国。先知但以理通过国王梦境中那种金、银、铜、铁、泥的物质珍贵程度递减的序列，将国王尼布甲尼撒阐释为那个"金头"，并指出日后的人间帝王都"比不上他"，[140]以此来肯定与抬高了当时国王所统治的巴比伦帝国。

由此，但以理就建构起一种被后人称为"帝国的转变"[141]的政治史学框架，使得后来的思想者们可以在该框架中"镶嵌"进各种不同的"由大帝国组成的序列"。[142]比如我们在奥古斯丁那种"首先是亚述人的王国，随后就是罗马人的帝国"[143]的显赫帝国排序中，就能感受到此种镶嵌。

其次，但以理对这个梦境的阐释，也为基督教史学引出了某种"神意的"前奏。他一方面将其阐释本身，定义为"神施怜悯，将这奥秘的事指明"[144]的神意，从而启发了后来的早期基督教教会史学家们，能够将他们的历史阐释也宣称为："我们祈祷上帝来给予我们他的指引，我们藉此就能得到上帝神力的帮助"。[145]

另一方面，但以理又将"神意"解释为推动国家政治发展进程的决定性力量。他明确指明，只有神，才是"改变时候、日期、废王、立王"[146]的最

139 John J. Collins, *The Apocalyptic Vision of the Book of Daniel*, Missoula: Scholars Press, 1977, p. 46.

140 《圣经·旧约·但以理书》，第 2 章，第 39、40 节

141 见：（美）凯利：《多面的历史：从希罗多德到赫尔德的历史》，陈恒、宋立宏译，三联书店 2003 年版，第 140 页。随后凯利还转引了弗兰克·曼纽尔（Frank Manuel）的"四大帝国"观点，Shapes of Philosophical history, London 1965, p 16，并指出这四大帝国最早的说法是"巴比伦人、米底人、波斯人、马其顿人，实际上这些说法几乎和希罗多德、波里比阿以及希腊历史编撰传统持一致。根据后来的新说法，罗马取代了第四头野兽的位置，在基督教传统里，巴比伦则被剔除出这一系列"。

142（美）沃格林：《政治观念史稿·第 1 卷，希腊化、罗马和早期基督教》，谢华育译，华东师范大学出版社 2007 年版，第 154 页。

143 Saint Augustine, *The City of God against the Pagans*, (Books V), with an English Translation by Eva Matthews Sanford and William Mcallen Green, Cambridge, Massachusetts: Harvard University Press, reprinted 1988, p. 367.

144 《圣经·旧约·但以理书》，第 2 章，第 18 节。

145 Eusebius, *The Ecclesiastical History*, Volume I, with an English Translation by Kirsopp Lake, Cambridge, Massachusetts: Harvard University Press, reprinted 1998, p. 9.

146 《圣经·旧约·但以理书》，第 2 章，第 21 节。

终决定者。这可说是基督史学家们以"神意"来解释人类政治史的重要理论源泉。比如，日后攸西比乌斯就在《教会史》第 10 卷中不仅直接引用了这段语句，[147]更在随后行文中加以引申并指明："他（上帝）不仅向信徒，也向那些不信的人证明，古时的记述是真实的。他（上帝）是奇事的施行者，宇宙的主宰，世界的创造者"。[148]

可见，在《但以理书》中的古犹太教思想里，已经显露了柯林武德所谓"普遍的"与"神意的"历史观念的端倪。

并且，《但以理书》对当时这一释梦事件的描述，展现出了国王与先知之间，也即"统治者"与"阐释者"之间的某种关系范式：

1，阐释者一开始就面临了统治者对其施加生死压迫的紧张局势，正如预言中所说，当国王在得不到对其梦境的阐释时，就"气忿忿地大发烈怒，吩咐灭绝巴比伦的所有哲士……人就寻找但以理和他的同伴，要杀他们"。[149]

2，阐释者的阐释目的相当明确，就是要调和这种紧张局势，使得统治者宽容地对待阐释者及其思想同伴。正如但以理在央求护卫长为他引见国王时所言："不要灭绝巴比伦的哲士"。[150]

3，正是基于此种调和目的，就使得阐释者的阐释是以承认统治者的既有王权为前提的，并且，阐释者还主动地王权建构为是由"神意"所赐予的。但以理就对国王直接宣称："王啊，你是诸王之王，天上的神已将国度、权柄、能力、尊荣都赐给你。"[151]

如此，《但以理书》就为日后的基督教史学，建构起了一种文深旨远的关于人类政治发展史的阐释模式：它指明了人类政治发展的源动力是天堂中的神意，并且政治史的最终归宿也将是神所建立的普遍国度，因而它当之无愧地可被视为日后"神意的"与"普遍的"基督教史学的思想渊源。

考察《但以理书》与政治的关联，我们会发现在《但以理书》中，并没有什么抗拒帝国、疏远王权的意识。恰恰相反，作为《圣经》中原初的对于

147　（古罗马）优西比乌：《教会史》，（美）梅尔英译、评注，瞿旭彤译，生活·读书·新知三联书店 2009 年版，第 440 页。

148　（古罗马）优西比乌：《教会史》，（美）梅尔英译、评注，瞿旭彤译，生活·读书·新知三联书店 2009 年版，第 441 页。

149　《圣经·旧约·但以理书》，第 2 章，第 12、13 节。

150　《圣经·旧约·但以理书》，第 2 章，第 24 节。

151　《圣经·旧约·但以理书》，第 2 章，第 37 节。

人类政治史的阐释模式，尽管它在解释政治历史进程时强调了神意，但它更强调了神意对王权的恩赐；虽然它指明了政治史的未来是神的普遍国度，但它也高举了现存的人间帝国。

也正因于此，甚至连后来的罗马帝国政治也对该阐释模式颇为满意，就如现代政治学家沃格林所总结："这个模式可以抽离这些具体的帝国，它能适应罗马时代后期帝国的思想"。[152]

而它的这种浓厚保守色彩，也明显地反映在当时统治者与阐释者之间的关系范式之中：双方关系以统治者对阐释施加压迫为起始，以阐释者向统治者做出解释为发展。最终，通过阐释者对人类政治历史做出合乎统治者利益诉求的阐释与预言，甚至是诉诸"神意"来对现存帝国与既有王权加以肯定与颂扬，使得双方关系获得了一个大团圆般的结局，"于是王高抬但以理，赏赐他许多上等礼物，派他掌管巴比伦全省……"[153]。

（二）实践：古犹太史学家约瑟夫斯的史学写作实例

我们随后再详加考察一下前曾涉及过的犹太历史学家约瑟夫斯。因为在他的《犹太古史》与《犹太战记》这两部作品中，那种"神意的"与"普遍的"史学思想，可以说较早地以一种史学写作实例的形式得到了表现，并极大启发了日后的基督教史学。

一方面，约瑟夫斯在《犹太古史》中开宗明义地就宣称，在人类历史中贯穿着一条主要教训，就是要"遵从上帝的意愿"。[154]这表明他正是依据某种"神意"的贯穿与实现，来撰述其历史；另一方面，约瑟夫斯从上帝的创世纪[155]开始展开其历史叙事，并试图犹太史为主线来涵括其他所有民族的历史。他的这种撰史实践也已经显露出某种普遍历史的趋势。

并且如前所述，这位犹太史家约瑟夫斯也有着与先知但以理相类似的离奇遭遇，同样地经历了一场与自己生死攸关的释梦事件。只不过在约瑟夫斯的释梦经历中，梦的主人不是别人，正是阐释者约瑟夫斯本人。约瑟夫斯的

---

152 （美）沃格林：《政治观念史稿·第 1 卷，希腊化、罗马和早期基督教》，谢华育译，华东师范大学出版社 2007 年版，第 154 页。

153 《圣经·旧约·但以理书》，第 2 章，第 48 节。

154 Josephus, *Jewish Antiquities,* (books I-III), with an English translation by H. St. J. Thackeray, Cambridge, Massachusetts: Harvard University Press, reprinted 1998, p. 9.

155 Josephus, *Jewish Antiquities,* (books I-III), with an English translation by H. St. J. Thackeray, Cambridge, Massachusetts: Harvard University Press, reprinted 1998, p.15.

释梦事件，发生在他参加犹太人反抗罗马的战争失败后，正要被罗马士兵所杀死的危急时刻。

根据他自己在《犹太战记》中的记载：正是在这个紧要关头，"约瑟夫斯的心头突然回忆起了这些天来夜里的梦境，在这些梦中，上帝向他预言了犹太即将到来的宿命，以及那罗马君王的命运"。[156]于是，约瑟夫斯就要求会见当时的罗马将军韦斯巴芗，向将军讲述了他所梦见的那个来自于"神意"的预言："您将成为凯撒，韦斯巴芗，您与您的儿子将当上皇帝"。[157]也许正得益于这一预言，罗马将军就保全了约瑟夫斯的性命。而此后不久，韦斯巴芗竟然真正做了罗马帝国的皇帝，于是他也理所当然地就释放了约瑟夫斯这位成功地预言了历史的释梦者。

所以我们在约瑟夫斯的史学叙事中，又看到了《旧约·但以理书》中那种依靠梦境来阐释历史者与统治者之间关系范式的重复出现。并且约瑟夫斯还进一步地将《旧约·但以理书》中那个原本应该由神所建立的普遍帝国，阐释为了罗马帝国的未来。他由此预言韦斯巴芗将是未来的凯撒，还将是海洋与陆地的统治者，更将是整个人类的统治者。[158]

或许也因为这种极具鼓舞性的预告，使得约瑟夫斯获得了与但以理相似的结局，在释梦之后与统治者之间达成了友善的关系。前曾言及，约瑟夫斯在获释之后，就一直托庇于韦斯巴芗及其儿子提图斯与图密善，并把他们的家族姓氏"弗拉维斯"冠于自己的名字之前。后来提图斯还把韦斯巴芗原先的宅第都赠送给了他，而约瑟夫斯也就以罗马公民的身份定居在那里，并享受着皇室成员的养老金。

以上透过对《旧约·但以理书》中历史思想以及约瑟夫斯史学实践的探讨，我们可以发现：所谓"神意的"与"普遍的"基督教史学思想，其实早在古犹太教史学中就已经形成了框架、并付诸了实践。

尤其值得注意的是，在历史阐释者与当权统治者之间的关联上，犹太先

---

156 Josephus, *The Jewish War* (books III-IV), with an English translation by H. St. J. Thackeray, Cambridge, Massachusetts: Harvard University Press, reprinted 1997, p. 103.

157 Josephus, *The Jewish War* (books III-IV), with an English translation by H. St. J. Thackeray, Cambridge, Massachusetts: Harvard University Press, reprinted 1997, p. 117.

158 Josephus, *The Jewish War* (books III-IV), with an English translation by H. St. J. Thackeray, Cambridge, Massachusetts: Harvard University Press, reprinted 1997, p. 117.

知但以理与史家约瑟夫斯更是以现身说法的方式，为后世的基督教史家树立了某种令人信服并值得仿效的榜样：如果历史阐释者在其对于人类政治史的阐释中，做出某种"神意的"预言来对既有王权加以肯定，并在"普遍的"历史进程中对其所置身的特殊帝国予以颂扬，就有可能缓和统治者对其所施加的压迫，并最终达至双方亲密相处的完满结局。

于是当日后的基督教史家再在这种"神意的"与"普遍的"史学思想路径上前行时，无疑也应该会被其理论前辈的榜样遭遇所影响，预设下某种功利性的政治目的与人生追求，而使得历史在被阐释为历史文本之前，就已经含蕴了某种向现行政治接近的潜文本。

当然，《旧约·但以理书》与约瑟夫斯，毕竟只是基督教史学的思想前奏而非基督教史学自身，我们前述的所有探究，都还只能说明基督教史学有着某种向政治接近的犹太史学思想渊源。

如果要更深入地探询基督教史学自身与政治的关联，我们随后就应该着重考察那些早期基督教思想家们自己的史学意识，以及早期基督教史家们本身的史学实践。

（三）两可：基督教史学接近政治的理论根基

探讨早期基督教思想家们的史学意识，我们不可避免地首先将考察早期基督教奠基者诸如耶稣、保罗等的史学思想。

我们将能感受到，耶稣、保罗等对于传统的历史记载，是采取了一种既拒斥、又保留的两可态度：1，对于过往异教史家的历史撰述，早期基督教展现了相当抗拒的姿态。比如保罗就要求信众们远离那些过往史家依据传统而做出的阐释，甚至斥之为"妄言"。[159]2，对于涉及古犹太历史的传统律法与先知叙事，耶稣本人还是采取了一种"我来不是要废掉，乃是要成全"[160]的保留态度。因而早期基督教思想者们的史学意识，就体现了某种既排斥异教思想，又承继古犹太教思想的身份认同。

与之类似，在如何处理与现行政治之间关系的问题上，早期基督教奠基者的思想中也表现出了一种既对抗、又顺从的两可意蕴。

一方面，新兴基督教对于现行政治秩序有着强烈的对抗意识，正如耶稣

159《圣经·新约·歌罗西书》，第 2 章，第 8 节。
160《圣经·新约·马太福音》，第 5 章，第 17 节。

本人向信徒所言"你们以为我来，是叫地上太平吗？我告诉你们：不是，乃是叫人纷争。"[161]保罗则贬斥那些政治机构中的官员们是"教会所轻看的人"。[162]而在《启示录》这样的早期基督教文献中，象征现行政治体制的巴比伦城也被阐释成了魔鬼手中的工具，也就是吮吸圣人鲜血的紫衣淫妇。[163]

另一方面，早期基督教思想更有着强调顺从于政治当局的态度。耶稣本人就明确地反对以暴力来对抗压迫，"收刀入鞘吧，凡动刀的，必死在刀下"。[164]使徒彼得则劝诫信徒们："要顺服人的一切制度，或是在上的君王"。[165]保罗更特别地叮嘱传道者们："你要提醒众人，叫他们顺服作官的、掌权的，遵他的命，预备行各样的善事。"[166]并且，保罗还主动地将当权者的权柄阐释为是由神所赐予的："在上有权柄的，人人当顺服他；因为没有权柄不是出于神的，凡掌权的都是神所命的"。[167]

应该说，正是早期基督教奠基者们这种对过往史学既保留又拒斥，对现行政治既对抗又顺从的两可态度，构成了日后基督教史学与政治之间关联的思想基础。

因为，早期基督教思想对于过往史学的两可，使得他们在排斥异教历史撰述的同时，仍然在思想上存留了古犹太史学中的政治保守意蕴，并能蹈袭其而向前；而且，早期基督教对于现行政治的模棱，尤其是保罗认为统治者的权柄是由神意所赋予的教义阐释，促使后世基督教史学能够以之为基础，发展出某种为了传播教义而去主动接近、甚至逢迎当权统治者的鲜明特色。

亦唯有如此，早期基督教史学方可能超越古犹太史学而成为基督教史学自身。"因为这世界的样子将要过去了"，[168]新的样式则有待于新的基督教史家们自己来构建。

（四）呈送：早期基督教历史写作者对政治的"接近"

现代哲学家伽达默尔曾有这样一种观点：即认为历史精神的本质并不在

161《圣经·新约·路加福音》，第12章，第51节。
162《圣经·新约·哥林多前书》，第6章，第4节。
163 参阅：《圣经·新约·启示录》，第17、18章。
164《圣经·新约·马太福音》，第26章，第52节。
165《圣经·新约·彼得前书》，第2章，第13节。
166《圣经·新约·提多书》，第3章，第1节。
167《圣经·新约·罗马书》，第13章，第13节。
168《圣经·新约·哥林多前书》，第7章，第31节。

于对过去事物的恢复，而是在于与现时生命的思维性沟通。[169]这种观点也非常适用于早期基督教徒们的历史写作。的确，早期基督徒们之所以开始动笔撰述历史，很大程度上就是为了向同时代的政治体制传播其基督教信仰，尤其是取得那些当权统治者们的支持。

我们首先可以考察一下路加的历史叙事尝试。如果悬搁起关于这位早期基督徒历史写作"真实性"的争辩，仅就其文本而言，那么我们至少能看到如下两点：

1，路加的叙事一开始就是献给某位现行统治者的。在其《路加福音》与《使徒行传》的开篇，他都指明了其作品是献给提阿非罗的，并且还尊称他为"大人"。这至少说明提阿非罗在现实中有着较高的官阶。而路加之所以动笔撰述，就是希望以此来说服这位统治者大人相信基督教的教义，"提阿非罗大人啊……使你知道所学之道是确实的"。[170]

2，路加的历史写作，明显地反映了早期的基督徒们承认与维护罗马政治当局的态度。比如在《路加福音》中，对于是否该向罗马皇帝缴税的问题，耶稣就以"凯撒的物当给凯撒，神的物当归给神"[171]的名言，明确表达了这位基督教奠基者对罗马帝政当局在尘世中权威的认同。而在《使徒行传》中，路加则勾勒了保罗对罗马最高帝政当局的寄望。当犹太人捉住保罗并向巡抚控告他作乱时，临危的保罗显然将罗马皇帝视为能够给他公义的仲裁者，"我站在凯撒的堂前，这就是我应该受审的地方。……我要上告于凯撒"。[172]

路加这种向罗马帝政接近的叙事，在早期基督教历史作品中并非孤例，前所言及的提阿菲罗斯，就曾经按照从上帝创世直到罗马皇帝马可·奥勒留为止的顺序，以基督教信仰观念为指导而编撰了一部将人类历史划分为 6 个重要时期的编年史。[173]前曾指出，该编年史有着对于罗马政权当局强烈的接近

---

169 原文为"in der denkenden Vermittlung mit dem gegenwärtigen Leben"，见：Hans-Georg Gadamer, *Hermeneutik I: Wahrheit und Methode*, Tübingen, J. C. B. Mohr(Paul Siebeck), 1986, p. 174. 中文译文引自：（德）伽达默尔：《真理与方法 I》（修订译本），洪汉鼎译，商务印书馆 2007 年版，第 237 页。

170《圣经·新约·路加福音》，第 1 章，第 1—4 节。

171《圣经·新约·路加福音》，第 20 章，第 25 节。

172《圣经·新约·使徒行传》，第 25 章，第 10、11 节。

173 （古罗马）提阿菲罗斯，"致奥托莱库斯书"，见：（古罗马）塔提安等：《致希腊人书》，滕琪，魏红亮译，中国社会科学出版社 2009 年版，第 310—319 页。

意味，甚至可以说它完全迎合了罗马的政治需要。因为它正是在"神意的"与"普遍的"这两个极具基督教史学特色的方面，为庞大的罗马帝国建构起了一种源于"神意"、能够"普遍"适用于所有臣民的历史身份认同。

在此再简要复述下之前观点：首先，在编年史的开端也即世界的起源问题上，提阿菲罗斯就认为唯有旧约中那种"起初，上帝创造天地"的源于神意的历史，才是真正"神圣的历史"。[174]对罗马帝国来说，其历史起源正如西塞罗所言："罗马的历史实际上是模糊不清的"。[175]而提阿菲罗斯则在其编年史中特意指明，罗马人的起源与势力壮大乃是"得到神灵帮助"。[176]并将其编年史以神意创世纪为开端，又以罗马皇帝马可·奥勒留为结尾，期间还详尽列述了罗马的所有皇帝更迭。[177]如此，提阿菲罗斯的编年史，就不仅为罗马皇帝们争取到了一个可以与神相提并论的崇高位置；还为一个在法律上信奉古老起源与传统习惯的帝国政治，[178]提供了强有力的史学理论武器。它使得原本相对短暂而且起源模糊的罗马历史，既在其起源处被建构为"得到神灵帮助"，又被合并到了一个更悠久并源于"神意"的基督教历史框架之中。

其次，提阿菲罗斯还建构起了某种适应罗马帝政的普遍的早期基督教世界史观。他在《致奥托莱库斯书》中，详细地讲述了人类如何逐渐分散，[179]并由此将各民族的发展史，都囊括到一个源于共同祖先的普遍历史进程之中。进而他猛烈抨击了以往历史家们将笔触局限于本民族伟人、或者本国家对外

---

174 （古罗马）提阿菲罗斯，"致奥托莱库斯书"，见：（古罗马）塔提安等：《致希腊人书》，滕琪，魏红亮译，中国社会科学出版社 2009 年版，第 259 页。

175 Cicero, *Cicero XVI, De Re Publica, De Legibus*, with an English Translation by Clinton Walker Keyes, Cambridge, Massachusetts: Harvard University Press, 1994, p. 141.

176 （古罗马）提阿菲罗斯著，"致奥托莱库斯书"，见：（古罗马）塔提安等：《致希腊人书》，滕琪，魏红亮译，中国社会科学出版社 2009 年版，第 316 页。

177 （古罗马）塔提安等：《致希腊人书》，滕琪，魏红亮译，中国社会科学出版社 2009 年版，第 316—318 页。

178 如西塞罗就曾强调是"自然"在起源上的的古老性来使自然获得法律效力的："法律是根据与自然——万物中首要的和最古老的——一致而制定的有关事务正义和不正义的区别。"见：（古罗马）西塞罗，《国家篇、法律篇》，沈叔平、苏力译，商务印书馆，2002 年，第 189 页。并且西塞罗还认为法律是具有神性的："法律是神的首要的和最终的心灵，其理性以强迫或制约而指导万物。"见：（古罗马）西塞罗：《国家篇、法律篇》，沈叔平、苏力译，商务印书馆 2002 年版，第 187 页。

179 （古罗马）提阿菲罗斯，"致奥托莱库斯书"，见：（古罗马）塔提安等：《致希腊人书》，滕琪，魏红亮译，中国社会科学出版社 2009 年版，第 274 页。

战事的历史叙事模式。[180]提阿菲罗斯的这种基督教普遍世界史观，无疑顺应了当时人们将罗马帝国等同于普世帝国的主流政治观念。尤其他对过往各民族间纷争的历史意义的贬抑，更暗合了罗马努力消融其治下各民族间矛盾的政治需要。而且，虽然对于其他民族政治人物的重要性加以了贬低，提阿菲罗斯自己却又在其编年史中将罗马皇帝马可·奥勒留的驾崩作为其编年史的结尾。这也展现出了他那向罗马统治者接近的史学编撰意识。

从以上的探讨中我们可以看到，早期基督教徒们往往将其叙事作品呈送给罗马统治者，因而其写作有着与生俱来的对于罗马政治的接近倾向，并以维护罗马现行政治为前提，这在路加的史学尝试中已然有了充分的展现。

而最早编撰基督教编年史的提阿菲罗斯，则更是凸显了罗马政治在整个基督教史学编年体系中的重要性，其整个编年史框架也是以罗马统治者为归依并适应了罗马统治的需要。

征服了当时西方众多民族国家的罗马普世帝国，本身就正在为消融统一各民族国家之间的历史文化差异而努力。提阿菲罗斯的基督教编年史创举，恰恰就为在广袤罗马疆域内各个原本历史上彼此歧异甚或敌意的民族，提供了一种新的普遍世界历史观念。为罗马帝国治下的各民族臣民们的历史身份认同，主动地建构起了一幅源于"神意"，并最终发展为普世罗马帝国的共同历史进程。

所以，在掌握了早期基督教史学对罗马政治的这些维护与接近倾向之后，对于随后所将展示的"教会史之父"——攸西比乌斯与罗马政治之间的亲密关系，我们也就不会再感到惊讶。

（五）亲密：教会史之父攸西比乌斯向罗马政治的接近

攸西比乌斯在基督教史学上有着奠基者的意义。也正是这位具有典范意义的早期基督教史家，以其经历与文字，充分地向我们展示了早期基督教史学向当时罗马统治者亲密的接近。

就攸西比乌斯的个人经历而言，他对罗马政治当权者的接近倾向就十分明显。如在 325 年的基督教尼西亚大公会议上，他作为君士坦丁大帝的首席神学顾问，不仅尊荣地就坐于皇帝的右手边，而且还发表了一篇颂扬这位统治者的颂词。

180（古罗马）提阿菲罗斯，"致奥托莱库斯书"，见：（古罗马）塔提安等：《致希腊人书》，滕琪，魏红亮译，中国社会科学出版社 2009 年版，第 314 页。

在 336 年，他又于君士坦丁堡发表了一篇献给统治者的贺辞：《庆祝君士坦丁大帝登基三十周年》(*Oration at the Tricennalia of Constantine*)。即便在他生命的最后两年时光中，这位基督教史学的开创者也不忘发表了一部四卷本的《君士坦丁传》(*A Life of Constantine*)。当然，有研究者指出这部传记中充斥了对于统治者的褒奖，使得它更像是一篇为君主歌功颂德的文学作品。[181]

而在这位基督教史学先行者的代表性作品《教会史》中，其撰史观念中对罗马现行政治的接近倾向，亦跃然于纸上。

1，在编撰的总体架构上，《教会史》还是以罗马统治者的更迭为其时序的，其主要叙事内容起自基督教耶稣基督而止于罗马皇帝君士坦丁。在《教会史》的第一卷第三节中，攸西比乌斯就开始将基督的来临与罗马帝国的初建纳入了同一时间进程中："（耶稣）是在罗马帝国创建之时，化身为人而降临的"[182] 在第一卷第五节，则开始引入罗马统治者"奥古斯都治下的第 42 年"，[183] 作为其史学叙事的时间坐标。随后，早期基督教就在一位位罗马政治当权者，诸如提庇留、尼禄、加尔巴、图拉真等所构成的时间之链上，开始了其历史撰述上的发展。

2，在具体的行文措辞上，《教会史》也充满了对于罗马现行统治者的接近倾向，甚至不乏极其溢美的称呼。比如在第八卷，攸西比乌斯将君士坦提乌斯宣扬为："他是一位最仁爱、最和善的皇帝。他实际上也是我们这个年代中唯一称职的至高元首"，而他的儿子君士坦丁则更是"被上帝自己都一早就断言是最完美的帝王"。[184] 而在全书结尾处，攸西比乌斯更是以抑制不住的热情表达了对现任统治者及其后继者的讴歌："君士坦丁，这位最非凡的胜利者，基于其虔诚的信仰而被神赐予了所有的美德。而他的儿子克里斯普斯，[185] 他将是上帝最宠爱的一个皇帝，并且在每个方面都和他父亲一样卓越"[186]

---

181 参阅：梅尔，"引言"，见：（古罗马）优西比乌：《教会史》，（美）梅尔英译、评注，瞿旭彤译，生活·读书·新知三联书店 2009 年版，"引言"，第 5、6 页。

182 Eusebius, *The Ecclesiastical History*, Volume I, with an English Translation by Kirsopp Lake, Cambridge, Massachusetts: Harvard University Press, reprinted 1998, p. 25.

183 Eusebius, *The Ecclesiastical History*, Volume I, with an English Translation by Kirsopp Lake, Cambridge, Massachusetts: Harvard University Press, reprinted 1998, p.47.

184 Eusebius, *The Ecclesiastical History*, Volume II, with an English Translation by J. E. L. Oulton. Cambridge, Massachusetts: Harvard University Press, reprinted 2000, p. 301.

185 Flavius Julius Crispus, 生年不详，约在西元 299 到 305 年之间，卒于 326 年。

186 Eusebius, *The Ecclesiastical History*, Volume II, with an English Translation by J. E. L. Oulton. Cambridge, Massachusetts: Harvard University Press, reprinted 2000, p. 479.

3，在具体的历史叙事上，《教会史》也明确地维护君士坦丁这位罗马现任统治者。当然，对于那些迫害过基督教的过气统治者们，攸西比乌斯也还是敢于贬斥的。比如他就用"邪恶"、"堕落"、"疯狂"等词汇来形容"第一位被指认为是神圣基督教仇敌的罗马皇帝"[187]——尼禄。但在总体上看，《教会史》中更多的还是对于君士坦丁的维护与颂扬。

尤其值得注意的是："神意"在《教会史》中，被阐释为完全偏袒君士坦丁的，这可谓是其基督教历史叙事的一个重要特色。

比如在君士坦丁战胜马克森狄的史事叙述上，攸西比乌斯就不仅认为君士坦丁"紧密依靠着来自于上帝的帮助"[188]，并将《旧约·出埃及记》中，追赶摩西的法老军队被上帝沉于红海的记载，转用到了 312 年君士坦丁击败马克森狄的历史事件。而马克森狄最终坠河而死的结果，也就被攸西比乌斯阐释成了一个正如神谕所预言的结局，"如铅沉在大水之中"；[189]

甚至在对待李锡尼与君士坦丁之间的战争上，攸西比乌斯还把君士坦丁这位凡间的君主与天庭的上帝直接地加以了等同："（李锡尼）向君士坦丁开战，他也就已经开始向全世界的上帝开战"。[190]

从上可以看出，基督教史学在其开创者攸西比乌斯的《教会史》写作中，确实有着对于统治者的深切接近。也不难想见，如此这般的一种基督教史学叙事，无论如何都将深受统治者的欢迎。

毋容置疑，基督教史学的发展过程的确展现了柯林武德所言的那种模样："它是一部普遍的历史，或一部世界通史，一直追溯到人类的起源"。[191]然而，在我们对早期基督教史学予以切近详察之后，我们也更可以看到：

在基督教史学的前奏古犹太教史学中，就已经有了某种"神意的"与"普遍的"雏形。并且，在以《旧约》和约瑟夫斯为例证的古犹太史学思想中，《旧

---

187 Eusebius, *The Ecclesiastical History*, Volume I, with an English Translation by Kirsopp Lake, Cambridge, Massachusetts: Harvard University Press, reprinted 1998, p. 181.

188 Eusebius, *The Ecclesiastical History*, Volume II, with an English Translation by J. E. L. Oulton, Cambridge, Massachusetts: Harvard University Press, reprinted 2000, p. 361.

189 Eusebius, *The Ecclesiastical History*, Volume II, with an English Translation by J. E. L. Oulton, Cambridge, Massachusetts: Harvard University Press, reprinted 2000, p. 363. 旧约经文参阅：《圣经·旧约·出埃及记》，第 15 章，第 10 节。

190 Eusebius, *The Ecclesiastical History*, Volume II, with an English Translation by J. E. L. Oulton, Cambridge, Massachusetts: Harvard University Press, reprinted 2000, p. 469.

191 （英）柯林武德：《历史的观念》，何兆武、张文杰译，商务印书馆 2004 年版，第 89 页。

约·但以理书》首先就肯定了"神意"对王权的恩赐，而约瑟夫斯也将"普遍"的国度，建构为罗马帝国的未来。

在早期基督教奠基者们的思想中，对于古犹太史学中的政治保守意蕴也采取了继承与保留。保罗更在教义上做出了统治者的权柄是由"神意"所赋予的阐释。

而在早期的基督教史学尝试与历史阐释中，无论是路加还是提阿菲罗斯，也都承认与维护罗马现行政治统治。至于提阿菲罗斯的基督教编年史，更是为罗马帝政建构了一个以"神意"为起点，并发展向"普遍"罗马帝国的编年体系。

在攸西比乌斯的《教会史》中，基督教的普世发展历程，也在史学叙事上被表现成关联着罗马政治更迭而展开。尤其极具基督教史学特色的是，攸西比乌斯还将"神意"阐释为完全地偏袒罗马皇帝君士坦丁。因此，在经过这样一次较详细的梳理之后，对于柯林武德在阐述基督教史学时那种充满理想主义的如下描述：

> "...对基督教来说，在上帝的眼中人人平等：没有什么选民、没有什么特权种族或阶级，没有哪个集体的命运比其他集体的更重要，……基督徒不能满足于罗马史或犹太史或任何其他局部的和特殊主义的历史：他要求世界史，一部其主题将是上帝对人生目的的普遍展开的通史"。[192]

我们也就能够基于对路加、提阿菲罗斯、攸西比乌斯等早期基督徒史学理论与实践的实证分析，在柯氏的上述描述之外，又看到了另一幅平等不足，特殊有余的历史画面。

甚至，更是某种以"神意"来眷顾罗马政治当权，以普世罗马帝国为"普遍"历史框架的叙事场景。

我国南宋经学家胡安国在论述孔子写作《春秋》时曾云，"是故假鲁史以寓王法，拨乱世，反之正……"。[193]近世史家钱穆也说："故欲其国民对其国家有深厚之爱情，必先使其国民对国家以往历史有深厚的认识"。[194]诚然，在东方华夏民族的思想中，历史总是有着一种寄寓政治，关怀家国的作用。在前述对早

---

192 （英）柯林武德：《历史的观念》，何兆武、张文杰译，商务印书馆2004年版，第88页。

193 （宋）胡安国：《春秋胡氏传》序。

194 钱穆：《国史大纲》，商务印书馆1996年版，第三页。

期基督教史学的分析中，我们也能看到西方古人有着与之类似的史学思想路径。

概言之，早期的基督教思想，通过具体的基督教史学写作，在历史起源上为罗马找到了一个源自神意的开端；在历史框架上则为罗马帝国确定了普世帝国的大一统体系；而在史学撰述的具体措辞与史事记载上，更是建构起了"神意"对于罗马政治当局者关爱有加的历史叙事。

这种史学叙述，对于一个四处征伐，统御众多彼此历史迥异之民族的罗马帝国而言，其理论力量自然是不可估量的。

基督教的历史撰述，也就在此种接近甚至迎合罗马政治的形式上，得以最终与帝国统治者形成一种良性互动的亲密关系，并进而影响政治当局并播撒其信仰。

西方研究早期基督教史学的权威学者巴恩斯曾经以为："在 312 年皈依基督教之前，君士坦丁就一直对基督教持有着同情的态度"。[195]于此，我们也可得出一个部分与之对参的观点：在基督教成为帝国的主流宗教信仰之前，早期基督教的史家们，也一直就对帝国政治抱持着接近的态度。

三、一条新路径的开辟："隐喻解经法"与早期基督教史学思想[196]

前曾言及，西方传统希腊罗马史家通过"自我"来追求"真实"的思维路径，逐渐使得随后依照传统史学样式的史学撰述逐渐遭遇到困难。

（一）上帝的"拯救"：早期基督教史学对"上帝"的引入

也就在西方传统史学面临困境的同时，早期基督教史学开始致力于召唤一位拯救者——"上帝"进入史学之中。

而限于困境的西方史学，之所以能在早期基督教史学中否定个人"自我"，并引入拯救者"上帝"。则有赖于早期基督教教义对于历史写作的主体、客体以及功能三方面的理论建构。

首先就写作历史的主体来说，早期基督教思想一开始就反对传统史家们依据"自我"来撰述人类的历史传承，更加反对他们依据"自我"来妄自尊

---

195 T. D. Barnes, "The Conversion of Constantine", *From Eusebius to Augustine (selected Papers 1982-1993)*, Published by Variorum, Aldershot, Hampshire, Great Britain, 1994, p. 371.

196 参见拙文，肖超："略论'隐喻解经法'对早期基督教史学思想的建构"，《史学理论研究》，2011 年第 2 期。

大地对历史进行私意的阐释。[197]因而，基督教思想对传统史学的作者"自我"型主体是抱持否定态度的。

其次就写作客体来看，渊源于犹太教的基督教思想也并不认同传统史家们所撰述的人类自我作为。它只要求信徒们记念上帝的事迹，"你们要记念他奇妙的作为和他的奇事，并他口中的判语"。[198]所以在史学写作的客体上，基督教也是反对人类自我，并明确提出了引入"上帝"的要求。

第三就历史写作的目的来考察，早期基督教徒所隐现出的撰述历史的动机，也主要为了向受众阐证上帝的存在与意志。这在我们之前行文中多有阐述，比如《路加福音》，就对其叙事就如下的言明："这些事我既从起头都详细考察了，就定意要按着次序写给你，使你知道所学之道是确实的。"[199]

从以上简要分析中不难得见，早期基督教教义对于传统历史写作中的"自我"基本持否定态度，并且隐现了一种召唤"上帝"降临于人类历史记载之中的思想方向。

及至攸西比乌斯在基督教教义的指引下，开始去撰写一部前人从未写过的教会历史时，[200]他所写作的这种迥异于传统历史的新型基督教史学作品，就已经不复再徒劳地希图以"自我"来追求"真实"，而是着意于以笔墨去"显现"神意："我们记载的这些事实，可以作为证据来显明另一个预言的实现，那就是我们的救主耶稣基督的显现。"[201]

并且在攸西比乌斯的新兴基督教史学范型中，神的预言与意志，是可以透过历史家的记载来得到印证："如果有人将我们救主的话语，与历史学家们关于这整个战争的其他叙述加以比较的话，他怎么会不赞叹，不信服于我们救主超凡的预知与预言呢？"。[202]新兴的基督教历史写作，也就告别了希罗多德那种对史事的个人探询，[203]更不像塔西佗那样试图对历史"依照我们的意

---

197 《圣经·新约·歌罗西书》，第 2 章，第 8 节

198 《圣经·旧约·历代志上》，第 16 章，第 12 节。

199 《圣经·新约·路加福音》，第 1 章，第 3、4 节。

200 Eusebius, *The Ecclesiastical History*, Volume I, with an English Translation by Kirsopp Lake, Cambridge, Massachusetts: Harvard University Press, reprinted 1998, pp. 9-11.

201 Eusebius, *The Ecclesiastical History*, Volume I, with an English Translation by Kirsopp Lake, Cambridge, Massachusetts: Harvard University Press, reprinted 1998, p. 55.

202 Eusebius, *The Ecclesiastical History*, Volume I, with an English Translation by Kirsopp Lake, Cambridge, Massachusetts: Harvard University Press, reprinted 1998, p. 219.

203 希罗多德：《历史》（全两册），王以铸译，商务印书馆 2005 年版，第 151 页。

愿去感知，并能根据我们的感觉去述说"[204]来加以阐释，而是"下决心去仅仅记录下那些能够证明神的审判的内容"。[205]

自此，西方的历史写作开始展开了一段全新的旅程，基督教思想正式地为人类的历史撰述引入了另一位在场者——"上帝"。

（二）"隐喻解经法"在两方面为基督教史学拓展的理论路径

某种意义上，正是有赖于这位"上帝"的拯救，使得西方史学由日趋困顿的传统史学撰述，转向了方兴未艾的基督教历史写作。而且，在退隐了那位悖论般的写作者"自我"之后，西方史学这一次为说服受众而召唤登场的在场者，还粉墨着全知与全能的面具。

如前所述，"上帝"的降临于人类历史写作，是由早期基督教教义加以了理论建构。那么在这种理论建构中，又有一种什么样的思维方法，促使了这位"救主"——上帝，能够具体地凌驾于"自我"而显身于历史撰述之中呢？西方史学又是凭籍一条怎样的思想路径，由传统的那种"和你所记载的行为完全一致"[206]的"再现"，转向为了显明"我们的救主耶稣基督的显现"[207]中的"显现"呢？

正是怀着这样的疑惑，本节将在史学思想史的视域内，聚焦于我们之前曾多次涉及过的基督教"隐喻解经法"来展开探询。因为从史学史思想的建构与沿袭上来说，对于西方传统史学向基督教史学的转向，隐喻解经法正是解开上述疑惑的一个关键因素。所以在此我们着重对"隐喻解经法"与早期基督教史学之间的关系加以某种较为宏观的梳理与探析。

前面曾经介绍过，古代西方人很早有了"隐喻"的概念，有西方学者经研究后认为：

> "'隐喻'一词源自于古希腊文的词汇 allēgoria，随后在柏拉图
> 与亚里斯多德的时代里被用于指称名为 huponoia 的实践活动，而
> huponoia 是与动词 huponoein 相对应的一个名词，其字面意思就是

204 Tacitus. *The Histories,* with an English Translation by Clifford H. Moore, Cambridge, Massachusetts: Harvard University Press, 1996, p. 5.

205 Eusebius, *The Ecclesiastical History,* Volume II, with an English Translation by J. E. L. Oulton. Cambridge, Massachusetts: Harvard University Press, reprinted 2000, p. 257.

206 Sallust, "The War with Catiline", in *Sallust*, with an English Translation by J. C. Rolfe, Cambridge, Massachusetts: Harvard University Press, reprinted 2000, p.7.

207 Eusebius, *The Ecclesiastical History*, Volume I, with an English Translation by Kirsopp Lake, Cambridge, Massachusetts: Harvard University Press, reprinted 1998, p. 55.

'深入地看穿、领悟'（英译：to see under, to understand under），也就
是，去辨析出隐藏在话语直白（表面）意义背后的深层次含蕴"。[208]

而且，利用"隐喻"来阐释经典文本的方法，也很早就在西方思想中出
现了，"隐喻"一词的首次出现　"是在公元前三世纪斯多亚派的克里尼雪斯
的著作中"。[209]因为在当时许多批评者的眼中，荷马史诗中所描述的那些神的
堕落特性：诸如通奸、嫉妒、受贿等，给宗教教化带来了许多负面问题。所
以当时的斯多亚派就采用了隐喻阐释法来对此加以处理，认为"隐喻解经法
可以帮助人们获得潜在的含义。"[210]

而所谓的基督教"隐喻解经法"（The allegorical interpretation of Scripture），
则一般被认为是在大约西元纪元前后，由犹太教经师斐洛于埃及所肇创，而
后经早期基督教教父奥利金的积极提倡，逐渐成为了当时极具影响的阐释《圣
经》的方法。西方学界现在又一般将隐喻解经法解释为："是在巴勒斯坦的犹
太拉比学校里所实行的一种特殊的阐释方法，这种方法也被《新约》的写作
者适用于对《旧约》的阐释"。[211]

因为在某些早期基督教神学家们看来，《圣经》除了其字面意义之外，还
包含着更深奥的真理，而这只能借助隐喻来阐释。比如，隐喻解经法的肇创
者斐洛，就对犹太圣经的几乎所有内容都以隐喻方法进行了阐释。并告诫读
者，不要停留在"字面上与明显的"[212]意思，而应该"去进行隐喻的阐释，
并且认识到：文字对于神谕而言，仅仅就像是阴影对于实体，而其中显现出
来的更高价值，才是真实的与实存的事物。"[213]

208　Brisson, Luc. *How philosophers saved myths: allegorical interpretation and classical mythology*. Chicago: University of Chicago Press, 2004. p. 32.

209　（英）罗纳尔德·威廉逊，《希腊化世界中的犹太人：斐洛思想引论》，许开来、林庆华译，华夏出版社 2007 年版，第 157 页。

210　章学富：《圣经和希腊主义的双重视野：奥利金其人及神学思想》，中国社会科学出版社 2004 年版，第 137 页。

211　*The Concise Oxford Dictionary of the Christian Church*, Ed. Elizabeth A. Oxford: Oxford University Press, 1977, p. 15.

212　Philo, "On the Confusion of Tongues", in *Philo*, Volume IV, with an English translation by F. H. Colson& G. H. Whitaker, Cambridge, Harvard University Press, reprinted 1995, p. 113.

213　Philo, "On the Confusion of Tongues", in *Philo*, Volume IV, with an English translation by F. H. Colson& G. H. Whitaker, Cambridge, Harvard University Press, reprinted 1995,　p. 115.

　　再比如早期基督教奠基者圣保罗，他也曾经以隐喻方法来阐释《旧约》中的一句经文说："这都是隐喻（英译：allegory），那两个妇人就是两约。一约是出于西奈山，生子为奴，乃是夏甲。"[214]在此保罗就是通过隐喻解经的方法，将旧约经文字面上所叙述的"两个妇人"，阐释为了代表上帝的"两约"，并进而断言说："这夏甲二字是指着阿拉伯的西奈山"。以此来要求受众们相信，"夏甲"实际上是指代了上帝在西奈山上赐给摩西的律法（十诫）。可见自基督教产生之初，其肇创者就已经利用隐喻解经法来对旧有经文加以阐释，并将其作为说服受众们的一条思想路径。

　　也正基于"隐喻解经法"在阐释《圣经》时所拓展出的思想路径，容许了日后的基督教史学阐释者们能够脱离原始的历史文本，去找寻其后隐藏的隐喻意思，使得"上帝"能降临于原本与之无关的人类历史写作之中。毕竟，基督教在很大程度上是"基于一本圣书的宗教"，[215]隐喻解经法又是专门解读这本圣书的一种独特方法。只有凭借它，才能让那文字中原本不可见的种种神意，通过隐喻的阐释，而如保罗所言的那样"这奥秘如今显明出来"。[216]

　　尤其是斐洛那种对圣经区分为"字面意思"与"隐喻意思"两级来做理解、并认为"隐喻意思"高于"字面意思"的"二级圣经观"的阐释范式。更诱导了基督教史学者们将历史文本阐释为某种"字面意思"，从而扬弃了西方传统史学中所强调的文本记载本身的"真实"，转为追求某种具有更高价值的"隐喻意思"——"我最重要的题旨就是，显明与救主耶稣基督有关的上帝的初次神恩应许"。[217]藉由"隐喻解经法"，基督教思想就这样为"上帝"的降临于人类历史写作，铺垫好了思想的红毯。

　　并且，隐喻解经法为"上帝"的降临于史学，还做出了相当充分的思想路径拓展，因为它不仅在历史写作的主体上，而且还在历史写作的客体与目的上，都为"上帝"的到来铺平了道路。

　　在随后行文中，我们将详细地解析"隐喻解经法"，是如何具体地为"上帝"的降临于历史写作而构建思想路径的：

---

214 《圣经·新约·加拉太书》，第 4 章，第 24 节。

215 （美）梅琴（Machen, J. G.）：《新约文献与历史导论》，杨华明译，上海人民出版社 2008 年版，第 8、9 页。

216 《圣经·新约·罗马书》，第 16 章，第 26 至 27 节

217 Eusebius, *The Ecclesiastical History,* Volume II, with an English Translation by J. E. L. Oulton, Cambridge, Massachusetts: Harvard University Press, reprinted 1998, p. 9.

1、神意的降临："上帝"附着于历史写作的主体

首先我们要指出，正是隐喻解经法的肇创者斐洛，对于"隐喻解经法"中的阐释者主体所作的开创性理论建构，直接地启迪了基督教史学将"上帝"降临于历史写作者自身。

在隐喻解经法中，斐洛极富有创造性地，对使用隐喻解经法的主体，进行了独特的理论建构。他指出"隐喻解经法"的使用主体，并不是任意的普通人，而必须是某位拥有灵性经验的"人"。斐洛在使用隐喻解经法时就明确地宣称他的灵魂"常常被上帝所占有，并能预见之前所未见"。[218]

因而在斐洛看来，要去发现《圣经》中的真正真理，也就是"隐喻意思"，并非任意某人就可以随意妄解的。解经者（阐释者）必须要具备"某种伟大而且来自天国的理解，并且已经拒斥了我们周遭任何事物的诱骗"。[219]

斐洛在《论亚伯拉罕的迁居》中，详细地描绘了自己在解经过程中被神灵所附身的经历，他指出在动笔之前的他，并没有任何灵感，随后是通过"神灵的附体"[220]才获得了文思。"在这种神灵附体的影响之下，我置身于极度的狂迷并对一切都失去了感知"，[221]而斐洛在这种状态下所进行的写作，就是从"上帝"那里直接地"获得了语言、思想和某种启迪的愉悦"。[222]

如此一来，本来只是普通凡人的斐洛，就通过这样的方式，被建构成某种被神灵所附体的上帝代言人。而那位原本高高在上的"上帝"，也就如此这般地临附于本是芸芸众生的解经者之身。

如果将斐洛关于阐释主体的这种"神性附体"的理论建构，联系到其时西方历史学家们在阐释历史时所挥之不去的那个梦魇般的"自我"，以及他们由此而陷入的理论困境。我们就能深切地感受到斐洛这种理论新建构的力量。

因为相较传统史家们以人类"自我"为主体来对历史所作的种种私意阐释，特别是相较传统史学中那种以"自我"在场为标榜、而又要求抹杀"自

218 Philo, "On the Cherubium", in *Philo*, Volume II, with an English translation by F. H. Colson& G. H. Whitaker, Cambridge, Harvard University Press, reprinted 1994, p. 25.

219 Philo, "Who is the heir", in *Philo*, Volume II, with an English translation by F. H. Colson& G. H. Whitaker, Cambridge, Harvard University Press, reprinted 1994, p. 329.

220 *Philo*, Volume IV, with an English translation by F. H. Colson& G. H. Whitaker, Cambridge, Harvard University Press, reprinted 1995, p.151.

221 *Philo*, Volume IV, with an English translation by F. H. Colson& G. H. Whitaker, Cambridge, Harvard University Press, reprinted 1995, p.151.

222 *Philo*, Volume IV, with an English translation by F. H. Colson& G. H. Whitaker, Cambridge, Harvard University Press, reprinted 1995, p.151.

我"立场的阐释方式而言。斐洛这种对于阐释主体"神性附体"的理论建构，无疑可以为西方史学中那历来饱受读者质疑与攻击的作者阐释主体，开辟出一处新颖而又无懈可击的庇护所。"我觉察到了那不可见的主的声音，他那不可见的手在弹奏着人类言说的乐器"。[223]

试想，如果历史著述的作者们也去采取如此的理论建构，从而能够在上帝那"不可见的手"的弹奏下阐发出某种"主的声音"，那么在信仰的光环笼罩下，又还有哪一位读者敢于对其表示质疑并不为之信服呢？

因此，当斐洛完成了他这一关于阐释主体的理论建构之后，其中对于历史撰述所蕴含的巨大理论力量，必然迟早将扩散到史学领域中去。而日后被这一思想力量所直接影响并承继其衣钵的，就正是那位"教会史之父"攸西比乌斯。

从《教会史》中我们不难看出，攸西比乌斯对于斐洛可谓钦慕有加，他不仅对斐洛本人大加赞赏，"作为一位学识上最出类拔萃的人，斐洛的声名愈益为人所知，不仅我们的信徒中广为流传，而且连异教背景的人士也多有所闻"；[224]攸西比乌斯还在《教会史》第二卷的第十八章中，[225]将斐洛的著作一一予以列出，并给予了这些著作极高的评价："斐洛的辞藻丰富，思想开阔，他对于圣经的见解更是充满睿智和令人崇拜"。[226]同时他还将这些著作称为是"如此备受推崇而值得珍藏于图书馆之中"。[227]

对于斐洛的隐喻解经法，攸西比乌斯更是十分认同并由衷欣赏。比如在描写初期教会的生活时，攸西比乌斯就全然照搬了斐洛的话语，以之作为早期教会生活的写照："从黎明到黄昏的全部时间，对他们来说都是宗教方面的操练；他们用隐喻来研习圣典，来阐述他们本民族的哲学。"[228]

---

223 Philo, "On the Change of Names", in *Philo*, Volume V, with an English translation by F. H. Colson& G. H. Whitaker, Harvard University Press, reprinted 1988, p.213.

224 Eusebius, *The Ecclesiastical History*, Volume II, with an English Translation by J. E. L. Oulton, Cambridge, Massachusetts: Harvard University Press, reprinted 1998, p. 117.

225 Eusebius, *The Ecclesiastical History*, Volume I, with an English Translation by Kirsopp Lake, Cambridge, Massachusetts: Harvard University Press, reprinted 1998, pp. 157-159.

226 Eusebius, *The Ecclesiastical History*, Volume I, with an English Translation by Kirsopp Lake, Cambridge, Massachusetts: Harvard University Press, reprinted 1998, p. 157.

227 Eusebius, *The Ecclesiastical History*, Volume I, with an English Translation by Kirsopp Lake, Cambridge, Massachusetts: Harvard University Press, reprinted 1998, p. 159.

228 Eusebius, *The Ecclesiastical History*, Volume I, with an English Translation by Kirsopp Lake, Cambridge, Massachusetts: Harvard University Press, reprinted 1998, pp.

　　攸西比乌斯还引用了斐洛的如下话语，来进一步对早期教会中的隐喻解经者给予了极高的赞美："正是这部分人（使用隐喻解经法的）殚精竭虑地沉思着这些无形的智慧，以至于在文字的镜像中，他们察觉到了闪现的思想之美。"[229]紧跟上述文字之后，攸西比乌斯更进一步地直接地回答了他在此引述斐洛的原因："这些传统的操练至今仍在我们中间施行，尤其我们今天仍然遵照惯例来为救主基督的受难而禁食、守望，以及研读神圣的话语。"[230]显而易见，让攸西比乌斯所引以为傲的，正是当时教会中的信众们，仍然按照斐洛当日所施行的隐喻解经法，去"研读神圣的话语"。

　　因此，熟读与欣赏斐洛的攸西比乌斯，当他开始其史无前例的"教会历史"的撰写时，"至今为止我还没有发现有任何的基督教写作者，曾经致力于去写作一部如此样式的历史"。[231]尽管在教会历史写作领域中他无从找寻前人的指引，但却依靠其神学思想前辈斐洛的帮助，为传统史学中那无所容身日趋退隐的作者"自我"，寻觅到了一所全新的"上帝"的殿宇。

　　遵循着斐洛所建构的"神性附体"的阐释主体理论，攸西比乌斯将其自我宣示为了某种由神性所引导并被神灵所附着的神意载体："我们祈祷上帝来给予我们他的指引，我们藉此就能得到上帝神力的帮助"。[232]

　　也正是得益于斐洛"神性附体"的理论建构，西方的史学思想才可能使得作为凡人的历史撰述者，在历史撰写中具备了阐释与显明神意的某种"天赋"资格，从而能够无须解释也不容置疑地，宣称他们可以承担如下的职能：

　　　　"在一些专门的论述中，我们已经搜集了大量与救主耶稣基督有关的预言；并且在其它的著述中，针对我们关于救主的陈述，我们也已经给出了某种更充分的显明"。[233]

2、神意的显现：上帝置身于历史撰述的客体与目的

149-151.
229 Eusebius, *The Ecclesiastical History*, Volume I, with an English Translation by Kirsopp Lake, Cambridge, Massachusetts: Harvard University Press, reprinted 1998, p. 155。
230 Eusebius, *The Ecclesiastical History*, Volume I, with an English Translation by Kirsopp Lake, Cambridge, Massachusetts: Harvard University Press, reprinted 1998, p. 155。
231 Eusebius, *The Ecclesiastical History*, Volume I, with an English Translation by Kirsopp Lake, Cambridge, Massachusetts: Harvard University Press, reprinted 1998, pp. 9-11.
232 Eusebius, *The Ecclesiastical History*, Volume I, with an English Translation by Kirsopp Lake, Cambridge, Massachusetts: Harvard University Press, reprinted 1998, p. 9.
233 Eusebius, *The Ecclesiastical History*, Volume I, with an English Translation by Kirsopp Lake, Cambridge, Massachusetts: Harvard University Press, reprinted 1998, pp. 27-29.

我们知道，在斐洛的隐喻解经理论中，《圣经》有着两层级的意思，第一层级是"字面意思"，第二层级则是"隐喻意思"，并且，隐喻意思还有着"启示出来的更高价值"。

而在史学视域内考察，这种"二级圣经观"的隐喻阐释范式，教诱了人们将该方法转借于对过往经典历史文本的理解之中。从而让原本记载历史的叙事文字，因此而可能被阐释为某种"字面意义"，并容许阐释者们去找寻所谓"隐喻意思"。

比如前曾述及，基督教早期神学家德尔图良就将耶稣被处死时"当日正中天阳光灿烂之际，白昼失光"的现象，与当时人们的历史记载相比照，指出"在你们的档案中对此世界奇事就有记载"，[234]并进一步将历史文本中这一关于日食现象的记载，阐释为是"引人注目的神迹显示出来"。[235]

不难看出，早期的基督教思想家们，已经开始通过隐喻解经法而对人类"历史"建构起了一种新的理解：即认为"上帝"（当然也指其救主耶稣）能够在人类过去的历史撰述中被"显现"出来。这种历史观念的建构，就使得日后的基督教历史叙事可以不再像以前那样要求"和你所记载的行为是完全的一致"，[236]而是有可能如后人所总结的那样"在表达一事物时意味的却是另一事物"。[237]

在探讨阐释学理论发展脉络时，近代思想家狄尔泰曾经指出了一条由斐洛到奥利金再到奥古斯丁的发展脉络。[238]而我们在探询早期基督教史学观念发展时，也依然能看到由斐洛再到奥利金的沿袭与发展。

作为斐洛隐喻解经法的一个重要继承者，承袭着斐洛对于"字面意思"与"隐喻意思"的区分，早期基督教神学家奥利金进一步将这种区分适用于了对过往历史记载的理解之中。他将古人们所记载的历史事件，也看作是某种"字面意思"，并进而鼓励教众们去找寻隐藏其后的"隐喻意思"。他在《〈创

---

234 （古罗马）德尔图良，《护教篇》，涂世华译，上海三联书店，2007，第 44 页。

235 （古罗马）德尔图良，《护教篇》，涂世华译，上海三联书店，2007，第 44 页。

236 Sallust, "The War with Catiline", in *Sallust*, with an English Translation by J. C. Rolfe, Cambridge, Massachusetts: Harvard University Press, reprinted 2000, p.7.

237 （美）海登·怀特：《后现代历史叙事学》，陈永国、张万娟译，中国社会科学出版社 2003 年版，第 152、153 页。

238 （德）狄尔泰："诠释学的起源"（1900），洪汉鼎译，洪汉鼎主编，《理解与解释——诠释学经典文献》，东方出版社 2001 年版，第 82 页。

世记〉布道书》中直白地宣称，"我早就反复说过，这些历史故事不只是一种叙事，更有奥秘交织其中"。[239]

在奥利金的历史观念中，那些《圣经》中所记载的历史事件，都隐含着某种属灵的真理，并且人们如果要对这些历史事件予以认识，只能通过隐喻的解释方法才能领悟其中的真谛。他对此强调说："经书上那些使用了现实历史事件的言辞，处处它们都能被蕴含着这些奥秘的意思，在这些大量的言辞中隐藏着更深刻的意思"。[240]

自此，凭借着隐喻解经法，奥利金就直接地将上帝引入到对于人类过往历史撰述的阐释之中。尽管奥利金的此种思想"是受惠于斐洛的"。[241]但毕竟是从奥利金开始，人们才对《圣经》中的历史事件，开始建构起如下的一种思想路径：即认为在人类所撰述的历史文字之后，还另有着某种上帝的奥秘置身于其中。

就攸西比乌斯而言，由于攸西比乌斯的挚友兼恩师潘菲鲁斯，乃是一位"奥利金的狂热追随者"。[242]攸西比乌斯自然也对"奥利金心怀崇敬"。[243]前曾指出，在《教会史》中，攸西比乌斯以第六卷几乎整整一卷（共计46章）的篇幅，来记载了奥利金的相关事迹与人物。[244]并且在攸西比乌斯看来，奥利金对于圣经的研究"极其地准确无误"。[245]

而且在这卷文字的一个细节中，我们也能看到攸西比乌斯所受隐喻解经法的影响。他将奥利金自己至为强调的"字面意思"与"隐喻意思"的区分，以彼之道还施彼身地，用在了对奥利金幼年的自我阉割行为的阐释上。攸西

---

239 中文译文转引自：章学富：《圣经和希腊主义的双重视野：奥利金其人及神学思想》，中国社会科学出版社2004年版，第129页。

240 Origen, "On First Principles," 2.9, in *Biblical Interpretation in the Early Church*, p. 62.

241 Zhang, Longxi, *Allegoresis:reading canonical literature East and West*. Ithaca, N.Y.: Cornell University Press, 2005, p. 83.

242 参阅（美）布鲁斯·M·麦慈格（Metzger, B. M.）：《新约正典的起源、发展和意义》，刘平、曹静译，上海人民出版社2008年版，第189页。

243 （美）凯利：《多面的历史：从希罗多德到赫尔德的历史》，陈恒、宋立宏译，三联书店2003年版，第154页。

244 参阅: Eusebius, *The Ecclesiastical History*, Volume II, with an English Translation by J. E. L. Oulton, Cambridge, Massachusetts: Harvard University Press, reprinted 2000, pp. 2-131.

245 Eusebius, *The Ecclesiastical History*, Volume II, with an English Translation by J. E. L. Oulton, Cambridge, Massachusetts: Harvard University Press, reprinted 2000, p. 51.

比乌斯指出，是年幼的奥利金"过于依照字面意思"[246]地理解了经文上的话语，[247]因而才做出了这种"不成熟与幼稚的"[248]的极端行为。

所以，奥利金将上帝引入人类历史撰述的思想建构，尤其是奥利金那种鼓励信众们透过历史文本的"字面意思"而去找寻"奥秘"的思想路径，也无疑极大地鼓励了攸西比乌斯去实践了一种"显明与救主耶稣基督有关的上帝的初次神恩应许"[249]的历史写作。也正是基于隐喻解经法的思想指引，攸西比乌斯才能够撰写出一部有着上帝神意参与其中的《教会史》，并在很大程度上将历史撰述的客体由人事转向了神意。

攸西比乌斯还在《教会的准备》中，指明了基督前的世界历史可以看作是以'道成肉身'为其顶峰而设计的一个过程。[250]因而得以完成了一种全新的，关于历史撰述目的的建构。那就是：人类之所以写作历史，并不是单纯为了追求字面真实来再现过往人事，而是在过往历史中搜罗史事来显现神意，"那就是我们的救主耶稣基督的显现。"[251]这也就促使西方人如后人所总结的那样，形成了一种对历史的全新看法："按照这种新看法，历史的过程并不是人类的目的，而是上帝的目的的实践"。[252]

如果要形成某种结论，我们在此可以借鉴现代阐释学家伽达默尔对"隐喻"做过的一个概括：隐喻（德语 Allegorie）是"以某个其他的东西代替原

---

246 Eusebius, *The Ecclesiastical History*, Volume II, with an English Translation by J. E. L. Oulton, Cambridge, Massachusetts: Harvard University Press, reprinted 2000, p. 29.

247 《圣经·新约·马太福音》中的第 19 章，第 12 节有说："并有为天国的缘故自阉的"。攸西比乌斯认为奥利金就是根据经书上的这段话的"字面意思"来做出了不成熟与幼稚的理解，从而导致了奥利金的自我阉割，当然，攸西比乌斯也称这种行为在另一方面是充满信仰和自律的。Eusebius, *The Ecclesiastical History*, Volume II, with an English Translation by J. E. L. Oulton, Cambridge, Massachusetts: Harvard University Press, reprinted 2000, p. 29.

248 Eusebius, *The Ecclesiastical History*, Volume II, with an English Translation by J. E. L. Oulton, Cambridge, Massachusetts: Harvard University Press, reprinted 2000, p. 29.

249 Eusebius, *The Ecclesiastical History*, Volume I, with an English Translation by Kirsopp Lake, Cambridge, Massachusetts: Harvard University Press, reprinted 1998, p. 9.

250 参阅：（英）柯林武德：《历史的观念》，何兆武、张文杰译，商务印书馆 2004 年版，第 91 页。

251 Eusebius, *The Ecclesiastical History*, Volume I, with an English Translation by Kirsopp Lake, Cambridge, Massachusetts: Harvard University Press, reprinted 1998, p. 55.

252 （英）柯林武德：《历史的观念》，何兆武、张文杰译，商务印书馆 2004 年版，第 87 页。

来所意味的东西"[253]，因为正是在"替代"这一隐喻本身的主要功能上，在遥远时空里那条由"隐喻解经法"所拓展的思想路径，也在如下两个方面，为这一次史学的路径转换提供了某种替代：

1，它使得历史写作者由传统史学中以"自我"为根据的主体，被替代为了基督教史学中以"神意"为归依的载体，让"上帝"得以降临于历史撰述者自身；

2，它促使"上帝"进入到人类的历史写作，并成为史学撰述的对象与目的，使得历史写作从原本对人事的"再现"，被替代为对神意的"显现"。

这种思想路径的建构，又首先由斐洛在圣经解经的领域内所肇创，并经随后的保罗、德尔图良、奥利金等早期基督教思想家逐渐转构于史学思想领域，然后最终被攸西比乌斯在基督教史学撰述的领域中予以完成。由此，西方的历史撰述，也就在基督教思想的建构下得以开辟出"一条荒凉而前人从未踏足过的道路"。[254]

于是过去那位在传统史学中面对"真实"，知其不可为而为之的作者"自我"，也就自此逐渐泯然湮没于岁月的封尘。取而代之的，则是一种可以承载神意，能够在历史中领悟上苍的神性载体。以前史家们所强调的那种对历史的准确再现，也就走向了对神意的忠贞"显现"。

也唯有在深入理解了西方古代这种思想路径上的史学转向，我们才能更加明白何以西方现代史家会言说这样的话语："我们最终所景仰的是历史学家对一种本质上属于造型和比喻的能力"。[255]

而对于那种统治西方世界上千年之久的，以宗教说服为使命的基督教史学写作而言，它所藉由隐喻解经法建立起来的阐释理论结构，其中最强有力的一点就是：当写作者在对历史做出阐释的时候，他不再仅仅诉诸于让受众们相信写作者"自我"，而是诉诸于让受众们去信服"上帝"。面对如此挟持着神意的历史文本，使得受众们在阅读时，就不能够再像以前那样自由随意地挑剔作者个人的真伪，受众们将不得不直面于一个根本不容质疑的对象——

253（德）伽达默尔：《真理与方法 I》（修订译本），洪汉鼎译，商务印书馆 2007 年版，第 105 页。

254 Eusebius, *The Ecclesiastical History*, Volume I, with an English Translation by Kirsopp Lake, Cambridge, Massachusctts: Harvard University Press, reprinted 1998, p. 9.

255（美）海登·怀特：《后现代历史叙事学》，陈永国、张万娟译，中国社会科学出版社 2003 年版，第 123 页。

—上帝。而原本十分个人的历史写作，也便演化成了极具宗教意识形态的信仰阐释。

结　语

　　西方史学行进到西元前后，历来以追求"真实"为己任的传统希腊罗马史学范型愈益面临诘难。那些被公认为"历史"的史家著述，往往被读者们批评为不真实。[1]而这部分可以溯源于传统史学依靠史家自我，来佐证作品"真实"的史学理念。因为究其本质，传统历史叙事者对其自我在场的强调，只是作者单方面的自信，并不能就此获得那些并未在场的读者的相信。

　　尤其当史学发展到西元前后的罗马时代，史学家已经不满足于仅仅对史事做出见证性再现，他们更加强调依照己意对历史做出解释，并要求受众以之为鉴。这也部分使得他们在取得极大史学成果的同时，也日渐步履维艰。因为一方面，作者为了让读者确信其见证，就必须坚持其自我有着尽可能的在场；另一方面，作者为了让读者信服其评判，又不得不确保其自我有着尽可能的不在场，史家自我于是面临一种既须在场又要不在场的神话般苛求。西元前后的罗马史家撒路斯提乌斯，就曾满腹辛酸地慨叹说："撰写历史是一项最难的工作"。[2]

　　与之同时，脱蜕于犹太教的新兴基督教思想，开始致力为西方史学开拓出"一条荒凉而前人从未踏足过的道路"。[3]在这条有着犹太史学印痕的新型

---

1 Cicero, "De Legibus" (the Laws) , in *Cicero* XVI, with an English Translation by Clinton Walker Keyes, Cambridge, Massachusetts: Harvard University Press, reprinted 1994, p.301.

2 Sallust, "The War with Catiline", in *Sallust*, with an English Translation by J. C. Rolfe, Cambridge, Massachusetts: Harvard University Press, reprinted 2000, p.7.

3 Eusebius, *The Ecclesiastical History*, Volume I, with an English Translation by Kirsopp Lake, Cambridge, Massachusetts: Harvard University Press, reprinted 1998, p. 9.

史学思想路径上，基督教为日渐陷入困境的西方历史写作，召唤了一位"真正"能够既在场又不在场的拯救者——"上帝"。

首先，宣称自己是"真理"与"神子"的基督教奠基者耶稣，开始将人类历史解释为一个有始有终的上帝神意进程，并为之建构了一整套理论向受众解释神意与历史的关联。他从根本上摒弃了传统史学思想所关注的人间兴衰更迭、征伐连连的"历史"，教诱受众超脱苦难无常的过往，朝向他为人类历史所预设的最终神意——天国。相对于往昔理论在解释现实历史时的无望，耶稣为人类对历史的认识注入了一种全新的希望，极大地鼓舞了人面对现实的勇气。尤其难能可贵的是，他还构建起"圣灵"临在的开放性理论，启迪与鼓励日后的基督徒，基于其思想对历史做出富有信仰特征的解释。

故而，早期基督徒在耶稣的理论建构下，开始全面反思传统的历史思想，并将耶稣的思想确立为基督教历史观念的根本："注意不要让任何人用哲学和虚空的妄言扰乱你，这些哲学和妄言依据的是人类的传统和尘世的原理，而不是依据基督。"[4]

其后，伴随着早期基督教的对外传播，主要出于宣扬基督教上帝信仰的需要，"使你知道所学之道都是确实的"，[5]早期基督徒以路加为代表，开始在《路加福音》与《使徒行传》中做出了较早的史学写作尝试。虽然路加没有明言他在写作一部"历史"（传统意义的"历史"在早期基督教思想中是遭到拒斥的），但他的作品还是有着传统"历史"的模样。只不过，正如耶稣那个"把新酒装在旧皮袋里"[6]的比喻，路加的史学尝试，更像是将基督教的"新酒"灌满在旧的历史"皮袋"之中，其尝试不仅展现出了早期基督教史学的一些新特征，更预示着基督教的"新酒"迟早将涨裂陈旧的史学样式。

随着基督教的向外传播，诸多异教人士开始对这一新生宗教信仰展开攻讦，更有人借助历史记叙或者传言，对基督徒的历史起源与现实生活加以污蔑。同时，早期基督教内也出现了一批以基督教信仰为根本，利用"历史"来回击异教攻击的先行者。

比如早期基督徒提阿菲罗斯，他利用自己对希罗多德作品中食人叙事的

---

4 《圣经·新约·歌罗西书》，第 2 章，第 8 节

5 《圣经·新约·路加福音》，第 1 章，第 1—4 节。

6 《圣经·新约·路加福音》，第 5 章，第 37 节。

解释，反驳了当时异教徒诬陷基督徒吃人肉的指责。[7]在其传世之作《致奥托莱库斯》中，他更全面和开创性地利用了"历史"来"为上帝所用"。提阿菲罗斯不仅向受众言明，他将利用历史书籍来阐明"真理"；[8]还首次编撰出一部基于基督教信仰的编年史，以便"准确地讲述所有真理"。[9]

尤其重要的是，这位"试图去阐明基督教关于上帝、创世、以及人类历史的叙述是真实准确的"[10]早期基督徒提阿菲罗斯，更建构起一套巧妙的历史阐释理论，使得历史典籍不仅被作为"字面言辞"，也不仅被作为"事实所是"，还被深层次地阐释为"真理意是"。正是凭借他对终极"真理"的追求与诠释，提阿菲罗斯不但为原本拒斥传统史学的早期基督教思想，找到了将历史学征为己用的可能；更通过他自己的史学阐释与编撰，引领了受众走向那"千真万确"的"真理"，也即基督教信仰与教义那里。

而另一位早期基督教神学家德尔图良，也予基督教史学有先行之功。依靠他对法律与历史的精通，面对罗马当局由于基督教有悖其传统而施加的残酷迫害，德尔图良撰写了名作《护教篇》，雄辩地向罗马帝国的行政官员阐明："你们对基督徒称号的仇恨是不公正的"。[11]他不单呼吁迫害者们"去查查你们的历史"；[12]还向罗马人举证说所有异教史家与史著都不及基督教的先知摩西古老；[13]并为早期基督徒建构起"我们更早，于是也更真，更值得相信"[14]的历史论辩逻辑。也正基于他对传统史家与史著的广泛征召，德尔图良促使"历史"发展为一件可以为基督教"上帝"信仰作证的理论工具。并且在其申辩中，他既阐明了基督教具有最为古老的权威性质，更指出刊载上帝神意的《圣经》，具有超越所有历史文本之上的神圣性质。而所有这些，都对基督教史学有着重要的先导意义。

---

7 Theophilus of Antioch, *Ad Autolycum (To Autolycus)*, Text and Translation by Robert M. Grant, Oxford: Oxford University Press, 1970, p. 105.

8 Theophilus of Antioch, *Ad Autolycum (To Autolycus)*, Text and Translation by Robert M. Grant, Oxford: Oxford University Press, 1970, p. 23.

9 Theophilus of Antioch, *Ad Autolycum (To Autolycus)*, Text and Translation by Robert M. Grant, Oxford: Oxford University Press, 1970, p. 135.

10 Carl Curry, "The Theogony of Theophilus", *Vigiliae Christianae 4* (1988), p. 318.

11 （古罗马）德尔图良，《护教篇》，涂世华译，上海：上海三联书店，2007，第4页。

12 （古罗马）德尔图良：《护教篇》，涂世华译，上海三联书店2007年版，第12页。

13 （古罗马）德尔图良：《护教篇》，涂世华译，上海三联书店2007年版，第38页。

14 （古罗马）德尔图良：《护教篇》，涂世华译，上海三联书店2007年版，第82页。

藉由耶稣所提供的理论支持与早期基督徒们的长期准备，在西元 4 世纪初期，基督教迎来了其史学领域内的典范之作：攸西比乌斯的《教会史》。这也标志着，早期基督教历史学历经此前三百余年之沧桑，不单终于完型为一种西方史学中独特而完备的全新史学范型——基督教史学；更为西方史学孕育和催生了一次革命性的转向。

以《教会史》观之，基督教史学的撰史者不复如古希腊罗马史学家那样强调其个人身份，而是宣称他们乃是由上帝引导的神意代言人；[15]基督教史学的叙述内容，也主要着墨于基督教教内之传承与教外之拓展，相较于西方传统史学或着眼于风土人情或专注于政治王权，可谓泾渭分明；尤其重要的是，基督教史学之撰史基本理念，乃是以叙述来"记录"[16]及以阐释来"显明"[17]基督教上帝的神迹与神意，因而彻底告别了传统史家再现人事、探询人性的根本特征。

所有这些转变，都标志着西方史学发生了一次革命性的转向，历史学所探询与关注的，不再是历史的现实意义，而是它们的宗教意蕴。基督教于是为西方历史撰述引入了一位至高无上的在场者——"上帝"。

自此，基督徒得以在耶稣的启示下，将历史视为一个由上帝创始、期间一切也早已为上帝预定、并将迎接上帝最终审判的神意进程。而早期基督徒在史学思想上的卓越建构，使得历史叙述能够作为证据，向受众阐明上帝的存在与意志；也促使历史文本的字面意思被弱化而深入其隐喻意义，帮助受众去理解基督教的信仰与教义；更促成基督徒将历史学重构为一门通往基督教信仰"真理"的学科，协助受众去接受基督教的教化。

而上述所有这些，都可说是在西元1到4世纪初期的"早期基督教史学"中得到萌生、发展与基本定型的。

往昔西方史学那种类似"人人自谓握灵蛇之珠，家家自谓抱荆山之玉"的百家争鸣，将由于早期基督教史学中"上帝"的凌驾而逐渐归于一统。

日后的基督徒，将基于早期基督教史学思想的建构，把人类历史的所有

---

15 Eusebius, *The Ecclesiastical History*, Volume I, with an English Translation by Kirsopp Lake, Cambridge, Massachusetts: Harvard University Press, reprinted 1998, p. 9.

16 Eusebius, *The Ecclesiastical History*, Volume II, with an English Translation by J. E. L. Oulton. Cambridge, Massachusetts: Harvard University Press, reprinted 2000, p. 257.

17 Eusebius, *The Ecclesiastical History*, Volume I, with an English Translation by Kirsopp Lake, Cambridge, Massachusetts: Harvard University Press, reprinted 1998, p. 9.

时间流逝都理解为处在"上帝"的掌控之下。这正如日后奥古斯丁所言："你（上帝）是至高无上的、永恒不变的；在你，从不会有过去的今天，而在你之中今天则悄然而逝，因为这一切都在你掌持之中"。[18]

而后世的基督教史学家，也将从他们"早期基督教史学"的前辈那里传承良多。比如 6 世纪的格雷戈里在其名作《法兰克人史》中，就全盘继承了攸西比乌斯等人的编年方式与历史框架，关于这点，格雷戈里自己也在作品中加以了指明："关于以何种方式来计算世界的年代，凯撒里亚主教尤塞比乌斯（攸西比乌斯）和耶罗姆神父所著的编年史都做了明确的训示"。[19]再比如 7 世纪写作《英吉利教会史》的基督教史家比德，他的历史编年也是"基于攸西比乌斯和哲罗姆"。[20]另外西方中世纪那些繁多的编年史与年代记，也都可以说是直接传承了早期基督教史学的大部分理论建构与撰史实践，使得上帝的神意时时参与到人类的历史纪录之中。

实际整个西方中世纪的史学史，某种意义上也就是一部基督教史学史，此种发展结果，则完全有赖于早期基督教史学的开辟与奠基。

而西方史学行至近现代，虽然人类思想业已经过宗教改革、文艺复兴、启蒙运动以及近现代科学的洗礼，极大扬弃了过往基督教史学阐释中对神意的滥用，以及在历史叙述上的诸多迷信。但是，早期基督教史学所树立的那种上帝决定人类历史的基本观念；那种历史"真实"服从于历史"真理"的核心理念，也依然萦绕在许多严肃而杰出的西方史家脑海之中。

例如 19 世纪的史学大师兰克，就仍旧宣称"历史实际上是一种上帝显现的历史"，[21]而他所开创的兰克史学，更是与"上帝之手"紧密地联系在一起。[22]又如以煌煌巨著《历史研究》而闻名的现代史家汤因比，在结束对人类各文明历史的考察后，关于历史现象背后的"真实"，他也表述了如下的沉思："通过死亡而毁灭，通过自我寂灭而达到涅槃，以及升华到与圣徒神交，

---

18 （古罗马）奥古斯丁：《忏悔录》，周士良译，商务印书馆 1991 年版，第 9 页。

19 （法兰克）都尔教会主教格雷戈里：《法兰克人史》，寿纪瑜、戚国淦译，商务印书馆 1981 年版，第 7 页。

20 赵立行：《西方史学史通史·第三卷·中世纪时期》（公元 5 世纪至 14 世纪），复旦大学出版社 2011 年版，第 70 页。

21 转引自，易兰：《兰克史学研究》，复旦大学出版社 2006 年版，第 173 页。

22 关于兰克史学与"上帝之手"的深入论述，可参见，易兰：《兰克史学研究》，复旦大学出版社 2006 年版，第 173—224 页。

这三种终极真实的影像表面上似乎互不相容，但仔细想想，我们会发现，它们是同一个上帝的不同画面"。[23]

因此在今日西方，纵使以往的基督教史学范型已渐趋没落，然则基督教史学中的许多基本观念与要素，也照旧在西方史家的思想中占据着重要地位。因为任何历史学家，只要他尝试去将昙花一现的人物与事件垂诸永久，只要他期待今日的短暂刊载于未来的永恒，那么，在还没有下一个天才有如基督教思想的历史理论建构之前，他就不可避免地要去思考、甚至回应那个决定着历史的基督教"上帝"，以及历史文本背后的信仰"真理"。

因为，基督教史学的根本性质就是关注未来与永恒。

另外最重要的，就本文所探析的早期基督教史学而言，基于她本身的革命性，更促使她一开始就拒斥了人类过往的传统历史认识，并致力为西方古代那些在现实中屡遭压逼的人们，去提供一种崭新的面向未来的历史观念，从而极大消解了人们在回忆往昔时的苦痛，并允诺了一个有着上帝正义与恩慈的最终未来。

尽管在科学发达的今日，我们可以一而再、再而三地罗列与指责她对后世造成的诸多不良后果。

然而，这个一早就放逐了个人自我，并构建起以"上帝"为决定，以"真理"为确信的历史思想——早期基督教史学，的确在她所处的时代里，将那些彼此陌生但又渴求扶持的人们，团结在了一个虽然虚幻，却强调"要尽心、尽性、尽意、尽力"爱神，[24] 同时"要爱人如己"[25]的信仰之下。因此，作为科学的历史，基督教史学也许有着太多的缺陷，但是，作为历史的科学，基督教史学却富含了人对未知的敬爱，以及人对他人的关爱。

当面对历史与现实都无望、甚至绝望时，早期基督教史学呼告了"上帝"降临于历史之中，向信众们阐释了一种全新的"真理"：人类历史末端还存在着一个最终的正义，人类现实当下还有着来自于他人的无私的爱。

23（英）汤因比（Toynbee. A.）:《历史研究：插图本》，刘北成、郭小凌译，上海人民出版社 2005 年版，第 437 页。

24《圣经·新约·马可福音》，第 12 章，第 30 节。

25《圣经·新约·马可福音》，第 12 章，第 31 节。

参考文献

（按作者姓氏首字母排序）

一、中文部分

（一）中文专著

1. （古希腊）阿里安：《亚历山大远征记》，李活译，商务印书馆 2009 年版，

2. （古罗马）奥古斯丁：《忏悔录》，周士良译，商务印书馆 1991 年版。

3. （古罗马）奥古斯丁：《上帝之城》，王晓朝译，人民文学出版社 2006 年版（2007 年重印）。

4. （法兰克）艾因哈德：《查理大帝传》，戚国淦译，商务印书馆 1999 版。

5. （英）比德：《英吉利教会史》，陈维振、周清民译，商务印书馆 1996 版。

6. （古希腊）柏拉图：《柏拉图全集》，王晓朝译，人民出版社 2002 年版（2005 重印）。

7. （英）詹姆斯·布赖斯：《神圣罗马帝国》，孙秉莹、谢德风、赵世瑜译，商务印书馆 2000 年版。

8. （德）狄尔泰：《历史中的意义》，艾彦译，译林出版社 2011 年版。

9. （古罗马）德尔图良：《护教篇》，涂世华译，上海三联书店 2007 年版。

10. （美）威尔·杜兰：《世界文明史—信仰的时代》，台湾幼狮文化出版公司译，东方出版社 1999 年版。

11. （古希腊）斐洛：《论凝思的生活》，石敏敏译，中国社会科学出版社 2004 年版。

12. （苏）古列维奇：《中世纪文化范畴》，庞玉洁、李学智译，浙江人民出

版社 1992 年版。

13.（法兰克）格雷戈里：《法兰克人史》，寿纪瑜、戚国淦译，商务印书馆
1981 年版。

14.（德）汉斯昆：《基督教大思想家》，包利民译，社会科学文献出版社
2000 年版。

15.（古希腊）赫西俄德：《工作与时日》，张竹明、蒋平译，商务印书馆
2009 年版（重印）。

16.（德）黑格尔：《哲学史讲演录》，贺麟、王太庆译，商务印书馆 1997
年版。

17.（德）伽达默尔：《真理与方法》（修订译本），洪汉鼎译，商务印书馆
2007 年版。

18.（美）凯利：《多面的历史：从希罗多德到赫尔德的历史》，陈恒、宋立
宏译，三联书店 2003 年版。

19.（古罗马）凯撒：《内战记》，任炳湘、王士俊译，商务印书馆 2007 年
版。

20.（俄）叶·阿·科斯敏思基：《中世纪史学史》，郭守田等译，商务印书
馆 2011 年版。

21.（古罗马）盖尤斯：《法学阶梯》，黄风译，中国政法大学出版社 1996
年版。

22.（英）吉本：《罗马帝国衰亡史》，黄宜思、黄雨石译，商务印书馆 2002
年版。

23.（法）基佐：《欧洲文明史》，程洪逵等译，商务印书馆 1998 年版。

24.（丹麦）克尔凯郭尔：《论反讽概念》，汤晨溪译，中国社会科学出版社
2005 年版。

25.（美）康福特编：《圣经的来源》李洪昌译，上海人民出版社 2011 年版。

26.（美）克莱恩等：《基督教释经学》，尹妙珍等译，上海人民出版社 2011
年版。

27.（古罗马）克莱门：《劝勉希腊人》，王来法译，北生活，读书，新知三
联书店 2005 年版。

28.（英）柯林武德：《历史的观念》，何兆武、张文杰译，商务印书馆 2004
年版。

29.（英）柯林武德：《柯林武德自传》，陈静译，北京大学出版社 2005 年

版。

30. （法）勒戈夫：《中世纪的知识分子》，张弘译，商务印书馆 1996 年版。

31. （法）欧内斯特·勒南：《耶稣的一生》，梁工译，商务印书馆 1999 年版。

32. （法）保罗·利科：《活的隐喻》，汪堂家译，上海译文出版社 2004 年版。

33. （法）保罗·利科：《历史与真理》，姜志辉译，上海译文出版社 2004 年版。

34. （美）鲁滨孙：《新史学》，何炳松译，广西师范大学出版社 2005 版。

35. （德）马丁·路德：《路德文集》，路德文集中文版编辑委员会编，上海三联书店 2005 年版。

36. （英）麦格拉思编：《基督教文学经典选读》，苏欲晓等译，北京大学出版社 2004 年版。

37. （美）布鲁斯·M·麦慈格：《新约正典的起源、发展和意义》，刘平、曹静译，上海人民出版社 2008 年版。

38. （美）梅琴：《新约文献与历史导论》，杨华明译，上海人民出版社 2008 年版。

39. （英）梅因：《古代法》，高敏、瞿慧虹译，九州出版社 2006 年版。

40. （意）莫米利亚诺：《现代史学的古典基础》，洪洁音译，华东师范大学出版社 2009 年版。

41. （美）穆尔：《基督教简史》，郭舜平等译，商务印书馆 1981 版。

42. （美）奥尔森：《基督教神学思想史》，吴瑞诚，徐成德译，北京大学出版社 2003 年。

43. （意）比德罗·彭梵得：《罗马法教科书》，黄风译，中国政法大学出版社 1992 年版。

44. （古罗马）撒路斯提乌斯：《喀提林阴谋，朱古达战争》，王以铸、崔妙因译，商务印书馆 2010 年版。

45. （德）施特劳斯：《耶稣传（第一、二卷）》，吴永泉译，商务印书馆 2010 年版。

46. （德）斯宾格勒：《西方的没落》，吴琼译，上海三联书店 2006 年版。

47. （美）阿尔文·施密特：《基督教对文明的影响》，汪晓丹、赵巍译，北京大学出版社 2004 年版。

48. （古罗马）撒路斯提乌斯：《喀提林阴谋》，王以铸、崔妙因译，商务印书馆 1994 年版。

49. （古希腊）色诺芬：《长征记》，崔金戎译，商务印书馆 1997 年版

50. （古希腊）色诺芬：《回忆苏格拉底》，吴永泉译，商务印书馆 1986 年版。

51. （古希腊）色诺芬等：《色诺芬的〈会饮〉》，沈默等译，华夏出版社 2005 年版。

52. （古罗马）苏维托尼乌斯：《罗马十二帝王传》，张竹明、王乃新、蒋平等译，商务印书馆 2000 年版。

53. （古罗马）塔提安等：《致希腊人书》，滕琪，魏红亮译，中国社会科学出版社 2009 年版。

54. （美）J·W·汤普森：《历史著作史》，谢德风译，商务印书馆 1996 年版。

55. （美）汤普逊：《中世纪经济社会史》，耿淡如译，商务印书馆 1961 年版。

56. （古罗马）塔西佗：《阿古利可拉传，日耳曼尼亚志》，马雍、傅正元译，商务印书馆 2009 年版。

57. （古罗马）塔西陀：《编年史》，王以铸、崔妙因译，商务印书馆 1976 版。

58. （古罗马）塔西陀：《塔西佗历史》，王以铸、崔妙因译，商务印书馆 2005 版。

59. （英）罗纳尔德·威廉逊：《希腊化世界中的犹太人：斐洛思想引论》，许开来、林庆华译，华夏出版社 2007 年版。

60. （美）沃尔克：《基督教会史》，孙善玲等译，中国社会科学出版社 1991 版。

61. （美）沃格林：《政治观念史稿·第 1 卷，希腊化、罗马和早期基督教》，谢华育译，华东师范大学出版社 2007 年版。

62. （奥）希尔：《欧洲思想史》，赵复三译，广西师范大学出版社 2007 年版。

63. （古希腊）希罗多德：《历史》（全两册），王以铸译，商务印书馆 2005 年版。

64. （古罗马）西塞罗：《国家篇、法律篇》，沈叔平、苏力译，商务印书馆 2002 年版。

65. （古希腊）修昔底德：《伯罗奔尼撒战争史》，谢德风译，商务印书馆2010年版。

66. （法）雅克·勒戈夫：《中世纪的知识分子》，张弘译，商务印书馆1996年版。

67. （法）雅克·勒高夫：《中世纪文明（400—1500年）》，徐家玲译，格致出版社、上海人民出版社2011年版。

68. （古希腊）亚里士多德：《亚里士多德全集》，苗力田主编，中国人民大学出版社2009年版。

69. （古罗马）优西比乌：《教会史》，（美）梅尔英译、评注，瞿旭彤译，北京：生活·读书·新知三联书店2009年版。

70. （古罗马）约瑟夫斯：《约瑟夫斯著作精选》，（美）保罗·梅尔编译，王志勇中译，北京大学出版社2004年版。

71. 《圣经》(新标准修订版，简化字和合本)，中国基督教协会2007年版。

72. 陈曦文：《基督教与中世纪西欧社会》，中国青年版出版社1999年版。

73. 郭圣铭编著：《西方史学史概要》，上海人民出版社1983年版。

74. 郭小凌编著：《西方史学史》，北京师范大学出版社1995年版。

75. 何平：《西方历史编纂学史》，商务印书馆2010年版。

76. 彭小瑜：《教会法研究：历史与理论》，商务印书馆2003年。

77. 宋瑞芝等主编：《西方史学史纲》，河南大学出版社1989年第1版。

78. 王建娥：《外国史学史》，兰州大学出版社1994年版。

79. 王晴佳：《西方的历史观念——从古希腊到现代》，华东师范大学出版社2002年版。

80. 王晓朝：《教父学研究：文化视野下的教父哲学》，河北大学出版社2003年版。

81. 吴晓群：《西方史学通史·第二卷·古代时期》，复旦大学出版社2011年版。

82. 夏洞奇：《尘世的权威：奥古斯丁的社会政治思想》，上海三联书2007年版。

83. 夏祖恩编著：《外国史学史纲要》，鹭江出版社1993年版。

84. 徐怀启：《古代基督教史》，华东师范大学出版社1988年版。

85. 徐正、侯振彤主编：《西方史学的源流与现状》，东方出版社1991年版。

86. 晏绍祥：《古典历史研究发展史》，华中师范大学出版社1999年版。

87. 于沛、郭小凌、徐浩：《西方史学史》，高等教育出版社 2011 年版。

88. 杨豫：《西方史学史》，江西人民出版社 1993 年版。

89. 杨豫：《西方史学史研究导引》，南京大学出版社 2011 年版。

90. 张广智：《西方史学通史·第一卷·导论》，复旦大学出版社 2011 年版。

91. 张广智主著：《西方史学史》（第三版），复旦大学出版社 2010 年版。

92. 张广智主著：《西方史学史》（第二版），复旦大学出版社 2004 年版。

93. 张广智、张广勇：《史学，文化中的文化——文化视野中的西方史学》，浙江人民出版社 1990 年版。

94. 张广智：《克丽奥之路——历史长河中的西方史学》，复旦大学出版社 1989 年版。

95. 章士嵘：《西方历史理论的进化》，山西教育出版社 2004 年版。

96. 章学富：《圣经和希腊主义的双重视野：奥利金其人及神学思想》，中国社会科学出版社 2004 年版。

97. 章雪富、石敏敏：《早期基督教的演变及多元传统》，社会科学文献出版社 2003 年版。

98. 赵敦华，《基督教哲学 1500 年》，人民出版社 1997 年版。

99. 赵敦华：《圣经历史哲学》，江苏人民出版社 2011 年版。

100. 赵立行：《西方史学通史·第三卷·中世纪时期》（公元 5 世纪至 14 世纪），复旦大学出版社 2011 年版。

101. 卓新平：《圣经鉴赏》，中国社会科学出版社 1992 年版。

（二）中文论文

1. 彼得·伯克：《西方历史思想的十大特点》，王晴佳译，《史学理论研究》1997 年第 1 期。

2. 陈超，《试论西欧中世纪基督教史学的历史地位》，《福州教育学院学报》2005 年第 4 期。

3. 陈其泰：《西学传播与近代史学的演进》，《北京师范大学学报（社会科学版）》2004 年第 3 期。

4. 方志强：《攸西比乌斯的《教会史》与普世史传统》，《史学史研究》2011 年第 4 期。

5. 郭海良：《基督纪元体系的形成与基督教史学》，《华东师范大学学报（哲学社会科学版）》2004 年第 2 期。

6. 高拴来：《试论基督教对欧洲中世纪史学的积极作用》，《唐都学刊》1996 年第 1 期。

7. 胡逢祥、李远涛：《五十年来中国港台地区的史学史研究》，《河北学刊》2004 年第 24 卷第 2 期。

8. 彭小瑜：《教会史和基督教历史观》，《史学理论研究》2006 年第 1 期。

9. 彭小瑜：《教会史的学科界定与方法论》，《西学研究》第 1 辑，商务印书馆 2003 年版。

10. 肖超：《略论"隐喻解经法"对早期基督教史学思想的建构》，《史学理论研究》2011 年第 2 期。

11. 肖超：《提阿菲罗斯在〈致奥托莱库斯〉中史学阐释理论体系》，《世界宗教研究》2012 年第 4 期。

12. 徐波：《〈圣经〉与西欧史学》，《史学理论研究》1997 年第 2 期。

13. 于沛，《西方史学的传入和回响》，《浙江学刊》2004 年第 6 期。

14. 余伟：《试论柯林武德对"末世论"的批评》，《史学理论研究》2004 年第 4 期。

15. 张广智：《关于深化西方史学史研究的若干问题》，《文史哲》2006 年第 4 期。

16. 张广智：《近二十年来中国的西方史学史研究（1978 —1998）》，《史学史研究》1998 年第 4 期。

17. 张建辉：《基督教史学的贡献》，《世界文化》2007 年第 3 期。

18. 赵康英：《凯撒利亚的尤西比乌斯及其〈基督教会史〉研究》（博士学位论文），南开大学历史学院 2010 年。

19. 朱伟奇：《论西欧中世纪基督教史学的历史地位与作用——解读"上帝"的历史观》，《江西社会科学》2002 年第 10 期。

二、英文部分

（一）英文专著

1. Aland, Kurt, *A History of Christianity*, trans by James L. Schaaf, Philadelphia: Fortress Press, 1985.

2. Andel, G. K. van, *The Christian Concept of History in the Chronicle of Sulpicius Severus*, Amsterdam: Adolf M. Hakkert, 1976.

3. Armstrong, A.H., *The Legacy of Greece: A New Appraisal*, edited by M.I. Finely. Oxford and New York: Oxford University Press, 1984.

4. Augustine, Saint, *The City of God against the Pagans*, with an English Translation by Eva Matthews Sanford and William Mcallen Green, Cambridge, Massachusetts: Harvard University Press, reprinted 1988.

5. Barnard, L.W., *Justin Martyr: His Life and Thought.* Cambridge: Cambridge University Press, 1967.

6. Barnes, Harry E., *A History of Historical Writing*, New York: Dover Publications, 1963.

7. Barnes, T. D., *From Eusebius to Augustine* (selected Papers 1982-1993), Published by Variorum, Aldershot, Hampshire, Great Britain, 1994.

8. Barnes, T. D., *Early Christianity and the Roman Empire*, Aldershot (Britain): Ashgate Publishing Limited, Reprinted 1998.

9. Barnes, T. D., *Tertullian: A Historical and Literary Study*, Clarendon Press, 1971.

10. Baumgarten, A.I., *The Phoenician History of Philo of Byblos: A Commentary*, Leiden: Brill, 1981.

11. Bede, *A History of the English Church and People*, Barnes & Noble, Incorporated, 2005.

12. Bede, *Ecclesiastical History of the English Nation With an English Translation*, Kessinger Publishing, 2003.

13. Blank, D.L., *Ancient Philosophy and Grammar: The Syntax of Apollonius Dyscolus.* Chico, CA: Scholars Press, 1982.

14. Blair, Peter Hunter, *The World of Bede*, Cambridge University Press, 1990.

15. Blundell, S., *The Origins of Civilization in Greek and Roman Thought.* London: Croom Helm, 1986.

16. Boer, W. den (editor), *Romanitas et Christianitas*, Amsterdam: North-Holland, 1973.

17. Boas, G., *Essays on Primitivism and Related Ideas in the Middle Ages.* Baltimore: Johns Hopkins, 1948.

18. Breisach, Ernst, *Historiography: Ancient, Medieval, and Modern*, 3rd ed. Chicago: the University of Chicago Press, 2007.

19. Breukelaar, Adriaan H. B. *Historiography and Episcopal Authority in Sixth-Century Gaul: The Histories of Gregory of Tours Interpreted in Their Historical Context.* Göttingen, Vandenhoeck & Ruprecht GmbH & Co KG, 1993.

20. Brisson, Luc. *How philosophers saved myths: allegorical interpretation and classical mythology*, Chicago: University of Chicago Press, 2004.

21. Brown, P., *Augustine of Hippo.* Berkeley: University of California Press, 1967.

22. Chardwick, H. *Origen: Contra Celsum, Translated with Introduction and Notes.* Cambridge: Cambridge University Press, 1953.

23. Chardwick, H., *Early Christian Thought and the Classical Intellectual Tradition: Studies in Justin, Clement, and Origen*. Oxford: Oxford University Press, 1966.

24. Church, F. F. & George, T., *Continuity and Discontinuity in Church History: Essays Presented to G.H. Williams*, Leiden: Brill, 1979.

25. Cicero, *Cicero*, Massachusetts: Harvard University Press, reprinted 1994.

26. Clement of Alexandria, *Exhortation to the Greeks*, with an English Translation by G. W. Butterworth, Cambridge, Massachusetts: Harvard University Press.

27. Collingwood, R. G., *The Idea of History*, edited with an introduction by Jan Van Der Dussen, revised edition, with lectures 1926-1928, Oxford: Oxford University Press, 1993.

28. Collins, John J., *The Apocalyptic Vision of the Book of Daniel*, Missoula: Scholars Press, 1977.

29. Croke, B., & Emmett, A. M., *History and Historians in Late Antiquity*, Sydney: Pergamon Press, 1983.

30. Cullman, O., *Christ and Time: The Primitive Christian Conception of Time and History*, trans. by F. V. Filson. London: S.C.M. Press 1951.

31. Daniélou, J., *A History of Early Christian Doctrine Before the Council of Nicaea*, London: Darton, Longmann and Todd, 1973.

32. Dickson, A. G. & Tonkin, John, *The Reformation in Historical Thought*, Cambridge: Harvard University Press, 1985.

33. Droge, Arthur J., *Homer or Moses? Early Christian Interpretations of the History of Culture*, Tübingen: Mohr, 1989.

34. Drummond, James, *Philo Judaeus*. London: Williams and Norgate, 1888.

35. Edward, Manuel F., *Shapes of Philosophical History*, Stanford: Stanford University, 1965.

36. Ehrman, Bart D. (editor and translator), *The Apostolic Fathers*, Volume I, Massachusetts: Harvard University Press, reprinted 2005.

37. Ehrman, Bart D. (editor and translator), *The Apostolic Fathers*, Volume II, Cambridge, Massachusetts: Harvard University Press, reprinted 2005.

38. Elizabeth, A. (editor), *The Concise Oxford Dictionary of the Christian Church*, Oxford: Oxford University Press, 1977.

39. Eusebius, *The Ecclesiastical History*, Volume I, with an English Translation by Kirsopp Lake, Cambridge, Massachusetts: Harvard University Press, reprinted 1998.

40. Eusebius, *The Ecclesiastical History*, Volume II, with an English Translation by J. E. L. Oulton, Cambridge, Massachusetts: Harvard University Press, reprinted 2000.

41. Ferguson, Wallace K., *The Renaissance in Historical Thought: Five*

Centuries of Interpretation, Cambridge, Mass.: Houghton Mifflin, 1948.

42. Ferguson, E., E*ncyclopedia of Early Christianity*. New York & London: Garland Publishing, Inc., 1990.

43. Ferguson, J., *The Religious of the Roman Empire*. London: Thames and Hudson, 1970.

44. Finegan, Jack, *Handbook of Biblical Chronology*, Princeton Univ. Press, 1964.

45. Foakes-Jackson, F. J. *Eusebius Pamphili, Bishop of Caesarea in Palestine and First Christian Historian*, Cambridge: W. Heffer & Sons, 1933.

46. Friedman, R. E. (editor), *The Poet and the Historian: Essays in Literary and Historical Biblical Criticism*, Chico, CA: Scholars Press, 1983.

47. Geoffrey of Monmouth, *The History of the Kings of Britain*, London: Penguin Books Ltd, 1976.

48. Gibbon, E., *The History of the Decline and Fall of the Roman Empire*, 7 vols. London: Methuen, currently reprinted (New York: AMS Press, 1974).

49. Goffart, Walter, *The Narrators of Barbarian History: Jordanes, Gregory of Tours, Bede, and Paul the Deacon,* University of Notre Dame Press, 2005.

50. Grant, R. M., *After the New Testament: Studies in Early Christian Literature and Theology*, Philadelphia: Fortress Press, 1967.

51. Grant, R. M., *Augustus to Constantine: The Thrust of the Christian Movement into the Roman World*, New York: Harper, 1970.

52. Grant, R. M., *Eusebius as Church Historian*, Oxford: Oxford University Press, 1980.

53. Grant, R. M., *Gods and the One God*, Philadelphia: Westminster Press, 1986.

54. Grant, R. M. *Greek Apologists of the Second Century*. London: S.C.M. Press, 1988.

55. Grant, R. M., *The Letter and the Spirit*, London: Society for Promoting Christian Knowledge, 1957.

56. Gregory of Tours, *The History of the Franks*, trans. Lewis Thorpe, New York: Penguin Classics, 1976.

57. Hadot, Pierre. *Plotinus or the Simplicity of Vision*, trans. Mischael Chase, Chicago: The University of Chicago, 1989.

58. Hanning, Robert W., *The Vision of History in Early Britain*, Columbia University Press, 1966.

59. Hanson, R. P. C., *Origen's Doctrine of Tradition*, London: Society for Promoting Christian Knowledge, 1954.

60. Hanson, R. P. C., *Studies in Christian Antiquity*. Edinburgh: T. & T. Clark, 1985.

61. Hay, Denys, *Annalists and Historians*, Methuen young books, 1977.

62. Hegel, G. W. F., *Lectures on the History of Philosophy, Volume II: Greek Philosophy*, Translated and edited by Robert F. Brown. Oxford: Oxford University Press, 2006.

63. Hoffmann, R. J., *Celsus On the True Doctrine: A Discourse Against the Christians*. New York and Oxford: Oxford University Press, 1987.

64. Jayapalan, N., *Historiography*, India, New Delhi: Atlantic Publishers and Distributors LTD, 2008.

65. Josephus, *Jewish Antiquities*, (books I-III), with an English translation by H. St. J. Thackeray, Cambridge, Massachusetts: Harvard University Press, reprinted 1998.

66. Josephus, *Jewish Antiquities*, (books XVIII-XIX), with an English translation by Louis H. Feldman, Cambridge, Massachusetts: Harvard University Press, reprinted 2000.

67. Josephus, *The Jewish War*, (books III-IV), with an English translation by H. St. J. Thackeray, Cambridge, Massachusetts: Harvard University Press, reprinted 1997.

68. Josephus, *The Life* (Josephus I), with an English translation by H. ST. J. Thackeray, Cambridge, Massachusetts: Harvard University Press, reprinted 1997.

69. Josephus, F., *The Works of Josephus*, trans. William Whiston, Hendrickson Publishers, 1995.

70. Kee, Howard Clark, *The Origins of Christianity: Source and Documents*. London: Cambridge Uni. Press, 1980.

71. Lilla, S. R. C., *Clement of Alexandria: A Study in Christian Platonism and Gnosticism*. Oxford: Oxford University Press, 1971.

72. Livy, *History of Rome*, with an English Translation by B. O. Foster. Cambridge, Massachusetts: Harvard University Press, 1998.

73. Marcellinus, Ammianus, *Ammianus Marcellinus*, with an English Translation by John C. Rolfe, Cambridge, Massachusetts: Harvard University Press, reprinted 2000.

74. Martyr, Justin, *The first and second apologies*, translated and edited by Leslie William Barnard, New Jersey: published by Paulist Press, 1997, p.61.

75. Martyr, Justin, *the Fathers of the Church*, translated by Thomas B. Falls, D.D. copyright 1948 by the Catholic University of America Press, Inc, First paperback reprint 2008.

76. Markus, R. A., *The Inheritance of Historiography*, 350-900, ed. Christopher Holdsworth and T. P. Wiseman. Exeter: 1986.

77. McGrath, Alister E., *Historical Theology: An Introduction to the History of Christian Though*, Oxford: Blackwell Publishing, 1998.

78. Milburn, R. L. P., *Early Christian Interpretations of History*, New York: Harper & Brothers Publishers, 1954.

79. Momigliano, A., *Alien Wisdom: The Limits of Hellenization*, Cambridge: Cambridge University Press, 1975.

80. Momigliano, A. (editor), *The Conflict Between Paganism and Christianity in the Fourth Century*, Oxford: Clarendon Press, 1963.

81. Momigliano, A., *Studies in Historiography*, New York: Harper, 1966.

82. Mosshammer, Alden S, *The Chronicle of Eusebius and Greek Chronographic Tradition*, Lewisburg, Pa.: Bucknell University Press, 1979.

83. Mounce, William D. *The Analytical lexicon to the Greek New Testament*, Michigan: Zondervan, 1993.

84. Otto of Freising, *The Two Cities*, trans. and intro. by C. C. Mierow, ed. A. P. Evan and C. Knapp, New York: Columbia University Press, 2002.

85. Patrides, C. A., *The Grand Design of God: The Literary Form of the Christian View of History*. London: Routledge, 1972.

86. Pelikan, J., *The Mystery of Continuity: Time And History, Memory and Eternity in the Thought of Saint Augustine*, University Press of Virginia, 1987.

87. Person, Birger A., *The Future of Early Christianity*, Philadelphia: Fortress Press, 1991.

88. Neusner, J. (editor), *Christianity, Judaism and other Greco-Roman Cults: Studies for Morton Smith at Sixty*, Leiden: Brill, 1975.

89. Olson, Roger E., *The Story of Christian Theology: twenty centuries of tradition and Reform*, Downers Grove: InterVarsity Press, 1999.

90. Origen, *Homilies on Genesis and Exodus*, edited by Ronald E. Heine, Michigan, The Catholic University of America Press, 2002.

91. Orosius, Paulus, *The Seven Books of History Against the Pagans*, tran. by Deterrari, The Catholic University of America Press , 1964.

92. Osborn, Eric, *Tertullian, first theologian of the West,* Cambridge: Cambridge University Press, 1999.

93. Osborn, E., *The Beginning of Christian Philosophy*, Cambridge: Cambridge University Press, 1981.

94. Osborn, E., *The Emergence of Christian Theology*. Cambridge: Cambridge University Press, 1993.

95. Parkin, Tim G. and Pomeroy, Arthur J., *Roman social history: a sourcebook*, New York, Routledge, 2007, Reprinted 2008.

96. Peder Borgen, *Philo of Alexandria: an exegete for his time*, Leiden: Brill, 1997.

97. Philo, *Philo*, 10 vols. with an English translation by F. H. Colson and G. H. Whitaker, Cambridge: Harvard University Press, reprinted.

98. Plato, *Plato*, 12 vols. with an English translation by W. R. M. Lamb, Cambridge: Harvard University Press, reprinted.

99. Polybius, The *Histories*, Volume I, with an English Translation by W. R. Paton, Cambridge, Massachusetts: Harvard University Press, Reprinted 1998.

100. Polybius, *The Histories*, Volume II, with an English Translation by W. R. Paton, Cambridge, Massachusetts: Harvard University Press, Reprinted 1999.

101. Polybius, *The Histories*, Volume IV, with an English Translation by W. R. Paton, Cambridge, Massachusetts: Harvard University Press, Reprinted 2000.

102. Quintilian, *The Orator's Education*, Books 1-2, Edited and Translated by Donald A. Russell, Cambridge, Massachusetts: Harvard University Press, reprinted 2001.

103. Quintilian, *The Orator's Education*, Books 9-10, Edited and Translated by Donald A. Russell, Cambridge, Massachusetts: Harvard University Press, reprinted 2001.

104. Roberts, Rev. A., Donaldson, James, & Coxe, Arthur C. (editors), *The Ante-Nicene Fathers: Volume II, Fathers of the Second Century: Hermas, Tatian, Theophilus, Athenagoras, and Clement of Alexandtia*, New York: Cosimo, Inc. 2007.

105. Robinson, O. F., *The Criminal Law of Ancient Rome,* Baltimore, The Johns Hopkins University Press, 1995.

106. Rogers, Rick, *Theophilus of Antioch: the life and thought of a second-century bishop*, Lanham, Maryland: Lexington Books, 2000.

107. Rothschild, Clare K. *Luke-Acts and the Rhetoric of History: An Investigation of Early Christian Historiography*, Tübingen: Mohr Siebeck, 2004.

108. Runia, David, *Philo and the Church Fathers: A Collection of Papers.* Leiden: E. J. Brill, 1995.

109. Sallust, *Sallust*, with an English Translation by J. C. Rolfe, Cambridge, Massachusetts: Harvard University Press, reprinted 2000.

110. Schaff, P., ed., *A Select Library of the Nicene and Post-Nicene Fathers of the Christian Church*, 1st and 2nd series, 28 vols, Michigan: William B. Eerdmans Publishing Company, 1994.

111. Scrivener, F. H. A. (editor), *The New Testament in Greek*, Cambridge: Cambridge University Press, this edition first published 1949, this digitally printed version 2010.

112. Sharma, Tei Ram, *Historiography: a History of Historical Writing*, India, New Delhi: Concept Publishing Company, 2005.

113. Shotwell, James T, *An Introduction to the History of History*, Kessinger Publishing, 2007.

114. Sophocles. *Sophocles, Oedipus at Colonus.* Edited and Translation by Hugh Lloyd-Jones. Cambridge, Massachusetts: Harvard University Press, 1998.

115. Sterling, Gergory E., *Historiography and Self-definition: Josephos, Luke-Acts and Apologetic Historiography*, The Netherland, Leiden: E. J. Brill, 1992.

116. Stevenson, J., *A New Eusebius*, London: Society for Promoting Christian Knowledge, 1957.

117. Tacitus, *Tacitus* IV, with an English Translation by John Jackson, Cambridge, Massachusetts: Harvard University Press, reprinted 1998.

118. Tacitus. *The Histories,* with an English Translation by Clifford H. Moore, Cambridge, Massachusetts: Harvard University Press, 1996.

119. Tertullian, *Apology . De Spectaculis,* with an English Translation by T. R. Glover, Cambridge, Massachusetts: Harvard University Press.

120. Theophilus of Antioch, *Ad Autolycum* (*To Autolycus*), Text and Translation by Robert M. Grant, Oxford: Oxford University Press, 1970.

121. Thucydides, *History* of *the Peloponnesian War*, Books I and II, with an English Translation by Charles Forster Smith, Cambridge, Massachusetts: Harvard University Press, reprinted 1999.

122. Ussher, James, *Annals of the World: James Ussher's Classic Survey of World History*, revised and updated by Larry and Marion Pierce, Master Books, Inc., 2003.

123. Wallace-Hadrill, D. S., *Eusebius of Caesarea*, London: A.R. Mowbray, 1960.

124. Wilken, R. L., *The Christians as the Romans Saw Them.* New Haven and London: Yale University Press, 1984.

125. Wilken, R. L., Schoedel, W. R., & Grant, M. R., *Early Christian Literature and the Classical Intellectual Tradition: In Honorem Robert M. Grant*, Paris: Éditions Beauchesne, 1979.

126. Zhang, Longxi, *Allegoresis: reading canonical literature East and West.* Ithaca, N.Y.: Cornell University Press, 2005.

（二）英文论文

1. Armstrong, A. H., "Pagan and Christian Traditionalism in the First Three Centuries", *Studia Patristica* 15, (1984).

2. Barnes, T. D., "Porphyry Against the Christians: Date and Attribution of Fragments", *Journal of Theological Studies* 24 (1973).

3. Bauckham, R. "The Fall of the Angels as the Source of Philosophy in Hermias and Clement of Alexandria", *Vigiliae Christianae* 39 (1985).

4. Bickermann, E., "Origines gentium", *Classical Philology* 47 (1952)

5. Boer, W. den., "A Pagan Historian and His Enemies: Porphyry Against the

Christians", *Classical Philology* 69 (1974).

6. Burrows, Mark S., "Christianity in the Roman Forum: Tertullian and the Apologetic Use of History", *Vigiliae Christianae* 3, (1988).

7. Chardwick, H., "Origen, Celsus, and the Stoa", *Journal of Theological Studies* 48 (1947).

8. Chardwick, H., "Justin Martyr's Defence of Christianity", *Bulletin of the John Rylands (University) Library* 47 (1965).

9. Cook, John G., "The Protreptic Power of Early Christian Language: From John to Augustine", *Vigiliae Christianae* 2 (1994).

10. Curry, Carl, "The Theogony of Theophilus", *Vigiliae Christianae* 4 (1988).

11. Grant, R. M., "The Chronology of the Greek Apologists", *Vigiliae Christianae* 9 (1955).

12. Grant, Robert M., "The Textual Tradition of Theophilus of Antioch", *Vigiliae Christianae* 3 (1952).

13. Grant, Robert M., "Theophilus of Antioch to Autolycus", *The Harvard Theological Review* 4 (1947).

14. Kelley, D. R., "Johannes Sledan and the Origins of the Profession of History", *Journal of Modern History* 52 (1980).

15. Somerville, Robert E., "An Ordering Principle for Book VIII of Eusebius' Ecclesiastical History: A Suggestion", *Vigiliae Christianae* 2 (1966).

后　记

至此，本论文全篇即将结束，但内心使命却愈益明晰地昭示着笔者，此处，更将是一个开始。

2005 年笔者行年三十之际，遵从内心使命立意潜心向学。同时为增益自身之多学科识见，笔者遂决定在原有之法学（本科）与工商管理（硕士）知识基础上，进而全心问道于史学。后经两年准备，在 2007 年考入复旦大学攻读历史系博士学位，跟随张广智教授致力于西方史学史研究。本论文就是笔者自 2007 年至 2013 年攻读博士期间的学位论文。

基督教史学目前在中国国内学界尚鲜有人问津。本论文着重探析西元 1—4 世纪初期的早期基督教史学，对该领域做出了初步之探索，言说了一些前人未曾发表过的看法；部分地揭示出早期基督教史学如何萌生、发展并最终成为西方史学中独特而关键的"基督教史学"范型；在西方史学史研究领域中，本文也发掘了一些前贤未曾引用的文献，关注了几位同侪还未探究的人物。

然囿于笔者自身古希腊语和古拉丁语水平有限，本论文研究多依靠英译本，缺乏对古希腊、拉丁语源文本的精细研读；又由于完成时间与篇幅有限，本论文对于教外异教与教内异端的反作用还深入不够，并且多专注于早期，没有延展至中世纪及近现代。而上述这些在回望中所体悟到的不足，唯有展望日后以待磨砺精进。

于是在这回望的处所，就更能知晓出发的方向。

而内心相伴于回顾与憧憬所至的，则另有一份深沉的眷念与感激。

张广智先生，基于他在西方史学史学科中的卓越与权威，他的名字在本论文中因摘引其著述曾出现过多次；但这里对先生的提及，则只是因为他予以笔者的深厚情谊。他不仅作为导师，指引与辅导了笔者的学术研究；更作为长辈，对笔者的为人处世给予了无私的理解、激励、与关怀。他和师母蔡幼纹女士赠予笔者的厚重师恩，将在笔者心中永久铭记。对于立志献身学术真理的后辈笔者而言，能够成为张先生数十年教学生涯的关门弟子，既是笔者于过往岁月里莫大的幸福，也是在今后时日中巨大的责任。

复旦求学期间，历史系的顾云深教授、李宏图教授、赵立行教授、吴晓群教授、陈新教授、周兵副教授、陆启宏副教授等老师，自本论文开题以来便提点笔者良多，他们的学识与才情无疑将影响笔者于深远；而哲学系的刘平副教授、William Wilson 外教在宗教哲学上的细致讲解，以及复旦高研院的邓正来教授，外文学院的卢丽安副教授在法学、翻译与文本研读上的倾心教导，都赋予了笔者颇多跨学科的见解与灵感。再有华东师范大学的王斯德教授，上海师范大学的陈恒教授、徐善伟教授等老师，也对本论文提出了宝贵的意见。

还有诸多的师门同窗与学友，正是这些同辈人的努力前行，常常在笔者稍有懈怠时带来了至为切近的鞭策与鼓舞。

行文最后，借此向我至为珍视的父母与家人致谢，全赖他们，令我个人的一切在今日得以可能，亦有信心于未来。

而那缄默于灵魂中的使命，也就藉由这些良师益友与亲人的存在，使得笔者在面向荒凉的领域展开求知时，平添了一份从容与勇敢，更感怀于人与人之间最为可贵的爱。